Marketing Arbeitsbuch

Heribert Meffert • Christoph Burmann
Manfred Kirchgeorg

Marketing Arbeitsbuch

Aufgaben – Fallstudien – Lösungen

11., überarbeitete und erweiterte Auflage

 Springer Gabler

Heribert Meffert
Institut für Marketing
Marketing Center Münster
Am Stadtgraben 13–15
Münster, Deutschland

Manfred Kirchgeorg
HHL– Leipzig Graduate School of Management
Jahnallee 59
Leipzig, Deutschland

Christoph Burmann
Universität Bremen
Hochschulring 4
Bremen, Deutschland

ISBN 978-3-8349-3447-5 ISBN 978-3-8349-3863-3 (eBook)
DOI 10.1007/978-3-8349-3863-3

Die Deutsche Nationalbibliothek verzeichnet diese Publikation in der Deutschen Nationalbibliografie; detaillierte bibliografische Daten sind im Internet über http://dnb.d-nb.de abrufbar.

Springer Gabler

Lektorat: Barbara Roscher | Birgit Borstelmann
Einbandentwurf: Regine Zimmer, Diplomdesignerin, Frankfurt

Gedruckt auf säurefreiem und chlorfrei gebleichtem Papier

Springer Gabler ist eine Marke von Springer DE. Springer DE ist Teil der Fachverlagsgruppe Springer Science+Business Media.
www.springer-gabler.de

Vorwort

Das vorliegende Arbeitsbuch ist primär zur Ergänzung unseres Lehrbuchs 11. Auflage „Marketing - Grundlagen marktorientierter Unternehmensführung" konzipiert. Zudem bietet es wieder vielfältige eigenständige Aufgabenstellungen für Studierende, die unabhängig von Grundlagenwerken Übungsmöglichkeiten suchen.

So enthält die neue Auflage des vorliegenden Arbeitsbuches erneut eine Vielzahl von Übungsaufgaben, Klausurfragen und Fallstudien, anhand derer dem Studierenden das nötige Know-how zur Lösung von Marketingfragestellungen vermittelt werden soll. Dabei geht es uns vor allem um Folgendes:

- Studierende werden zu einer aktiven Auseinandersetzung mit Marketingfragestellungen angeregt und lernen eine problem- und entscheidungsorientierte Erarbeitung des Themenspektrums kennen.
- Die Aufgaben und Fallstudien dienen zur gezielten Vertiefung und Kontrolle des Wissensstandes auf dem Gebiet des Marketings.
- Studierende erlernen die Fähigkeit, erworbenes theoretisches Marketingwissen in praxisnahen Fragestellungen und Problemen anzuwenden.

Die Aufgaben des Arbeitsbuches besitzen weniger den Charakter reiner Wissensfragen, vielmehr verlangt ihre Beantwortung selbstständiges Mitdenken und eine intensive Auseinandersetzung mit den jeweiligen Themengebieten. Zu jeder Aufgabe bzw. Fallstudie wird eine ausführliche Musterlösung geliefert. Sie gibt dem Leser ein klares Feedback, inwieweit der im Grundlagenwerk „Marketing" enthaltene Wissensstoff bereits beherrscht wird. Diesem Zweck dienen auch ausgewählte Klausuraufgaben aus dem Gebiet des Marketings.

Wie in der vorherigen Auflage entspricht auch die vorliegende 11. Auflage des Marketing Arbeitsbuches in ihrem inhaltlichen Aufbau exakt der 11. Auflage des Lehrbuches zum Marketing. Zur optimalen Nutzung beider Bücher wurden im Rahmen von neuen Themen entsprechende neue Aufgaben erstellt. Damit die Studierenden ein Gefühl für elektronische Klausuren (e-Klausuren) bekommen, wurden in dieser Auflage erstmalig entsprechende Aufgaben berücksichtigt. Diese wurden extra für dieses Arbeitsbuch konzipiert, so dass ein das Auswendiglernen für Klausuren unnötig ist.

Um den Studierenden schnellen und einfachen Zugriff auf deutsche und englischspra-
chige Marketingfachbegriffe zu ermöglichen, wurde die neue Auflage des Arbeitsbuches
zusätzlich um ein kurzes Kapitel zu Online-Marketing-Lexika und -Dictionaries erweitert.

Für die Überarbeitung der 11. Auflage danken wir unseren wissenschaftlichen Mitarbeitern Frau Antje und Herrn Stephan Hanisch sowie unserem studentischen Mitarbeiter Felipe Schulze-Oechtering Magdalena.

Prof. Dr. Dr. h.c. mult. Heribert Meffert
Prof. Dr. Christoph Burmann
Prof. Dr. Manfred Kirchgeorg

Inhaltsverzeichnis

Grundlagen des Marketing

1

Lernziele:

Der Leser soll nach Bearbeitung dieses Kapitels in der Lage sein

1. die Leitbilder der Marketingwissenschaft zu erklären,
2. die Komponenten des Marketingmanagementprozesses aufzuzeigen,
3. Investitionsgüter- und Konsumgütermarketing zu unterscheiden,
4. die Besonderheiten des Dienstleistungsmarketing darzulegen,
5. die Herausforderungen des Web 2.0 zu benennen und
6. die zentralen Größen eines Marketingerfolgssystems wiederzugeben.

1.1 Grundlagen des Marketing – Aufgaben

Aufgabe 1 Leitbilder der Marketingwissenschaft
Was versteht man unter dem Gratifikations- und Kapazitätsprinzip, und warum werden diese Prinzipien auch als Leitbilder der Marketingwissenschaft bezeichnet?

Aufgabe 2 Der Marketingmanagementprozess
Beschreiben Sie die einzelnen Aufgaben des Marketingmanagementprozesses!

Aufgabe 3 Investitionsgütermarketing vs. Konsumgütermarketing
Wodurch unterscheidet sich das Investitionsgütermarketing vom Konsumgütermarketing?

Aufgabe 4 Dienstleistungsmarketing
Was sind die Besonderheiten des Dienstleistungsmarketing?

H. Meffert et al., *Marketing Arbeitsbuch*,
DOI 10.1007/978-3-8349-3863-3_1, © Springer Fachmedien Wiesbaden 2013

Aufgabe 5 Web 2.0
Welche Herausforderungen kommen durch die digitalen sozialen Netzwerke des Web 2.0
auf das Marketingmanagement zu?

Aufgabe 6 Marketingerfolgssystem
Welche zentralen Größen sollte ein Marketingerfolgssystem beinhalten?

1.2   Lösungen zu den Aufgaben

Lösung Aufgabe 1 Leitideen der Marketingwissenschaft
Ein Austausch zwischen Anbieter und Nachfrager kommt nur zustande, wenn dieser
für beide Parteien vorteilhaft ist. Dem liegt die Annahme zugrunde, dass **Gratifikatio-
nen** (Belohnungen, Vermeidung von Bestrafungen) die maßgeblichen Antriebskräfte für
das Zustandekommen von Transaktionen sind. Der Nachfrager wird also nur bei jenem
Anbieter kaufen, bei dem er sein Bedürfnis am besten befriedigen kann. Hingegen wird
der Anbieter nur verkaufen, wenn er einen hinreichenden Gegenwert bzw. Preis für seine
Leistung vom Käufer erhält, um seine Kosten abdecken und einen Gewinn erwirtschaften zu können. Diese grundlegende Bedingung für das Zustandekommen eines Austau-
sches wird auch als **Gratifikationsprinzip** bezeichnet. Jegliches Verhalten von Anbieter
und Nachfrager unterliegt Begrenzungen. Der Nachfrager verfügt über ein begrenztes
Einkommen, eine unzureichende Markttransparenz und muss vielfach unter Zeitdruck
seinen Einkauf tätigen. Der Anbieter hat für Produktion und Vertrieb i. d. R. nur begrenzte finanzielle, technologische oder natürliche Produktionsressourcen und Informationen
zur Verfügung. Die Kapazität an finanziellen, technologischen, wissensmäßigen und natürlichen Ressourcen ist also bei beiden Marktpartnern begrenzt. Nun haben beide das
Bestreben, mit den knappen Ressourcen einen möglichst hohen Anbieter- bzw. Kunden-
nutzen zu erzielen. Damit wird das Streben nach Austauschprozessen von der jeweiligen
Ressourcensituation der Marktparteien bestimmt. Hierdurch ist dem **Kapazitäts- bzw.
Knappheitsprinzip** eine besondere Beachtung bei der Analyse und Gestaltung von Austauschprozessen zu schenken.

Diese beiden Prinzipien werden auch als zentrale theoretische Leitideen der Marketingwissenschaft bezeichnet. Sie besitzen sowohl für Austauschprozesse im kommerziellen wie
auch im nicht-kommerziellen Bereich ihre Gültigkeit.

Lösung Aufgabe 2 Der Marketingmanagementprozess
Sämtliche Aufgaben und Aktivitäten des Marketing können zusammenfassend als ein
eindeutig identifizierbarer Prozess der Willensbildung und Willensdurchsetzung gekennzeichnet werden. Das Marketingmanagement umfasst folgende rückgekoppelte Aufgaben:

1. Situationsanalyse
Sie bezeichnet das Sammeln relevanter Informationen über die unternehmensexterne und
-interne Ausgangssituation, um strategische und operative Marketingentscheidungen zu

fundieren. Die hieraus resultierenden Chancen und Risiken sind den Stärken und Schwächen des Unternehmens in systematischer Art und Weise gegenüberzustellen (SWOT-Analyse). Mit Hilfe der Situationsanalyse und den hierfür eingesetzten Methoden gilt es die Ausgangsfrage zu beantworten: Wo stehen wir?

2. Prognose

In einem zweiten Schritt, der **Prognosephase**, sind die relevanten marktlichen und gesellschaftlichen Einflussfaktoren des Marketing sowie die Wirkungen der eigenen Aktivitäten zu prognostizieren, um die Zukunftschancen aufzudecken. Es geht dabei insbesondere um Trends im Nachfragerverhalten, im Konkurrenzverhalten und in der Umwelt sowie die Vorhersage von Markt- und Absatzentwicklungen. Die Aktivitäten münden in der Frage: Wohin geht die Entwicklung?

3. Definition der Marketingziele

Marketingziele kennzeichnen die im Marketingbereich gesetzten Imperative (Vorzugszustände), die es durch den Einsatz von Marketinginstrumenten zu erreichen gilt. Bei der Festlegung der Marketingziele sind die übergeordneten Unternehmensziele zu berücksichtigen. Als Besonderheit des Marketing gilt es, neben ökonomischen Zielen (z. B. Rendite, Gewinn, Umsatz, Deckungsbeitrag) sogenannte vorökonomische bzw. psychographische Ziele sowie umweltschutzbezogene bzw. ökologische Ziele zu berücksichtigen. Zusammenfassend ist in dieser Phase des Marketingmanagementprozesses die Frage zu beantworten: Was wollen wir erreichen? (Abb. 1.1)

4. Zielorientierte Ableitung der Marketingstrategie

Auf Grundlage der festgelegten Marketingziele sind **Marketingstrategien** abzuleiten. Eine Marketingstrategie kann als ein bedingter, langfristiger, globaler Verhaltensplan zur Erreichung der Marketingziele charakterisiert werden. Marketingstrategien geben damit den Handlungsrahmen vor, der durch die Marketinginstrumente ausgefüllt wird. Im Mittelpunkt steht die Auswahl der Märkte und Marktsegmente, die Entscheidung über die Marktbearbeitungsstrategie, Akzente bei der Programmgestaltung und beim Einsatz der Marketinginstrumente sowie die grundlegenden Verhaltensweisen gegenüber Wettbewerbern, dem Handel und den Anspruchsgruppen. In dieser Phase des strategischen Marketing wird somit das Konzept für das eigene unternehmerische Verhalten im Markt festgelegt. Hierbei ist die Schlüsselfrage zu beantworten: Welche grundlegenden Stoßrichtungen sind bei der Marktwahl und Marktbearbeitung zu verfolgen?

5. Festlegung des strategieadäquaten Marketing-Mix

Das strategische Marketing bildet den Rahmen für die operative Marketingplanung, in der die Marketinginstrumente festzulegen sind. Ausgehend von operationalen Subzielen ist der **Marketing-Mix** zu konzipieren. Traditionell umfasst der Marketing-Mix nach dem Ansatz der „4P's" die auf S. 4, Abb. 1.1 dargestellten Instrumentenbereiche.

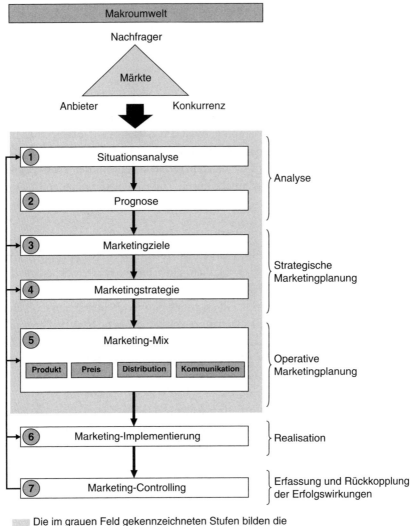

Abb. 1.1 Aufgaben des Marketing als Managementprozess

- **P**roduct: Leistungs- und Programmpolitik
- **P**rice: Preispolitik
- **P**lace: Distributionspolitik
- **P**romotion: Kommunikationspolitik

Im Dienstleistungsmarketing werden nach dem 7 P-Ansatz die folgenden drei Instrumente zusätzlich in den Marketing-Mix einbezogen:

- **P**eople: Dienstleistungspersonal
- **P**rocesses: Dienstleistungserstellungsprozess
- **P**hysical Facilities: Physisch fassbare Leistungspotenziale des Anbieters (z. B. Gebäude, Warteräume etc.)

Im Rahmen der operativen Marketingplanung steht somit die Beantwortung der Frage im Vordergrund: Welche Marketingmaßnahmen ergreifen wir?

6. Gestaltung der Marketingorganisation zur Implementierung des Marketing-Mix
Für die geplanten Marketingmaßnahmen sind in einem weiteren Schritt die zielgerichtete Realisierung und Durchsetzung sicherzustellen. Für diese Implementierung sind Überlegungen hinsichtlich einer effizienten Aufbau- und Ablauforganisation zu treffen und entsprechende Verantwortlichkeiten, Führungskonzepte und Budgets zu definieren. Im Rahmen der Marketing-Implementierung stehen folgende Fragen im Vordergrund: Wer bzw. welche Abteilung soll für die Umsetzung welcher Marketingaktivität verantwortlich sein? Welche abteilungsübergreifenden Prozesse sind notwendig, um im Unternehmen alle marktbezogenen Aktivitäten zielgerichtet abzustimmen?

7. Marketing-Controlling
Im **Marketing-Controlling** sind die Erfolgswirkungen im Sinne von Zielerreichungsgraden der umgesetzten Marketingmaßnahmen zu erfassen und gegebenenfalls Anpassungen in allen Phasen des Planungsprozesses vorzunehmen, um die Zielerreichung zu verbessern. Im Rahmen eines Rückkopplungsprozesses sind die Fragen zu beantworten: Haben wir unser Ziel erreicht? Welche Ursachen für Soll- und Ist-Abweichungen bestehen? Welche Ziel-, Strategie- und Maßnahmenanpassungen sind notwendig?

Lösung Aufgabe 3   Investitionsgütermarketing vs. Konsumgütermarketing
Wie im Konsumgütermarketing steht auch im Investitionsgütermarketing die Analyse und Gestaltung von Austauschprozessen mit Sachgütern im Mittelpunkt. Die wesentlichen Unterschiede des Investitionsgütermarketing zum Konsumgütermarketing werden in Abb. 1.2 synopsenartig gegenübergestellt.

Art der Nachfrage
Ein zentrales Merkmal des Investitionsgütermarketing besteht darin, dass die Nachfrage nach Investitionsgütern keine originäre wie bei Konsumgütern, sondern eine **abgeleitete (derivative) Nachfrage** ist, die sich aus der Nachfrage nach Leistungen, die mithilfe der Investitionsgüter erstellt werden, ergibt.

Rechtspersönlichkeit und Anzahl der Entscheider
Bei den Nachfragern von Investitionsgütern handelt es sich nicht um natürliche Personen, sondern um Organisationen, in denen dem Anbieter **professionelle Einkäufer oder Per-**

	Investitionsgütermarketing	Konsumgütermarketing
Art der Nachfrage	Derivative Nachfrage	Originäre Nachfrage
Rechtspersönlichkeit der Entscheider	Organisationen	Natürliche Personen
Anzahl der Entscheider	Mehrpersonenentscheidungen	Einpersonenentscheidungen
Formalisierungsgrad der Nachfrage	Formalisiert	Nicht formalisiert
Markt	Identifizierbar	Anonym
Verhaltensparadigma	Interaktionsparadigma	SOR-Paradigma

Abb. 1.2 Unterschiede zwischen den Vermarktungsprozessen auf Investitions- und Konsumgüter-märkten. (Quelle: Meffert/Kirchgeorg 1998, S. 82)

sonengruppen (Buying Center) gegenüberstehen. Die Kaufentscheidungen kommen somit unter Einschaltung mehrerer Personen oder sogar mehrerer Organisationen zustande.

Formalisierungsgrad der Nachfrage
Die Kaufprozesse bei Konsumgütern sind in der Regel nicht formalisiert. Kaufprozesse im Investitionsgüterbereich können unterschiedlich **komplex** und intensiv sein. Während einerseits routinierte Kaufprozesse zu beobachten sind (z. B. Einkauf von Bürobedarf), existieren andererseits hochkomplexe Problemlösungen (z. B. Kauf eines Kraftwerks), bei denen in mehrjährigen Interaktionsprozessen alle Leistungs- und Gegenleistungsparameter ausgehandelt werden müssen. Die hohe Komplexität des gesamten Investitionsproblems erfordert einen **formalisierten Kaufentscheidungsprozess**.

Markt
Ein entscheidendes Charakteristikum für die Anbieterseite besteht darin, dass sich das Angebot im Investitionsgüterbereich im Gegensatz zum Konsumgüterbereich **überwiegend nicht an den anonymen Markt richtet**, sondern dass oftmals die gesamten Marketinganstrengungen auf einen Nachfrager fokussiert werden.

Verhaltensparadigma
Die enge Zusammenarbeit mit einem einzelnen Kunden und die daraus oftmals resultierende Lieferantentreue sind die Basis für den Aufbau einer **dauerhaften Geschäftsbeziehung** im Investitionsgüterbereich. Das Management solcher Beziehungen wird inzwischen als Hauptaufgabe des Investitionsgütermarketing gesehen. Problemlösungen werden im Investitionsgüterbereich häufig in einem **interaktiven Prozess** zwischen Anbieter und Nachfrager entwickelt. Daher gilt im Investitionsgütermarketing das Interaktionsparadig-

ma. Demgegenüber ist das S-O-R-Paradigma grundlegend für das Konsumgütermarketing, da interaktive Prozesse im Konsumgüterbereich die Ausnahme darstellen.

Lösung Aufgabe 4   Dienstleistungsmarketing
Dienstleistungen weisen gegenüber Sachgütern folgende Besonderheiten auf:

- Dienstleistungen sind weitgehend immaterielle Leistungen,
- Dienstleistungsanbieter stellen keine Güter, sondern Leistungsfähigkeiten in Form personeller, sachlicher oder immaterieller Ressourcen bereit,
- Dienstleistungen können nur durch Integration des externen Faktors hergestellt werden.

Aus der Immaterialität der Dienstleistung resultieren die Merkmale der **Nichtlagerfähigkeit** und der **Nichttransportfähigkeit** von Dienstleistungen. Zwar ist das Ergebnis einer Dienstleistung mitunter lagerfähig, die **Nichtlagerfähigkeit** der Dienstleistung aber impliziert, dass der Konsument die Dienstleistung nur in dem Moment in Anspruch nehmen kann (Vorführung eines Films, Flugreise), in dem sie produziert wird.

Für das Marketing von Dienstleistungen resultiert aus ihrer fehlenden Lagerfähigkeit die Notwendigkeit einer intensiven Koordination zwischen Produktion und Nachfrage. So bedarf es einerseits flexibel gestaltbarer Kapazitäten (z. B. durch einen hohen Anteil von Teilzeitkräften), andererseits sollte eine kurzfristige Steuerung der Nachfrage erfolgen (z. B. durch Preissenkungen in nachfrageschwachen Zeiten).

Die **Nichttransportfähigkeit** der Dienstleistung ergibt sich aus der Überlegung, dass kaum eine Dienstleistung an einem anderen Ort konsumiert werden kann als dem ihrer Erstellung (eine Ausnahme stellen z. B. internetbasierte Dienstleistungen dar). Produktion und Konsumtion der Dienstleistung erfolgen simultan (Uno-actu-Prinzip).

Keine Dienstleistung kann ohne **spezifische Leistungsfähigkeiten** (Know-how, körperliche Fertigkeiten etc.) erstellt werden. In Kombination mit der Immaterialität der Dienstleistung ergeben sich aus der Notwendigkeit der **Leistungsfähigkeit** des Dienstleistungserstellers Implikationen für das Dienstleistungsmarketing. So sind spezifische Dienstleistungskompetenzen und besondere Fähigkeiten, wie sie bei Softwareanbietern oder Unternehmensberatungen vielfach anzutreffen sind, z. B. im Rahmen der Kommunikationspolitik glaubwürdig zu dokumentieren.

Aus der **Integration des externen Faktors** in die Dienstleistungserstellung resultiert der individualistische, personalintensive, schwer standardisierbare Charakter vieler Dienstleistungen. Da der Dienstleistungsnachfrager, sofern er selbst als externer Faktor auftritt, während des Erstellungsprozesses präsent ist, bedarf es vor allem einer marketingorientierten Ausrichtung des Dienstleistungsprozesses. Neben einer den Nachfragerwünschen angepassten Gestaltung des Dienstleistungsumfelds, erlangt die sorgfältige Ausführung der Dienstleistungserstellung bei direktem Kontakt mit dem Nachfrager besondere Bedeutung. Hieraus resultiert, dass dem Personal- und Qualitätsmanagement im Rahmen des Dienstleistungsmarketing eine besondere Aufmerksamkeit geschenkt werden sollte.

Lösung Aufgabe 5 Web 2.0

Anders als beim klassischen Sender-Empfänger-Modell in der Kommunikation haben Unternehmen heute die Möglichkeit, kostengünstig mit Millionen von Kunden (aktuelle oder potentielle Kunden) in Interaktion treten zu können. Einerseits ergeben sich hieraus Möglichkeiten der Initiierung und Pflege von Kundenbeziehungen, sowie auf den Märkten eine Bündelung von Nachfragepotenzialen über soziale Netzwerke. Andererseits führen diese neuen Machtkonstellationen zwischen Unternehmen und Nachfrager auf klassischen und digitalen Märkten zu neuen Herausforderungen.

Lösung Aufgabe 6 Marketingerfolgssystem

Zu den zentralen Größen des Marketingerfolgssystems zählt der finanzielle Wert der Kundenbeziehung, der als **Kundenlebenszeitwert (customer lifetime value)** bezeichnet wird. Es existieren verschiedene quantitative Modelle zur Berechnung des Kundenlebenszeitwertes. Kernelement der meisten Modelle ist ein Zahlungsstrom, der für eine ex ante festgelegte Analyseperiode ermittelt und dann auf den jeweiligen Analysezeitpunkt abgezinst (diskontiert) wird. Dieser Zahlungsstrom erfasst alle durch den Kunden hervorgerufenen Einzahlungen und Auszahlungen. Die Addition der Kundenlebenszeitwerte aller aktuellen Kunden wird als **Kundenstammwert (customer equity)** bezeichnet. Teilweise wird dabei auch der Wert potenzieller Kunden, gewichtet mit ihrer Wechselbereitschaft, dem Kundenstammwert hinzugerechnet. Die Berechnung von Kundenwerten kann in die Berechnung von **Markenwerten (brand equity)** überführen. Bei einer solchen Überführung werden häufig über die Kundenwerte hinaus noch weitere immaterielle Werte hinzuaddiert. Bspw. wird die Stärke der Präsenz einer Marke im Einzelhandel (Distributionsgrad), der Bekanntheitsgrad oder die Stärke der Erinnerung an Markenwerbung (advertising recall bzw. recognition) in finanzielle Größen umgerechnet und zu den obigen Kundenwerten addiert.

Verhaltens- und Informationsgrundlagen des Marketing

Lernziele:

Der Leser soll nach Bearbeitung dieses Kapitels in der Lage sein

1. die wichtigsten Grundtypen des Käuferverhaltens zu unterscheiden,
2. den Begriff Neuromarketing zu erläutern,
3. die Bedeutung von Informationen der Marketingforschung für Marketing-Konzepte aufzuzeigen,
4. die wichtigsten Informationsgewinnungsmethoden der Marketingforschung zu erklären,
5. die wesentlichen Konstrukte der Käuferverhaltensforschung zu definieren,
6. den Begriff und Gegenstand von Absatzprognosen zu präzisieren,
7. die Schlüsselkennziffern des Web-Analytics zu benennen,
8. die Unterschiede zwischen Markt- und Absatzpotenzial, Markt- und Absatzvolumen darzulegen sowie den Begriff des Marktanteils zu erläutern,
9. verschiedene Kriterien zur Systematisierung von Absatzprognosen zu diskutieren und die Grundtypen der Absatzprognose herauszuarbeiten,
10. Verfahren der Entwicklungsprognose auf Beispiele anzuwenden,
11. wichtige qualitative Prognosemethoden zu kennzeichnen und
12. Bedeutung und Aufbau einer Marktsegmentierung zu erläutern.

2.1 Verhaltens- und Informationsgrundlagen des Marketing – Aufgaben

Aufgabe 1 Kaufentscheidungstypen

Zeigen Sie die Besonderheiten der folgenden Kaufentscheidungssituationen auf und versuchen Sie, Kaufentscheidungstypen zu bilden:

H. Meffert et al., *Marketing Arbeitsbuch*,
DOI 10.1007/978-3-8349-3863-3_2, © Springer Fachmedien Wiesbaden 2013

- Familie H. plant erstmals seit Jahren wieder eine längere Urlaubsreise. Während Frau H. gerne an die See fährt, liebt Herr H. die Berge. Für die 14-, 15- und 17-jährigen Kinder der Familie H. muss am Urlaubsort „richtig was los sein".
- Anlässlich des Sommerschlussverkaufs verhandelt der Geschäftsführer eines Textilfilialisten mit einem Textilimporteur über den Kauf von 1.000 Bermuda-Shorts.
- Die Deutsche Telekom AG plant nach ihrer Privatisierung die Beschaffung eines neuartigen Telefonzellenmodells, um die Corporate Identity des Unternehmens zu verändern.
- Student Habenichts erbt von seiner Tante 40.000 €. Da Habenichts schon immer schnelle Autos liebte und außerdem großer James-Bond-Fan ist, plant er, das Geld für den Kauf eines BMW Z4 auszugeben.

Aufgabe 2 Neuromarketing
Was verstehen Sie unter Neuromarketing?

Aufgabe 3 Informationsgewinnungsmethoden
Seit geraumer Zeit wird in der Brauwirtschaft die Einführung einer für alle Hersteller einheitlichen Bierflasche, die so genannte Euroflasche, diskutiert. Dies geschieht vor allem vor dem Hintergrund, dass markenspezifische Pfandflaschen immer zum jeweiligen Hersteller zurückgebracht werden müssen. Eine einheitliche Flaschenform könnte hingegen von allen Herstellern wiederverwendet werden, wodurch erforderliche Transportwege erheblich verkürzt werden. Die Brauwirtschaft steht der Einführung der Euroflasche skeptisch gegenüber, da sie die Flaschenform auch weiterhin als Differenzierungsmerkmal nutzen möchte. Um für die Diskussion erste Anhaltspunkte zu erlangen, beabsichtigt der Deutsche Brauer Bund, eine explorative Marktforschungsstudie in Auftrag zu geben, um die Akzeptanz der Euroflasche bei den Konsumenten zu testen. Damit sollen erste Eindrücke über den Zusammenhang zwischen der markenspezifischen Flaschenform und dem Kaufverhalten gewonnen werden. Unterbreiten Sie zu diesem Zweck einen Vorschlag für eine sinnvolle Informationsgewinnungsmethode.

Aufgabe 4 Befragungsdesign
Um das Angebot öffentlicher Leistungen stärker an den Wünschen der Bürger zu orientieren, plant die Stadtverwaltung Münster eine Befragung zum Thema „Öffnungszeiten der Stadtverwaltung".

Welche Entscheidungsprobleme hat die Stadtverwaltung bei der Konzeption der Befragung zu bedenken? Gehen Sie auch auf die **Vor- und Nachteile verschiedener Befragungsformen** ein und unterbreiten Sie einen begründeten Vorschlag für eine Befragungsform.

Aufgabe 5 Mündliche versus schriftliche Befragung
Durch die gestiegene Zahl von Kirchenaustritten hat in jüngster Zeit auch im Bereich der christlichen Kirchen der Marketing-Gedanke an Bedeutung gewonnen. Vor diesem Hintergrund soll eine Umfrage die Gründe für einen Kirchenaustritt näher untersuchen. Das beauftragte Marktforschungsinstitut hat ermittelt, dass zur Repräsentativität der Erhebung

	Schriftliche Befragung	Mündliche Befragung	Telefonische Befragung	Online-Befragung per Internet
Vorteile	■ Abdeckung eines großen **räumlichen Gebiets** ■ **niedrige Kosten**, wenn Interesse seitens der Stichprobe und damit eine hohe Rücklaufquote zu erwarten ist ■ keine Beeinflussung durch Interviewer **(Interviewer-Effekt)**	■ **hohe Erfolgsquote,** dadurch hohe Repräsentativität der Ergebnisse ■ **Fragebogenumfang** und -inhalt kaum eingeschränkt ■ **Befragungstaktisches Instrumentarium** (Frageformen und -reihenfolge) bestmöglich einsetzbar ■ **Befragungssituation** weitgehend kontrollierbar ■ **Zusätzliche Informationen** zu Spontaneität oder emotionalen Reaktionen erhebbar	■ sehr **kurzfristig einsetzbar** ■ **geringere Kosten** als bei mündlicher Befragung	■ relativ geringe Kosten ■ schnelle Kontaktierung von Befragten per E-Mail bzw. Internetseite (Zeitvorteil) ■ hohe Reichweite und Möglichkeit der Ansprache internationaler Zielgruppe ■ automatische Erfassung der Daten
Nachteile	■ nur Personen erreichbar, deren **Adresse bekannt** ist ■ **Rücklauf- und Erfolgsquoten** von nur 5 bis 30 Prozent ■ **Fragenumfang** ist limitiert, tabuisierte Themenstellung wenig erfolgreich ■ keine Kontakte der Ausfüllsituation, dadurch weniger **repräsentativ** (Wer füllt aus?) ■ keine Kontrolle der **Reihenfolge** der Fragebeantwortung sowie des situativen Umfelds und dessen Einfluss	■ **hohe Kosten** ■ **Interviewer-Effekt:** Verzerrungen durch Situation und Einfluss des Interviewers	■ durch Anonymität des Interviewers und fehlenden Sichtkontakt **Einschränkung der Befragungsthemen** und bei Verwendung von Hilfsmitteln (keine optischen Hilfen möglich)	■ Rücklaufquoten ggf. gering ■ oftmals unzureichende Information über die Grundgesamtheit ■ Repräsentativität ggf. eingeschränkt – Selbstselektion von Internetnutzern ■ keine Kontrolle der Ausfüllsituation – Antwortverzerrung aufgrund von Anonymität der Befragten

Abb. 2.1 Vor- und Nachteile der schriftlichen, mündlichen, telefonischen und Online-Befragung

eine Stichprobe von 2.500 Personen erforderlich ist. Fraglich ist, auf welche Befragungsmethode zurückgegriffen werden soll. Bei einer schriftlichen Befragung wird im günstigsten (ungünstigsten) Fall mit einer Rücklaufquote von 15 % (7 %) gerechnet. Die Portogebühren für die Versendung eines Fragebogens sowie für die Gebühren eines Freiumschlages zur Rücksendung des ausgefüllten Fragebogens betragen jeweils 1,80 €. Für die Konfektionierung (Eintüten etc.) der Fragebögen ist mit Kosten von 0,30 € pro Fragebogen zu rechnen.

Bei einer mündlichen Befragung durch Interviewer liegt die Erfolgsquote der verwertbaren Fragebögen weitaus höher. Es wird nur mit einer Ausfallquote von 5 % gerechnet. Die Interviewer können von einem Marktforschungsinstitut für die Befragungstätigkeit angemietet werden. Hierbei fallen pro Arbeitstag und Interviewer Kosten in Höhe von 240,00 € an. Es wird davon ausgegangen, dass jeder Interviewer im Durchschnitt täglich acht Interviews durchführen kann.

Die Kosten für den Druck der Fragebögen hängen von der jeweiligen Auflagenhöhe ab. Von folgender Kostenstaffelung ist auszugehen:

Fragebögen	€ pro Fragebogen
2.000 – 2.500	1,10
2.500 – 3.500	1,00
3.500 – 4.500	0,85
mehr als 4.500	0,70

Aufgabe 5a

Welche Befragungsform sollte die Kirchenleitung unter Wirtschaftlichkeitsaspekten präferieren? Berücksichtigen Sie bei Ihrer Beurteilung die unterschiedlichen Ausprägungen der Rücklaufquote bei der schriftlichen Befragung.

Aufgabe 5b

Bei welcher Rücklaufquote der schriftlichen Befragung besteht hinsichtlich der Kosten Indifferenz gegenüber der mündlichen Befragung?

Aufgabe 5c

Welche zusätzlichen Kriterien sollten für die Auswahlentscheidung herangezogen werden?

Aufgabe 6   Panel-Methode

Führende Marktforschungsinstitute wie Nielsen oder die GfK führen neben Einmal-Befragungen auch so genannte Panel-Untersuchungen auf Endverbraucher- und Handelsstufe durch.

Grenzen Sie zunächst die Panel-Methode von einer Einzelbefragung ab und diskutieren Sie anschließend die besonderen Probleme bei Aufbau und Pflege eines Handelspanels. Welche Vorteile bietet das Panel-Verfahren gegenüber einer normalen Befragung?

Aufgabe 7   Web-Analytics

Was verstehen Sie unter Web-Analytics? Welche Schlüsselkennziffern werden für die Internetnutzung häufig verwendet?

Aufgabe 8   Prognoseverfahren

Sie arbeiten als Marketing-Assistent in der Marketingplanungsabteilung eines Herstellers von Babynahrung. Zur Prognose zukünftiger Absatzchancen verwendet Ihre Abteilung unterschiedliche Verfahren:

- Zehn-Jahresplan: Hierbei kommen Expertisen von Futurologen über die Bevölkerungsentwicklung zum Einsatz.
- Drei-Jahresplan: Hier finden Trend- und Indikatorprognosen Verwendung.
- Monatsplan: Für den Monatsplan wird das Verfahren der exponentiellen Glättung genutzt. Außerdem werden die Außendienstmitarbeiter befragt.
- Aktionsplan: Hier kommen Regressionsverfahren auf der Basis von Markt- und Produkttests zum Einsatz.

t (Jahr)	1989	1990	1991	1992	1993	1994
Tsd. Stck.	29.190	30.152	30.695	31.309	37.579	39.202

Abb. 2.2 PKW-Bestand 1989–1994

Ihr Abteilungsleiter, Herr Dr. Prognos, soll an seiner alten Universität einen Vortrag über die Anwendungsprobleme von Prognoseverfahren halten. Er bittet Sie, die im Unternehmen verwendeten Prognoseverfahren anhand geeigneter Kriterien zu systematisieren und die Unterschiede anhand der verwendeten Systematisierungskriterien zu erläutern.

Aufgabe 9 Regressionsanalyse

Als Mitarbeiter der Marktforschungsabteilung eines Automobilherstellers werden Sie beauftragt, das Volumen des Pkw-Marktes für 1996 und 1997 zu ermitteln. Den Pkw-Bestand für die Jahre 1989–1994 gibt die Tabelle in Abb. 2.2 wieder.

Führen Sie anhand dieser Werte mittels einer Kleinste-Quadrate-Regressionsfunktion der Form $Y_i = a + bt_i$ eine Prognose durch.

Aufgabe 9a

Ermitteln Sie die Regressionsfunktion und die Prognosewerte für 1996 und 1997.

Als Hilfe stehen Ihnen folgende Formeln zur Verfügung:

$$a = \frac{\sum t_i^2 \sum y_i - \sum t_i \sum t_i \cdot y}{n \sum t_i^2 - \left(\sum t_i\right)^2}$$

$$b = \frac{n \sum t_i \cdot y_i - \sum t_i \sum y_i}{n \sum t_i^2 - \left(\sum t_i\right)^2}$$

Aufgabe 9b

Unter welchen Bedingungen ist grundsätzlich das mit der Trendextrapolation gewonnene Ergebnis sinnvoll?

Aufgabe 9c

Berechnen und interpretieren Sie den Korrelationskoeffizienten. Wie beurteilen Sie das Ergebnis?

$$r_{yt} = \frac{n \sum t_i y_i - \sum t_i \sum y_i}{\sqrt{n \sum t_i^2 - \left(\sum t_i\right)^2} \cdot \sqrt{n \sum y_i^2 - \left(\sum y_i^2\right)}}$$

Aufgabe 10 Quantitative versus qualitative Prognose

Nach Ihren überzeugenden Ausführungen zum Problem der Wirkungsprognosemodelle wurde Ihr Arbeitgeber auf Sie aufmerksam. Im Zuge einer Neubesetzung der Position eines Vorstandsassistenten werden Sie in einem internen Bewerbungsgespräch gebeten, die Unterschiede zwischen qualitativen und quantitativen Prognosen deutlich zu machen. Gleichzeitig werden Sie gefragt, welche unternehmensinternen und -externen Personen für qualitative Absatzprognosen zur Verfügung stehen.

Aufgabe 11 Gegenstand von Absatzprognosen

Gegenstand von Absatzprognosen ist die zukünftige Höhe bzw. das Wachstum von Markt- und Absatzpotenzial, Markt- und Absatzvolumen sowie des Marktanteils eines Unternehmens. Wenden Sie diese Begriffe auf das folgende Beispiel an: Eine deutsche Brauerei setzt jährlich in Deutschland 6,3 Mio. hl Bier ab. Experten schätzen, dass im deutschen Markt maximal jährlich 140 Mio. hl Bier verkauft werden können. Der Hersteller hat sich zum Ziel gesetzt davon 10 % auszuschöpfen. Zum augenblicklichen Zeitpunkt deckt die gesamte Branche 85 % des geschätzten Gesamtbedarfs ab.

Aufgabe 12 Kreuzpreiselastizität

Welche Bedeutung hat die Kreuzpreiselastizität in Bezug auf

- die Abgrenzung von Marktformen?
- die absatzmäßigen Verflechtungen in einem Mehrproduktunternehmen?

Aufgabe 13 Marktsegmentierungskriterien

Um die Instrumente des Marketing-Mix optimal an die Bedürfnisse der Konsumenten anzupassen und so einen Wettbewerbsvorteil zu erreichen, werden im Rahmen der Marktsegmentierung Gruppen mit möglichst homogenen Eigenschaften isoliert. An jedes Segment wird die Forderung gestellt, dass es in sich möglichst homogen, im Vergleich zu anderen Segmenten hingegen möglichst heterogen ist.

Aufgabe 13a

Welchen Anforderungen müssen Marktsegmentierungskriterien genügen?

Aufgabe 13b

Welche Kriterien sind zur Segmentierung des Automobilmarktes aus der Sicht eines Automobilherstellers besonders geeignet? Begründen Sie Ihre Aussage.

2.2 Lösungen zu den Aufgaben

Lösung Aufgabe 1 Kaufentscheidungstypen

Die Urlaubreise der Familie H. verursacht hohe Kosten und kann nicht als Routineentscheidung interpretiert werden, sodass ein extensiver Kaufentscheidungsprozess unterstellt werden kann. Da alle Familienmitglieder an der Kaufentscheidung beteiligt sind, gleichzeitig aber im Hinblick auf die Urlaubsreise unterschiedliche Interessen haben, ist zu klären, welche Kriterien für die beteiligten Personen bei der Urlaubsreise mit welchem

Gewicht relevant sind. Darüber hinaus müsste die Rolle der einzelnen Personen im Entscheidungsprozess analysiert werden.

Im Vergleich zur ersten Kaufentscheidungssituation handelt es sich bei dem Kauf von Bermuda-Shorts nicht um einen Privatkauf. Der Geschäftsführer handelt als Repräsentant des Textilunternehmens. Diese individuelle Kaufentscheidung unterliegt primär ökonomischen Gesichtspunkten und gehört zu den Routineentscheidungen des Geschäftsführers.

Die Beschaffung neuer Telefonzellen hat für die Deutsche Telekom AG weitreichende Konsequenzen. Bei der Entscheidungsfindung werden mehrere Personen aus unterschiedlichen Unternehmensbereichen, zum Beispiel aus der Einkaufsabteilung, der Marketingabteilung sowie Experten aus dem technischen Bereich beteiligt sein. Der Kauf beinhaltet eine Ausnahmeentscheidung mit ökonomischer Ausrichtung. Starken Einfluss hat dabei die Verteilung von formaler und informeller Macht auf die unterschiedlichen Entscheidungsträger im Buying Center (gedankliche Zusammenfassung der an der Kaufentscheidung beteiligten Personen). Im Rahmen solcher Analysen wird zum Beispiel zwischen Promotoren (Befürwortern der Kaufentscheidung) und Opponenten (Gegnern der Kaufentscheidung) differenziert. Der Einfluss sowohl der Promotoren als auch der Opponenten kann dabei fachlich (Fachpromotor beziehungsweise -opponent) oder hierarchisch (Machtpromotor beziehungsweise -opponent) bedingt sein.

Der Kauf eines BMW Z4 ist für den Studenten in finanzieller Hinsicht sehr bedeutungsvoll und damit eine Ausnahmeentscheidung. Sie wird auf privater Ebene individuell getroffen. Zu ihrer Erklärung ist es notwendig zu analysieren, warum der Student eine offenbar hohe gefühlsmäßige Bindung an den Roadster von BMW hat.

Abbildung 2.3 zeigt eine systematische Aufstellung der Grundtypen von Kaufentscheidungen.

Lösung Aufgabe 2 Neuromarketing

Das Neuromarketing ist ein Ansatz einer spezifische Forschungsrichtung, welches sich Mitte der 90er Jahre entwickelte. Neurowissenschaftliche Technologien (z. B. Magnetresonanztomographie (MRT)) zur Analyse der Aktivierung der Gehirnareale durch spezifische Stimuli (z. B. Produkte, Werbeanzeigen) werden dabei eingesetzt.

	Haushalt	**Unternehmung bzw. Institution**
Individuum	1 Kaufentscheidungen des Konsumenten	2 Kaufentscheidungen des Repräsentanten
Kollektiv	3 Kaufentscheidungen von Familien	4 Kaufentscheidungen des Einkaufsgremiums (Buying-Center)

Abb. 2.3 Grundtypen von Kaufentscheidungen

Lösung Aufgabe 3 Informationsgewinnungsmethoden

Bei der Eignungsprüfung von alternativen Flaschenformen stehen Bewertungskriterien wie

- Aufforderungscharakter
- Anmutungsqualität und
- Funktionalität

im Vordergrund.

Als Methoden der Informationsgewinnung bieten sich grundsätzlich Befragung, Beobachtung und Experiment an. Das Experiment hat eine Sonderstellung, weil es entweder als Befragung oder als Beobachtung oder als Kombination aus beiden durchgeführt werden kann.

Im vorliegenden Fall soll keine komplette Produkt- oder Marketingkonzeption, sondern nur ein einzelner Wirkungsfaktor des Marketing-Mix analysiert werden. Repräsentative Befragungen bei den Konsumenten sind ungeeignet, weil:

- sonstige Einflüsse wie die Wirkung anderer Marketinginstrumente nicht auszuschließen sind,
- sie zu kosten- und zeitintensiv sind und
- Aufforderungs- und Anmutungsqualität eher emotionalen Charakter haben, der sich in verbalisierter Form nur schwer erfassen lässt.

Andererseits bietet sich die Beobachtung von Verhaltensreaktionen auf unterschiedliche Flaschenformen an. Um deren Einfluss zu isolieren, ist die Anlage eines Experiments in einem Labortestmarkt notwendig. Diese Methode hat zusätzlich den Vorteil, kostengünstig zu sein. Die Versuchspersonen würden in einem Labor-Supermarkt einkaufen. Dabei würden in einer ersten Versuchsrunde die markenspezifischen Flaschen, in einer zweiten Versuchsrunde die einheitlichen Euroflaschen angeboten. Die Differenz der Bierkäufe je Marke zwischen der ersten und zweiten Versuchsrunde lässt Rückschlüsse über den Einfluss der markenspezifischen Flaschenform auf die Kaufentscheidung zu.

Lösung Aufgabe 4 Befragungsdesign

Ausgangspunkt einer Befragungskonzeption ist das exakt definierte Marktforschungsproblem. Im vorliegenden Fall möchte die Stadtverwaltung zur Steigerung der Kundenzufriedenheit die Öffnungszeiten der Verwaltung optimal an die Bedürfnisse der Bürger anpassen. Dazu sollen die Bürger der Stadt nach ihren Präferenzen hinsichtlich der Öffnungszeiten befragt werden. Die Befragungskonzeption beinhaltet im Einzelnen die Festlegung:

- des Befragungskreises. Dazu kann die Datei des Einwohnermeldeamtes genutzt werden.
- des Stichprobenumfangs. Es kann entweder auf eine Vollerhebung (alle Einwohner der Stadt werden befragt) oder auf eine Teilerhebung zurückgegriffen werden. Da eine Vollerhebung bei einer großen Grundgesamtheit kaum durchführbar ist, wird in aller Regel eine Teilerhebung durchgeführt.

	Schriftliche Befragung	Mündliche Befragung	Telefonische Befragung	Online-Befragung per Internet
Vorteile	▪ Abdeckung eines großen **räumlichen Gebiets** ▪ **niedrige Kosten**, wenn Interesse seitens der Stichprobe und damit eine hohe Rücklaufquote zu erwarten ist ▪ keine Beeinflussung durch Interviewer **(Interviewer-Effekt)**	▪ **hohe Erfolgsquote**, dadurch hohe Repräsentativität der Ergebnisse ▪ **Fragebogenumfang** und -inhalt kaum eingeschränkt ▪ **Befragungstaktisches Instrumentarium** (Frageformen und -reihenfolge) bestmöglich einsetzbar ▪ **Befragungssituation** weitgehend kontrollierbar ▪ **Zusätzliche Informationen** zu Spontaneität oder emotionalen Reaktionen erhebbar	▪ sehr **kurzfristig einsetzbar** ▪ **geringere Kosten** als bei mündlicher Befragung	▪ relativ geringe Kosten ▪ schnelle Kontaktierung von Befragten per E-Mail bzw. Internetseite (Zeitvorteil) ▪ hohe Reichweite und Möglichkeit der Ansprache internationaler Zielgruppe ▪ automatische Erfassung der Daten
Nachteile	▪ nur Personen erreichbar, deren **Adresse bekannt** ist ▪ **Rücklauf- und Erfolgsquoten** von nur 5 bis 30 Prozent ▪ **Fragenumfang** ist limitiert, tabuisierte Themenstellung wenig erfolgreich ▪ keine Kontakte der Ausfüllsituation, dadurch weniger **repräsentativ** (Wer füllt aus?) ▪ keine Kontrolle der **Reihenfolge** der Fragebeantwortung sowie des situativen Umfelds und dessen Einfluss	▪ **hohe Kosten** ▪ **Interviewer-Effekt:** Verzerrungen durch Situation und Einfluss des Interviewers	▪ durch Anonymität des Interviewers und fehlenden Sichtkontakt **Einschränkung der Befragungsthemen** und bei Verwendung von Hilfsmitteln (keine optischen Hilfen möglich)	▪ Rücklaufquoten ggf. gering ▪ oftmals unzureichende Information über die Grundgesamtheit ▪ Repräsentativität ggf. eingeschränkt – Selbstselektion von Internetnutzern ▪ keine Kontrolle der Ausfüllsituation – Antwortverzerrung aufgrund von Anonymität der Befragten

Abb. 2.4 Vor- und Nachteile unterschiedlicher Befragungsformen

- der Befragten. Bei einer Teilerhebung ist durch geeignete Maßnahmen die Repräsentativität der Stichprobe sicherzustellen.
- des Befragungszeitraums. Ein genügend großer Zeitraum, zum Beispiel zwei Wochen, sollte situative Einflussfaktoren ausschließen.
- der Befragungstaktik. Dabei stehen insbesondere die Wahl zwischen offenen und geschlossenen Fragestellungen, die Fragenreihenfolge, die Länge sowie die sonstige redaktionelle Gestaltung des Fragebogens im Vordergrund. In einem Pretest kann die Eignung des Fragbogens überprüft werden.
- der Befragungsform. Hier besteht die Wahl zwischen einer mündlichen, schriftlichen oder telefonischen Befragung. Die wesentlichen Vor- und Nachteile dieser Methoden zeigt Abb. 2.4.

Im vorliegenden Fall erscheint es sinnvoll, eine schriftliche Befragung bei repräsentativ ausgewählten Bürgern der Stadt durchzuführen. Den Vorteilen einer schriftlichen Befragung stehen kaum Nachteile gegenüber. Das Problem der geringen Rücklaufquote könnte durch den Einsatz von Incentives (zum Beispiel Verlosung einer Reise) vermindert werden. Die Mängel einer eingeschränkten Befragungstaktik und einer unkontrollierten Befragungssituation wiegen aufgrund des vergleichsweise einfachen Marktforschungsproblems nur gering.

Lösung Aufgabe 5 Mündliche versus schriftliche Befragung

Lösung Aufgabe 5a
Zur Ermittlung der kostengünstigsten Befragungsform ist es zunächst erforderlich, den für 2.500 auswertbare Fragebögen erforderlichen Befragungsaufwand zu ermitteln:

- **schriftliche Befragung**

Bei einer Rücklaufquote von 15 % ergibt sich ein notwendiger Stichprobenumfang von 16.667 Personen (2.500 : 0,15). Bei einer Rücklaufquote von 7 % ergibt sich sogar ein notwendiger Stichprobenumfang von 35.715 Personen (2.500 : 0,07).

- **mündliche Befragung**

Bei einer mündlichen Befragung ist bei einer Ausfallquote von 5 % ein Stichprobenumfang von 2.632 Personen (2.500 : 0,95) erforderlich.
    Auf der Grundlage der so ermittelten Stichprobenumfänge können die Kostenberechnungen für die einzelnen Befragungsformen vorgenommen werden.

1. Kostenberechnung schriftliche Befragung

a. für eine Rücklaufquote von 15 %

Portogebühren	16.667 · 1,80 € + 2.500 · 1,80 € = 34.500,60 €
Konfektionierung der Fragebögen	16.667 · 0,30 € = 5.000,10 €
Druckkosten für Fragebögen	Aufgrund der Kostenstaffelung fallen 0,70 € Druckkosten pro Fragebogen an: 16.667 · 0,70 € = 11.666,90 €

Bei einer Rücklaufquote von 15 % belaufen sich die Gesamtkosten auf 51.167,60 €.

b. für eine Rücklaufquote von 7 %

Portogebühren	35.715 · 1,80 € + 2.500 · 1,80 € = 68.787 €
Konfektionierung der Fragebögen	35.715 · 0,30 € = 10.714,50 €
Druckkosten der Fragebögen	35.715 · 0,70 € = 25.000,50 €

Die Gesamtkosten für die Befragung belaufen sich bei einer Rücklaufquote von 7 % auf 104.502 €.

2. Kostenberechnung mündliche Befragung

Bei einem Kostensatz von 240,00 € pro Interviewertag und einer Arbeitsleistung von acht Interviews pro Tag ergeben sich Kosten für ein Interview von 30,00 €. Für die Repräsentanz der Untersuchung sind 2.632 Befragungen erforderlich, sodass sich die Kosten für den Interviewereinsatz auf 78.960,00 € belaufen. Hinzu kommen die Kosten für den Fragebogendruck. Hier fallen aufgrund der geringeren Auflagenhöhe Druckkosten in Höhe von 2.632,00 € (2.632 · 1,00 €) an.

Aufgrund der Ergebnisse der Kostenanalyse ist eine eindeutige Entscheidung für eine der beiden Befragungsformen nicht möglich.

Stellt sich eine geringere Rücklaufquote als 7 % ein, ist die mündliche Befragung mit einem Kostenvorteil von 30.425,00 € vorzuziehen.

Für eine endgültige Entscheidung ist es erforderlich, genauere Informationen über die tatsächlich realisierbare Rücklaufquote einzuholen.

Lösung Aufgabe 5b
Es ist die Rücklaufquote zu bestimmen, bei der die Gesamtkosten für schriftliche und mündliche Befragung identisch sind. Die kritische Rücklaufquote q der schriftlichen Befragung kann dabei sowohl graphisch als auch analytisch ermittelt werden.

▪ **graphische Ermittlung**

Aus der graphischen Lösung in Abb. 2.5 kann entnommen werden, dass die kritische Rücklaufquote q zwischen 9 % und 10 % liegen muss. Dies entspricht in etwa einem Stichprobenumfang von 25.000 bis 27.800 Personen.

Auf analytischem Wege lässt sich die exakte Rücklaufquote mit der folgenden Gleichung ermitteln:

$$\frac{2.500}{q}1,80 + 2.500 \cdot 1,80 + 2.500 \cdot 0,3 + \frac{2.500}{q}k = 81.592$$

k = Kostensatz für den Druck eines Fragebogens. Da die Auflage größer als 4.500 ist, beträgt k = 0,70 €.
Daraus ergibt sich:

$$\frac{4.500}{q} + 4.500 + \frac{750}{q} + \frac{1.750}{q} = 81.592$$

$$\frac{7.000}{q} = 77.092$$

$$q = 0,0908 = 9,08\%$$

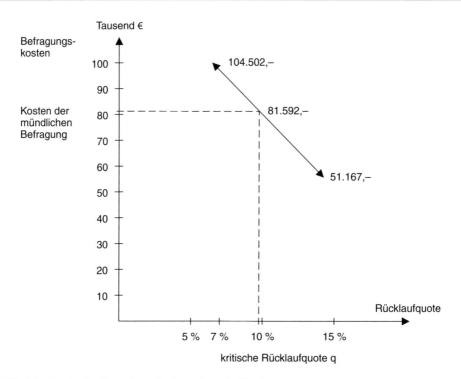

Abb 2.5 Graphische Ermittlung der kritischen Rücklaufquote

Die kritische Rücklaufquote, bei der zwischen einer mündlichen und schriftlichen Befragung eine Kostenindifferenz vorliegt, beträgt 9,08 %. Dies entspricht einem Stichprobenumfang von 27.533 Personen.

Lösung Aufgabe 5c
Neben der reinen Kostenbetrachtung müssen auch qualitative Aspekte bei der Auswahl der Befragungsform Berücksichtigung finden. Beispielhaft sind folgende Gesichtspunkte anzuführen:

- Problem des sozial erwünschten Antwortverhaltens
- Akzeptanz seitens der Kirchenmitglieder
- Erforderlicher Fragebogenumfang
- Länge des Durchführungszeitraums der Befragung
- Kontrollierbarkeit der Befragungssituation
- Anwendung des befragungstaktischen Instrumentariums
- Risiko von Verzerrungen in der Repräsentanz bei abnehmender Rücklaufquote
- Verfügbarkeit von ausreichendem Datenmaterial zur Stichprobenermittlung
- Vermeidung der Beeinflussung durch Dritte
- Räumliche Verteilung der relevanten Zielgruppe

Lösung Aufgabe 6 Panel-Methode

Unter Panelerhebungen werden Untersuchungen verstanden, die bei einem bestimmten gleich bleibenden Kreis von Untersuchungseinheiten (Personen, Einkaufsstätten, Unternehmen), im Gegensatz zur Einzelbefragung in regelmäßigen zeitlichen Abständen, wiederholt zum gleichen Untersuchungsgegenstand durchgeführt werden. Das Panel stellt dabei keine eigene Erhebungstechnik dar, sondern eine besondere Art der Forschungsanordnung unter Zuhilfenahme der bereits diskutierten Erhebungsmethoden.

Beim Aufbau eines Handelspanels ergeben sich im Wesentlichen folgende Probleme:

- Branchenwahl: Welche Branche ist für den beabsichtigten Zweck besonders geeignet?
- Selektion geeigneter Handelsbetriebe: Welche Betriebe innerhalb einer Branche sind für die Aufnahme in das Panel besonders geeignet? Ein wichtiges Kriterium ist dabei etwa das Vorhandensein von Scanner-Kassen in dem Handelsbetrieb.
- Akquisition geeigneter Handelsbetriebe: Im Anschluss an die Auswahl geeigneter Handelsunternehmen müssen diese zur Mitarbeit am Panel gewonnen werden. Dazu müssen den betreffenden Betrieben entsprechende Anreize, zum Beispiel entgeltlose Bereitstellung der Panelergebnisse, geboten werden.
- Festlegung der Erhebungsintervalle.
- Festlegung von Erhebungsgebühren.
- Lieferung von Gegeninformationen an den Panelteilnehmer.
- Inwieweit müssen neben Standarderhebungen auch Sonderanalysen durchgeführt werden?

Die Schwierigkeiten der Panelpflege entstehen insbesondere durch die zeitliche Ausdehnung von Paneluntersuchungen. Daraus ergeben sich folgende Probleme:

- Panelsterblichkeit: Der Kreis von Panelteilnehmern unterliegt einer ständigen Fluktuation. Ausscheidende Mitglieder müssen aus Reservekontingenten ersetzt werden.
- Paneleffekt: Damit werden Verhaltensänderungen der Panelmitglieder umschrieben, die sich aus der Panelzugehörigkeit ergeben. Insbesondere bei neuen Panelmitgliedern sind erst nach einem Gewöhnungszeitraum valide Ergebnisse zu erwarten.

Lösung Aufgabe 7 Web-Analytics

Web-Analytics ist die Messung, Sammlung, Analyse und Auswertung von internetbasierten Daten zum Verständnis und zur Optimierung des Nutzungsverhaltens im Internet in einem definierten Zeitraum.

Für die Internetnutzung werden zumeist folgende Schlüsselkennziffern verwendet:

- Seitenaufrufe (Page Impressions, Page Views): Anzahl der Aufrufe einer Internetseite.
- AdImpressions: Diese Kenngröße gibt an, wie häufig eine Internetseite mit einem Werbebanner von einem Nutzer geladen wird. Dass der Nutzer die Onlinewerbung gesehen hat, wird dabei unterstellt.

- Click-Through-Rate: Die Kennzahl gibt Auskunft über das Verhältnis der Anzahl der insgesamt geladenen Seiten mit Werbebannern zu der Anzahl der tatsächlich angeklickten Werbeanzeigen. Wird beispielsweise eine Seite von 100 Personen besucht und einer von ihnen klickt auf die Werbung, dann beträgt die Klickrate ein Prozent.
- Absprungrate (Bounce Rate): Diese Kennziffer sagt aus, wie viel Prozent der Zugriffe auf nur einer Seite erfolgten, oder sie bereits auf der Startseite wieder verlassen haben. Der Messwert gibt Auskunft über die Besuchsqualität. So könnte eine hohe Absprungrate darauf hinweisen, dass sich die Nutzer nicht intensiver mit dem Internetangebot auseinandersetzen möchten, bzw. das Angebot nicht relevant genug erscheint.
- Besuche (Visit): Die Anzahl der Visits gibt die Nutzungen eines Internetangebotes an. Besucht ein Nutzer dabei verschiedenen Unterseiten des Anbieters, werden zwar mehrere Page Impressions gemessen, allerdings nur eine Nutzung des Online-Angebotes registriert.
- Neue Besucher (New Visitors): Diese Kennziffer gibt die Anzahl der Besucher an, die eine Internetseite in einem definierten Zeitraum das erste Mal besucht haben.
- Besucher (Unique Visitors): Diese Kennzahl gibt Auskunft über die Anzahl von Besuchern auf einer Webseite. Egal wie oft ein Nutzer die Webseite besucht, jede IP-Adresse wird nur einmal gezählt.
- Besuchsdauer (Usetime): Sie gibt die durchschnittliche Dauer der Nutzung eines Internetangebotes wieder. Hierzu wird die durchschnittliche Zeit, die zwischen zwei Seitenaufrufen liegt mit der durchschnittlichen Anzahl an Aufrufen verglichen.
- Umwandlungsrate (Conversion Rate): Die Umwandlungsrate berechnet sich aus dem Verhältnis zwischen der Kennziffer Visits und den getätigten Käufen oder anderen definierten Aktivitäten als Bezugsgröße. Diese Kennzahl ist wichtig für die Erfolgsmessung der Werbung und der Effizienz.

Da sich Haushaltspanels gut eignen, Haushaltssituationen zu beleuchten, werden sie zunehmend auf die Erfassung von Bestellungen und Käufen im Internet erweitert. Dadurch lassen sich interessante Erkenntnisse über das Kaufverhalten von Konsumenten in traditionellen und elektronischen Absatzkanälen erzielen.

Lösung Aufgabe 8 Prognoseverfahren
Die vom Hersteller für Babynahrung verwendeten Prognoseverfahren lassen sich nach folgenden Kriterien systematisieren:

- Grad der analytischen Absicherung: Hiernach können quantitative und qualitative Prognosemethoden unterschieden werden. Quantitative Prognosen sind statistisch abgesichert, während qualitative Prognosen auf Expertenurteilen beruhen.
- Fristigkeit: Hiernach kann zwischen lang- und kurzfristigen Prognosen getrennt werden. Zur Abgrenzung dient dabei die Länge des Planungszeitraums.
- Art der einbezogenen unabhängigen Variablen: Hierbei kann zwischen Wirkungs- und Entwicklungsprognosen differenziert werden. Entwicklungsprognosen prognostizieren den Absatz von Babynahrung in Abhängigkeit von nicht durch den Hersteller kontrol-

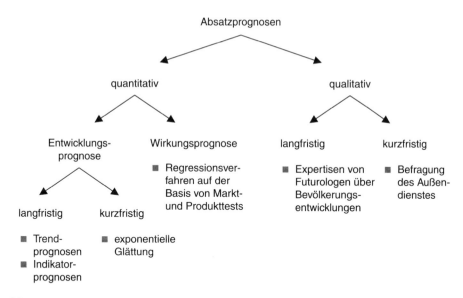

Abb. 2.6 Absatzprognosen

lierbaren Variablen. Als Ersatz für die Vielzahl von Kausalfaktoren wird in Entwicklungsprognosen auf die Zeit als verursachende Variable zurückgegriffen. Wirkungsprognosen bestimmen demgegenüber die Prognosegröße unter expliziter Berücksichtigung der vom Hersteller für Babynahrung kontrollierten Variablen, insbesondere Instrumentevariablen des Marketing-Mix. So könnte zum Beispiel der Absatz eines bestimmten Milchbreis in Abhängigkeit von verschiedenen Ausprägungen des Preises für diesen Milchbrei und des eingesetzten Werbebudgets prognostiziert werden.

Die vom Hersteller für Babynahrung verwandten Prognosemethoden lassen sich mit Hilfe der in Abb. 2.6 aufgeführten Differenzierungskriterien aufstellen.

Lösung Aufgabe 9 Regressionsanalyse

Lösung Aufgabe 9a
Die Lösung der Teilaufgabe erfolgt in drei Arbeitsschritten:

- Erstellen einer Arbeitstabelle (Abb. 2.7)
- Berechnung der Parameter a und b

$$a = \frac{91 \cdot 198.127 - 21 \cdot 729.922}{6 \cdot 91 - 21^2} = 25.725{,}67$$

$$b = \frac{6 \cdot 729.922 - 21 \cdot 198.127}{6 \cdot 91 - 21^2} = 2.084{,}43$$

Jahr	t_i	t_i^2	Y_i	Y_i^2	t_iY_i
1989	1	1	29.190	852.056.100	29.190
1990	2	4	30.152	909.143.104	60.304
1991	3	9	30.695	942.183.025	92.085
1992	4	16	31.309	980.253.481	125.236
1993	5	25	37.579	1.412.181.241	187.895
1994	6	36	39.202	1.536.796.804	235.212
Summe	21	91	198.127	6.632.613.755	729.922

Abb 2.7 Arbeitstabelle für die Regressionsanalyse

Die Regressionsfunktion lautet:

$$Y_i = 25.725,67 + 2.084,43 \cdot t_i$$

- Prognose des Marktvolumens für die Jahre 1996 und 1997

$$1996: Y_8 = 25.725,67 + 2.084,43 \cdot 8 = 42.401$$
$$1997: Y_9 = 25.725,67 + 2.084,43 \cdot 9 = 44.485$$

Für 1996 ergibt sich ein Marktvolumen von 42,401 Mio. Pkw, für 1997 von 44,485 Mio. Pkw.

Lösung Aufgabe 9b
Die Trendextrapolation ist nur dann sinnvoll, wenn sich der Pkw-Bestand als lineare Funktion der Zeit darstellen lässt. Die Ergebnisse sind insofern nur dann valide, wenn keine großen Strukturbrüche im Verbraucherverhalten auftreten. Da im vorliegenden Fall auch Einflüsse der Sonderkonjunktur durch die Wiedervereinigung zu vermuten sind, müssen die Ergebnisse der Regressionsanalyse mit weiteren Untersuchungen gestützt werden.

Lösung Aufgabe 9c
Berechnung des Korrelationskoeffizienten
Der Korrelationskoeffizient lässt sich aus der unter a) erstellten Arbeitstabelle berechnen:

$$r_{yt} = \frac{6 \cdot 729.922 - 21 \cdot 198.127}{\sqrt{6 \cdot 91 - 21^2} \cdot \sqrt{6 \cdot 6.632.613.755 - 198.127^2}} = 0,917979$$

Der Korrelationskoeffizient liegt immer zwischen +1 und –1. Er gibt die Stärke des Zusammenhangs zwischen der unabhängigen (Zeit t_i) und der abhängigen Variable (Pkw-Bestand) wieder. Ein hoher positiver (negativer) Korrelationskoeffizient lässt auf eine starke gleichgerichtete (entgegengesetzte) Entwicklung beider Zeitreihen schließen, ohne dass dabei jedoch eine Aussage über die Kausalität gemacht werden kann.

Der hohe Korrelationskoeffizient im vorliegenden Beispiel verweist auf eine relativ gute Reproduktionsfähigkeit des linearen Trends. Daraus lässt sich auf vergleichsweise zuverlässige Prognosewerte für 1996 und 1997 schließen. Allerdings könnte die Untersuchung durch den „Ausreißer" 1994 verzerrt worden sein. Hier müssten genauere Analysen über die Ursachen des sprunghaften Anstiegs angestellt werden. Außerdem ließe sich die Validität der Regressionsfunktion durch eine Verlängerung des Beobachtungszeitraums erhöhen.

Lösung Aufgabe 10   Quantitative versus qualitative Prognose
Qualitative Prognosen stützen sich in erster Linie auf den Erfahrungsschatz von Experten. Die mit ihrer Hilfe generierten Prognosewerte sind nicht intersubjektiv nachvollziehbar. Häufig finden qualitative Prognosen bei strukturdefekten, komplexen Entscheidungsproblemen Anwendung wie zum Beispiel im Rahmen der Einführung von Marktneuheiten. Derartige Strukturdefekte zeichnen sich dadurch aus, dass in der Entscheidungssituation entweder

1. keine effiziente Lösungsmethode zur Verfügung steht (Lösungsdefekt) oder
2. keine operationale Zielfunktion existiert (Zielsetzungsdefekt) oder
3. die entscheidungsrelevanten Merkmale nicht eindeutig ökonomisch bewertbar sind (Bewertungsdefekt) oder
4. der Zusammenhang zwischen den relevanten Merkmalen eines Problems und dem Niveau der Variablen unbekannt ist (Wirkungsdefekt).

Im Gegensatz dazu beruhen quantitative Prognosen auf empirischen Daten. Die Prognosewerte werden mit Hilfe von mathematisch-statistischen Verfahren ermittelt.

Einen beispielhaften Überblick über unternehmensinterne und -externe Personen, die qualitative Absatzprognosen abgeben können, zeigt die Abb. 2.8:

Prognostiker	
unternehmensinterne	**unternehmensexterne**
■ Vorstandsmitglieder	■ Absatzmittler
■ Produktmanager	■ Handelsvertreter
■ Kundenmanager	■ Kunden
■ Marktmanager	■ Futurologen
■ Verkaufsmanager	
■ Marktforscher	
■ Außendienst	

Abb. 2.8 Qualitative Absatzprognosen

Lösung Aufgabe 11 Gegenstand von Absatzprognosen

- Marktpotenzial: Mit diesem Begriff wird die oberste Grenze für den möglichen Abverkauf eines bestimmten Produkts auf dem Markt in einer bestimmten Periode umschrieben. Im Beispiel: 140 Mio. hl Bier jährlich.
- Absatzpotenzial: Dieser Wert gibt den Anteil am Marktpotenzial an, den ein Unternehmen glaubt, erreichen zu können. Im Beispiel: 10 % von 140 Mio. hl = 14 Mio. hl.
- Marktvolumen: Das Marktvolumen entspricht der tatsächlichen Absatzmenge eines bestimmten Produkts in einer bestimmten Periode. Im Beispiel: 85 % von 140 Mio. hl = 119 Mio. hl.
- Absatzvolumen: Dieser Wert gibt die von einem Unternehmen realisierte Absatzmenge für ein bestimmtes Produkt in einer bestimmten Periode an. Im Beispiel: 6,3 Mio. hl.
- Marktanteil: Dieser Wert gibt den mengenmäßigen Anteil einer Unternehmung am Gesamtabsatz einer Branche an (Absatzvolumen/Marktvolumen). Im Beispiel: 6,3/119 Mio. hl = 5,29 %.

Lösung Aufgabe 12 Kreuzpreiselastizität

Die Kreuzpreiselastizität ist ein Maß zur Bestimmung von Konkurrenzbeziehungen. Sie wird als Triffin'scher Koeffizient bezeichnet.

Mittels der Intensität der Konkurrenzbeziehungen zwischen zwei und mehr Anbietern lassen sich drei Marktformen abgrenzen. Beträgt der Triffin'sche Koeffizient

1. T = 0, dann gibt es keine Konkurrenz in dem Sinne, dass eine Preisvariation eines Anbieters keinen Einfluss auf das Absatzvolumen anderer hat.
2. T = ∞, dann besteht homogene Konkurrenz. Diese äußerst enge und intensive Konkurrenzbeziehung liegt vor, wenn eine minimale Preisvariation eines Anbieters die Absatzmenge anderer stark beeinflusst.
3. 0 < T < ∞, dann besteht heterogene Konkurrenz. Sie ist gegeben, wenn eine Preisvariation eines Anbieters die Absatzmenge anderer zwar nicht übermäßig stark, aber durchaus spürbar beeinflusst.

Die Grenzen zwischen den Marktformen sind fließend. Der **Triffin'sche Koeffizient** gibt an, ob ein konkreter Einzelfall mehr zu der einen oder anderen Form der Konkurrenzgebundenheit tendiert. Darüber hinaus lässt sich die Kreuzpreiselastizität zur Analyse der Substitutionalitäts- und Komplementaritätsbeziehungen im eigenen Sortiment (Sortimentsverbund) heranziehen. Ist sie positiv, so handelt es sich um eine substitutionale, ist sie negativ, um eine komplementäre Relation.

Lösung Aufgabe 13 Marktsegmentierungskriterien

Lösung Aufgabe 13a

- Die Kriterien müssen mit vorhandenen Marktforschungsmethoden messbar sein.
- Die Kriterien müssen in einem nachweisbaren Zusammenhang zum Käuferverhalten stehen.

- Die gewählten Kriterien müssen zu tragfähigen Marktsegmenten führen, die eine differenzierte Marktbearbeitung ökonomisch vorteilhaft machen.
- Die Kriterien müssen über einen längeren Zeitraum stabil sein.
- Die Kriterien müssen in einem Zusammenhang mit möglichen Marketingmaßnahmen stehen, sodass die ermittelten Segmente ansprechbar sind.

Lösung Aufgabe 13b

Es bestehen zahlreiche Möglichkeiten zur Segmentierung des Automobilmarktes. Die in der Aufgabenstellung angesprochene Eignung der Kriterien muss anhand der Ziele bzw. der Zielerreichungsgrade der Segmentierung beurteilt werden. Diese liegen global in einer differenzierten Behandlung der Segmente, was einen höheren Zielerreichungsgrad bei Oberzielen wie Gewinn ermöglichen soll, als eine undifferenzierte Behandlung.

Die meisten Automobilhersteller sehen eine differenzierte Marktbearbeitung bereits dadurch realisiert, dass verschiedene Produktlinien angeboten werden (zum Beispiel Corsa, Astra usw.). Diese unterscheiden sich meist nach funktional-technischen Kriterien (Größe, Motorleistung, Karosserieform), die stellvertretend für bestimmte Käufersegmente stehen. Beispiel hierfür ist das Segment der kompakten Sportlimousinen mit einer bestimmten Käuferschaft. Dementsprechend ist das zentrale Segmentierungskriterium der aktuelle Autobesitz (zum Beispiel wird das Segment der Astra-Fahrer gebildet). Darüber hinaus gibt es aber noch weitere Kriterien, die entweder zur Markterfassung (segmentbildende Kriterien) oder zur Marktbearbeitung (segmentbeschreibende Kriterien) herangezogen werden können:

Demographische Kriterien

Verwendet werden insbesondere sozio-ökonomische Kriterien (Geschlecht, Ausbildung, Beruf, Einkommen und Alter), da sie einen deutlichen Bezug zum Kaufverhalten aufweisen. Zudem sind sie relativ leicht erfassbar. Im Gegensatz dazu werden geographische Kriterien (Größe von Städten) selten verwendet, da sie nicht immer in einem deutlichen Bezug zum Kaufverhalten stehen.

Kriterien des beobachtbaren Verhaltens

- Gegenwärtiger Automobilbesitz: Die ermittelten Segmente werden mittels anderer Kriterien beschrieben, um ein Bild vom zum Beispiel typischen „Astra-Fahrer" zu erhalten und damit zum Beispiel bei Modellveränderungen entsprechend reagieren zu können.
- Vor dem jetzigen Automobil gefahrenes Fahrzeug (Vorkäuferstruktur): Anhand derartiger Untersuchungen lässt sich die Markentreue erkennen.

Psychographische Kriterien

- Einstellungen und Erwartungen (insbesondere Einstellungen gegenüber Eigenschaften von Automobilen, zum Beispiel Sportlichkeit, Umweltaspekte, Sicherheit) unterteilen die Gesamtkäuferschaft in heterogene Segmente.
- Allgemeine grundlegende Persönlichkeitsmerkmale, Charaktereigenschaften (zum Beispiel ängstlich, prestigeorientiert oder sicherheitsbewusst) werden vielfach verwendet,

um schon ermittelte Segmente zu beschreiben (segmentbeschreibende Kriterien). Bei-spielsweise wurde das Segment der Golf-I-Fahrer (Segmentierung nach Kriterien des beobachtbaren Kaufverhaltens) als eher ängstlich in ihrer Persönlichkeitsstruktur be-schrieben. Grundsätzlich sind diese Kriterien schwieriger zu erheben als beispielsweise demographische Kriterien.

2.3   Fallstudien

Fallstudie 1   Einstellung der Stadtbevölkerung zum Flughafenausbau

Im Vorfeld einer notwendigen Erweiterung eines stadtnahen Flughafens wurde die Ein-stellung der Bevölkerung zu diesem Vorhaben erfasst. Das Ergebnis der Befragung sollte dem Flughafenbetreiber insbesondere Hinweise für eine Kommunikationsstrategie liefern, um möglichen Akzeptanzproblemen seitens der Bevölkerung entgegenzutreten.

Aus der Grundgesamtheit von ca. 75.000 Einwohnern, zwischen fünf und 75 Jahren aus der angrenzenden Stadt, wurde ein repräsentativer Personenkreis in Einzelinterviews befragt. Dazu lag ein standardisierter Fragebogen vor, der unter befragungstaktischen Ge-sichtspunkten konzipiert und getestet war. Neben den soziodemographischen Daten wur-de die Einstellung der Befragten zum Flughafen insgesamt und zur geplanten Erweiterung erhoben. Insbesondere sollten die Personen über die von ihnen empfundene Belästigung durch den Flughafen Auskunft geben. Aus der Datei des Einwohnermeldeamtes wurden nach dem Zufallsprinzip 463 Adressen aus der Grundgesamtheit gezogen. Der Umfang ergab sich unter Berücksichtigung einer erwarteten Ausfallquote von 30 % aller Adressen. Einige Tage vor Beginn der Untersuchung wurden alle zu befragenden Personen in einem persönlichen Brief über das bevorstehende Interview informiert. Gleichzeitig wurden alle Interviewer in einem entsprechenden Training auf ihre Aufgabe vorbereitet. Dabei wurden unter anderem Interviewsituationen entworfen und in Rollenspielen geübt.

Zur Überprüfung der Repräsentativität der Stichprobe für die Grundgesamtheit ist ein Vergleich der Altersstruktur der Stichprobe mit derjenigen des Rücklaufs sinnvoll. Dabei ergibt sich das in Abb. 2.9 dargestellte Bild.

Aufgabe 1   Notwendiger Stichprobenumfang

Von allen geführten Interviews konnten nur 69,6 % verwertet werden. Da aus der Befra-gung umfangreiche Konsequenzen gezogen werden sollen (Strategie und Konzeption der geplanten Kampagne), ist es wichtig zu wissen, ob die erhaltenen Antworten die Meinung der gesamten Bevölkerung wiedergeben. Mit welcher Sicherheitswahrscheinlichkeit kön-nen auf dieser Datenbasis repräsentative Aussagen für die Grundgesamtheit gemacht wer-den? Der Toleranzwert für die Streuung ist mit +/–5 % (Signifikanzniveau) vorgegeben.

Aufgabe 2   Ziehungsverfahren

Die 78.710 Adressen der Einwohnermeldedatei sind nach Straßen sortiert. Es müssen 463 Personen zwischen fünf und 75 Jahren ermittelt werden, mit denen anschließend die

Altersklassen (in Jahren)	Befragungsgruppe Anteile in Prozent	Grundgesamtheit Anteile in Prozent
6–15	6,21	10,25
16–25	17,39	13,35
26–35	20,50	16,46
36–45	19,88	17,08
46–60	19,25	21,12
über 60	16,77	21,74

Abb. 2.9 Altersaufbau der Stichprobe und der Grundgesamtheit

Interviews durchgeführt werden. Konstruieren Sie ein Zufallsziehungsverfahren. Welche Vor-/Nachteile hat das Zufallsverfahren gegenüber dem Quotenverfahren?

Aufgabe 3 Befragungstaktik

Da es sich bei der Flughafenerweiterung für die unmittelbar betroffene Bevölkerung um ein emotionslastiges Thema handelt, sollten die Fragen nach besonderen Kriterien formuliert werden. Dabei sind insbesondere befragungstaktische Aspekte zu beachten. Welche Anforderungen sollten bei der Formulierung der Frage, bei der Konzeption und der Durchführung des Interviews angesichts der besonderen Situation berücksichtigt werden?

Aufgabe 4 Standardisierte Interviews

Der Bürgermeister der Stadt möchte wissen, ob es zu Ergebnisverzerrungen kommen kann, die in der Interviewform begründet sind. Ist die Standardisierung der Interviews (vorgegebener Fragebogen) ein geeignetes Mittel, diese Bedenken auszuräumen?

Aufgabe 5 Typische Interviewsituationen

Am Abend vor der Interviewerschulung muss der Projektleiter noch das Programm zusammenstellen. Welche typischen Interviewsituationen können Gegenstand der geplanten Rollenspiele sein? Geben Sie eine ausführliche Begründung.

Lösungen zur Fallstudie 1: Einstellung der Stadtbevölkerung zum Flughafenausbau

Lösung Aufgabe 1 Notwendiger Stichprobenumfang

Der Stichprobenumfang hat einen entscheidenden Einfluss auf die Repräsentativität einer Befragung (je größer der Umfang, desto größer die Repräsentativität). Es wurden insgesamt 322 verwertbare Interviews durchgeführt. Da die Adressen mit Hilfe der Zufallsziehung gewonnen wurden, lässt sich die Sicherheitswahrscheinlichkeit aus der Formel zum notwendigen Stichprobenumfang ermitteln. Der Auswahlsatz ist kleiner als 5 %. Somit kann die Endlichkeitskorrektur vernachlässigt werden.

$$n = \frac{\theta(1 - \theta)z^2}{\triangle \theta^2}$$

n   = notwendiger Stichprobenumfang

θ   = Grundgesamtheitsanteilswert. Da der exakte Wert unbekannt ist, kann als Schätz-
      wert der Stichprobenanteilswert einer Vorstichprobe oder einer aus einer früheren
      Erhebung bekannter Anteilswert verwendet werden. Existiert von der Größenord-
      nung von θ überhaupt keine Vorstellung, so muss der Ausdruck θ (1 – θ) geschätzt
      werden.

Δθ = Konfidenzintervall. Das Konfidenzintervall (auch Schätzintervall oder Vertrau-
      ensbereich genannt) gibt einen Bereich an, in dem der unbekannte Parameter der
      Grundgesamtheit mit einer bestimmten vorgegebenen Wahrscheinlichkeit (Sicher-
      heitswahrscheinlichkeit) liegt. Je kleiner das festgesetzte Konfidenzintervall ist, des-
      to größer ist der notwendige Stichprobenumfang.

z   = z-Wert der Standardnormalverteilung. Die Sicherheitswahrscheinlichkeit (auch
      Sicherheitsgrad genannt) gibt an, mit welcher Wahrscheinlichkeit der Grundge-
      samtheitsanteilswert im Konfidenzintervall liegt. Auch dieser Wert muss festgelegt
      werden. Für die Sicherheitswahrscheinlichkeit wird der entsprechende z-Wert der
      Standardnormalverteilung in die Formel eingesetzt.

Für den unbekannten Anteilswert q wird die ungünstigste Verteilung zugrunde gelegt. Die
Anteile verhalten sich dabei wie 1:1 (θ = 0,5, 1 – θ = 0,5). Gesucht ist der z-Wert, über
den sich aus der Tabelle der Normalverteilung die gesuchte Sicherheitswahrscheinlichkeit
ergibt.

$$z = \sqrt{\frac{\triangle \theta^2 \cdot n}{\theta(1 - \theta)}} = \sqrt{\frac{0{,}05^2 \cdot 322}{0{,}5 \cdot 0{,}5}}$$

Ein z-Wert von etwa 1,79 entspricht laut Tabelle der Standardnormalverteilung einer
Wahrscheinlichkeitsverteilung von 96,3 %. Folglich können mit einer Sicherheitswahrscheinlichkeit von mindestens 96 % repräsentative Aussagen für die Grundgesamtheit getroffen werden.

Lösung Aufgabe 2 Ziehungsverfahren

Ausgangspunkt eines denkbaren Zufallsziehungsverfahrens ist die Ermittlung eines so genannten Ziehungsintervalls. Sollen 463 Adressen aus 78.710 Adressen gezogen werden,
muss ungefähr auf jede 170. Adresse zurückgegriffen werden. Da die Adressen nach Stra-
ßennamen alphabetisch geordnet sind, ist ein Einstieg in die Kartei nach dem Zufallsprinzip notwendig. Für den Zufallsstart werden die Adressen nummeriert und die Startadresse
mit Hilfe eines Zufallsgenerators gezogen. Zur Beschränkung auf Personen zwischen fünf
und 75 Jahren hat sich folgende Suchregel bewährt: Wird die Adresse einer Person gezogen, die diesem Kriterium nicht entspricht, kann im Wechsel einmal die nächstfolgende

und einmal die nächste davorliegende Adresse mit den geforderten Personenmerkmalen verwendet werden.

Die Zufallsziehung hat im Vergleich zum Quotenverfahren, bei dem den Interviewern Merkmalsanteile bei der Zusammenstellung ihres Befragtenkreises vorgegeben werden, folgende Vorteile: Sie ermöglicht eine statistische Berechnung von Sicherheitswahrscheinlichkeiten für den Repräsentativitätsgrad und die Toleranzbereiche. Im Gegensatz zum Quotenverfahren schützt sie vor Verzerrungen infolge willkürlicher Auswahl der Befragten durch den Interviewer. Zusätzlich lassen sich die Interviewer besser kontrollieren, wenn die Adressen bereits vorliegen.

Gewichtige Nachteile der Zufallsziehung ergeben sich durch den Arbeitsmehraufwand und die notwendige Voraussetzung einer Zugriffsmöglichkeit auf die Grundgesamtheit.

Lösung Aufgabe 3 Befragungstaktik

Im Rahmen der Befragungstaktik ergeben sich zahlreiche Gestaltungs- und Handlungsalternativen. Zunächst lassen sich vier unterschiedliche Fragegruppen unterscheiden:

1. Einleitungs-, Kontakt- und Eisbrecherfragen: Sie dienen dazu, dem Befragten die erste Befangenheit zu nehmen und ihn auf die Befragung einzustimmen. In der Regel sind diese Fragen relativ leicht zu beantworten.
2. Sachfragen: Sie beziehen sich auf den Untersuchungsgegenstand. Im vorliegenden Fall sind dies Fragen zur Einstellung gegenüber der Flughafenerweiterung.
3. Kontrollfragen: Sie dienen der Überprüfung der Antworten oder der Interviewerkontrolle.
4. Fragen zur Person: Sie erfassen soziodemographische Merkmale wie zum Beispiel Alter, Geschlecht und Einkommen.

Fragen lassen sich in offener oder geschlossener Form (mit vorgegebenen Antwortkategorien) gestalten. Eine weitere taktische Entscheidung ist die Wahl zwischen direkter und indirekter Fragestellung. Die indirekte Form lässt keinen Zusammenhang zwischen Untersuchungsgegenstand und Frageinhalt erkennen. Sie bietet sich vor allem bei heiklen Themen an.

Durch die Frageformulierung muss es gelingen, den interessierenden Sachverhalt verständlich abzufragen.

Im Mittelpunkt der Fragebogendramaturgie stehen die Festlegung von Themen- und Fragenreihenfolge sowie der Fragebogenlänge. Damit lässt sich die Aussagewilligkeit und das Interesse der Befragten positiv beeinflussen. Außerdem können Antworttendenzen durch ähnliche Fragestellungen vermieden werden.

Lösung Aufgabe 4 Standardisierte Interviews

Ein standardisiertes Interview ist dadurch gekennzeichnet, dass die Fragen in Wortlaut und Reihenfolge festgelegt sind. Vielfach werden geschlossene Fragen formuliert und die Antwortkategorien sind vorgegeben. Bei Interviews ist es notwendig, eine möglichst standardisierte Interviewsituation zu gewährleisten. Dazu müssen die Interviewer entsprechend geschult werden.

Trotz aller Vorkehrungen lassen sich ergebnisverzerrende Einflüsse, die zum Teil in der Person des Interviewers begründet sind, nicht ausschließen. Neben sichtbaren Merkmalen wie Alter oder Geschlecht, können insbesondere Meinungen, Einstellungen und Erwartungen des Interviewers sein Befragungsverhalten beeinflussen. Seine Betonung oder Gesprächsführung bei Abschweifungen des Befragten vom Thema rufen Antwortverzerrungen hervor.

Lösung Aufgabe 5 Typische Interviewsituationen
Als typische Interviewsituationen können die folgenden fünf Befragungsepisoden gelten:

1. Kontaktaufnahme mit dem Befragten
2. Terminabsprache für das Interview
3. Verständnisschwierigkeiten des Befragten bei einzelnen Fragestellungen
4. Abschweifungen des Befragten vom Untersuchungsgegenstand
5. Anwesenheit und Beeinflussungsmöglichkeiten von dritten Personen

In Rollenspielen muss geübt werden, wie sich der Interviewer bei der Kontaktaufnahme vorstellt und die Zielperson (nach Vorgabe) identifiziert.

Kann das Interview nicht sofort durchgeführt werden, muss ein Termin vereinbart werden. Hierzu lernt der Interviewer, konkrete Termine abzusprechen und ein Hinhalten der Befragungspersonen zu vermeiden.

Treten Verständnisschwierigkeiten auf, müssen diese geklärt werden. Der Interviewer muss in Rollenspielen erkennen, wie groß die Gefahr von Beeinflussungen durch Erklärungen von Fragen ist. Dabei muss er unbedingt versuchen seine eigene Meinung zu verbergen, gerade in diesem Fall könnte er zum Beispiel selbst für oder gegen eine Flughafenerweiterung sein, was die latente Gefahr einer Beeinflussung in sich birgt. Im Hinblick auf mögliche Abschweifungen des Befragten – der Befragte könnte zum Beispiel die Frage nach der empfundenen Belästigung durch den Flughafen nutzen, um sich über die allgemeine politische Situation auszulassen – muss der Interviewer bemüht sein, das Gespräch diplomatisch, aber bestimmt auf den Befragungsgegenstand zurückzulenken. Werden Interviews in der Wohnung des Befragten durchgeführt, besteht die Gefahr, dass sich Familienmitglieder an der Befragung beteiligen und die Antworten des Interviewten beeinflussen (der Ehemann könnte beispielsweise ständig versuchen, seine Frau dahingehend zu beeinflussen, seine eigene Einstellung zur Flughafenerweiterung wiederzugeben). In diesem Fall hat der Interviewer die Aufgabe, die Notwendigkeit einer Einzelbefragung zu erklären, ohne eine Verärgerung hervorzurufen.

Fallstudie 2: Prognoseprobleme eines Kosmetikherstellers
Die Tenderskin GmbH ist ein namhafter Kosmetik-Hersteller. Eine wichtige Sparte des Unternehmens stellen Pflegeprodukte für die Rasur dar. Dabei hat man sich besonders im Bereich der klassischen Nassrasur zu einem Markenanbieter entwickelt. Da in den letzten Jahren die Allergieraten in der Bevölkerung immer weiter gestiegen sind und damit auch die Probleme vieler Männer bei der Rasur ständig zunehmen, glaubt die Geschäftsleitung, in den Markt der besonders hautfreundlichen Rasier-Pflege-Produkte einsteigen zu müs-

sen. Hier besteht sogar besonderer Handlungsbedarf, da viele Konkurrenten bereits sehr hautfreundliche Produkte anbieten. Aufgrund der zunehmenden Umweltverschmutzung und den damit verbundenen dermatologischen Belastungen ist zudem damit zu rechnen, dass der Markt für hautfreundliche Pflegeprodukte in den nächsten Jahren stark wachsen wird. Die allgemeine Konsumstagnation und die damit verbundenen Umsatzrückgänge in dem bislang solide erscheinenden, klassischen Rasier-Pflegemittel-Markt lassen die geplante Produktneuentwicklung noch notwendiger erscheinen. Man will zunächst ein Basisprodukt lancieren und entscheidet sich für einen besonders hautfreundlichen Rasierschaum. Darauf aufbauend soll später eine komplette Pflegeserie entwickelt werden.

Die Marketingabteilung des Unternehmens wird beauftragt, eine Marktanalyse für besonders hautfreundlichen Rasierschaum durchzuführen und in Zusammenarbeit mit der Forschungs- und Entwicklungsabteilung eine marktgerechte Produktkonzeption zu entwickeln.

Bei der Suche nach Marktentwicklungsdaten erfahren die Marktforscher, dass ein bekanntes Institut ermittelt hat, dass ca. 24,4 Mio. Männer in Deutschland potenziell eine Nassrasur bevorzugen. Auf dieser Basis wurde der Pro-Kopf-Verbrauch von hautfreundlichem Rasierschaum ermittelt. Auf einer gleichartigen Datenbasis wurde auch der Pro-Kopf-Verbrauch in Frankreich ermittelt. Dabei stellte man fest, dass die Entwicklung des französischen Marktes der Entwicklung des deutschen Marktes um vier Jahre vorauseilt.

Abbildung 2.10 zeigt die Marktforschungsergebnisse.

Als weitere Information verfügt man über Daten, aus denen hervorgeht, dass die Anzahl der Männer mit Hautproblemen den Verbrauch von hautfreundlichen Rasier-Pflegemitteln beeinflusst. Die Abb. 2.11 zeigt den Anteil der Männer mit Hautproblemen an der männlichen Gesamtbevölkerung in Deutschland bis zum Jahr 2013.

Aufgabe 1 Prognosebasis
Zeichnen Sie eine Punktwolke der Marktvolumenentwicklung und argumentieren Sie anhand der vorliegenden Skizze und den vorliegenden Informationen, von welchem Jahr an Sie die Beobachtungswerte den folgenden Prognosen zugrunde legen wollen.

Aufgabe 2 Trendfunktionen
Die Marketingplanung will das Marktvolumen bis zum Jahr 2013 prognostizieren. Unklar ist, welches Trendmodell unterstellt werden soll. Entscheiden Sie mit Hilfe der Punktwolke aufgrund des optischen Eindrucks, welche Trendfunktion zutrifft:

1. linearer Trend: $\quad\quad y_i = a + b \cdot t_i$

2. exponentieller Trend: $\quad y_i = a \cdot e^{a-bt}$

3. logistischer Trend: $\quad y_i = \dfrac{s}{1 + e^{a-bt}}$

Prognostizieren Sie die Volumenwerte für die Jahre 2004, 2005, 2008, 2013 mit Hilfe der gewählten Trendfunktion.

Jahr	Marktvolumen BRD in m³	Pro-Kopf-Verbrauch in ml, BRD	Pro-Kopf-Verbrauch in ml, F
1993	1.620	66,40	70,10
1994	1.690	67,45	74,65
1995	1.722	63,85	78,60
1996	1.620	66,50	81,95
1997	1.753	70,55	85,55
1998	1.838	75,35	89,90
1999	1.912	78,35	92,50
2000	2.004	82,15	96,20
2001	2.076	85,10	101,00
2002	2.184	89,50	105,55
2003	2.250	92,20	109,65

Abb. 2.10 Ergebnisse der Marktforschung

Jahr	1997	1998	1999	2000	2001	2002	2003	2004	2005	2008	2013
% Anteil der Männer mit Hautproblemen	10,80	11,48	13,55	14,13	15,18	16,40	17,30	18,08	18,73	19,68	20,13

Abb. 2.11 Männer mit Hautproblemen

Aufgabe 3 Indikatorprognose

Die zunehmende Zahl von Allergien und damit auch der ansteigende Prozentsatz von Männern mit Hautproblemen scheint ein sicherer Indikator für die Absatzprognose von hautfreundlichen Pflegeprodukten zu sein. Somit beschließt man eine Absatzprognose mit dem Indikator „Anteil der Männer mit Hautproblemen an der gesamten männlichen Bevölkerung" durchzuführen. Berechnen Sie mit Hilfe der linearen Einfachregression auf der Basis der oben aufgeführten Daten das Marktvolumen für 2004, 2005, 2008 und 2013. Charakterisieren Sie kurz die Verwendung von Indikatormodellen für die Entwicklungsprognose. Sind Sie davon überzeugt, dass der gewählte Indikator gute Absatzprognosewerte ergibt?

Aufgabe 4 Korrelationskoeffizient

Da die parallele Entwicklung des deutschen und französischen Marktes so offensichtlich ist, möchte der Leiter der Marktforschungsabteilung eine zweite Indikatorprognose erstel-

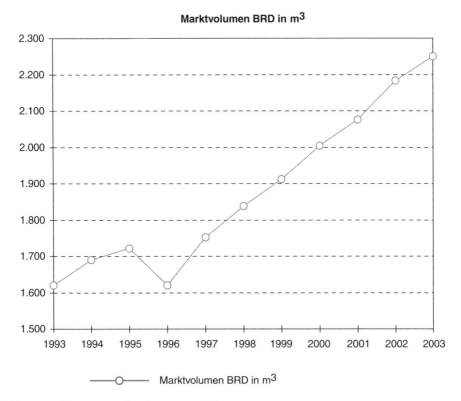

Abb. 2.12 Skizze zur Marktvolumenentwicklung

len. Dabei soll der Pro-Kopf-Verbrauch in Frankreich als Indikator verwendet werden. Wie sinnvoll dieser Indikator ist, lässt sich in den Augen seines Assistenten am besten mit Hilfe des Korrelationskoeffizienten bestimmen. Prüfen Sie die Eignung des Indikators und ermitteln Sie mit Hilfe der Leitvariablen den Pro-Kopf-Verbrauch in der BRD für 2004 und 2005 (Abb. 2.12).

Lösungen zur Fallstudie 2: Prognoseprobleme eines Kosmetikherstellers

Lösung Aufgabe 1 Prognosebasis
Der Strukturbruch macht es notwendig, als Ausgangspunkt für Trendextrapolationen das Jahr 1997 zu wählen.

Lösung Aufgabe 2 Trendfunktionen
Der optische Eindruck lässt vermuten, dass es sich um eine lineare Trendfunktion der Form $y_i = a + b \cdot t_i$ handelt. Für die unbekannten Parameter a und b werden mit Hilfe der Methode der kleinsten Quadrate Näherungswerte bestimmt, und zwar, indem die Summe

der quadrierten Abweichungen der tatsächlichen Absatzwerte yi von den durch die Trend-funktion gelieferten Schätzwerten $y_i{}'$ minimiert wird:

$$\sum (y_i - y_i')^2 = \sum (y_i - a - bt_i)^2 \to \text{min!}$$

Durch partielle Differenziation der Summe nach a und b und durch Auflösung der Nor-malgleichung erhält man die Gleichung für die Regressionsparameter:

$$a = \frac{\sum t_i^2 \sum y_i - \sum t_i \sum y_i \cdot t}{n \sum t_i^2 - \left(\sum t_i\right)^2}$$

$$b = \frac{n \sum y_i \cdot t_i - \sum t_i \sum y_i}{n \sum t_i^2 - \left(\sum t_i\right)^2}$$

Dabei entspricht:

n   der Anzahl der Perioden

t_i der Periode t = i

y_i dem Marktvolumen der Periode t = i

Zur Berechnung der Summen wird eine Arbeitstabelle angelegt (Abb. 2.13):

$$a = 1.667,14$$

$$b = 83,82$$

Die lineare Trendfunktion lautet: $y_i = 1.667,14 + 83,82 \cdot t_i$

Als Prognosewerte für das Marktvolumen erhält man (Angabe in m³) (Abb. 2.14):

Lösung Aufgabe 3 Indikatorprognose

Indikatoren sind Variabeln, auf die die Unternehmung nur einen geringfügigen Einfluss hat, von denen die Entwicklung des Absatzes jedoch wesentlich bestimmt wird.

Zur Anwendung von Indikatorprognosen sind zwei Voraussetzungen notwendig:

1. Eine hohe Korrelation zwischen der Entwicklung der Indikatoren und der zu prognos-tizierenden Variablen (zum Beispiel Anzahl der Baugenehmigungen als Indikator für die Zahl der zu erwartenden Neubauten).
2. Eine leichte und sichere Vorausschätzung der Indikatoren.

Die Indikatorprognose hat gegenüber der Trendextrapolation den großen Vorteil, dass die bisherige Entwicklungsrichtung nicht beibehalten werden muss.

Die Indikatorfunktion lautet allgemein: $y_i = a + b \cdot x_i$

Dabei steht y_i für das Marktvolumen und xi für den Indikator „Anteil der Männer mit Hautproblemen an der gesamten männlichen Bevölkerung".

Die Parameter a und b der Indikatorfunktion werden nach folgenden Gleichungen be-rechnet:

Jahr	t_i	t_i^2	y_i	y_i^2	$t_i \cdot y_i$
1997	1	1	1.753,00	2.965.284,00	1.722,00
1998	2	4	1.838,00	3.378.244,00	3.676,00
1999	3	9	1.912,00	3.655.744,00	5.736,00
2000	4	16	2.004,00	4.016.016,00	8.016,00
2001	5	25	2.076,00	4.309.776,00	10.380,00
2002	6	36	2.184,00	4.769.856,00	13.104,00
2003	7	49	2.250,00	5.062.500,00	15.750,00
Summe	28,00	140,00	13.986,00	28.157.420,00	58.384,00

Abb. 2.13 Arbeitstabelle zur Parameterberechnung

Jahr	2004	2005	2008	2013
t_i	8	9	12	17
Marktvolumen	2.337,7	2.421,52	2.672,98	3.092,08

Abb. 2.14 Prognosewerte für das Marktvolumen

$$a = \frac{\sum x_i^2 \sum y_i - \sum x_i \cdot y_i}{n \sum x_i^2 - \left(\sum x_i\right)^2}$$

$$b = \frac{n \sum x_i \cdot y_i - \sum x_i \sum y_i}{n \sum x_i^2 - \left(\sum x_i\right)^2}$$

Auch für die Indikatorprognose wird eine Arbeitstabelle erstellt (Abb. 2.15):

$$a = 948,89$$

$$b = 76,62$$

Die Indikatorfunktion lautet entsprechend: $y_i = 948,89 + 76,618 \cdot x_i$

Die geforderten Prognosewerte sind aus Abb. 2.16 ersichtlich (Angabe in m^3).

Kritik

Dieser Zusammenhang berücksichtigt nur den kausalen Zusammenhang zwischen der Zunahme der Anzahl von Männern mit Hautproblemen und dem Kauf von hautfreundlichen Rasierpflegemitteln. Andere Gründe für einen möglichen Mengenzuwachs, wie

i	x_i	x_i^2	y_i	y_i^2	$x_i \cdot y_i$
1	10,80	116,64	1.753,00	3.073.009,00	18.932,40
2	11,48	131,79	1.838,00	3.378.244,00	21.100,24
3	13,55	183,60	1.912,00	3.655.744,00	25.907,60
4	14,13	199,66	2.004,00	4.016.016,00	28.316,52
5	15,18	230,43	2.076,00	4.309.776,00	31.513,68
6	16,40	268,96	2.184,00	4.769.856,00	35.817,60
7	17,30	299,29	2.250,00	5.062.500,00	38.925,00
Summe	98,84	1.430,37	14.017,00	28.265.145,00	200.513,04

Abb. 2.15 Arbeitstabelle zur Parameterberechnung

Jahr	2004	2005	2008	2013
Marktvolumen	2.334,14	2.383,95	2.456,73	2.491,21

Abb. 2.16 Prognosewerte für das Marktvolumen

zum Beispiel ein allgemein zunehmendes Pflege- und Gesundheitsbewusstsein oder auch ein möglicher allgemeiner Trend zur Nassrasur, gehen in die Indikatorprognose nicht ein.

Lösung Aufgabe 4   Korrelationskoeffizient
Der Pro-Kopf-Verbrauch innerhalb der Zielgruppe in Frankreich ist dem der Bundesrepublik um vier Jahre voraus. Demnach müsste zum Beispiel 1997 in Frankreich pro Kopf soviel hautfreundlicher Rasierschaum verbraucht worden sein wie 2001 in der Bundesrepublik. Wie stark dieser Zusammenhang ist, lässt sich mit Hilfe des Korrelationskoeffizienten bestimmen:

$$r = \frac{n \sum F_i B_i - \sum F_i \sum B_i}{\sqrt{n \sum F_i^2 - \left(\sum F_i\right)^2} \cdot \sqrt{n \sum B_i^2 - \left(\sum B_i\right)^2}}$$

B_i = Pro-Kopf-Verbrauch in der BRD
F_i = Pro-Kopf-Verbrauch in F

Auch für die Bestimmung des Korrelationskoeffizienten wird eine Arbeitstabelle benötigt (Abb. 2.17):
    Aus den Daten der Tabelle ergibt sich ein Korrelationskoeffizient von r = 0,9994.

i	F_i	F_i^2	B_i	B_i^2	$B_i\,F_i$
1	70,10	4.914,0	70,55	4.977,30	4.945,55
2	74,65	5.572,6	75,35	5.677,62	5.624,87
3	78,60	6.178,0	78,35	6.138,72	6.158,31
4	81,95	6.715,8	82,15	6.748,62	6.732,19
5	85,55	7.318,8	85,10	7.242,01	7.280,30
6	89,90	8.082,0	89,50	8.010,25	8.046,05
7	92,50	8.556,3	92,20	8.500,84	8.528,50
Summe	573,25	47.337,0	573,20	47.295,37	47.315,79

Abb. 2.17 Arbeitstabelle zur Bestimmung des Korrelationskoeffizienten

Aufgrund des starken Zusammenhangs zwischen dem Pro-Kopf-Verbrauch von hautfreundlichem Rasierschaum in der BRD und in Frankreich scheint eine Prognose mittels dieses Indikators sinnvoll.

Mit Hilfe der linearen Indikatorfunktion $B_i = a + bF_i$ können jetzt die Prognosewerte für 2004 und 2005 ermittelt werden. Es müssen jedoch zuerst die Parameter a und b mit Hilfe der Methode der kleinsten Quadrate ermittelt werden. Auch dazu dient wieder die bereits erstellte Arbeitstabelle (s. o.).

$$a = \frac{\sum F_i^2 \sum B_i - \sum F_i \sum B_i}{n \sum F_i^2 - \left(\sum F_i\right)^2}$$

$$b = \frac{n \sum F_i \cdot B_i - \sum F_i \sum B_i}{n \sum F_i^2 - \left(\sum F_i\right)^2}$$

Durch Einsetzen in die Gleichung ergeben sich folgende Parameterwerte:

$$a = 3,66$$

$$b = 0,9552$$

Prognosewert für den Pro-Kopf-Verbrauch von hautfreundlichem Rasierschaum: 2004: 95,55 ml/Jahr

Prognosewert für den Pro-Kopf-Verbrauch von hautfreundlichem Rasierschaum: 2005: 100,14 ml/Jahr

Das entspricht bei einer Basiszielgruppe von ca. 24,4 Mio. Männern einem Marktvolumen von 2.331,4 m³ für 2004 und 2.443,4 m³ für 2005.

Strategische Marketingplanung

3

Lernziele:

Der Leser soll nach Bearbeitung dieses Kapitels in der Lage sein

1. die Relevanz von Nachhaltigkeitszielen zu erläutern,
2. unterschiedliche Marketingziele sowie deren Beziehung untereinander zu diskutieren,
3. die grundlegenden Wettbewerbsstrategien nach Porter anzuwenden,
4. unterschiedliche Möglichkeiten zur Abgrenzung strategischer Geschäftsfelder zu benutzen,
5. die grundlegenden Wettbewerbsstrategien nach Ansoff zu handhaben,
6. eine Portfolio-Analyse durchzuführen und darauf aufbauend strategische Empfehlungen abzuleiten und
7. Markenarchitekturstrategien anzuwenden.

3.1 Strategische Marketingplanung – Aufgaben

Aufgabe 1 Relevanz von Nachhaltigkeitszielen

Welche Gründe gibt es für die zunehmende Bedeutung von Nachhaltigkeitszielen für das Marketingmanagement?

Aufgabe 2 Marketingziele

Der Nachtwäschehersteller Trikotagen KG ist ein seit der Gründung im Jahr 1892 als Familienunternehmen geführter Betrieb. Die Geschäftsleitung wird gemeinschaftlich von den Erben Heinz Safetyfirst, Petra Norisknofun und Klaus Umax gemeinschaftlich ausgeübt.

Die Trikotagen KG beschäftigt 800 Mitarbeiter und hat 2002 bei einem Umsatz von 230 Mio. € einen Gewinn von 690.000 € erwirtschaftet. Das Unternehmen verfügt über eine Eigenkapitalquote von 65 %.

H. Meffert et al., *Marketing Arbeitsbuch*,
DOI 10.1007/978-3-8349-3863-3_3, © Springer Fachmedien Wiesbaden 2013

In letzter Zeit ist es zwischen den Erben schon häufiger zu ernsthaften Auseinander-setzungen über die Geschäftspolitik gekommen. Hauptstreitpunkt war dabei insbesondere die Einführung des neuen Produkts Sleep-Well, mit dem die Trikotagen KG in das bislang vom Marktführer Babynight beherrschte Marktsegment der Babynachtwäsche eintreten möchte.

Das neue Produkt verursacht Fixkosten in Höhe von 150.000 € und variable Kosten in Höhe von 8,00 € pro Stück. Der Absatz des Produkts ist in erster Linie von seinem Preis ab-hängig. Die Marketingforschung der Trikotagen KG hat dabei folgenden Zusammenhang zwischen Preis und Absatz von Sleep-Well ermittelt:

$$x = 300.000 - 10.000\ p$$

Strittig zwischen den Geschäftsführern ist insbesondere, welche Zielsetzung mit der Ein-führung des neuen Produkts verfolgt werden soll. Einigkeit herrscht lediglich darüber, dass der Bekanntheitsgrad des neuen Produkts im ersten Jahr einen Wert von 70 % er-reichen soll. Im Hinblick auf eine ökonomische Zielsetzung verfolgen die Geschäftsführer jedoch unterschiedliche Ziele:

Klaus Umax möchte den Umsatz der Trikotagen KG maximieren, da er kommunal-politisch engagiert ist und sich von einem hohen Umsatz einen größeren Einfluss des Unternehmens in der Kommune verspricht. Heinz Safetyfirst möchte den Absatz des neu-en Produkts maximieren, will aber dabei in jedem Fall die Kosten für die Produktion des Produkts gedeckt wissen.

Petra Norisknofun ist hingegen an Gewinnmaximierung gelegen. Ihrer Ansicht nach, ist der letztjährige Gewinn von 690.000 € nicht ausreichend, um den aufwendigen Lebens-stil der Familie zu finanzieren.

Aufgabe 2a
Offenkundig verfolgen die drei Geschäftsführer unterschiedliche Zielsetzungen für die Produktneueinführung. Bestimmen Sie analytisch die jeweils optimale Absatzmenge von Sleep-Well unter Berücksichtigung der Zielsetzungen der drei Geschäftsführer.

Aufgabe 2b
Welche grundsätzlichen Marketingziele kann die Trikotagen KG verfolgen? Gehen Sie dabei auf ökonomische und psychografische Ziele und mögliche Beziehungen zwischen diesen Zielen ein.

Aufgabe 2c
Welche psychografischen und ökonomischen Ziele verfolgt die Trikotagen KG für ihr neu-es Produkt Sleep-Well? Welche Anforderungen sind an operationale Ziele zu stellen? In-wieweit ist die psychografische Zielsetzung der Trikotagen KG operational?

Aufgabe 2d

Welche Zielbeziehungen bestehen zwischen den Zielen der Geschäftsführer? Erläutern Sie mögliche Zielbeziehungen anhand folgender Beispiele:

- Qualitätsverbesserung von Sleep-Well durch bessere Stoffe und Umsatzsteigerung für das Produkt
- Imageverbesserung für die Trikotagen KG im Inland und Erschließung eines neuen Marktes in Fernost für das Produkt Sleep-Well
- gleichzeitige Realisierung von Umsatzmaximum und Gewinnmaximum in Aufgabe 2a

Stellen Sie mögliche Zielbeziehungen grafisch in einem Diagramm dar.

Aufgabe 3 Normstrategien nach Porter

Das Warenhaus Kaufstadt AG verfügt über ein sehr breites Vertriebsnetz in der Bundesrepublik Deutschland. Das typische Erfolgskonzept des Kaufhauses war bisher die Idee des „One-stop-shopping". Das große Sortiment der verschiedenartigsten Produkte unterschiedlichster Qualitäten und Preislagen gibt den Konsumenten die Möglichkeit „alles unter einem Dach" zu kaufen. Die Verkaufsmethode reicht dabei von der umfassenden Bedienung inklusive Beratung (zum Beispiel bei Textilien) bis hin zur Selbstbedienung (zum Beispiel bei Lebensmitteln).

Der Vorstand der Kaufstadt AG diskutiert die zukünftige strategische Ausrichtung des Warenhauses. Im Rahmen einer konzeptionellen Sitzung wird darauf aufmerksam gemacht, dass auch das Konkurrenzumfeld der Kaufstadt AG beachtet werden muss. Zum Konkurrenzumfeld zählen folgende Betriebstypen:

- **Verbrauchermarkt:** preispolitisch aggressiver, großflächiger Einzelhandelsbetrieb, der vor allem Lebensmittel und ergänzend Waren anderer Branchen (Nonfood) führt, die für die Selbstbedienung geeignet sind und rasch umgeschlagen werden.
- **Fachmarkt:** bietet ein zusammenhängendes Sortiment in großer Auswahl und in unterschiedlichen Qualitäten und Preislagen mit ergänzenden Dienstleistungen an.
- **Fachdiscounter:** bietet ein zusammenhängendes Sortiment in großer Auswahl und mit aggressiven Preisen meist ohne ergänzende Dienstleistungen an.
- **Fachhandel:** kleine Spezialgeschäfte, die sich auf ein bestimmtes Warenangebot spezialisiert haben und diese Waren mit individueller Beratung anbieten.
- **SB-Warenhaus:** bietet ein umfassendes, warenhausähnliches Sortiment an, soweit dieses für die Selbstbedienung geeignet ist.

Aufgabe 3a

Welche grundsätzlichen strategischen Optionen gibt es nach Porter und an welche Erfolgsvoraussetzungen sind diese Strategien geknüpft?

Aufgabe 3b

Ordnen Sie das Warenhaus Kaufstadt AG und das Konkurrenzumfeld in das Strategie-schema von Porter ein.

Aufgabe 3c

Welche Kritikpunkte lassen sich gegen den Ansatz von Porter vorbringen?

Aufgabe 4 Strategische Geschäftsfeldplanung

Das Hamburger Verlagshaus Druck & Co. wurde im Jahr 1921 von Emil Druck gegründet. Nachdem in der Gründerzeit ausschließlich medizinische Nachschlagewerke hergestellt wurden, hat sich das Verlagshaus seit Ende des Zweiten Weltkriegs zu einem Anbieter viel-fältiger, sehr unterschiedlicher Verlagsprodukte entwickelt. So werden neben Nachschla-gewerken auch Reiseführer, Schulbücher und Belletristik sowie Zeitschriften und weitere Produkte vertrieben. Die Kunden werden von Druck & Co. traditionell nach Altersklassen in die Kundengruppen Erwachsene, Jugendliche und Kinder segmentiert. Nachfolgender Tabelle auf der nächsten Seite ist zu entnehmen, mit welchen Produkten derzeit welche Kundensegmente angesprochen werden.

Felix Druck, 33-jähriger Enkel des Firmengründers, hat im Rahmen der Erbfolge vor sechs Monaten das Verlagshaus übernommen. Bei der Einarbeitung in die Aufgaben der Geschäftsführung hat er festgestellt, dass das Verlagshaus sich zwar sehr erfolgreich als mittelständisches Unternehmen am Markt etabliert hat, eine Definition strategischer Ge-schäftsfelder als Grundlage einer strategischen Unternehmensplanung aber nie vorgenom-men wurde.

Im Studium der Betriebswirtschaftslehre hat Felix Druck allerdings gelernt, dass der Abgrenzung des relevanten Marktes und der Bildung strategischer Geschäftsfelder eine herausragende Bedeutung beigemessen wird. Nähere Einzelheiten zur Problematik der Abgrenzung strategischer Geschäftsfelder sind ihm jedoch leider entfallen. Er stellt daher Ihnen – in Ihrer Funktion als Assistent der Geschäftsführung – folgende Fragen:

Aufgabe 4a

Welche Anforderungen sind an die Abgrenzung strategischer Geschäftsfelder zu stellen?

Aufgabe 4b

Welche drei zentralen Ansätze zur Abgrenzung strategischer Geschäftsfelder werden in der Literatur diskutiert? Worin liegt der zentrale Vorteil des Abell-Ansatzes gegenüber den beiden anderen Ansätzen?

Aufgabe 4c

Wie lassen sich die drei Ansätze der Geschäftsfeldabgrenzung am Fall des Verlagshauses Druck & Co. konkretisieren? Nennen Sie beispielhaft unterschiedliche strategische Ge-schäftsfelder, wie sie von Druck & Co. gebildet werden könnten (Abb. 3.1).

Sparte	Medium	Kinder	Jugendliche	Erwachsene
Lexika	Buch		X	X
	CD-ROM			X
Natur	Buch	X	X	X
	Zeitschrift		X	
Schulbildung	Buch		X	X
	CD-ROM		X	X
	Video		X	X
Comic/ Zeichentrick	Buch	X	X	
	Zeitschrift	X		
	Video	X		
Fachinformationen (Medizin, Recht etc.)	Buch			X
	CD-ROM			X
	Zeitschrift			X
	Video			X
Auto	Buch			X
	Zeitschrift			X
Gesundheit	Buch	X	X	X
	Zeitschrift			X
Belletristik	Buch	X	X	X
Reise	Buch			X
	Video			X
Studium	Buch			X
	CD-ROM			X
	Video			X

Abb. 3.1 Produkte und Kundensegmente der Druck & Co.

Aufgabe 5 Normstrategien nach Ansoff

Die Autodruck GmbH war im Jahr 1980 ein alteingesessenes Druck- und Verlagsunternehmen im Markt für Verkehrserziehung. Etwa 55 % des Umsatzes wurde mit Lehrmaterialien für Fahrschulen getätigt. Bei den Lehrmaterialien handelte es sich lange Zeit um weitgehend ausgereifte Produkte, bei denen keine grundsätzlichen Produktinnovationen möglich waren. Abgesetzt wurden die Produkte über Fahrschulen, die vertraglich an das Unternehmen gebunden waren. Die Autodruck GmbH war auf dem Markt für Lehrmaterialien der Bundesrepublik Deutschland Marktführer. In diesem Geschäftsfeld wurden hohe Überschüsse erwirtschaftet, sodass es als „Cash Cow" der Autodruck GmbH bezeichnet werden konnte.

Die Entwicklung der Führerscheinerwerber (Kernzielgruppe der 18- bis 22-Jährigen), bezogen auf das Jahr 1980, ist aus der Abb. 3.2 ersichtlich.

Aufgabe 5a

Wie ließ sich die Entwicklung der Anzahl von Personen im Alter zwischen 18 und 22 Jahren errechnen? Welche Auswirkungen konnten anhand dieser Abbildung für die Autodruck GmbH prognostiziert werden?

Aufgabe 5b

Formulieren Sie mögliche strategische Unternehmenszielsetzungen, die die Autodruck GmbH im Jahr 1980 beschlossen haben könnte.

Aufgabe 5c

Welche Probleme hätten sich ergeben, wenn als primäres Unternehmensziel die Erhaltung des derzeitigen Umsatzes in den nächsten zehn Jahren angestrebt worden wäre? Mit welchen Normstrategien hätte das Problem gelöst werden können? Gehen Sie dabei auf die Normstrategien nach Ansoff ein und beziehen Sie diese auf den konkreten Fall der Autodruck GmbH.

Aufgabe 5d

Welche Chancen und Risiken hätten sich für die horizontale, vertikale und laterale Diversifikation ergeben?

Aufgabe 6 Dimensionen der Markenarchitekturgestaltung

Erläutern Sie kurz die drei Dimensionen der Markenarchitekturgestaltung. Stellen Sie bitte anschließend die vertikale Dimension ausführlich und an Hand von Beispielen dar.

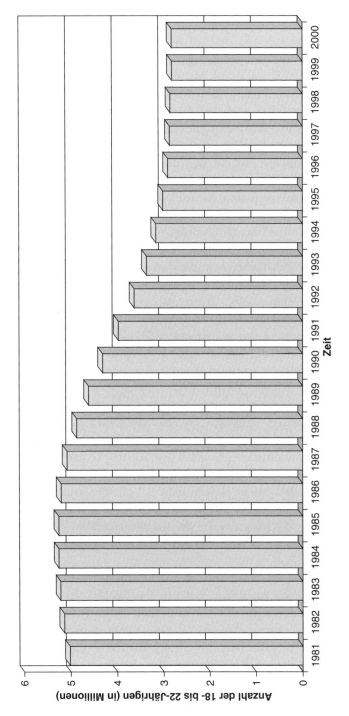

Abb. 3.2 Entwicklung der Führerscheinerwerber. (Prognosen aus dem Jahr 1980)

3.2   Lösungen zu den Aufgaben

Lösung Aufgabe 1 Relevanz von Nachhaltigkeitszielen

- Weltbevölkerungswachstum und gestiegener Ressourcenbedarf für Produktions- und Konsumprozesse führen trotz selektiven Anstrengungen zu keiner Verringerung des Ressourcenverbrauchs und Reduzierung des von Emissionen. Hinzu kommen die dramatische Abnahme der Biodiversität sowie die dadurch bedingte Reduzierung der Regenerationsfähigkeit des Ökosystems. Daher erscheint es unabdingbar, im nächsten Jahrzehnt auf nachhaltige Entwicklungspfade umzuschwenken.
- Nach aktuellen Ergebnissen nimmt die zeitliche Reichweite der nicht erneuerbaren Rohstoffe deutlich ab. Insofern erlangt die Entwicklung von Substituten in den nächsten Jahrzehnten eine besondere Priorität. Zudem werden Verknappungserscheinungen auf den vernetzten Weltmärkten zu erheblichen Preissteigerungen führen, wenn sich das Wirtschaftswachstum in den bevölkerungsstarken Entwicklungsländern in der bisherigen Form fortsetzt. Sozio-ökonomische Folgeeffekte in den einzelnen Volkswirtschaften werden ausgelöst. Hinzu kommt, dass gemäß dem Millennium-Entwicklungszielen der Vereinten Nationen im Jahre 2015 der Anteil armer Bevölkerungsgruppen um 50% gesenkt werden soll, was wiederum eine steigende Nachfrage von Menschen in sog. „Bottom of the Pyramid (BOP)-Märkten" zu erwarten lässt.
  Auch der Klimawandel führt zu neuen Herausforderungen. Wegen der Zunahme von Extremwetterereignissen sind erhebliche Diskontinuitäten für Gesellschaft und Wirtschaft zu erwarten.
- Aufgrund des einzigartigen weltweiten gemeinsamen Orientierungsrahmens für die Nachhaltige Entwicklung sehen sich Unternehmen vielfach nationalen wie internationalen Stakeholderforderungen gegenüber, die auf das Leitbild der Nachhaltigen Entwicklung rekurrieren. Um dennoch Kundenbedürfnisse zu erfüllen und Wettbewerbsvorteile zu schaffen, bedarf es aufgrund des Leitbildcharakters oder konkreter Stakeholderforderungen einer Integration von ökologischer und sozialer Anforderungen. Die Übersetzung der Leitprinzipien der Nachhaltigen Entwicklung in das Marketing fördert weiterhin ein Querdenken und liefert neue Impulse für konzeptionelle Erweiterungen.
- Die im Leitbild der Nachhaltigen Entwicklung geforderte Verteilungsgerechtigkeit führt zu einer expliziten Auseinandersetzung mit Nachfragern sozial schwacher und armer Bevölkerungsgruppen, die sich aufgrund fehlender finanzieller Ressourcen bisher nicht an Markttransaktionen beteiligen konnten. Hieraus wächst für das Nachhaltigkeitsmarketing die Herausforderung, die Gestaltung der Transaktionsfähigkeit armer Menschen in die konzeptionellen Überlegungen zu integrieren.

Lösung Aufgabe 2 Marketingziele

Lösung Aufgabe 2a
Die Geschäftsführer verfolgen drei unterschiedliche ökonomische Zielsetzungen:

- Absatzmaximierung unter der Nebenbedingung der Kostendeckung (Heinz Safetyfirst),
- Umsatzmaximierung (Klaus Umax) und
- Gewinnmaximierung (Petra Norisknofun).

Die grundlegenden Funktionen sind für alle drei Zielsetzungen identisch:

$$x = 300.000 - 10.000\,p \rightarrow p = 30 - 0{,}0001x$$

$$K = 150.000 + 8x$$

$$U = p \cdot x = 30x - 0{,}0001x^2$$

Das Absatzmaximum unter der Prämisse der Kostendeckung ist erreicht, wenn der Gewinn gleich null ist.

$$G = U - K = 0$$

$$30x - 0{,}0001x^2 - (150.000 + 8x) = 0$$

$$22x - 0{,}0001x^2 - 150.000 = 0$$

$$x^2 - 220.000x + 1.500.000.000 = 0$$

$$x_1 = 110.000 + 102.956{,}3 = 212.956{,}3 \qquad x_2 = 7.043{,}7$$

Da Herr Safetyfirst den maximalen Absatz erzielen möchte, wird er die Alternative mit 212.957 Einheiten realisieren. Der dazugehörige Preis ergibt sich durch das Einsetzen der Menge in die Preis-Absatz-Funktion:

$$p = 30 - 0{,}0001 \cdot 212.957 = 8{,}70\ €$$

Das Umsatzmaximum ergibt sich wie folgt:

$$U = 30x - 0{,}0001x^2 \rightarrow \text{max.}$$

$$\frac{dU}{dx} = 30 - 0{,}0002x = 0$$

$$x = 150.000$$

2. Ableitung:

$$\frac{d^2U}{dx^2} = -\,0{,}0002 < 0 \ \rightarrow \ \text{es liegt ein Maximum vor}$$

Das Umsatzmaximum ist bei einem Absatz von 150.000 Stück erreicht. Der dazugehörige Preis ergibt sich wie folgt:

Absatzmaximum mit Kostendeckung		Umsatzmaximum		Gewinnmaximum	
$P_{opt} =$ 8,70 €	$X_{opt} =$ 212.957	$P_{opt} =$ 15 €	$X_{opt} =$ 150.000	$P_{opt} =$ 19 €	$X_{opt} =$ 110.000

Abb. 3.3 Unterschiedliche Zielsetzungen und Optima

$$p = 30 - 0,0001 \cdot 150.000 = 15$$

Unter der Zielsetzung der Gewinnmaximierung ergibt sich folgendes Optimum:

$$G = U - K \rightarrow \max.$$

$$U = p \cdot x = 30x - 0,0001x^2$$

$$K = 150.000 + 8x$$

$$G = 30x - 0,0001x^2 - 150.000 - 8x \rightarrow \max.$$

$$G = 22x - 0,0001x^2 - 150.000$$

$$G = -0,0001x^2 + 22x - 150.000$$

$$\frac{dG}{dx} = -0,0002x + 22 = 0$$

$$x = 110.000$$

2. Ableitung:

$$\frac{d^2G}{dx^2} = -0,0002 < 0 \rightarrow \text{es liegt ein Maximum vor}$$

Das Gewinnmaximum ist bei einem Absatz von 110.000 Stück erreicht. Der dazugehörige Preis ergibt sich wie folgt:

$$p = 30 - 0,0001 \cdot 110.000 = 19$$

Zusammenfassend ergeben sich je nach verfolgter Zielsetzung unterschiedliche Optima, die Abb. 3.3 noch einmal verdeutlicht.

Lösung Aufgabe 2b

Marketingziele sind erstrebenswerte Vorzugszustände beziehungsweise gesetzte Imperative für den Marketingbereich, die durch den Einsatz der Marketinginstrumente erreicht werden sollen. Grundsätzlich kann zwischen zwei Gruppen von Marketingzielen unterschieden werden, den ökonomischen und psychografischen Marketingzielen.

Ökonomische Marketingziele beinhalten stets einen Bestandteil des Erwerbsziels. Sie lassen sich relativ einfach anhand von Markttransaktionen messen, da sie direkt mit den beobachtbaren Ergebnissen des Kaufentscheidungsprozesses verbunden sind.

Abb. 3.4 Ökonomische und psychographische Marketingziele

Psychografische Marketingziele werden unter Bezugnahme auf die mentalen Prozesse der Konsumenten formuliert. Jeder Konsument durchläuft von der ersten Wahrnehmung eines Produkts bis zur endgültigen Kaufabsicht verschiedene psychische Prozesse, die nicht unmittelbar beobachtbar, aber dennoch Gegenstand von Marketingzielen sind. Zwischen ökonomischen und psychografischen Zielen besteht eine Mittel-Zweck-Beziehung in der Art, dass Einstellungen, Images und Präferenzen des Konsumenten die Kaufwahrscheinlichkeit bestimmen und dadurch indirekt auf ökonomische Ziele Einfluss nehmen. Somit dient die Verfolgung eines psychografischen Marketingziels als Mittel zum Zweck der Erreichung eines ökonomischen Marketingziels.

Den Zusammenhang zwischen ökonomischen und psychografischen Marketingzielen gibt Abb. 3.4 wieder.

Lösung Aufgabe 2c
Die Trikotagen KG verfolgt für ihr Produkt Sleep-Well sowohl ökonomische als auch psychografische Ziele. Die drei Zielsetzungen der Geschäftsführer sind alle ökonomischer Natur. Darüber hinaus möchte die Trikotagen KG für ihr neues Produkt im ersten Jahr einen Bekanntheitsgrad von 70 % erreichen. Dabei handelt es sich um ein psychografisches Ziel. Damit Ziele ihre Funktion erfüllen können und realisierbar sind, müssen sie bestimmten Anforderungen genügen, sie müssen operational sein. Um eine eindeutige Messvorschrift zur Kontrolle der Zielerreichung zu gewährleisten, müssen Marketingziele in fünf Dimensionen festgelegt werden. Dazu gehört im Einzelnen:

- Zielinhalt   → Was?   Im Beispiel Bekanntheitsgrad.
- Zielausmaß   → Wie viel?   Im Beispiel 70 %.
- Zeitbezug   → Wann?   Im Beispiel im ersten Jahr.
- Segmentbezug → Wo?   Keine Aussage im Beispiel.
- Objektbezug   → Womit?   Im Beispiel mit Sleep-Well.

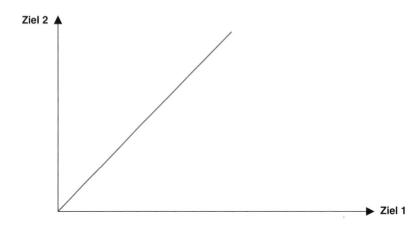

Abb. 3.5 Zielkomplementarität

Damit ist die Zielsetzung der Trikotagen KG, die Bekanntheit des neuen Produkts auf 70 % zu steigern, nicht operational, da der Segmentbezug, zum Beispiel bei Eltern mit unter dreijährigen Kindern, fehlt. Darüber hinaus müsste das Ziel Bekanntheitsgrad dahingehend konkretisiert werden, ob mit Bekanntheitsgrad die gestützte oder ungestützte Bekanntheit gemeint ist.

Lösung Aufgabe 2d
Die ökonomischen Zielsetzungen der drei Geschäftsführer stehen zueinander in Konflikt, da die Verfolgung des einen Ziels gleichzeitig die Erreichung eines anderen Ziels verhindert.
Zwischen dem Ziel der Qualitätsverbesserung für Sleep-Well und einer Umsatzsteigerung für das Produkt herrscht Zielkomplementarität (Abb. 3.5), das heißt, die Verfolgung des einen Ziels führt automatisch auch zur Erreichung des anderen Ziels. Es kann davon ausgegangen werden, dass sich mit einer auch vom Konsumenten wahrgenommenen Qualitätsverbesserung bei konstantem Preis eine Absatzsteigerung und damit auch höhere Umsätze erzielen lassen.

Die Ziele Imageverbesserung für das Produkt Sleep-Well im Inland und Erschließung eines neuen Marktes in Fernost beeinträchtigen sich gegenseitig nicht. In diesem Fall spricht man von Zielneutralität (Abb. 3.6).
Eine gleichzeitige Erreichung der Ziele Umsatzmaximierung und Gewinnmaximierung ist, wie gezeigt, nicht möglich. Es handelt sich somit um einen Zielkonflikt (Abb. 3.7). Zwar besteht zwischen den Zielen zunächst Zielkomplementarität, da mit wachsendem Umsatz bis zur gewinnmaximalen Absatzmenge auch der Gewinn steigt. Jenseits der gewinnmaximalen Absatzmenge liegt jedoch ein Zielkonflikt vor, da mit steigendem Umsatz der Gewinn sinkt.

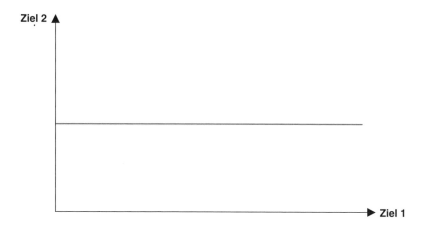

Abb. 3.6 Zielneutralität

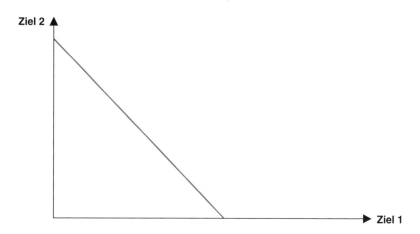

Abb. 3.7 Zielkonflikt

Lösung Aufgabe 3 Normstrategien nach Porter

Lösung Aufgabe 3a
Nach Porter gibt es zum einen die Möglichkeit der Profilierung auf dem Gesamtmarkt durch Kosten- oder Leistungsvorteile. Es ist also entweder eine Preisführerschaft anzustreben oder eine Differenzierungsstrategie zu verfolgen. Zum anderen können die Leistungs- oder Kostenvorteile auf dem Gesamtmarkt oder in einem speziellen Marktsegment (Teilmarkt) erzielt werden. Die so ermittelten vier möglichen Basisstrategien können wie in Abb. 3.8 zusammengefasst werden.

Bei der **aggressiven Preisstrategie** wird versucht, die Kosten unter das Niveau der wichtigsten Konkurrenten zu senken, um dann durch eine Politik relativ niedrigerer Preise Wettbewerbsvorteile zu realisieren. Damit diese Strategie zum Ziel führt, sind folgende Voraussetzungen einzuhalten:

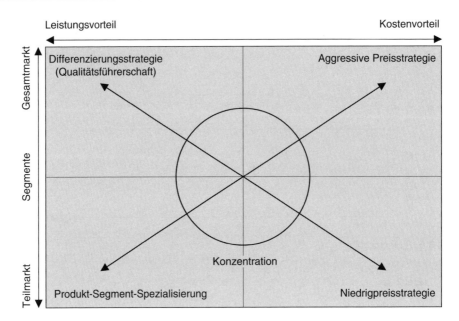

Abb. 3.8 Basisstrategien nach Porter

- relativ große Marktanteile
- Sortimentbeschränkung
- aggressiver Einsatz des absatzpolitischen Instrumentariums
- Kenntnisse über die Kostenstruktur der Konkurrenz
- günstige Finanzierungsmöglichkeiten
- effizientes Controlling
- die Abnehmer müssen den Preis und nicht die Qualität als dominantes Kaufkriterium betrachten.

Die **Differenzierungsstrategie** beruht vornehmlich auf Flexibilität beziehungsweise Anpassungsfähigkeit. Ihr Ziel ist es, durch Schaffung von Produkt- oder Leistungsvorteilen den differenzierten Ansprüchen der Abnehmer gerecht zu werden. Voraussetzungen für diese Strategie sind:

- starke Qualitätsorientierung des relevanten Marktsegments
- hohe Marketingeffektivität
- höchste Produktqualitäten
- hohes Image sowohl bezüglich des Warenhauses als auch der gelisteten Produkte
- Innovationsorientierung
- kontinuierliche Selbstanalyse, Marktbeobachtung und Konkurrenzanalyse.

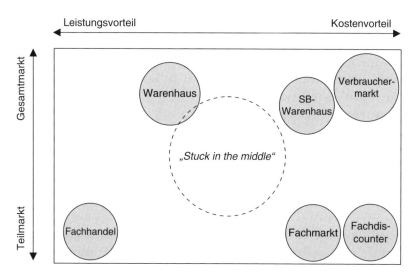

Abb. 3.9 Einordnung des Warenhauses Kaufstadt AG in das Strategieschema von Porter

Bei der **Konzentration auf Marktnischen** wird versucht, durch konsequente Selektion von Marktsegmenten beziehungsweise durch Spezialisierung auf spezifische Zielgruppen Wettbewerbsvorteile gegenüber denjenigen Konkurrenten zu erzielen, deren Wettbewerbsausrichtung eine breite Marktabdeckung umfasst. Diese Nischenstrategie kann sowohl auf Leistungs- als auch auf Kostenvorteilen beruhen. Entsprechend gelten die oben genannten Erfolgsvoraussetzungen.

Nach Porter kann sich ein Unternehmen langfristig nur behaupten, wenn eine dieser Strategien in konsequenter Weise verfolgt wird. Im kritischen Bereich, in dem das Unternehmen „zwischen den Stühlen sitzt" („stuck in the middle") entstehen nicht selten hohe Verluste.

Lösung Aufgabe 3b
Abbildung 3.9 zeigt die Einordnung des Warenhauses in das Strategieschema von Porter.

Lösung Aufgabe 3c
In einer kritischen Würdigung des Ansatzes nach Porter lassen sich folgende Aspekte herausstellen:

- Die Strategiekonzeption beinhaltet im Kern an Wettbewerbsvorteilen orientierte, abnehmergerichtete Strategien. Insbesondere die Konkurrenten und Anspruchsgruppen sowie das Timing der Strategien werden nicht berücksichtigt.
- Der Strategiebegriff der Differenzierung greift mit Blick auf die Vielzahl anstrebbarer Wettbewerbsvorteile zu kurz. Mit Differenzierung können zum Beispiel Qualitätsvorteile, Innovationsvorteile, Markierungsvorteile oder Programmbreitenvorteile gemeint sein.

- Unternehmen können sowohl kosten- als auch differenzierungsorientiert vorgehen, ohne dabei „zwischen den Stühlen" zu sitzen (so genanntes Outpacing).
- Dynamische Aspekte der Strategieanpassung werden nicht diskutiert, obwohl in der Praxis zu beobachtende Wettbewerbsstrategien die Verknüpfung von Preis- und Qualitätsführerschaft übernehmen.
- Die Abgrenzung des relevanten Marktes ist unklar.

Lösung Aufgabe 4 Strategische Geschäftsfeldplanung

Lösung Aufgabe 4a
Ein strategisches Geschäftsfeld ist dadurch gekennzeichnet, dass es

- eine **eigene**, von anderen Geschäftsfeldern unabhängige **MarktAufgabe** („unique business mission") besitzt, die auf die Lösung abnehmerrelevanter Probleme ausgerichtet ist,
- am Markt als **vollwertiger Konkurrent** mit eindeutig identifizierbaren Konkurrenzunternehmen partizipiert und nicht etwa die Funktion eines internen Lieferanten einnimmt,
- die Formulierung und Implementierung eines weitgehend eigenständigen **strategischen Plans** erlaubt sowie
- einen eigenständigen Beitrag zur **Steigerung des Erfolgspotenzials** der Gesamtunternehmung leistet.

Lösung Aufgabe 4b
Ein in der Praxis weit verbreiteter Ansatz zur Abgrenzung strategischer Geschäftsfelder ist der rein **produktbezogene Ansatz**. Eine ausschließlich produktbezogene Definition strategischer Geschäftsfelder genügt den Anforderungen einer marktorientierten Unternehmensstrategie jedoch nicht. Wie Levitt in seinem inzwischen als „klassisch" formulierten Aufsatz „Marketing Myopia" bereits Anfang der sechziger Jahre herausstellte, kann diese Art der Abgrenzung zu Kurzsichtigkeiten gegenüber Bedarfsentwicklungen und Marktänderungen führen.

Ein weiterer Ansatz der Geschäftsfeldabgrenzung ist die Definition der strategischen Geschäftsfelder durch **Produkt-Markt-Kombinationen**. Produkte beziehungsweise Produktlinien, die gemeinsam eine Funktion erfüllen und sich klar von der Funktion anderer Produkt-Markt-Kombinationen abheben, stehen dabei in einem gegenseitigen Abhängigkeitsverhältnis. Preisänderungen, Veränderungen von Produkteigenschaften etc. nehmen direkt Einfluss auf die Entwicklung anderer Produkte/Produktlinien desselben Geschäftsfeldes, haben aber kaum Auswirkungen auf die Produkte anderer Geschäftsfelder.

Ausgangspunkt des Ansatzes von **Abell** ist die These, dass ein Produkt als das physische Gegenstück der Anwendung einer Technologie zur Realisierung bestimmter Problemstellungen für eine spezifische Zielgruppe zu betrachten ist. Diesem Gedanken entsprechend, erfolgt eine Abgrenzung nach den Dimensionen **Abnehmergruppe, Funktionserfüllung und Technologie**. Entlang der Dimension Abnehmergruppe wird festgelegt, wessen Bedürfnisse angesprochen werden sollen. Die Abnehmer werden hierzu in Marktsegmenten zusammengefasst, die hinsichtlich des Bedarfs und des voraussichtlichen Kaufverhaltens möglichst homogen sind. Die Dimension Funktionserfüllung bezieht sich auf die Aufgabe des Produkts und legt fest, welches Bedürfnis durch die Produkte befriedigt werden soll. Die dritte Dimension schließlich beschreibt alternative Wege zur Funktionserfüllung (Technologie).

Der Vorteil dieser Vorgehensweise ist darin zu sehen, dass die bereits angesprochene Gefahr der Kurzsichtigkeit, die den beiden anderen Vorgehensweisen nachgesagt wird, deutlich reduziert wird. Der Grund hierfür liegt darin, dass vom zentralen Aspekt der Funktionserfüllung eines Produkts ausgegangen wird und die Möglichkeit der unterschiedlichen Erfüllung dieser Funktion durch divergierende Technologien explizit berücksichtigt wird.

Lösung Aufgabe 4c

Die rein **produktbezogene Abgrenzung** könnte beim Verlagshaus Druck & Co. anhand der bestehenden Sparten Lexika, Natur etc. erfolgen. Unter Umständen kann jede einzelne Sparte ein eigenes strategisches Geschäftsfeld bilden. Möglich ist jedoch auch die Zusammenfassung ähnlicher Sparten/Produkte zu einem gemeinsamen strategischen Geschäftsfeld. So könnten die einzelnen Sparten zu den Produktgruppen Informationsprodukte (Lexika, Natur, Fachinformationen, Auto, Gesundheit, Reise), Unterhaltungsprodukte (Comic/Zeichentrick, Bestseller) und Aus-/Weiterbildungsprodukte (Schulbildung, Studium) zusammengefasst werden. In der Verlagsbranche ist allerdings oftmals zu beobachten, dass nicht die Funktionen der Produkte bei einer solchen Abgrenzung im Vordergrund stehen, sondern die Träger der Informationen. Die Druck & Co. könnte so zum Beispiel die Produktgruppen Buch, Zeitschrift, CD-ROM und Video unterscheiden.

Im Rahmen von **Produkt-Markt-Kombinationen** werden die Produkte beziehungsweise Produktgruppen auf bestimmte Abnehmer ausgerichtet. Im konkreten Fall können die drei Abnehmergruppen Kinder, Jugendliche und Erwachsene unterschieden werden.

Ein zweidimensionaler Raum könnte dabei, wie in Abb. 3.10 dargestellt, gebildet werden.

Bei der Geschäftsfelddefinition nach Abell werden zu den Produkt-Markt-Kombinationen noch die verwendeten Technologien, die bei der Leistungserbringung benötigt werden, berücksichtigt. Diese Technologien sind im konkreten Fall die Informationsträger:

- Buch
- Zeitschrift
- CD-ROM
- Video

Unter Berücksichtigung der Technologiedimension ergibt sich dann der dreidimensionale Raum wie in Abb. 3.11 dargestellt.

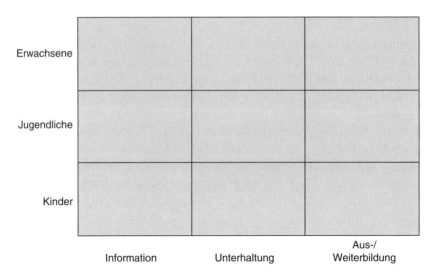

Abb. 3.10 Produkt-Markt-Kombinationen

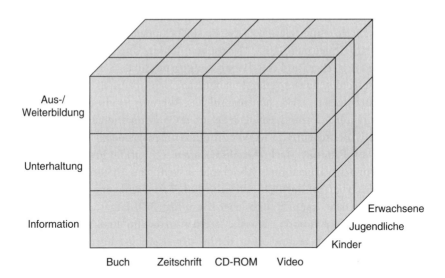

Abb. 3.11 Produkt-Markt-Technologie-Kombinationen

Beispielhafte Aufgabenstellungen strategischer Geschäftsfelder der Druck & Co. könnten sein:

1. Bedienung des Kundensegments „Kinder" mit Unterhaltungsprodukten durch sämtliche zur Verfügung stehende Technologien.
2. Bedienung sämtlicher Kundensegmente mit Produkten zur Informationsvermittlung über das Medium Buch.
3. Bedienung des Segments „Erwachsene" über die drei Funktionen „Information", „Unterhaltung" und „Aus-/Weiterbildung" mit der CD-ROM-Technologie.

Markt-stellungsziele	■ Marktanteil ■ Umsatz ■ Marktgeltung ■ Neue Märkte	z. B. Erhaltung des derzeitigen Umsatzes im Segment der Lehr-materialien für Fahrschulen in den nächsten 10 Jahren
Rentabilitäts-ziele	■ Gewinn ■ Umsatzrentabilität ■ Rentabilität des Eigenkapitals ■ Rentabilität des Gesamtkapitals	z. B. Steigerung des Gewinns um 0,5 % jährlich im Segment der Lehrmaterialien für Fahrschulen in den nächsten 5 Jahren
Finanzielle Ziele	■ Kreditwürdigkeit ■ Liquidität ■ Eigenkapitalquote ■ Kapitalstruktur	z. B. Erreichung einer Eigen-kapitalquote von 30 % innerhalb der nächsten 5 Jahre
Soziale Ziele	■ Arbeitszufriedenheit ■ Einkommen und soziale Sicherheit ■ Soziale Integration ■ Persönliche Entwicklung	z. B. Erhöhung der Einkommen der Angestellten um jeweils 0,5 % höher als tariflich vereinbart in den nächsten 4 Jahren
Macht- und Prestigeziele	■ Unabhängigkeit ■ Image und Prestige ■ Politischer Einfluss ■ Gesellschaftlicher Einfluss	z. B. Erhöhung des Image auf einer Messskala von 1 (sehr gut) bis 5 (schlecht) von derzeit 3,4 auf 2,5 innerhalb der nächsten 8 Jahre
Umweltschutz-ziele	■ Verringerung des Ressourcen-verbrauchs ■ Vermeidung und Verminderung der Belastungen	z. B. Reduzierung des Papier-verschnitts in der Druckerei um 25 % innerhalb der nächsten 4 Jahre

Abb. 3.12 Mögliche Unternehmensziele

Lösung Aufgabe 5 Normstrategien nach Ansoff

Lösung Aufgabe 5a

Die Anzahl der Personen der Kernzielgruppe ließ sich aus den Geburtenraten in den sech-ziger und siebziger Jahren prognostizieren. Die Größe des Marktes für Lehrmaterialien ist dabei eng verknüpft mit der Zahl der Führerscheinerwerber, die sich im Wesentlichen aus Jugendlichen im Alter zwischen 18 und 22 Jahren rekrutieren.

Somit war für das Unternehmen klar ersichtlich, dass das Marktpotenzial für den Ab-satz von Lehrmaterialien für Fahrschulen in den nächsten Jahren von stetiger Schrump-fung betroffen sein wird.

Lösung Aufgabe 5b

Die Fülle möglicher Unternehmensziele kann in Basiskategorien zusammengefasst werden (Abb. 3.12).

Lösung Aufgabe 5c

Wie in Aufgabe 5a bereits dargestellt, stellte sich für die Autodruck GmbH das Problem, dass die Zahl der Fahrschüler zurückging. Somit waren erhebliche Umsatzeinbußen zu

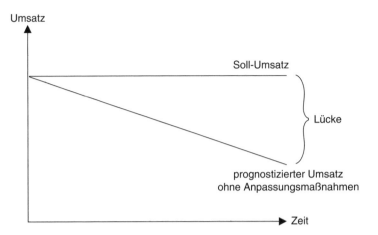

Abb. 3.13 Ziellücke

Produkte \ Märkte	Gegenwärtig	Neu
Gegenwärtig	Marktdurchdringung ———► Marktentwicklung	
Neu	Produktentwicklung	Diversifikation

Abb. 3.14 Alternative strategische Stoßrichtungen zur Erschließung von Wachstumsquellen (Produkt-Markt-Matrix)

erwarten. Hätte das Unternehmen jedoch trotzdem das Ziel der Erhaltung des damaligen Umsatzes in den nächsten zehn Jahren verfolgen wollen, so hätte sich eine Lücke ergeben. Dies macht Abb. 3.13 deutlich.

Ohne Anpassungsmaßnahmen hätte folglich das Ziel der Umsatzsicherung nicht eingehalten werden können. Zur Schließung dieser Ziellücke musste nach strategischen Alternativen gesucht werden. Grundsätzlich bietet sich für eine Strukturierung dieser Suche die Produkt-Markt-Matrix nach Ansoff an. Abbildung 3.14 verdeutlicht dieses.

Als wesentliches Entscheidungskriterium für die Auswahl der zu verfolgenden Strategien der Ansoff-Matrix kann der Grad der Synergienutzung angesehen werden. Während die Marktdurchdringungsstrategie das höchste Synergiepotenzial aufweist, lassen sich im Falle der Diversifikation kaum noch Synergien zum bestehenden Geschäft nutzen. Diese Reihenfolge ist in der Matrix mit den Pfeilen in der Mitte dargestellt.

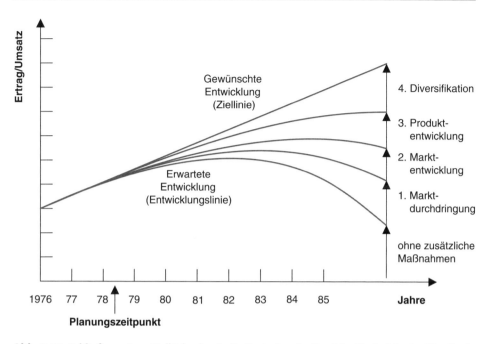

Abb. 3.15 Schließung einer Ziellücke durch die Strategien der Produkt-Markt-Matrix. (Quelle: In Anlehnung an Becker 2006, S. 416)

Häufig wird auch von einer „Z"-Strategie gesprochen, da sich die unter Synergiegesichtspunkten günstigste Strategiereihenfolge als „Z" in der Produkt-Markt-Matrix darstellen lässt. Die Reihenfolge lässt sich auch in der Umsatz-Zeit-Darstellung visualisieren.

Die **Strategie der Marktdurchdringung** beinhaltet die Ausschöpfung des Marktpotenzials vorhandener Produkte in bestehenden Märkten. Es sind grundsätzlich drei Ansatzpunkte möglich:

- Erhöhung (Intensivierung) der Produktverwendung bei bestehenden Kunden
- Gewinnung von Kunden, die bisher bei der Konkurrenz gekauft haben
- Gewinnung bisheriger Nichtverwender der Produkte

Bei der **Strategie der Marktentwicklung** wird angestrebt, für die gegenwärtigen Produkte einen oder mehrere neue Märkte zu finden. Der Versuch, neue Marktchancen für ein bestehendes Produkt aufzudecken, umfasst die in Abb. 3.15 dargestellten Ansatzpunkte.

- Erschließung zusätzlicher Absatzmärkte durch regionale, nationale oder internationale Ausdehnung
- Gewinnung neuer Marktsegmente (zum Beispiel durch speziell auf bestimmte Zielgruppen abgestimmte Produktversionen oder „psychologische" Produktdifferenzierung durch Werbemaßnahmen)

	Gegenwärtiger Markt	Neuer Markt

Gegenwärtige Produkte	■ Differenzierte Zielgruppen-bearbeitung
	■ Produktverbesserung und -aktualisierung
	■ Optimierung des Vertriebssystems
	■ Segmentspezifische Kommunikation
		■ Auslandsmarktbearbeitung durch
		  – Joint Ventures
		  – Lizenzen
		  – Auslandsniederlassungen

Neue Produkte	■ Beratung für neue Fahrschulen (Existenzgründungsprogramme)
	■ Ausbildungsprogramme über neue Medien
	■ Konzepte für moderne Fahrschul-ausstattung (Raumausstattung)
	■ Weiterbildungsseminare für Fahrschulleiter
	■ Managementservice (z. B. Buchungen, Versicherungen etc.)
		■ Freizeitmarkt
		  – Motor- und Segelbootausbildung
		  – Jagdausbildung
		  – Flugausbildung
		  – Funkamateurausbildung
		  – Tauchausbildung
		■ Fahrschülermarkt
		  – Lehreinheiten durch neue Medien (Computer based training)
		■ Markt- und Verkehrsteilnehmer
		  – Automobilspezifische Reiseangebote

Abb. 3.16 Strategieoptionen

Die **Strategie der Produktentwicklung** basiert auf der Überlegung, für bestehende Märkte neue Produkte zu entwickeln. Als grundlegende Alternativen bieten sich an:

■ Schaffung von Innovationen im Sinne echter Marktneuheiten
■ Programmerweiterung durch Entwicklung zusätzlicher Produktversionen

Die **Diversifikationsstrategie** ist durch die Ausrichtung der Unternehmensaktivitäten auf neue Produkte für neue Märkte charakterisiert. Je nach Grad der mit dieser Strategie verfolgten Risikostreuung lassen sich folgende Diversifikationsformen unterscheiden:

■ **horizontale Diversifikation:** Erweiterung des bestehenden Produktprogramms um Erzeugnisse, die mit diesem in sachlichem Zusammenhang stehen
■ **vertikale Diversifikation:** entspricht der Vergrößerung der Tiefe eines Programms sowohl in Richtung Absatz der bisherigen Erzeugnisse als auch in Richtung Herkunft der Rohstoffe und Produktionsmittel
■ **laterale Diversifikation:** bedeutet den Vorstoß in völlig neue Produkt- und Marktgebiete, wobei die Unternehmung aus dem Rahmen ihrer traditionellen Branche in weitab liegende Aktivitätenfelder ausbricht

Auf den konkreten Fall der Autodruck GmbH bezogen, standen dem Unternehmen 1980 beispielsweise folgende Optionen offen, die in Abb. 3.16 tabellarisch aufgelistet sind.

Chancen	Risiken
■ Erzielung zusätzlicher Umsätze und Deckungsbeiträge ■ Schaffung positiver Synergieeffekte (Erhöhung der Kundentreue, Qualitätsausstrahlungseffekte)	■ zu kleine Zielgruppe ■ zu wenig geeignete Produkte und Dienstleistungen

Abb. 3.17 Horizontale Diversifikation

Chancen	Risiken
■ Zusatzgeschäfte in der großen Zielgruppe der Führerscheinerwerber	■ schwierige Erzielung von Wettbewerbsvorteilen gegenüber klassischen Handelsschienen ■ mangelnde Akzeptanz der Fahrschüler ■ Konflikte mit der Basiszielgruppe der Fahrschulen, falls die Produkte nicht über den Fahrlehrer abgesetzt werden

Abb. 3.18 Vertikale Diversifikation

Lösung Aufgabe 5d

Horizontale Diversifikation
Strategiebeschreibung

- Entwicklung und Vertrieb von Ausbildungs- und Informationsprogrammen, die die Ausbildungspalette der Fahrschulen erweitern (Abb. 3.17)

Vertikale Diversifikation
Strategiebeschreibung

- Entwicklung und Vertrieb von Produkten für den persönlichen, nicht ausbildungsspezifischen Bedarf von Fahrschülern (Abb. 3.18)

Laterale Diversifikation
Strategiebeschreibung

- Übertragung des im Fahrschulmarkt erworbenen Ausbildungs- und Schulungs-Knowhows auf angrenzende (Straßenverkehr) und völlig neue Anwendungsgebiete
- Aufbau neuer Geschäftsfelder in ausbildungsintensiven Freizeitmärkten (zum Beispiel Wassersport, Luftsport)

Lösung Aufgabe 6 Dimensionen der Markenarchitekturgestaltung
Die Gestaltung der Markenarchitektur beschäftigt sich mit der Koordination eines Portfolios an Marken. Bei der Markenarchitekturgestaltung werden drei Dimensionen unterschieden:

Chancen	Risiken
■ Schaffung neuer Umsatz- und Gewinn-quellen außerhalb des stagnierenden und schrumpfenden Fahrschulmarktes	■ Know-how und Managementkapazität nicht ausreichend ■ Fehlen geeigneter Vertriebswege ■ zu geringe Wettbewerbsfähigkeit in neuen Geschäftsfeldern ■ Akzeptanz- und Durchsetzungsprobleme

Abb. 3.19 Laterale Diversifikation

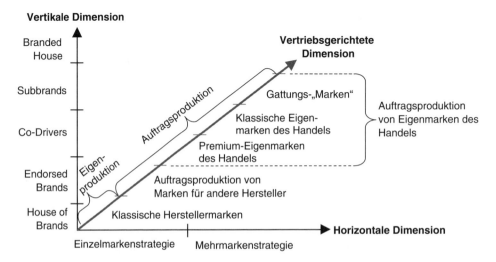

Abb. 3.20 Prozess der Markenarchitekturbildung. (Quelle: In Anlehnung an Burmann/Kanitz 2010, S. 42)

- Einer vertikalen Dimension zur Gestaltung des vertikalen Integrationsgrades über die verschiedenen hierarchischen Organisations- und Markenebenen hinweg,
- Einer horizontalen Dimension zur Gestaltung der Anzahl von Marken auf der jeweiligen Hierarchieebene und
- Einer vertriebsgerichteten Dimension zur Erfassung der Eigen- versus Auftragsproduktion von Marken zur Gestaltung des Markenauftritts im Vertrieb (Abb. 3.19)

Die vertikale Dimension wird entlang des vertikalen Integrationsgrades zwischen einer reinen Produktmarkendominanz und einer reinen Dachmarkendominanz aufgespannt. Es werden fünf Handlungsoptionen unterschieden. Dies sind die Branded House-, Sub-brands-, Co-Drivers-, Endorsed Brands- und House of Brand-Architektur (Abb. 3.20).

- Die **Branded House**-Architektur stellt die Handlungsoption dar, in welcher eine hier-archisch übergeordnete Dachmarke den Marktauftritt dominiert und den Einfluss der hierarchisch untergeordneten Marken auf ein Minimum reduziert. D. h. übertragen auf die Beziehung zwischen Unternehmens- und Produktmarken werden im Rahmen des Branded House alle Angebote und Leistungen eines Unternehmens unter einer Dachmarke vermarktet. Es liegt der maximale Integrationsgrad vor.

- Die **House of Brands**-Architektur liegt am anderen Ende des Integrationskontinuums. Sie stellt die Handlungsoption dar, in welcher jede Produktmarke für sich allein den Marktauftritt gestaltet. Das Produkt bzw. das Angebot wird nach außen hin mit einer von allen anderen Marken innerhalb des Portfolios isoliert geführter Marke gekennzeichnet. Es liegt der minimale Integrationsgrad vor.
- Die **Subbrands**-Architektur umfasst den Fall der dominierenden Dachmarke. Die Dachmarke ist der primäre Treiber der Kaufentscheidung, dennoch hat die hierarchische untergeordnete Marke mehr als nur eine rein beschreibende Rolle.
- Bei der Strategie **Co-Drivers** haben beide Marken wesentlichen Einfluss auf die Kaufentscheidung. Hierbei handelt es sich um einen gleichberechtigten Auftritt der hierarchisch über- und untergeordneten Marke.
- Bei **Endorsed Brands** dominieren die hierarchisch untergeordneten Marken. Die Dachmarke hat eine rein unterstützende Endorser-Rolle. Die Produktmarke ist der primäre Treiber der Kaufentscheidung.

3.3 Fallstudien

Fallstudie 1: Portfolio-Analyse für eine mittelständische Gärtnerei
Die Waldhorst KG ist eine alteingesessene Baumschule und Gärtnerei im nördlichen Münsterland. Das Unternehmen wurde 1923 gegründet und befindet sich mittlerweile in der dritten Generation im Familienbesitz. Die Waldhorst KG hat im Laufe der nunmehr 80-jährigen Firmengeschichte die Produktpalette sukzessiv erweitert.

Während ursprünglich lediglich Bäume abgesetzt wurden, umfasst das Produktprogramm jetzt Bäume und Ziersträucher. Diese Produktpalette wird sowohl an öffentliche als auch an private Kunden geliefert.

Mit diesen Produkten erwirtschaftete das Unternehmen 2002 einen Gesamtumsatz von 14 Mio. €. Das private Geschäft wird fast ausschließlich mit lokaler Kundschaft abgewickelt. Zwar kaufen Privatkunden die gesamte Produktpalette der Waldhorst KG, der Schwerpunkt des Absatzes liegt aber eindeutig bei Ziersträuchern. Mit dem Verkauf von Ziersträuchern an Privatkunden wurde 2002 ein Umsatz von 4 Mio. € erzielt.

An die öffentliche Hand werden in erster Linie Bäume verkauft. Dabei beliefert die Waldhorst KG nicht nur die eigene Kommune, sondern auch mehrere Städte im gesamten Münsterland. Im lokalen Geschäft konnte dabei ein Umsatz von 2 Mio. €, im regionalen von 8 Mio. € erzielt werden.

Die Juniorchefin macht sich aufgrund der sich abzeichnenden Umsatzrückgänge im Handel mit der öffentlichen Hand Sorgen um die Zukunft des Unternehmens. Sie möchte

	SGF A	SGF B	SGF C
Waldhorst KG			
Umsatz 2002	8	4	2
prognostizierter Umsatz 2004	6	6	2

	SGF A	SGF B	SGF C
Wiesel OHG			
Umsatz 2002	5	3	5
prognostizierter Umsatz 2004	3	4	6
Adler GmbH			
Umsatz 2002	10	3	1
prognostizierter Umsatz 2004	7	4	1
Gesamtmarkt			
Umsatz 2002	80	20	10
prognostizierter Umsatz 2004	64	25	11

Abb. 3.21 Analyse des Wettbewerbsumfeldes

daher die Unternehmensaktivitäten grundsätzlich neu ordnen. Als Informationsgrundlage soll dabei die Portfolio-Analyse (Abb. 3.21) dienen.

Aufgabe 1
Welche strategischen Geschäftsfelder betreibt die Waldhorst KG? Nehmen Sie eine Einteilung anhand der Kriterien Produkt, Kundengruppe und räumlicher Marktabdeckung vor.

Aufgabe 2
Nachdem die Juniorchefin Klarheit über die Geschäftsfelder der Waldhorst KG gewonnen hat, analysiert sie das Wettbewerbsumfeld sowie die voraussichtliche Unternehmens- und Marktentwicklung. Dabei kommt sie zu folgenden Ergebnissen:

Aufgabe 2a
Berechnen Sie die Positionen der strategischen Geschäftsfelder der Waldhorst KG nach dem Marktanteils-Marktwachstums-Portfolio und zeichnen Sie diese mit Berücksichtigung des Umsatzes in das 6-Felder-Portfolio ein (Skala von –30 % bis 30 % für das Marktwachstum beziehungsweise 0–2 für den relativen Marktanteil = eigener Marktanteil/ Marktanteil des Hauptwettbewerbers).

Aufgabe 2b
Welche Normstrategien empfehlen sich aufgrund der Lage der einzelnen strategischen Geschäftsfelder der Waldhorst KG?

Produkt		Kundengruppe		Räumliche Marktabdeckung	
Bäume	Ziersträucher	Privatkunden	öffentliche Hand	lokal	regional

Abb. 3.22 Kriterienausprägung

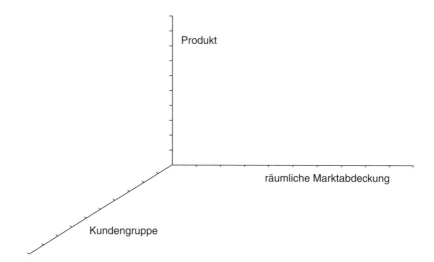

Abb. 3.23 Geschäftsfelddimensionen der Waldhorst KG

Aufgabe 2c
Nehmen Sie zum Aussagewert einer solchen Portfolio-Analyse kritisch Stellung.

Lösungen zur Fallstudie 1: Portfolio-Analyse für eine mittelständische Gärtnerei

Lösung Aufgabe 1
Die Kriterien Kundengruppe, Produkt und räumliche Marktabdeckung weisen jeweils zwei
Ausprägungen auf, sodass sich acht (2^3) mögliche Geschäftsfelder ergeben (Abb. 3.22).
Von diesen möglichen Geschäftsfeldern bearbeitet die Waldhorst KG lediglich drei:

- Geschäftsfeld A umfasst den Verkauf von Bäumen an die öffentliche Hand in der gesamten Region Münsterland.
- Geschäftsfeld B umfasst den Verkauf von Ziersträuchern an Privatkunden auf lokaler Ebene.
- Geschäftsfeld C schließlich beinhaltet den Verkauf von Bäumen an die öffentliche Hand auf lokaler Ebene (Abb. 3.23).

	SGF A	SGF B	SGF C
Relativer Marktanteil	0,8	1,33	0,4
Marktwachstum	−20 %	+25 %	+10 %
Anteil am Gesamtumsatz der Waldhorst KG	57,1 %	28,6 %	14,3 %

Abb. 3.24 Bedeutung der einzelnen Geschäftsfelder

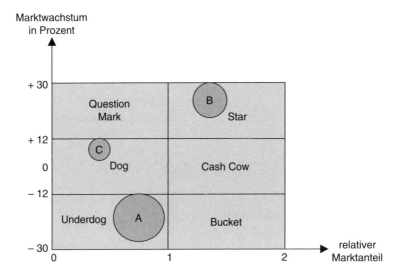

Abb. 3.25 Geschäftsfeldportfolio

Lösung Aufgabe 2

Lösung Aufgabe 2a

Zur Herleitung des Marktanteils-Marktwachstums-Portfolios müssen für die einzelnen Geschäftsfelder der Waldhorst KG der relative Marktanteil (eigener Marktanteil durch Marktanteil des stärksten Wettbewerbers beziehungsweise eigener Umsatz durch Umsatz des stärksten Wettbewerbers) sowie das Marktwachstum ermittelt werden. Um die Bedeutung der einzelnen Geschäftsfelder für die Waldhorst KG deutlich zu machen, kann der Umfang der Kreispositionen proportional zum Umsatzanteil eingezeichnet werden (Abb. 3.24).

Anhand dieser Werte kann das Geschäftsportfolio erstellt werden (Abb. 3.25).

Lösung Aufgabe 2b

Der Verkauf von Bäumen an die öffentliche Hand in der Region Münsterland hat mit einem Umsatzanteil von 57,1 % zentrale Bedeutung für die Waldhorst KG. Dieses Geschäftsfeld ist durch einen starken prognostizierten Umsatzrückgang gekennzeichnet. Außerdem ist die Waldhorst KG in diesem Geschäftsfeld nicht stärkster Anbieter. Die Normstrategie lautet daher Desinvestition, das heißt Marktaustritt.

Das Geschäftsfeld B, der Verkauf von Ziersträuchern an Privathaushalte im lokalen Markt, ist durch ein ausgesprochen hohes Marktwachstum und eine starke Wettbewerbsposition der Waldhorst KG gekennzeichnet. Die Normstrategie für dieses Geschäftsfeld ist auf weiteres Wachstum ausgelegt, also eine Investitionsstrategie, um so den Anteil von bislang 28,6 % am Gesamtumsatz auszubauen.

Das Geschäftsfeld C schließlich, das bislang 14,3 % zum Umsatz der Waldhorst KG beigetragen hat, ist durch eine nur schwache Wettbewerbsposition gekennzeichnet. Das Marktwachstum von 10 % ist ein Indiz für Sondereinflüsse der Nachfrage auf lokaler Ebene, da regional die Nachfrage der öffentlichen Hand nach Bäumen zurückgegangen ist. Die Normstrategie ist hier nicht eindeutig; entweder kann die Waldhorst KG eine Offensivstrategie verfolgen, um den Marktanteil zu steigern oder eine Rückzugsstrategie, wenn sie dieses Geschäftsfeld für langfristig nicht attraktiv hält. Da im regionalen Markt die Nachfrage nach Bäumen seitens der öffentlichen Hand spürbar zurückgegangen ist, erscheint eine Rückzugsstrategie sinnvoll, da das Marktwachstum von 10 % wahrscheinlich auf einmalige Sondereinflüsse wie zum Beispiel einmalige städtische Bauvorhaben zurückzuführen ist. Zusammenfassend können aus dem Portfolio Modell folgende Normstrategien entwickelt werden:

SGF A: Desinvestitionsstrategie: Underdog
SGF B: Investitionsstrategie: Star
SGF C: Rückzugsstrategie: Grenze Dog/Question mark

Lösung Aufgabe 2c
Die Vorteile der Portfolio-Methode liegen insbesondere in ihrer hohen Anschaulichkeit, der leichten Operationalisierung und Handhabung des Konzepts sowie dem damit verbundenen hohen Kommunikationswert.

Diesen Vorteilen der Portfolio-Planung stehen jedoch eine Reihe gewichtiger Nachteile gegenüber, die eine Anwendung nur sehr begrenzt sinnvoll erscheinen lassen.[1]

Zunächst einmal baut das Modell auf eindeutig abgrenzbaren Geschäftsfeldern auf. Zur Abgrenzung der Geschäftsfelder lassen sich jedoch unterschiedliche Kriterien heranziehen. So kann zum Beispiel nach Produkten oder Produktgruppen differenziert werden. Diese Entscheidung hat jedoch Auswirkungen auf die Abgrenzung des relevanten Marktes und damit den Marktanteil und das Marktwachstum. Wenn zum Beispiel die Geschäftsfelder der Waldhorst KG nur nach den Kategorien Produkt/Kunde differenziert werden, ergeben sich lediglich zwei Geschäftsfelder mit anderen Marktanteilen und Wachstumsraten als bei einer Abgrenzung nach den Kriterien Produkt/Kunde/Marktareal.

---

[1] Vgl.: Adam, Dietrich: Planung und Entscheidung. Modelle – Ziele – Methoden, 3. Aufl., Wiesbaden 1993, S. 282 ff.

Die Normstrategien sind zu undifferenziert, da sich die SGF in aller Regel nicht in der Idealposition inmitten der vier beziehungsweise sechs Felder befinden. Darüber hinaus ist die Abgrenzung der Achsen hinsichtlich der Trennmarke willkürlich. Je nachdem, wie die Trennmarke gesetzt wird, erhalten die Geschäftsfelder unterschiedliche Positionen im Portfolio mit entsprechend unterschiedlichen Normstrategien. Fraglich ist darüber hinaus, ob die Klassifikationsmerkmale Marktwachstum und relativer Marktanteil tatsächlich geeignete Indikatoren für die Erfolgs- und Finanzlage eines Unternehmens sind. Die PIMS-Studie hat gezeigt, dass beispielsweise 59 % aller als Dog gekennzeichneten Unternehmen entgegen der Annahmen der Portfolio-Methode einen positiven Cashflow aufwiesen. Schließlich ist die der Portfolio-Planung zugrunde liegende Forderung nach einem ausgeglichenen Cashflow keine unternehmerisch sinnvolle Zielsetzung, da die Möglichkeit der Außenfinanzierung so unbeachtet bleibt.

Die vorgeschlagene Desinvestitionsstrategie für das Geschäftsfeld A weist darüber hinaus beispielspezifische Schwächen auf. Das Geschäftsfeld A trägt 57,1 % zum Gesamtumsatz der Waldhorst KG bei, sodass ein rascher Rückzug aus diesem Geschäftsfeld kaum möglich ist.

Fallstudie 2: Einzel- versus Dachmarkenstrategie bei der Einführung eines alkoholfreien Altbieres

Teil 1: Die Einführungsentscheidung
Die Privatbrauerei *Diebels* hat sich seit ihrem Übergang von einer Sortimentsbrauerei mit den Sorten Alt, Export, Pils, Malz und Dunkel zum Altbierspezialisten im Jahr 1970 durch eine konsequente Premiummarkenstrategie zum absoluten Marktführer im Altbiermarkt entwickelt. Abbildung 3.26 verdeutlicht den eindrucksvollen Erfolg der Privatbrauerei *Diebels* im Altbiermarkt.

Die dominante Position der Privatbrauerei *Diebels* spiegelt sich auch in ihrem Marktanteil im Altbiermarkt wider. Mit einem Marktanteil von 53,2 % (1991) verfügt die Privatbrauerei *Diebels* über einen relativen Marktanteil (eigener Marktanteil dividiert durch Marktanteil des Hauptwettbewerbers) von fünf (Abb. 3.27).

Diesen Erfolg konnte die *Diebels*-Brauerei in einem regional eng begrenzten Markt erzielen. Betrachtet man den in Abb. 3.28 wiedergegebenen Absatz der Biersorten im Lebensmitteleinzelhandel des Jahres 1991 nach Bundesländern, so wird deutlich, dass Altbier außer in NRW (12,6 %) in keinem Bundesland nennenswerte Sortenanteile erzielen konnte. Der Altbiermarkt wird somit zurecht als regionaler Teilmarkt charakterisiert.

Dies gilt umso mehr, wenn man berücksichtigt, dass innerhalb von NRW mit dem Regierungsbezirk Düsseldorf ein eindeutiger Absatzschwerpunkt für Altbier existiert. So beträgt der Sortenanteil von Altbier zum Beispiel in der Stadt Düsseldorf 68 %.

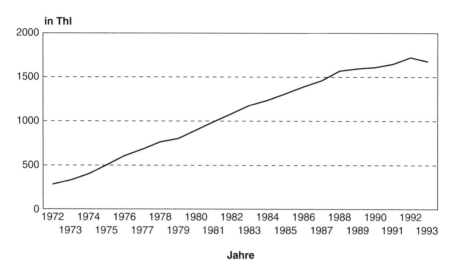

Abb. 3.26 Gesamtausstoß der Privatbrauerei Diebels von 1972 bis 1993. (Quelle: Geschäftsbericht der Privatbrauerei Diebels 1993, S. 8; Das Trendmarken-Konzept, in: Brauwelt, 124. Jg., 1984, H. 10, Sonderausgabe, S. 42)

Abb. 3.27 Handelsmarkt-
anteile führender Altbier-
marken in NRW 1991

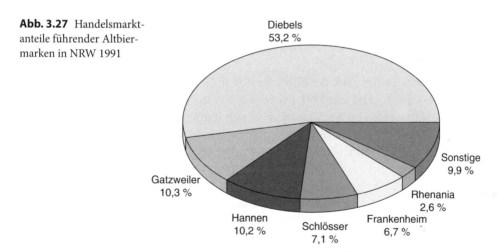

Re-gion	National West	Hamburg, Bremen, Schleswig-Holstein, Niedersachsen	NRW	Hessen, Rheinland-Pfalz, Saarland	Baden-Württemberg	Bayern	Berlin (West)
Anteil Alt	4,2	0,4	**12,6**	0,9	0,4	0,4	0,4

Abb. 3.28 Anteil des Altbierabsatzes am westdeutschen Gesamtbierabsatz.(LEH und GAM) 1991. (Quelle: o. V., Biersorten-Trends, in: Getränkemarkt, 13. Jg., 1993, Heft 4, S. 141)

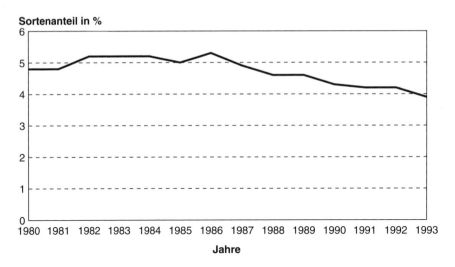

Abb. 3.29 Anteil von Altbier am Gesamtbierabsatz (LEH und GAM) von 1980 bis 1993. (Quelle: A. C. Nielsen Company)

Neben seiner Regionalität ist der Altbiermarkt durch sein schrumpfendes Marktvolumen gekennzeichnet. So ging der Anteil von Altbier am Gesamtbierabsatz im Lebensmitteleinzelhandel einschließlich Getränkeabholmärkten von 4,8 % im Jahr 1980 auf 3,9 % im Jahr 1991 zurück.

In absoluten Zahlen sank der Altbierausstoß in NRW von 4,358 Millionen hl im Jahr 1980 auf 4,003 Mio. hl im Jahr 1991, der Sortenanteil fiel von 16,5 % auf 13,0 % (Abb. 3.29).

Die Absatzsituation im Altbiermarkt stellt sich somit noch schärfer als im Gesamtbiermarkt dar. Dies hat entsprechende Wirkungen auf den Wettbewerb, der als harter Verdrängungswettbewerb geführt wird. Zusammenfassend lässt sich der Altbiermarkt wie folgt charakterisieren:

- Der Altbiermarkt ist ein regionaler Markt, rund 90 % des Altbieres werden in NRW, hier mit dem Schwerpunkt Regierungsbezirk Düsseldorf, verkauft.
- Der Altbiermarkt schrumpft; im Zeitraum von 1980 bis 1991 um knapp 9 %.
- Der Altbiermarkt wird durch die Marke *Diebels* Alt absolut dominiert, *Diebels* konnte seinen Ausstoß innerhalb von 21 Jahren um knapp 500 %(!) steigern.

Völlig anders stellte sich in den achtziger Jahren die Situation im Markt für alkoholfreies Bier dar. Das erste alkoholfreie Bier auf dem deutschen Markt war das bereits 1968 eingeführte Birell, das jedoch aufgrund geschmacklicher Probleme, Verbrauchervorbehalten und nicht zuletzt einer nicht biergerechten Vermarktung kein Markterfolg wurde.

Den großen Durchbruch brachte erst die Einführung der Marke *Clausthaler* der Binding Brauerei AG im Jahr 1979. Nachdem sich der Markt aufgrund von Akzeptanzproblemen zunächst nur schleppend entwickelte, zeichnet er sich seit Mitte der achtziger Jahre

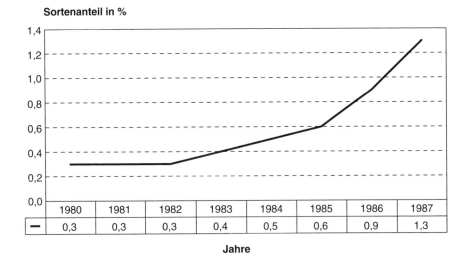

Sortenanteil in %

Jahre	1980	1981	1982	1983	1984	1985	1986	1987
━	0,3	0,3	0,3	0,4	0,5	0,6	0,9	1,3

Jahre

Abb. 3.30 Anteil alkoholfreier Biere am Gesamtbierabsatz (LEH und GAM) von 1980 bis 1987

durch hohe Zuwachsraten aus. So betrug der Anteil der alkoholfreien Biere am gesamten Bierausstoß noch im Jahr 1984 lediglich 0,3 %, lag aber 1987 bereits auf dem beachtlichen Niveau von 1,3 % (Abb. 3.30).

Betrachtet man neben der Sortenanteilserhöhung noch die Entwicklung des Marktvolumens, so wird die rasante Entwicklung bei alkoholfreiem Bier besonders deutlich.

Noch 1979, also dem Zeitpunkt der Einführung von *Clausthaler*, lag das Volumen bei 30.000 hl im Jahr, schon 1981 wurden 201.000 hl produziert. Bis 1986 verdoppelte sich dieser Wert auf 481.000 hl. Hinzu kommt, dass von glänzenden Zukunftsperspektiven für alkoholfreies Bier berichtet wurde. So wurde das Marktvolumen für das Jahr 1996 auf ca. 4 Mio. hl geschätzt.

Ähnlich positiv wie der Gesamtausstoß entwickelte sich auch der von der GfK ermittelte Absatz alkoholfreier Biere: In den achtziger Jahren konnten jährliche Zuwachsraten von durchschnittlich 20 % erzielt werden. Ebenso wie im gesamten Bundesgebiet war auch der Stammmarkt der Privatbrauerei *Diebels*, das Bundesland Nordrhein-Westfalen, von exorbitanten Zuwachsraten bei alkoholfreiem Bier geprägt. Im Kerngebiet der Privatbrauerei *Diebels*, den GfK-Gebieten 1–9 in Nordrhein-Westfalen[2] stieg der Absatz alkoholfreier Biere von 1985 auf 1986 um 82 %.

Als letzte Erfolgsgröße sei auf den Distributionsgrad hingewiesen: Mit einem gewichteten Distributionsgrad im Lebensmitteleinzelhandel und in Getränkeabholmärkten von 87 % erreichte alkoholfreies Bier schon 1987 nach Pils (100 %), Malz- (99 %) und Exportbier (93 %) die viertgrößte Verbreitung.

---

[2] Dies sind in der Reihenfolge 1–9: Kleve; Wesel; Bottrop, Gelsenkirchen, Essen; Oberhausen, Duisburg, Mülheim; Düsseldorf, Mettmann; Kreis Neuss; Mönchengladbach, Krefeld, Viersen; Aachen, Heinsberg, Düren; Wuppertal, Solingen, Remscheid. Das Gebiet entspricht in etwa dem Regierungsbezirk Düsseldorf.

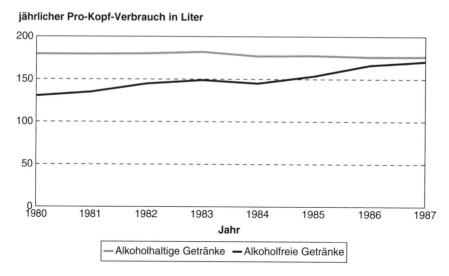

Abb. 3.31 Getränkeverbrauch in Westdeutschland von 1980 bis 1987

Ausschlaggebend für den großen Erfolg alkoholfreien Bieres in den achtziger Jahren waren vor allem zwei Gründe: erstens ein geändertes Verbraucherverhalten, zweitens eine verbesserte Qualität alkoholfreien Bieres.

Das geänderte Verbraucherverhalten drückte sich zum einen in einem gestiegenen Gesundheits- und Fitnessbewusstsein aus. Dieser Trend führte dazu, dass im Jahr 1987 erstmals seit 1980 in etwa genauso viel alkoholfreie wie alkoholhaltige Getränke konsumiert wurden. Da alkoholfreies Bier nur halb so viel Kalorien wie alkoholhaltiges Bier aufweist, passte alkoholfreies Bier zudem gut in den Trend der Light-Produkte. Hinzu kommt, dass über eine Verbesserung des Brauprozesses[3] der Geschmack alkoholfreier Biere deutlich verbessert werden konnte (Abb. 3.31).

Das Marktvolumen verteilte sich im Jahr 1987 auf noch wenige Anbieter. Wirft man einen Blick auf die Marktanteile, so verwundert es nicht, dass *Clausthaler* sowohl national (Marktanteil = 50 %) als auch in NRW (57,6 %), als auch im *Diebels*-Kerngebiet (42,8 %) unumstrittener Marktführer war (Abb. 3.32).

Abbildung 3.32 verdeutlicht die dominierende Stellung von *Clausthaler* auf dem Markt für alkoholfreies Bier im Jahr 1986, lässt aber auch bedeutende Unterschiede in der regionalen Marktstellung erkennen. So fällt auf, dass *Birell* als die älteste alkoholfreie Biermarke in NRW und insbesondere im *Diebels*-Kerngebiet 1986 noch große Marktanteile

---

[3] Während früher eher robuste Methoden, wie zum Beispiel Erhitzen des Bieres zur Verdampfung des Alkohols, angewandt wurden, stoppte man nun den Gärungsprozess beziehungsweise benutzte Hefe, die erst gar keinen Alkohol entstehen ließ. Kurze Zeit später entwickelte man die Verfahren der Umkehrosmose beziehungsweise Dialyse, die dem heutigen Stand der Technik entsprechen.

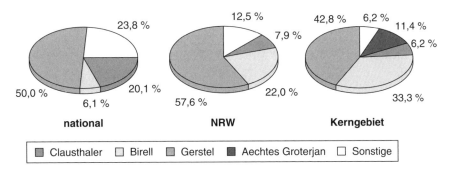

Abb. 3.32 Marktanteile ausgewählter alkoholfreier Biermarken national, NRW und im *Diebels*-Kerngebiet 1986

hatte. Auffallend ist weiterhin, dass *Clausthaler* im *Diebels*-Kerngebiet einen wesentlich geringeren Marktanteil hatte als in NRW.

Aufschlussreich ist neben der Analyse der Marktanteile bei alkoholfreiem Bier ein Blick in die Sortenstruktur, denn prinzipiell kann jede Biersorte alkoholfrei sein. Im Jahr 1986 gab es auf dem Markt sortenneutrale alkoholfreie Schankbiere, alkoholfreie Pilsbiere und alkoholfreie Weizenbiere, aber kein alkoholfreies Altbier.

Hinzu kommt, dass die Mehrzahl der alkoholfreien Biere sortenneutral war. Offensichtlich waren die Verbrauchsgewohnheiten bei alkoholfreiem Bier nicht so sortenfixiert wie im übrigen Biermarkt. Ein alkoholfreies Altbier war daher aufgrund der spezifischen Substitutionalitätsbeziehungen den alkoholfreien und nicht den Altbieren zuzurechnen.

Außerdem bestand bei den Verbrauchern eine hohe Probier- und damit verbunden eine hohe Markenwechselbereitschaft – auch über Sortengrenzen hinweg. Dieses vom üblichen Handlungsmuster im Biermarkt abweichende Verhalten basierte auf der Annahme der Konsumenten, dass bei alkoholfreiem Bier noch Qualitätssteigerungen möglich waren.

Nachdem die Entwicklung des Marktvolumens, der Marktstruktur und der Marktteilnehmer analysiert worden ist, soll im Folgenden ein Blick auf die Werbeintensität auf dem Markt für alkoholfreies Bier geworfen werden, um so Hinweise auf die Wettbewerbssituation auf diesem Markt zu erhalten. Nicht zuletzt unter dem Aspekt Dach- versus Einzelmarkenstrategie sind die Werbeausgaben ein wichtiger Indikator.

Als Maß für die Werbeintensität soll dabei das Verhältnis zwischen dem Anteil alkoholfreien Bieres am Gesamtbiermarkt (share of market) und dem Anteil von Werbung für alkoholfreies Bier an der Gesamtbierwerbung (share of voice) dienen. Betrachtet man diese Werte, so kommt man zu dem Ergebnis, dass alkoholfreies Bier überdurchschnittlich stark beworben wurde. So lag der Anteil alkoholfreier Biere am Gesamtbiermarkt 1984 bei lediglich 0,4 %, während 2,1 % der Gesamtbierwerbung für alkoholfreies Bier ausgegeben wurden.

Sicher muss bei dieser Betrachtung die noch skeptische Verbrauchereinstellung gegenüber alkoholfreiem Bier berücksichtigt werden, die logischerweise einen höheren Werbeaufwand erforderlich machte. Dennoch mag der überdurchschnittliche Werbeaufwand für alkoholfreies Bier als erstes Indiz für eine Verschärfung des Wettbewerbs Mitte der achtziger Jahre, bedingt durch massiven Markteintritt, gedeutet werden.

Zusammenfassend lässt sich der Markt für alkoholfreies Bier im Jahr 1987 wie folgt beschreiben:

- Er weist hohe Zuwachsraten auf und ihm werden große weitere Marktchancen eingeräumt.
- Mitte der achtziger Jahre können erste Anzeichen für eine Verschärfung des Wettbewerbs ausgemacht werden.
- Die Mehrzahl der alkoholfreien Biere ist sortenneutral; es gibt kein alkoholfreies Altbier.
- *Clausthaler* ist absolut dominierender Marktführer.
- Beantworten Sie vor dem aufgezeigten Hintergrund folgende Fragen:

Aufgabe 1 Markteintrittsentscheidung
Sollte sich die Privatbrauerei *Diebels* im Jahr 1987 im Markt für alkoholfreies Bier engagieren? Begründen Sie ihre Entscheidung.

Aufgabe 2 Einzel- versus Dachmarkenstrategie
Die Privatbrauerei *Diebels* hat sich entschieden, im Jahr 1987 in den Markt für alkoholfreies Bier einzutreten. Fraglich war ob das neue Produkt als Einzel- oder als Dachmarke in den Markt eingeführt wird. Unterbreiten Sie einen Entscheidungsvorschlag. Begründen Sie Ihren Vorschlag ausführlich. Gehen Sie dabei insbesondere auf die Faktoren Imagetransfer, Positionierung und Marketingaufwendungen ein.

Aufgabe 3 Markenname
Das alkoholfreie Bier wurde 1987 unter dem Namen *Issumer Alt Alkoholfrei* von der Privatbrauerei *Diebels* als Einzelmarke in den Markt eingeführt. Nehmen Sie zu der Namensgebung kritisch Stellung. Gehen Sie dabei insbesondere auf Positionierungsaspekte ein.

Lösungen zur Fallstudie 2: Einzel- versus Dachmarkenstrategie bei der Einführung eines alkoholfreien Altbieres

Lösung Aufgabe 1 Markteintrittsentscheidung
Der Altbiermarkt war im Jahr 1987 insbesondere von drei Faktoren gekennzeichnet:

- regionaler Markt,
- schrumpfender Markt,
- dominiert von der Marke *Diebels* Alt.

Angesichts dieser Umstände stellt sich für die Privatbrauerei *Diebels* die Frage nach zukünftigen Wachstumspotenzialen. Wie dargelegt, bestanden solche auf dem Markt für alkoholfreies Bier, der 1987 von sortenneutralen Bieren, allen voran vom Marktführer *Claus-thaler* geprägt war.

Analysiert man die Marktanteile im Markt für alkoholfreies Bier des Jahres 1986, so wird deutlich, dass *Clausthaler* im *Diebels*-Kernmarkt nicht so stark wie im Gesamtmarkt Nordrhein-Westfalen war. Hinzu kommt, dass Birell im *Diebels*-Kernmarkt noch einen sehr hohen Marktanteil hatte.

Somit ergab sich für die Privatbrauerei *Diebels* 1986 die Perspektive, selbst mit einem alkoholfreiem Bier in den Markt einzutreten, bevor Marktführer *Clausthaler*, der im *Die-bels*-Kerngebiet bei weitem nicht so stark war wie in NRW und dem restlichen Bundesge-biet, auch dort weitere Marktanteile, insbesondere von *Birell*, gewinnt. Dieser Sachverhalt ist für die Entscheidung der Privatbrauerei *Diebels*, mit einem alkoholfreien Bier auf den Markt zu treten, wichtig, denn es war zu vermuten, dass der älteste Anbieter Birell auch im *Diebels*-Kerngebiet im Laufe der Zeit vom Newcomer *Clausthaler* verdrängt werden würde. Diese Annahme legte auch der Marktanteil von Birell im Bundesgebiet von ledig-lich 6,1 % nahe.

Für die Privatbrauerei *Diebels* als Marktführer im Altbiermarkt stellte sich 1986 somit die Frage, ob sie die Marktnische selber besetzen oder aber einem konkurrierenden Alt-bierbrauer überlassen sollte. Nicht zuletzt unter dem Aspekt des Trends zu alkoholfreien Getränken und damit auch zu alkoholfreiem Bier ist es für die Privatbrauerei *Diebels* sinn-voll, in den Markt für alkoholfreies Bier einzutreten.

Lösung Aufgabe 2 Einzel- versus Dachmarkenstrategie
Eine eindeutige Entscheidung für eine Einzel- oder Dachmarkenstrategie ist im vorliegen-den Fall nicht möglich. Es sprechen sowohl Gründe für eine Dachmarken- als auch für eine Einzelmarkenstrategie. Nachfolgend sollen die Vor- und Nachteile beider Strategien anhand der Parameter Imagetransfer beziehungsweise Risiko der Imageschädigung, Posi-tionierung und Marketingaufwendungen erörtert werden.

Eine Einzelmarkenstrategie ermöglicht im Gegensatz zu einer Dachmarkenstrategie keinen Imagetransfer von einer bereits etablierten Marke auf das neue Produkt. Auf der anderen Seite besteht so auch nicht das Risiko eines Bad-Will-Transfers, also negativer Ausstrahlungseffekte von einem Produkt eines Herstellers auf andere Produkte oder das gesamte Unternehmen.

Im Jahr 1987 war die Einstellung der Konsumenten gegenüber alkoholfreiem Bier, un-geachtet eines zu beobachtenden veränderten Verbraucherverhaltens, noch nicht so gefes-tigt, dass eine risikolose Positionierung unter einer Dachmarke *Diebels* möglich gewesen wäre. Denn trotz verbesserter Qualität alkoholfreien Bieres, war es im Geschmack deutlich von alkoholhaltigem Bier zu unterscheiden. Die Gefahr für die Privatbrauerei *Diebels* be-stand bei einer etwaigen Dachmarkenstrategie in den Qualitäts- und Geschmackserwar-tungen der Konsumenten. Wenn über die Marke *Diebels* beim Verbraucher bestimmte An-sprüche hinsichtlich Geschmack und Qualität geweckt worden wären, die aber von dem alkoholfreien Bier nicht hätten erfüllt werden können, wäre ein Bad-Will-Transfer auf die Stammmarke sehr wahrscheinlich gewesen.

Insgesamt ist zu konstatieren, dass unter Imageaspekten wegen des hohen Risikos eines Bad-Will-Transfers auf die Marke *Diebels* eine Einzelmarkenstrategie zu bevorzugen ist.

Neben Risikoaspekten ist eine Einzel- einer Dachmarkenstrategie in Hinblick auf eine eigenständige, segmentspezifische Positionierung überlegen. Das Image einer Dachmarke schränkt die Freiheitsgrade der Positionierung ein, da es auf das Image der einzelnen Produkte ausstrahlt. Dies ist dann unproblematisch, wenn mit allen unter einer Dachmarke platzierten Produkten immer das gleiche Segment angesprochen wird beziehungsweise wenn die Distanzen zwischen den Idealpunkten der einzelnen Zielsegmente sehr gering sind. Sollen die einzelnen Produkte jedoch verschiedene Segmente ansprechen, steht dem das Image der Dachmarke im Weg.

Hätte sich die Privatbrauerei *Diebels* nun für eine Dachmarkenstrategie entschieden, wären dem neuen Produkt damit die Merkmale eines Altbieres alleine schon über die Dachmarke mitgegeben worden. Das alkoholfreie Bier wäre so zwangsläufig in der Nähe des Altbiermarktes positioniert worden. Damit hätte man sich alleine über die Markenstrategie auf den Kernmarkt der Altbiertrinker beschränkt, den man ohnehin schon zu mehr als der Hälfte beherrschte. Unterstellt man zusätzlich Substitutionseffekte zwischen alkoholhaltigem Altbier und einem bewusst als Altbier positionierten alkoholfreiem Bier, wären von dem neuen Produkt vermutlich kaum Impulse auf den Gesamtabsatz der Privatbrauerei *Diebels* ausgegangen. Die Wahrscheinlichkeit, mit einem unter der Dachmarke *Diebels* platzierten alkoholfreien Bier auch über die Sortengrenzen hinweg erfolgreich zu sein, war eher gering. Dafür war die Assoziation zwischen der Marke *Diebels* und der Sorte Alt zu groß.

Eine Einzelmarkenstrategie hingegen erlaubte eine eigenständige, nicht so sehr an die Sorte Alt gekoppelte Positionierung. Die Einzelmarke konnte so den gesamten Markt für alkoholfreies Bier und nicht nur ein Sortensegment ansprechen. Insofern kann die Einzelmarkenstrategie als der Versuch gesehen werden, aus dem engen Altbiermarkt auszubrechen und sich neue Wachstumspotenziale zu erschließen.

Den aufgezeigten Vorteilen einer Einzelmarkenstrategie stehen jedoch Nachteile in quantitativer Hinsicht gegenüber: Die Einzelmarke muss alle Profilierungsaufwendungen selber tragen, was bei verkürzten Lebenszyklen zu unzureichender Amortisation der Markeninvestition führen kann. Dies ist gerade für den gesättigten Biermarkt relevant, denn in solchen Märkten ist die Markenpolitik im Wesentlichen auf eine psychologische Produktdifferenzierung angewiesen. Dabei steht die über Werbung bewirkte emotionale Produktdifferenzierung im Vordergrund. So kommt der kostenintensiven Werbung bei der Markenbildung, insbesondere auf gesättigten Märkten, wie dem deutschen Biermarkt, besondere Bedeutung zu.

Zusammenfassend bleibt festzuhalten, dass sowohl Risiko- als auch Positionierungsüberlegungen für eine Einzelmarkenstrategie sprachen. Den in dieser Hinsicht durch eine Einzelmarkenstrategie erzielbaren Vorteilen stehen allerdings die Nachteile einer Einzelmarkenstrategie in quantitativer Hinsicht gegenüber.

Lösung Aufgabe 3 Markenname

Wenn sich die Privatbrauerei *Diebels* aus den unter Aufgabe 2 erörterten Gründen für eine Einzelmarkenstrategie entschieden hat, erfordert dieser Entschluss eine konsequente Umsetzung.

Durch den Namen *Issumer Alt Alkoholfrei* werden die großen Vorteile einer Einzelmarkenstrategie im Vergleich zur Dachmarkenstrategie, nämlich im Wesentlichen ein geringeres Risiko des Bad-Will-Transfers und die Möglichkeit einer eigenständigen Positionierung, zunichte gemacht. Hinsichtlich des Risikos gilt, dass zumindest im Kernverbreitungsgebiet der Privatbrauerei *Diebels*, dem Regierungsbezirk Düsseldorf, die Assoziation zwischen dem Brauereiort Issum, einem kleinen Dorf im Kreis Kleve, und der Brauerei *Diebels* groß ist. Dadurch erhöht sich das Risiko eines Bad-Will-Transfers, das man ja gerade mit einer Einzelmarkenstrategie zu mindern sucht. Denn es ist zu vermuten, dass durch eine etwaige Unzufriedenheit der Konsumenten mit dem neuen Produkt auch der erkennbare Absender an Kompetenz in den Augen der Verbraucher verliert.

In Bezug auf Positionierungsgesichtspunkte liegt ein weiterer Nachteil der Marke *Issumer Alt Alkoholfrei* in dem Sortenzusatz Alt. Dieser Zusatz verhindert die angestrebte eigenständige Positionierung des alkoholfreien Produktes. Im Jahr 1987 hatte sich alkoholfreies Bier nicht als Subsegment in den einzelnen Sorten ausgebildet, sondern hatte sich im Gegenteil im Bewusstsein der Verbraucher zu einer eigenen Sorte entwickelt. Darauf deutet auch die Vielzahl sortenneutraler alkoholfreier Biere hin. Durch den Sortenzusatz Alt würde sich das Absatzpotenzial des neuen Produkts von möglichen 1,3 % (Sortenanteil alkoholfreien Bieres 1987) des Gesamtbierabsatzes auf 1,3 % des Altbierabsatzes (4,9 % Sortenanteil von Altbier 1987) vermindern. Das vergleichsweise nur kleine Absatzpotenzial machte die Verfolgung einer kostenintensiven Einzelmarkenstrategie sehr schwierig.

Fortsetzung der Fallstudie: Der Wechsel zur Dachmarkenstrategie

Nach der Einführung von *Issumer Alt Alkoholfrei* im November 1987 entwickelte sich das Produkt zunächst besser als von *Diebels* erwartet. So setzte man innerhalb der ersten zwei Monate nach Einführung bereits die Planmenge der ersten 18 Monate ab. Im ersten kompletten Wirtschaftsjahr 1988 konnte mit 51.701 hl noch einmal deutlich mehr alkoholfreies Bier verkauft werden als die nach oben korrigierte Planung vorsah.

Die positive Entwicklung setzte sich auch im Jahr 1989 fort, in dem der Absatz abermals, auf nunmehr 56.814 hl, gesteigert werden konnte.

Im Jahr 1990 konnte der Ausstoß erstmals nicht mehr erhöht werden; er sank, wenn auch nur leicht, auf 54.475 hl. Zwar konnte sich der Absatz 1991 mit verkauften 58.328 hl noch einmal stabilisieren, fiel jedoch 1992 mit 49.496 hl erstmals unter die 50.000 hl Grenze (Abb. 3.33).

Auf den ersten Blick scheinen die Verkaufszahlen einen Markterfolg von *Issumer Alt Alkoholfrei* zu untermauern. Diese Einschätzung muss jedoch revidiert werden, wenn man die Entwicklung des Absatzvolumens ins Verhältnis zur Entwicklung des Marktvolumens bei alkoholfreiem Bier setzt (Abb. 3.34).

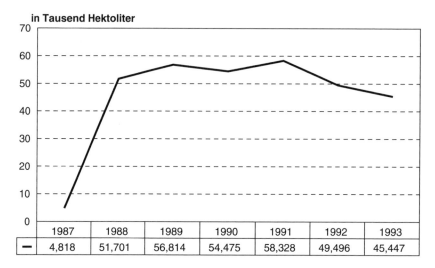

Abb. 3.33 Ausstoß alkoholfreien Altbieres der Privatbrauerei *Diebels*

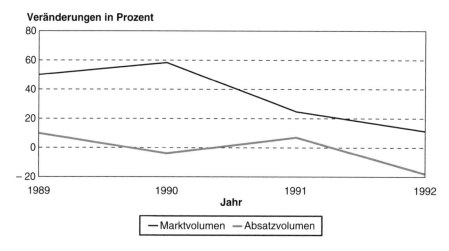

Abb. 3.34 Absatz- und Marktvolumen von *Issumer Alt Alkoholfrei* – Veränderungen zum Vorjahr in Prozent

Obgleich die Marktanteilsverluste auch mit dem Eintritt neuer Wettbewerber zusammenhingen, erkannte man bei der Privatbrauerei *Diebels* Handlungsbedarf und unterzog die Marke einem Relaunch. So wurde der Sortenzusatz Alt, der bei der Einführung noch als besonders wichtig erachtet wurde, nun aufgegeben. Fortan hieß das Produkt nur noch schlicht *Issumer Alkoholfrei*. Außerdem änderte man die Farbe der Kästen von grün in weiß und ersetzte die bislang verwendeten altbiertypischen Becher durch ein so genanntes „Issumer-Exklusiv-Glas". All diese Maßnahmen waren offensichtlich darauf gerichtet,

Issumer Alkoholfrei vom Altbierimage loszulösen, um so den Anschluss an die Entwicklung im Markt für alkoholfreies Bier zu erreichen.

Außerdem änderte man das Herstellverfahren, um dem Produkt seinen, ursprünglich am Marktführer *Clausthaler* orientierten, süßlich-malzigen Geschmack zu nehmen, den man als zunehmendes Hindernis beim Verbraucher auszumachen meinte. Diese geschmacklichen Vorbehalte hatten ihre Ursache aber wohl weniger in objektiven Produkteigenschaften als in Imageproblemen der Marke. Darauf deuten die guten Erfolge von *Issumer Alkoholfrei* bei Blindtests hin.

Entwicklung der Wettbewerbssituation
Mitverantwortlich für die im Vergleich zum Marktvolumen enttäuschende Entwicklung von *Issumer Alkoholfrei* war auch eine veränderte Wettbewerbssituation im Markt für alkoholfreies Bier. Während 1986 nur 17 alkoholfreie Biermarken existierten, waren dies 1990 bereits 31, 1992 schon 45 und 1993 sogar 69.

Obgleich die meisten der neuen Anbieter nur regionale Bedeutung besaßen, sind in den Jahren 1989 und 1990 zwei bedeutende Wettbewerber für *Issumer Alkoholfrei* in den Markt eingetreten: *Kelts*, ein alkoholfreies Pilsener der König-Brauerei, und *Gatz Alkoholfrei*, ein unter der Dachmarke *Gatz* geführtes alkoholfreies Altbier. Beide Marken konnten in dem für die Privatbrauerei *Diebels* so wichtigen nordrhein-westfälischen Markt gute Erfolge erzielen, und zwar zulasten von *Issumer Alkoholfrei*. Denn während der Marktanteil des Marktführers *Clausthaler* auch nach der Einführung von *Gatz Alkoholfrei* und *Kelts* nahezu unverändert bei über 50 % verblieb, sank der Marktanteil von *Issumer Alkoholfrei* in NRW (LEH und GAM) von 27,8 % im Jahr 1988 auf 21,8 % 1989, 14,1 % 1990 und 12,9 % 1991 (Abb. 3.35).

Nachdem schon durch den Markteintritt von *Kelts*, *Gatz Alkoholfrei* und einigen anderen Marken bis zum Zeitpunkt 1990 der Wettbewerb im Markt für alkoholfreies Bier härter geworden war, verschärfte sich dieser nochmals mit dem Markteintritt der beiden größten deutschen Biermarken: Ende 1991 brachte die *Warsteiner*-Brauerei ihre Marke *Warsteiner Fresh* und Anfang 1992 die *Bitburger*-Brauerei ihre alkoholfreie Marke *Bitburger Drive* auf den Markt. Aufschlussreich ist, dass beide Unternehmen dabei eine Dachmarkenstrategie verfolgten und neben einem alkoholfreien Bier auch ein Leichtbier unter der Dachmarke platzierten.

Mit dem vermehrten Markteintritt, auch der renommierten Brauereien, wurden die Marktanteile der bis dato am Markt befindlichen Marken zusehends kleiner. Da sich auch das Marktwachstum verlangsamte (Abb. 3.34), gingen die Marktanteilsverluste mit sinkenden Ausstoßzahlen bei alkoholfreiem Bier der einzelnen Marken einher. Auf der anderen Seite bedingten der massive Markteintritt und der verschärfte Wettbewerb erhöhte Werbeanstrengungen (Abb. 3.36).

All dies machte es für Einzelmarken zunehmend schwerer, sich am Markt zu behaupten, da der Profilierungsaufwand pro hl immer größer wurde. Als Beispiel sei hier auf die Marke *Clausthaler* verwiesen: Noch im Jahr 1992 konnten 1,5 Mio. hl abgesetzt werden, denen Werbeaufwendungen von 20,9 Mio. GE gegenüberstanden. 1993 konnten nur noch

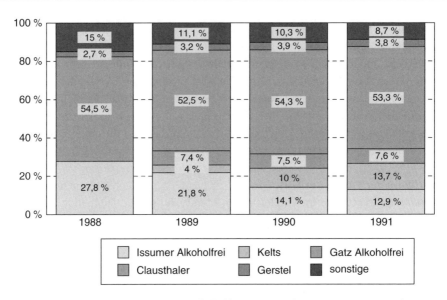

Abb. 3.35 Marktanteile (LEH und GAM) alkoholfreier Biermarken in NRW von 1988 bis 1991

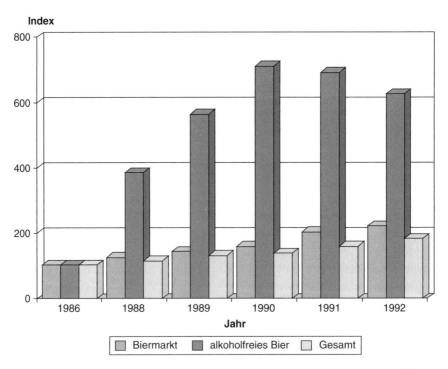

Abb. 3.36 Bruttowerbeaufwendungen von 1986 bis 1992 – Biermarkt, Markt für alkoholfreies Bier und Gesamtwerbung im Vergleich (1986: Index = 100)

1,25 Mio. hl verkauft werden, denen nun aber ein Werbeaufwand von 23,4 Mio. GE gegenüberstand. Setzt man Ausstoß und Werbeaufwand ins Verhältnis, so musste die Marke *Clausthaler* 1992 0,139 GE und 1993 sogar 0,187 GE Werbeaufwand pro Liter tragen. Beim Branchenprimus *Warsteiner* lag dieser Wert 1993 bei 0,027 GE/Liter. *Issumer Alkoholfrei* konnte im Durchschnitt einen jährlichen Absatz von etwa 50.000 hl verbuchen. Diesem Absatz standen jährliche Profilierungskosten von rund 3 Mio. GE oder 0,60 GE pro Liter gegenüber. Der Wettbewerber *Kelts* konnte bei einem Werbeetat von etwa 7 Mio. GE im Jahr 1992 rund 203.000 hl alkoholfreies Bier absetzen. Daraus ergab sich ein Werbeaufwand pro Liter von ca. 0,34 GE, also etwa der Hälfte des Wertes von *Issumer Alkoholfrei*.

Aufgabe 4 Wechsel der Markenstrategie
Diskutieren Sie vor dem aufgezeigten Hintergrund die Eignung der Einzelmarkenstrategie für das alkoholfreie Produkt der Privatbrauerei *Diebels* im Jahr 1993. Gehen Sie dabei auf die unter Teil 1 diskutierten Entscheidungsparameter Risiko, Positionierung und Marketingaufwendungen ein. Halten Sie einen Wechsel zu einer Dachmarkenstrategie für sinnvoll? Begründen Sie Ihre Antwort.

Lösung Aufgabe 4 Wechsel der Markenstrategie
In Teil 1 konnte gezeigt werden, dass die Einzelmarkenentscheidung des Jahres 1987 insbesondere von Risiko- und Positionierungsüberlegungen geprägt war; beide Aspekte sollen auch hier beleuchtet werden.

Das Risiko eines Bad-Will-Transfers von dem neuen alkoholfreien Produkt auf die Dachmarke war 1993 längst nicht mehr so groß wie noch 1987. Die Verbraucher hatten alkoholfreies Bier zunehmend akzeptiert und zur Kenntnis genommen, dass alkoholfreies Bier nun einmal einen anderen Geschmack als alkoholhaltiges aufweist. Wie gering das Bad-Will-Transfer-Risiko in der Brauindustrie inzwischen eingeschätzt wurde, beweisen auch die immer zahlreicher anzutreffenden Dachmarkenstrategien bei alkoholfreiem und alkoholreduziertem Bier; so auch bei der Privatbrauerei *Diebels*, die ihr Light-Bier im Frühjahr 1992 unter der Dachmarke *Diebels* eingeführt hatte. Unter Risikoaspekten sprach also zum Zeitpunkt 1993 nichts mehr gegen eine Dachmarkenstrategie.

Die Intention der Issumer Altbierbrauer, ihr alkoholfreies Produkt vom Altbierimage zu lösen und den gesamten Markt für alkoholfreies Bier anzusprechen, konnte nicht realisiert werden. Wie sich immer deutlicher zeigte, konnten kaum Kunden über den Altbiermarkt hinaus erreicht werden. Dies galt um so mehr nach der Einführung von *Kelts* durch die König-Brauerei im Jahr 1989. Wie an den Marktanteilen deutlich zu erkennen ist, verlor *Issumer Alkoholfrei* nach der Einführung des alkoholfreien Pilseners viele zuvor gewonnene Kunden wieder an die König-Brauerei.

Wie in Teil 1 ausgeführt, birgt eine Einzelmarkenstrategie in Hinblick auf quantitative Kriterien im Vergleich zur Dachmarkenstrategie viele Nachteile. Da die Einzelmarke ihren Profilierungsaufwand selber tragen muss, ist eine gewisse Segmentgröße, entweder in quantitativer oder qualitativer Hinsicht, unverzichtbar. *Issumer Alkoholfrei* konnte im Durchschnitt einen jährlichen Absatz von etwa 50.000 hl verbuchen. Diesem Absatz standen jährliche Profilierungskosten von rund 3 Mio. GE oder 0,60 GE pro Liter gegenüber. Offensichtlich reichte die Absatzmenge nicht aus, um den für eine Einzelmarkenstrategie nötigen Marketingaufwand über das Produkt wieder zu erwirtschaften. Der Wettbewerber *Kelts* konnte bei einem Werbeetat von etwa 7 Mio. GE im Jahr 1992 rund 203.000 hl alkoholfreies Bier absetzen. Daraus ergab sich ein Werbeaufwand pro Liter von ca. 0,34 GE, also etwa der Hälfte des Wertes von *Issumer Alkoholfrei*.

Zusammenfassend bleibt festzuhalten, dass der Wechsel von der Einzelmarken- zur Dachmarkenstrategie im Wesentlichen durch ihre quantitativen Vorteile begründet war. Diesen Vorzügen standen seitens etwaiger qualitativer Faktoren, wie Risiko oder Positionierung, nicht länger Nachteile gegenüber.

Somit bestand 1993 für die Privatbrauerei *Diebels* kein Anlass mehr, auf die Synergievorteile einer Dachmarkenstrategie zu verzichten.

Fallstudie 3: „*Parrot Hotel AG*"
Das *Parrot Hotel Leipzig* ist eines der führenden Häuser in Leipzig und gehört zur weltweit agierenden *Parrot Hotel AG*. Die Full-Service-Dachmarke ist weltweit vertreten und zeichnet sich durch einen konstanten, erstklassigen Servicestandard aus, der insbesondere auf die Bedürfnisse Geschäftsreisender zugeschnitten ist, aber auch Urlaubern gleichbleibende Qualität garantiert. Fast alle Häuser bieten mehrere Restaurants und Lounges, Swimmingpool, Business-Einrichtungen, ein breit gefächertes Angebot an Fitness-Einrichtungen, Sauna und Whirlpool, Geschenkboutique, Executive Level sowie unterschiedliche Bankett- und Konferenzräumlichkeiten. Highspeed-Internet-Zugang ist in den meisten Hotels verfügbar, und für Geschäftsreisende, die ihre Produktivität steigern möchten, gibt es besondere Gästezimmer, die Annehmlichkeit mit Funktionalität verbinden.

Das *Parrot Hotel Leipzig* ist das jüngste Deluxe-Hotel der *Parrot Hotel AG* und befindet sich im Herzen von Leipzig. Sowohl die historische Innenstadt als auch der Hauptbahnhof befinden sich in unmittelbarer Nähe und sind fußläufig schnell zu erreichen. Alle 231 Gästezimmer entsprechen höchsten Qualitätsansprüchen und verfügen über Klimaanlage, Satelliten-TV, Pay-TV, zwei Telefone mit Anrufbeantworter sowie mehreren Data Ports, Zimmersafe, Bügeleisen und -brett. Für das leibliche Wohl ist auch bestens gesorgt, da eine große Vielfalt kulinarischer Genüsse in zwei Restaurants und einer Lobby Bar angeboten werden. Im Wellness-Bereich mit Hallenbad, Sauna, Solarium und Health Club finden die Gäste Ruhe und Entspannung vom stressigen Alltag. Für erfolgreiche Geschäftstreffen sorgen komplett eingerichtete Arbeitsplätze im Businesscenter und auch Räumlichkeiten für größere Konferenzen.

Trotz der grundsätzlich zufriedenstellenden Entwicklung des *Parrot Hotels* in Leipzig war das *Parrot* Hotelrestaurant, das *Parrot Gourmet*, von Beginn an ein Problemfall für das Management. Das *Parrot Gourmet* sollte dem gehobenen Kundensegment den Wunsch nach anspruchsvoller internationaler Küche erfüllen. Das Konzept für ein Gourmetrestaurant wurde konsequent umgesetzt, wobei besonderer Wert auch auf ein stilvolles Ambiente gelegt wurde. Die Leistung der Küche erhielt bereits mehrfach namhafte Qualitätsauszeichnungen. Trotz der Umsetzung des Konzepts blieben die Besucherzahlen und damit auch

Frage 1: Im folgenden interessieren uns Ihre Erwartungen an reinem abendlichen Restaurantbesuch. Wie wichtig sind für Sie dabei die folgenden Aspekte? Bitte beurteilen Sie die Wichtigkeit auf einer Skala von 1 (sehr wichtig) bis 5 (gar nicht wichtig).

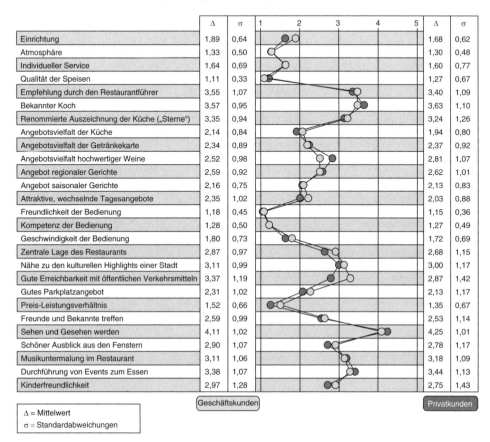

	Δ	σ						Δ	σ
Einrichtung	1,89	0,64						1,68	0,62
Atmosphäre	1,33	0,50						1,30	0,48
Individueller Service	1,64	0,69						1,60	0,77
Qualität der Speisen	1,11	0,33						1,27	0,67
Empfehlung durch den Restaurantführer	3,55	1,07						3,40	1,09
Bekannter Koch	3,57	0,95						3,63	1,10
Renommierte Auszeichnung der Küche („Sterne")	3,35	0,94						3,24	1,26
Angebotsvielfalt der Küche	2,14	0,84						1,94	0,80
Angebotsvielfalt der Getränkekarte	2,34	0,89						2,37	0,92
Angebotsvielfalt hochwertiger Weine	2,52	0,98						2,81	1,07
Angebot regionaler Gerichte	2,59	0,92						2,62	1,01
Angebot saisonaler Gerichte	2,16	0,75						2,13	0,83
Attraktive, wechselnde Tagesangebote	2,35	1,02						2,03	0,88
Freundlichkeit der Bedienung	1,18	0,45						1,15	0,36
Kompetenz der Bedienung	1,28	0,50						1,27	0,49
Geschwindigkeit der Bedienung	1,80	0,73						1,72	0,69
Zentrale Lage des Restaurants	2,87	0,97						2,68	1,15
Nähe zu den kulturellen Highlights einer Stadt	3,11	0,99						3,00	1,17
Gute Erreichbarkeit mit öffentlichen Verkehrsmitteln	3,37	1,19						2,87	1,42
Gutes Parkplatzangebot	2,31	1,02						2,13	1,17
Preis-Leistungsverhältnis	1,52	0,66						1,35	0,67
Freunde und Bekannte treffen	2,59	0,99						2,53	1,14
Sehen und Gesehen werden	4,11	1,02						4,25	1,01
Schöner Ausblick aus den Fenstern	2,90	1,07						2,78	1,17
Musikuntermalung im Restaurant	3,11	1,06						3,18	1,09
Durchführung von Events zum Essen	3,38	1,07						3,44	1,13
Kinderfreundlichkeit	2,97	1,28						2,75	1,43

Geschäftskunden — Privatkunden

Δ = Mittelwert
σ = Standardabweichungen

Abb. 3.37 Wichtigkeit von Kriterien beim Restaurantbesuch

der Umsatz des Restaurants deutlich hinter den Erwartungen zurück. Das Management ist sich über die Gründe der geringen Besucherresonanz nicht klar und hat deshalb eine Marktstudie in Auftrag gegeben. Letztlich ist fraglich, ob die Kunden mit den tatsächlichen Eigenschaften vom *Parrot Gourmet* unzufrieden sind oder ob das Restaurant von der relevanten Kundengruppe einfach nicht wahrgenommen wird. Zur Beantwortung dieser Fragestellungen wurden umfangreiche Kundenbefragungen durchgeführt, die auszugsweise in Abb. 3.37–3.39 dargestellt sind. Letztendlich möchte das Management anhand der gewonnenen Informationen die Strategie für das Parrot Gourmet grundlegend überdenken.

Aufgabe 1: Positionierung
Im Rahmen der Positionierung des *Parrot Gourmet* Restaurants sind Sie von der Geschäftsleitung beauftragt worden, Vorschläge für die Positionierung auszuarbeiten.

Frage 2: Wie beurteilen Sie das Parrot Gourmet Restaurant hinsichtlich der folgenden Aspekte? Bitte urteilen Sie auf einer Skala von 1 (sehr gut) bis 5 (mangelhaft).

	Δ	σ	1	2	3	4	5	Δ	σ
Einrichtung	2,79	0,63						1,44	0,56
Atmosphäre	2,87	0,75						1,53	0,61
Individueller Service	2,98	0,72						1,73	0,64
Qualität der Speisen	2,80	0,67						1,53	0,68
Empfehlung durch den Restaurantführer	3,66	1,01						2,32	0,98
Bekannter Koch	3,63	1,07						2,13	1,10
Renommierte Auszeichnung der Küche („Sterne")	3,60	1,07						2,16	1,07
Angebotsvielfalt der Küche	3,15	0,86						1,73	0,60
Angebotsvielfalt der Getränkekarte	3,07	0,78						1,87	0,64
Angebotsvielfalt hochwertiger Weine	3,24	0,88						1,77	0,74
Angebot regionaler Gerichte	3,35	0,88						2,05	0,71
Angebot saisonaler Gerichte	3,16	0,83						1,87	0,75
Attraktive, wechselnde Tagesangebote	3,40	0,89						2,02	0,78
Freundlichkeit der Bedienung	2,74	0,62						1,44	0,73
Kompetenz der Bedienung	2,84	0,65						1,56	0,77
Geschwindigkeit der Bedienung	3,03	0,74						1,70	0,74
Zentrale Lage des Restaurants	2,49	0,57						1,33	0,50
Nähe zu den kulturellen Highlights einer Stadt	2,69	0,78						1,46	0,59
Gute Erreichbarkeit mit öffentlichen Verkehrsmitteln	2,58	0,65						1,36	0,48
Gutes Parkplatzangebot	3,55	1,18						2,53	1,16
Preis-Leistungsverhältnis	3,18	0,64						2,09	0,74
Freunde und Bekannte treffen	3,57	1,04						2,25	0,90
Sehen und Gesehen werden	4,43	1,18						3,13	1,13
Schöner Ausblick aus den Fenstern	4,20	1,11						2,67	1,25
Musikuntermalung im Restaurant	3,88	1,18						2,43	0,80
Durchführung von Events zum Essen	3,88	1,20						2,44	1,10
Kinderfreundlichkeit	3,47	0,98						2,00	1,09

Geschäftskunden | Privatkunden

Δ = Mittelwert
σ = Standardabweichungen

Abb. 3.38 Beurteilung des Restaurants

Aufgabe 1a

Erläutern Sie vorab das grundsätzliche Vorgehen bei einer Positionierungsanalyse. Erstellen Sie auf der Basis der in den Abb. 3.37–3.39 enthaltenen Daten ein Positionierungsdiagramm für Privat- als auch für Geschäftskunden.

Aufgabe 1b

Welche grundsätzlichen Positionierungsstrategien können unterschieden werden? Leiten Sie aus Ihrer Positionierungsanalyse eine begründete Empfehlung für die zukünftige Positionierung des *Parrot Gourmet* Restaurants in Leipzig ab.

Aufgabe 1c

Welche weiteren Informationen würden Sie bei dieser Positionierungsanalyse einbeziehen?

Frage 3: Welche Anforderungen müsste ein ideales Restaurant für Sie erfüllen? Bitte urteilen Sie auf einer Skala von1 (trifft voll zu) bis 5 (trifft gar nicht zu).

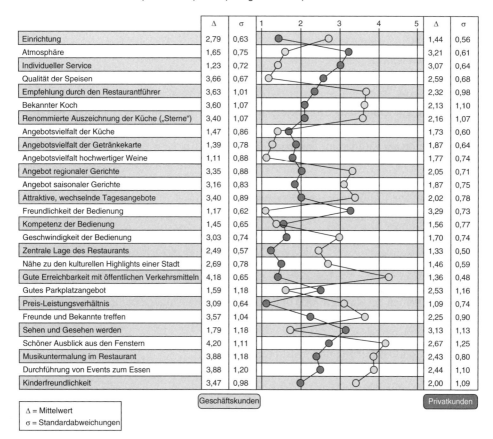

	Δ	σ						Δ	σ
Einrichtung	2,79	0,63						1,44	0,56
Atmosphäre	1,65	0,75						3,21	0,61
Individueller Service	1,23	0,72						3,07	0,64
Qualität der Speisen	3,66	0,67						2,59	0,68
Empfehlung durch den Restaurantführer	3,63	1,01						2,32	0,98
Bekannter Koch	3,60	1,07						2,13	1,10
Renommierte Auszeichnung der Küche („Sterne")	3,40	1,07						2,16	1,07
Angebotsvielfalt der Küche	1,47	0,86						1,73	0,60
Angebotsvielfalt der Getränkekarte	1,39	0,78						1,87	0,64
Angebotsvielfalt hochwertiger Weine	1,11	0,88						1,77	0,74
Angebot regionaler Gerichte	3,35	0,88						2,05	0,71
Angebot saisonaler Gerichte	3,16	0,83						1,87	0,75
Attraktive, wechselnde Tagesangebote	3,40	0,89						2,02	0,78
Freundlichkeit der Bedienung	1,17	0,62						3,29	0,73
Kompetenz der Bedienung	1,45	0,65						1,56	0,77
Geschwindigkeit der Bedienung	3,03	0,74						1,70	0,74
Zentrale Lage des Restaurants	2,49	0,57						1,33	0,50
Nähe zu den kulturellen Highlights einer Stadt	2,69	0,78						1,46	0,59
Gute Erreichbarkeit mit öffentlichen Verkehrsmitteln	4,18	0,65						1,36	0,48
Gutes Parkplatzangebot	1,59	1,18						2,53	1,16
Preis-Leistungsverhältnis	3,09	0,64						1,09	0,74
Freunde und Bekannte treffen	3,57	1,04						2,25	0,90
Sehen und Gesehen werden	1,79	1,18						3,13	1,13
Schöner Ausblick aus den Fenstern	4,20	1,11						2,67	1,25
Musikuntermalung im Restaurant	3,88	1,18						2,43	0,80
Durchführung von Events zum Essen	3,88	1,20						2,44	1,10
Kinderfreundlichkeit	3,47	0,98						2,00	1,09

Geschäftskunden — Privatkunden

Δ = Mittelwert
σ = Standardabweichungen

Abb. 3.39 Anforderungen an ein ideales Restaurant

Aufgabe 2: Customer Lifetime Value

Auch die Aktien der *Parrot Hotel AG* befinden sich seit einiger Zeit auf Talfahrt. Das Management muss dafür öffentliche Kritik einstecken. Insbesondere die Medien stellen sich auf die Seite der vielen Kleinaktionäre und setzen die *Parrot Hotels* unter Druck. Im Vorstand kommt es daraufhin zu heftigen Diskussionen: Der Finanzvorstand besteht darauf, die Unternehmenspolitik konsequent am Shareholder-Value (Shareholder Value ist als der finanzielle Wert der Eigentumsrechte an einem Unternehmen definiert.) zu orientieren, dessen Messung auf der folgenden Formel basiert:

$$SV = \sum_{t=1}^{n} \frac{CF_t}{(1 + WACC)^t} + \frac{\text{Residualwert}}{(1 + WACC)^n} - \text{Fremdkapital}$$

SV = Shareholder-Value
CF = Cash Flow (Zahlungsmittelüberschuss) ist der Saldo aus Einzahlungen (cash inflow) und Auszahlungen (cash outflow) innerhalb einer Periode.

WACC = Weighted Average Cost of Capital ist der gewichtete durchschnittliche Kapi-
           talkostensatz, der sich auf Grund der Kosten des Eigen- und Fremd-kapi-
           tals unter Berücksichtigung des Anteils des Eigen- und Fremdkapitals in der
           Bilanzsumme ergibt.
n   = Gesamtzahl der Perioden
t   = Periodenindex

Sein Kollege aus dem Marketingressort setzt sich dagegen vehement für die Kundenorientierung als oberste Leitlinie der Unternehmensführung ein, die er in der Zielgröße
„Konzentration auf Kunden mit hohem Kundenwert" messen will.

Aufgabe 2a
Erläutern Sie wie Kundenwerte gemessen werden und welche Probleme dabei auftreten
können.

Aufgabe 2b
Diskutieren Sie die Standpunkte des Finanz- und Marketingvorstandes zur Shareholder-
bzw. Kundenorientierung und gehen Sie dabei darauf ein, welche Beziehungen zwischen
den Komponenten des Kundenwerts und des Shareholder-Values einer Unternehmung bestehen.

Aufgabe 3: Segmentierung und Marketingziele
Das *Parrot Hotel* gehört zu jenen Marken, die auf das Niedrigpreissegment abzielen. Im
Niedrigpreissegment lassen sich durch weitere Segmentierungskriterien noch Subsegmente bilden, die bearbeitet werden können. Der Marketingleiter hat einmal für eine undifferenzierte Bearbeitung des Niedrigpreissegments und für die Bearbeitung von zwei bis
drei Subsegmenten eine erste ökonomische Abschätzung in der unten stehenden Tabelle
vorgenommen.

Erlöse/Kosten (In Mio €)	Un-differenziert	2 Segmente		3 Segmente (S2 wurde in S2 und S3 aufgegliedert)		
		S1	S2	S1	S2	S3
Umsatz	300	170	155	170	95	75
Betriebskosten	140	75	80	75	50	35
Werbekosten	30	12	18	12	10	10

Würden Sie Subsegmente bearbeiten oder undifferenziert vorgehen? Wie viele Subsegmente würden Sie ggf. bearbeiten? Begründen Sie Ihre Antwort.

Aufgabe 4: Pricing
Bisher hat die *Parrot Hotel AG* für drei Zimmerkategorien folgende Preise angesetzt, die
auch über das Jahr nicht verändert wurden:

- Standardzimmer 60 €/pro Person pro Nacht
- Premiumzimmer 80 €/pro Person pro Nacht
- Luxuszimmer 130 €/pro Person pro Nacht

Diese Form der Preispolitik sollte sicherstellen, dass die Kunden und Interessenten ein klares Preisimage erhalten. Da jedoch vielfach die Kapazitäten des Hotels nicht ganz ausgelastet sind, werden Überlegungen angestellt, von dieser Form der Preisgestaltung abzugehen.

a. Machen Sie einen Vorschlag für eine kapazitätsabhängige Preisgestaltung für die Zimmer und begründen Sie den Vorschlag. Gehen Sie dabei auch auf die Preisuntergrenzen ein.
b. Aufgrund der hohen Fixkosten der *Parrot Hotels* schlägt der Marketingleiter vor, „fixe Erlöse" zu generieren. Erläutern Sie eine preispolitische Möglichkeit fixe Erlöse zu generieren. Welche Vor- und Nachteile ergeben sich dadurch für die Hotelkunden?

Lösung zur Fallstudie 3: *„Parrot Hotel AG"*

Lösung Aufgabe 1a
Hauptziel einer Produkt-Positionierung ist es, das Unternehmensangebot derart zu gestalten, dass es im Bewusstsein des Zielkunden einen besonderen und geschätzten Platz einnimmt.

Ausgangspunkt einer Produkt-Positionierung ist eine grundsätzliche **Analyse**. Diese dient zur:

- Lagebestimmung von Idealmarken (aus Kundensicht) und von Wettbewerbsmarken in einem mehrdimensionalen Wahrnehmungsraum
- Identifikation von Positionierungslücken

In der eigentlichen **Gestaltung** geht es dann um:

- Verankerung der Marke in der Wahrnehmung des Konsumenten
- Beeinflussung der Idealvorstellung des Konsumenten
- Differenzierung gegenüber dem Wettbewerb

Die **Vorgehensweise** bei der Produkt-Positionierung lässt sich in folgende Schritte gliedern:

1. Bestimmung der relevanten Positionierungsobjekte
2. Ermittlung der für das Kaufverhalten relevanten Wahrnehmungs- und Beurteilungsdimension
3. Erfassung der Wahrnehmungs- und Präferenzurteile
4. Rekonstruktion des Produktmarktraumes
5. Interpretation des Produktmarktraumes
6. Formulierung einer Positionierungsstrategie

Im klassischen **Positionierungsmodell** sind dabei vier wesentliche **Kernelemente** zu differenzieren:

- Eigenschaften: Relevante, produktspezifische Erwartungen des Kunden. Eigenschaften sind nicht gleichgewichtig.
- Position von Produkten und/oder Leistungen: Produkte bzw. Leistungen werden durch Ausprägungen der wahrgenommenen Eigenschaften charakterisiert.
- Position von Kunden: Kunden haben ein spezielles Anforderungs- bzw. Präferenzprofil. Kunden mit homogenen Anforderungen bzw. Präferenzen bilden ein Marktsegment.
- Distanz zwischen Produkt- und Kundenpositionen: Je geringer Real-/Ideal-Distanz desto höher ist die Kaufwahrscheinlichkeit, d. h. das Produkt mit der geringsten Real-/Ideal-Distanz wird bevorzugt.

Die wichtigsten Kriterien beim Restaurantbesuch und damit die relevanten Dimensionen der Positionierungsdiagramme sind:

- Qualität der Speisen (Wertung: 1,11 bei Geschäftskunden/1,27 bei Privatkunden)
- Freundlichkeit der Bedienung (Wertung: 1,18 bei Geschäftskunden/1,15 bei Privatkunden)

In der Analyse ist der Abstand zwischen Real- und Idealeinschätzung zu vergleichen und basierend auf der Differenz zwischen Privat- und Geschäftskunden die jeweilige Positionierung auszuarbeiten.

Privatkunden

- Real: Qualität (1,53) – Bedienung (1,44)
- Ideal: Qualität (2,59) – Bedienung (3,29)

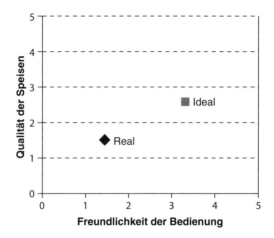

Geschäftskunden

- Real: Qualität (2,8) – Bedienung (2,74)
- Ideal: Qualität (1,23) – Bedienung (1,17)

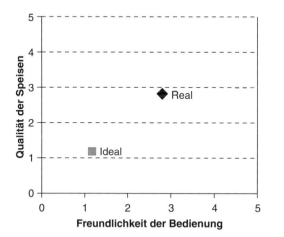

(6 *Punkte*)

Lösung Aufgabe 1b
Grundsätzlich können folgende **Positionierungsstrategien** unterschieden werden:

- Idealpunktorientiert
- Profilierung anhand Differenzierung zum Wettbewerb
- Imitation

Eine idealpunktorientierte Positionierung wird empfohlen, um den Präferenzen der Kunden gerecht zu werden. Weitere Daten, z. B. zu den Einschätzungen von Wettbewerbern liegen nicht vor.

Lösung Aufgabe 1c
Weitere Informationen, die in die **Positionierungsanalyse** einbezogen werden können, sind:

- Wettbewerbspositionierung
- Positionierungslücken
- Bedeutung der Positionierungsdimensionen in den Segmenten
- Größe und Umsatzpotential der Segmente
- …

Lösung Aufgabe 2a
Kundenwerte werden als Customer Lifetime Value ermittelt. Allerdings sind erzielte Umsätze, Deckungsbeiträge oder Gewinne pro Kunden vergangenheitsbezogen und liefern

häufig keine verlässliche Information über die zukünftige Profitabilität eines Kunden für ein Unternehmen.

Formel zur Berechnung:

$$KW = \sum_{i}^{I} (E_{m_i} - A_{m_i}) \cdot \frac{1}{(1 + q)^i}$$

KW = Kapitalwert pro Kunden (Barwert kundenspezifischer Einzahlungsüberschüsse)
E_{m_i} = kundenspezifische Einnahmen in Periode i
A_{m_i} = kundenspezifische Ausgaben in Periode i
i   = Periodenindex
I   = Anzahl der betrachteten Perioden
q   = Kalkulationszinsfuß

Die Addition der einzelnen Kundenlebenszeitwerte (Customer Lifetime Values) über alle aktuellen Kunden wird als Customer Equity (Kundenstammwert) bezeichnet (vgl. dazu ausführlich Meffert/Burmann/Kirchgeorg 2007: Marketing – Grundlagen marktorientierter Unternehmensführung – Konzepte – Instrumente – Praxisbeispiele, 10. Aufl., S. 247.).

Probleme

- Bestimmung von Indikatoren und deren Prognose von Einzahlungen und Auszahlungen für i + 1 bis I
- Zurechnungsprobleme
- Ermittlung des Kalkulationszinsfußes
- Länge der betrachteten Periode
- Zirkelschluss: Marketingaktivitäten können I beeinflussen und die Marketingaktivitäten beeinflussen Auszahlungen und Einzahlungen
- …

Lösung Aufgabe 2b
Der Vorteil der Kundenbindung liegt in durchschnittlich höheren Einzahlungen bei geringeren Kosten der Kundenarbeitung.

Kernelemente des **Shareholder Value Konzepts** sind:

- Unternehmensführung wird auf die Maximierung des Marktwertes des Eigenkapitals ausgerichtet
- Zielgruppe sind die Shareholder
- Zielgröße ist der Marktwert des Eigenkapitals (Eigentümerwert = Unternehmenswert – Fremdkapital)
- Messung: siehe Formel der Aufgabenstellung
- …

Kundenorientierte Konzepte gehen dagegen von folgenden Prämissen aus:

- Wettbewerbsvorteile werden durch die Ausrichtung des Marketing auf die Bedürfnisse der Kunden erzielt
- Zielgruppe sind aktuelle bzw. potenzielle Kunden
- Zielgrößen sind Umsatz, Marktanteil, Deckungsbeitrag, Image, Kundenzufriedenheit usw.
- Messung erfolgt durch Umsatz-, Marktanteilsanalysen, Befragungen, Gap-Analysen
- …

Komponenten des Kundenwerts haben ihrerseits aber auch Relevanz für den Shareholder-Value: Versteht man langfristig angelegte Kundenbeziehungen als Investition, muss es im Sinne des Shareholder-Value darum gehen, „wertvernichtende" von „wertstiftenden" Kundenbeziehungen zu trennen und knappe Ressourcen wertorientiert auf bestimmte Kundenbeziehungen zuzuteilen.

Lösung Aufgabe 3

Erlöse/Kosten (In Mio €)	Un-differenziert	2 Segmente		3 Segmente (S2 wurde in S2 und S3 aufgegliedert)		
		S1	S2	S1	S2	S3
Umsatz	300	170	155	170	95	75
Betriebskosten	140	75	80	75	50	35
Werbekosten	30	12	18	12	10	10

Generell ist die Segmentierungsstrategie zu wählen, bei der Umsätze abzüglich Betriebs- und Werbekosten maximalen Gewinn ergeben. Abzuwägen sind dagegen die eventuell entstehenden Kosten einer zu komplexen Segmentierung. In diesem Fall erscheint daher eine differenzierte Bearbeitung von **drei Segmenten** am sinnvollsten.

	Un-differenziert	2 Segmente		3 Segmente (S2 wurde in S2 und S3 aufgegliedert)		
		S1	S2	S1	S2	S3
Umsatz	300	325		340		
Kosten	170	185		192		
Gewinn	130	140		**148**		

Lösung Aufgabe 4a
Eine kapazitätsabhängige Preispolitik wäre z. B. über ein **Frühbuchermodell** zu realisieren. Diese Preissetzung kommt insbesondere bei Dienstleistungsunternehmen vor, deren Dienstleistungen nicht lagerfähig sind (leere Hotelzimmer).

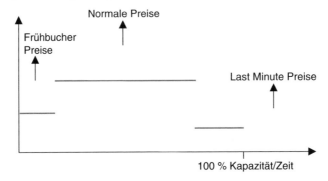

Rabatte für Frühbucher bringen dem Hotel eine höhere Zimmerauslastung sowie Sicherheit in der Kapazitätsplanung (Einsatz des Personals etc.), während Kunden für ihre zeitige Festlegung entsprechend weniger zahlen müssen. Für den regulären Bucher wird ein höherer Normalpreis angesetzt. Sofern dann kurz vor Erbringung der Dienstleistung noch Zimmer-Kapazität verfügbar ist, kann der Preis wieder als Last Minute Angebot abgesenkt werden.

Die Preise dürfen dabei maximal bis zu den **Grenzkosten** gesenkt werden, die ein Kunde bei der Inanspruchnahme eines Hotelzimmers verursacht.

Lösung Aufgabe 4b
Fixe Erlöse werden unabhängig von der abgesetzten Menge realisiert und stabilisieren die Planungssicherheit. Typische preispolitische Modelle sind beispielsweise Abo-Geschäfte oder Grundpreise, d. h. nutzungsunabhängige Pauschalen (z. B. Bahncard). Für das Hotel wäre möglicherweise die Einführung einer Hotel-Card zu diskutieren, z. B. könnte eine pauschale Zahlung von 200 Euro dann die Buchung von Zimmern mit 20 % bis 30 % reduziertem Preis ermöglichen. Um mit fixen Einnahmen rechnen zu können, ist aber von den Unternehmen (per Marktforschung) zu prüfen, ob Kunden überhaupt bereit sind, Vorleistungen zu erbringen.

Vorteile für die Kunden:

- Eine Hotel-Card ermöglicht insbesondere den Intensivnutzern von Hotels durch die Zahlung einer Pauschale die Gesamtkosten für Hotelaufwendungen zu reduzieren (hängt von der Anzahl der Buchungen ab).
- Mit der Kundenkarte können auch bestimmte Kundenwünsche bei der Buchung erfasst und zukünftig automatisch mit berücksichtigt werden, was individualisierten Service ermöglicht.
- …

Nachteile für die Kunden:

- Modell erfordert Vorauszahlung eines Geldbetrages ohne Leistungsinanspruchnahme.
- Angebot ist nicht attraktiv für Wenignutzer.
- Einschränkung der Flexibilität, andere Hotels zu wählen (aufgrund von ökonomischen Anreizen).
- Kunde wird stärker an das Hotel gebunden.
- …

Marketing-Mix

4

Lernziele:

Der Leser soll nach Bearbeitung dieses Kapitels in der Lage sein

1. die Funktionen der Produktpolitik im Marketing zu kennzeichnen,
2. verschiedene produktpolitische Zielsetzungen zu kennen und voneinander abzugrenzen,
3. die zentralen Entscheidungstatbestände der Produkt- und Programmpolitik zu erklären und gegeneinander abzugrenzen,
4. das Lebenszykluskonzept sowie verschiedene Formen der Programmstrukturanalyse zu erläutern,
5. die Funktionen und Phasen der Neuproduktplanung zu erklären,
6. mit Entscheidungsmodellen zur Beurteilung von Neuprodukteinführungen und Produktdifferenzierungen umzugehen und Beziehungen zu investitionsrechnerischen Überlegungen herzustellen,
7. Bedeutung und Aufbau einer Marktsegmentierung zu erläutern,
8. Programmstrukturanalysen mit Hilfe der Deckungsbeitragsrechnung durchzuführen.

4.1 Produktpolitik

4.1.1 Produktpolitik – Aufgaben

Aufgabe 1: Markttest

Im Rahmen der Produkteinführung sehen sich Hersteller einem großen Floprisiko ausgesetzt. Um das Risiko zu mindern und gleichzeitig Hinweise für die optimale Gestaltung des Marketing-Mix vor einer nationalen Einführung zu erhalten, greifen viele Hersteller auf die Methode des Markttests zurück.

H. Meffert et al., *Marketing Arbeitsbuch*,
DOI 10.1007/978-3-8349-3863-3_4, © Springer Fachmedien Wiesbaden 2013

Charakterisieren Sie das Wesen und die wichtigsten Aufgaben eines Markttests.

Aufgabe 2: Produktlebenszyklus
In der Analyse von Produkt- und Programmstrukturen findet häufig das Lebenszyklusmodell Anwendung. Das Lebenszykluskonzept basiert auf der Erkenntnis, dass Erzeugnisse in den Markt eingeführt werden, die sich dann zur Befriedigung von Kundenbe-
dürfnissen als geeignet erweisen und nach einiger Zeit durch andere Produkte vom Markt
verdrängt werden.

Aufgabe 2a
Beschreiben Sie den klassischen Verlauf eines Lebenszyklusmodells. Grenzen Sie die einzelnen Phasen anhand der Umsatz- und Gewinnentwicklung im Zeitablauf voneinander
ab. In welchen Phasen des Lebenszyklus kommt welchen Marketinginstrumenten aus welchem Grund jeweils eine besondere Bedeutung zu?

Aufgabe 2b
Diskutieren Sie kritisch den Aussagewert des Lebenszykluskonzepts anhand der vier Beispiele in Abb. 4.1.

Aufgabe 3 Programmpolitik
Die „Lumo AG" stellt seit mehreren Jahren Halogenscheinwerfer für den Autozubehörmarkt her. Zur Analyse des Absatzprogramms stehen folgende Informationen zur Verfügung (Abb. 4.2):

- An Fixkosten sind in der vergangenen Periode 195.350 € entstanden. Das wertmäßige
  Marktvolumen umfasst 25,333 Mio. €. Die Produktion orientiert sich ausschließlich an
  den Auftragseingängen der Kunden.
- Entwickeln Sie aus dem vorliegenden Datenmaterial das Umsatz-, Deckungsbeitrags-
  und Kundenprofil der „Lumo AG" und interpretieren Sie die Ergebnisse.
- Formulieren Sie auf der Grundlage Ihrer Analyse Verbesserungsvorschläge für die Programmpolitik der „Lumo AG".

Aufgabe 4 Neuproduktplanung
Der in Deutschland führende Hersteller von Benzinrasenmähern sieht sich in jüngster
Zeit rückläufigen Umsätzen und Deckungsbeiträgen im Segment der Privathaushalte aus-
gesetzt. Die Marketingleitung führt diese Entwicklung auf folgende Trends zurück:

- preisaggressive Importe aus Niedriglohnländern,
- Trend zu Naturwiesen,
- ökologisch bedingter Mehreinsatz von Handmähtechniken wie Sensen oder Hand-
  rasenmähern,
- erhöhtes Umweltbewusstsein und Lärmempfinden der Konsumenten.

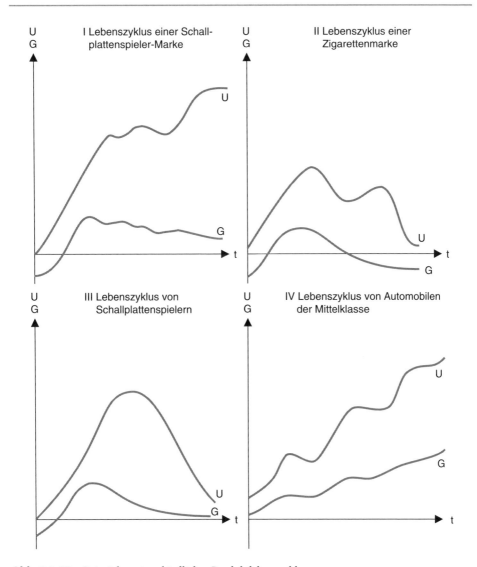

Abb. 4.1 Vier Beispiele unterschiedlicher Produktlebenszyklen

Das Marketingmanagement beschließt, der Entwicklung durch Einführung eines neuen, preiswerten, umweltfreundlichen und leisen Rasenmähers entgegenzutreten. Ein interdisziplinäres Projektteam unter Ihrer Leitung wird mit der Neuproduktplanung beauftragt. Das Team besteht aus einem Dipl.-Ing., einem Designer sowie einem Dipl.-Kfm. Während der Ingenieur insbesondere die Hitzebeständigkeit des Motors für sehr wichtig erachtet und er daher für den verstärkten Einsatz neuer Materialien aus der Raumfahrt plädiert, hält der Designer ein hochwertiges Design für besonders relevant. Dem Kaufmann schließlich geht es vor allem um eine günstige Kostenstruktur des neuen Rasenmähers. Sie als Projektleiter sind für die erfolgreiche Abwicklung des Neuproduktplanungsprozesses und für die Koordination der unterschiedlichen Interessen der Teammitglieder verant-

Artikel	Zahl der Verkäufe	Preis	Variable Kosten	Beanspruchte Produktions-kapazität in Minuten	Markt-anteil in %	Zahl der Abnehmer
HS 110	20.000	38,00	35,60	28.800	3,00	28
HS 115	42.750	40,00	39,50	17.280	6,75	8
HS 118	6.080	62,50	61,70	46.080	1,50	32
HNS 100	19.000	50,00	42,80	23.040	3,75	12

Abb. 4.2 Informationen zum Absatzprogramm der Lumo AG

wortlich. Erstellen Sie eine Arbeitsunterlage, in der Sie die einzelnen Phasen des Neupro-duktplanungsprozesses sowie die im Einzelnen durchzuführenden Aktivitäten vorstellen.

Aufgabe 5 Ideenfindung in der Neuproduktplanung
Zur Generierung von Neuproduktideen finden sowohl diskursive als auch intuitive Ver-fahren Anwendung. Erörtern Sie anhand der nachfolgenden Beispiele die wesentlichen Unterschiede zwischen diesen Verfahren. Welche Methode würden Sie in den jeweiligen Fällen benutzen?

Beispiel 1

Ein Möbelhersteller beabsichtigt neue Marktsegmente durch funktionale Möbel zu er-schließen, die sich gleichzeitig durch ein hochwertiges Design auszeichnen.

Beispiel 2

Die Unternehmensleitung steht vor dem Problem, ein neuartiges innerbetriebliches Transportsystem für hoch empfindliche Präzisionsgeräte zu entwickeln.

Beispiel 3

Das Produktmanagement eines Lebensmittelherstellers sucht für die Einführung einer kalorienarmen Mayonnaise nach Ideen für eine innovative Flaschengestaltung.

Aufgabe 6 Punktbewertungsmodelle
Für die Einführung eines neuen Rasierschaums hat ein Hersteller zwei Produktkonzeptio-nen (A und B) entwickelt. Mit einem Punktbewertungsmodell will die Planungsabteilung die erfolgversprechende Alternative ermitteln. Die beiden Konzeptionen werden nach fol-genden sieben Kriterien bewertet (Abb. 4.3).

Kriterien	Gewichtung	Bewertung			
		sehr gut	gut	durch-schnittlich	schlecht
		6	4	2	0
Absatzvolumen	3		A, B		
Nutzung von Synergien mit vorhandenen Produkten	1		B	A	
Kapazitäts-beanspruchung	2		A		B
Kannibalisierung alter Produkte	2		B	A	
Konkurrenzfähigkeit	4	B		A	
Erwartete Nachfrage	3		B	A	
Investitionsbedarf	2		A	B	

Abb. 4.3 Punktbewertungsmodell

Die Beurteilungskriterien sind von 1 bis 4 gewichtet (1 = geringe Bedeutung, 4 = hohe Bedeutung). Erhält eine Konzeption einen Gesamtpunktwert, der kleiner als 50 ist, wird sie nicht realisiert.

Aufgabe 6a
Ermitteln Sie die Punktesummen für die Konzeptionen A und B. Interpretieren Sie das Ergebnis und kritisieren Sie den Aussagewert des zugrunde gelegten Scoring-Modells.

Aufgabe 6b
Charakterisieren Sie den Unterschied zwischen Punktbewertungsverfahren und Methoden der Wirtschaftlichkeitsrechnung zur Bewertung von Neuproduktvorschlägen anhand des für die jeweiligen Methoden benötigten Informationsbedarfes.

Aufgabe 7 Break-Even-Analyse
Sie sind als Junior-Produktmanager in einer mittelständischen Brauerei beschäftigt. Aufgrund der Marktstagnation hat sich Ihr Unternehmen entschlossen, ein neues Bier-Mix-Getränk in den Markt einzuführen. Sie werden nun beauftragt, mit Hilfe der Break-Even-Analyse eine Wirtschaftlichkeitsrechnung für die Innovation durchzuführen. Dazu stehen Ihnen folgende Informationen zur Verfügung: Für die Produktion des Bier-Mix-Getränkes fallen jährlich Fixkosten von 1,2 Mio. GE an. Das Produkt wird an den Handel für 1,60 GE pro Liter verkauft. An variablen Kosten entsteht 1,00 GE pro Liter.

Aufgabe 7a
Berechnen Sie den Break-Even-Absatz xB, und interpretieren Sie diesen.

t	1	2	3	4	5	6
XB$_{PE}$	300.000	250.000	200.000	150.000	50.000	50.000
XB$_{SE}$	120.000	130.000	200.000	210.000	300.000	350.000
DS alt	5	5	4	4	3	3
DS neu	4	4	4	5	5	6

XB$_{PE}$	Partizipationseffekt:	Neukäufe von Kunden, die bislang noch nicht bei der Unternehmung gekauft haben.
XB$_{SE}$	Substitutionseffekt:	Neukäufe von Kunden, die bislang schon andere Produkte bei der Unternehmung gekauft haben (Kannibalisierung).

Abb. 4.4 Daten für die Vorteilhaftigkeitsanalyse

Aufgabe 7b

Welche Kritikpunkte lassen sich gegen die Break-Even-Analyse anführen? Welche über die Break-Even-Analyse hinausgehenden qualitativen Faktoren müssen für die Einführungsentscheidung herangezogen werden?

Aufgabe 8   Vorteilhaftigkeit von Produktvariationen

Ihr erster Job nach dem Studium führt Sie zu einem Unternehmen, das im Markt als Monopolist agieren kann. Um sich nicht dem Vorwurf mangelnder Innovationsfreudigkeit im Monopol auszusetzen, plant Ihre Firma eine Qualitätsverbesserung des angebotenen Produktes. Auf Seiten der Geschäftsleitung ist man sich allerdings nicht sicher, ob eine solche Produktvariation ökonomisch vorteilhaft ist, da diese mit einer Erhöhung der Grenzkosten verbunden ist.

Sie werden gebeten zu prüfen, ob die Produktvariation ökonomisch vorteilhaft ist. Dafür werden Ihnen folgende Informationen zur Verfügung gestellt.

Ausgangs-Nachfragefunktion: $p_i = 17 - 0,5x$
Ausgangs-Grenzkosten: $K'_i = 3$
Neue Nachfragefunktion: $p_{ii} = 20 - 0,25x$
Neue Grenzkosten: $K'_{ii} = 5$

Aufgabe 9   Partizipations- und Substitutionseffekt

Nachdem Light-Zigaretten mit großem Erfolg in den Zigarettenmarkt eingeführt wurden, überlegt die Geschäftsleitung des Marktführers auf dem deutschen Zigarettenmarkt, ob die Einführung einer Medium-Zigarette für das Unternehmen ebenfalls vorteilhaft sein könnte. Als Junior-Produktmanager werden Sie beauftragt, eine Vorteilhaftigkeitsanalyse durchzuführen. Nach Rücksprache mit der Marktforschung ist mit der in Abb. 4.4 dargestellten Datensituation zu rechnen.

Berechnen Sie die periodenbezogenen Bruttogewinne der neuen Zigarettenmarke. Welche Schlüsse lassen sich aus der Entwicklung der Bruttogewinne ziehen? Sollte das neue Produkt eingeführt werden?

Sortiment	Variable Kosten	Preis	Absatz in Stück	Händler
Trekking-Bike Start-Up	966	1.526	1.150	84
Trekking-Bike	1.148	1.932	960	48
MTB-Allround	1.029	1.225	1.280	32
MTB-Competition	1.246	2.142	320	40
Hollandrad	980	882	1.530	204

Abb. 4.5 Daten für die Analyse der Sortimentsstruktur

Aufgabe 10 Produktelimination

Die Firma *Cycletech* wurde Mitte der achtziger Jahre während des aufkommenden Fahrradbooms gegründet und ist in den ersten Jahren sehr stark gewachsen. Der Schwerpunkt der Produktion lag von Anfang an in den Bereichen Mountain-, Touren- und Trekkingbikes. Hier bietet man Fahrräder der gehobenen Mittelklasse an. Bislang war der Marketingleiter davon überzeugt, dass unbedingt auch ein klassisches Hollandrad die Produktpalette abrunden müsse. Obgleich sich das Hollandrad sehr gut verkauft, hat sich die Gewinnsituation des Unternehmens nach der Einführung verschlechtert. Von daher zweifelt der Marketingleiter an der Richtigkeit der Entscheidung, ein Hollandrad ins Sortiment aufzunehmen. Sein Assistent soll ihm mit Hilfe einer Analyse der Sortimentsstruktur Klarheit verschaffen. Dabei stehen die Daten aus Abb. 4.5 zur Verfügung.

Die Fixkosten betragen insgesamt 1.084.300 €. Führen Sie die geforderte Sortimentsanalyse im Hinblick auf mögliche Produkteliminationen durch.

Aufgabe 10a

Treffen Sie Ihre Eliminationsentscheidung auf Basis der Deckungsbeitrags-rechnung.

Aufgabe 10b

Wie verändert sich das Entscheidungskalkül, wenn durch die in der Tabelle wiedergegebenen Absatzmengen aller Fahrräder die Produktionskapazität der *Cycletech* GmbH überschritten wird?

Aufgabe 10c

Die Händler, die Hollandräder kaufen, sind zu 25 % Nachfrager der anderen Produkte. Diese Verbundkäufer kaufen nur dann die anderen von *Cycletech* angebotenen Produkte, wenn sie auch das Hollandrad beziehen. Welche Eliminationsentscheidung ist unter zusätzlicher Berücksichtigung der Händlerverbundkäufe herbeizuführen, wenn bei jedem Fahrradtyp im Durchschnitt gleiche Umsätze pro Händler realisiert werden?

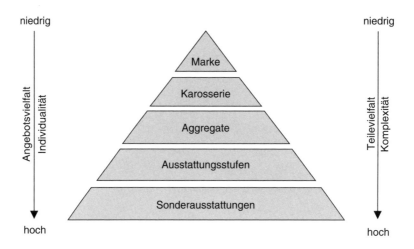

Abb. 4.6 Entstehung der Komplexität in der Automobilindustrie

Aufgabe 10d
Welche über die Deckungsbeitragsanalyse hinausgehenden Faktoren sollten bei einer Eliminationsentscheidung herangezogen werden?

Aufgabe 11 Komplexität in der Automobilindustrie
Die Automobilindustrie ist seit Beginn der neunziger Jahre durch eine fortwährende Verschärfung des Wettbewerbs verbunden mit einem steigenden Kostendruck gekennzeichnet. Dabei steht einer stetigen, insbesondere durch den Markteintritt asiatischer Wettbewerber induzierten, Vergrößerung des Angebots eine zunehmende Individualisierung der Nachfrage gegenüber. Die Automobilindustrie befindet sich somit im Spannungsfeld zwischen Kostendruck und einem steigenden Wunsch der Konsumenten nach individuellen, bedarfsgerechten Lösungen.

Auch der Volkswagen-Konzern sah sich vor der Einführung des neuen *VW Polo* 1994 dieser Situation gegenüber, zudem sich gerade das Kleinwagensegment bislang eher durch Massen- als durch Individualprodukte charakterisieren ließ. Nachfrager, die auch in diesem Segment den Wunsch nach einem eigenständigen Angebot äußerten, mussten dafür zumeist stark überdurchschnittliche Preise zahlen. In den unteren Preissegmenten, die den Schwerpunkt in dieser Klasse ausmachten, blieb der Individualitätsgedanke nahezu völlig aus. Da sich die Bestrebungen einer Senkung der Kosten vorwiegend auf eine Reduktion der Komplexität und der damit verbundenen Teilevielfalt konzentrierten, erwies sich der fortwährende Wunsch des Marketing nach einer stärkeren Individualisierung des Angebots als kaum realisierbar. Dabei wurde von der Produktion stets das Argument angeführt, dass gerade die individualitätssteigernden Aggregate, Ausstattungsstufen oder Sonderausstattungen zu einer deutlichen Erhöhung der Komplexität führen (Abb. 4.6).

Zur Lösung dieser scheinbaren Gegensätze und damit des Zielkonfliktes zwischen Produktion und Marketing entwickelte das Marketing von Volkswagen für den neuen *Polo* mit dem so genannten „Baukastensystem" eine innovative Angebotsform (Abb. 4.7).

Basis-Modell		
■ 45-PS-Maschine	■ Außenausstattung	■ Innenausstattung
■ Sicherheitsfeatures	■ Funktionen	

+

Erweiterte Bausteine gegen Aufpreis			
Motoren und Fahrwerk	**Innenausstattung**	**Sonderausstattung**	**Lackierungen**

Polo 45 Servo
– 45 PS
– 175/65 Reifen
– Servolenkung
*
*
*
*
	Komfort 2 „Flanellgrau"
	– Stoff „Flanellgrau"
	– höhenverstellbare
	  Sitze
	– geteilte Rückbank
	– Kopfstützen hinten
	
	*
		Styling
		– Stoßfänger in Wagen-
		  farbe
		– weiße Blinkleuchten
		  (vorne)
		– abgedunkelte Heck-
		  leuchten
		*
			Metallic-Lack
			– Windsor-Blau
			– ...
			*
			*
			*
			*

Polo 75 Interlagos
– 75 PS
– 175/65 Leichtmetall-
  felgen
– Servolenkung
	Sport-Plus „Lagune-Blau"
	– Stoff „Lagune-Blau"
	– Sportsitze
	– höhenverstellbare Sitze
	– beheizbare Vordersitze
	– geteilte Rückbank
	– Kopfstützen hinten
		Licht und Sicht
		– Nebelscheinwerfer
		– elektrische und be-
		  heizbare Spiegel
		– beheizbare Scheiben-
		  waschdüsen
			Perleffekt-Lack
			– Dragongreen Perleffekt
			– ...

Abb. 4.7 Neue Angebotsstruktur des *VW Polo*

Grundgedanke dieses Angebots war ein vollkommener Wegfall der in der herkömmlichen Angebotsstruktur auftretenden und hohe Komplexität erzeugenden Ausstattungsstufen (zum Beispiel *Polo CL, Polo GT, Polo G40* etc.). Aufbauend auf einer aus Produktionsgesichtspunkten optimierten Basisausstattung wurde das erweiterte Angebot lediglich in Form von vier Baukästen offeriert. Mit dem Baukasten „Motoren und Fahrwerk" konnte die 45-PS-Maschine in der Basisausstattung des *Polo* durch leistungsfähigere Motoren und Fahrwerke gegen Aufpreis substituiert werden. In einem zweiten Baustein „Innenausstattung" konnten Pakete mit höherwertigeren Sitzen und Stoffen erworben werden. Damit bestand plötzlich auch für den Käufer eines *Polo* mit der 45-PS-Basismaschine die Möglichkeit, ein Sportinterior in das Fahrzeug zu integrieren, was bislang lediglich in teureren Ausstattungsstufen wie dem GT oder dem G40 möglich war. Der Wegfall dieser Ausstattungsstufen machte sich auch im dritten Baustein „Sonderausstattungen" zum Vorteil der Konsumenten bemerkbar. Hier wurden verschiedene Sonderausstattungspakete angeboten, die zusätzlich in das Fahrzeug integriert werden konnten. Das Programm wurde schließlich mit dem Baukasten „Lackierungen" abgerundet. Hier konnten Sonderfarben oder Metallic- und Perleffekt-Lackierung gegen Aufpreis bestellt werden.

Aus Sicht des *Volkswagen*-Konzerns konnte sich damit der Konsument abhängig vom zur Verfügung stehenden Budget seinen neuen *Polo* mit Hilfe der vier Bausteine individuell zusammenstellen. Dabei musste allerdings immer auf die vollständigen Bausteine zurückgegriffen werden. Eine Bestellung einzelner Komponenten aus den jeweiligen Bausteinen war hingegen nicht möglich. *Volkswagen* berücksichtigte bei der Gestaltung der

Baukästen sowohl Markt- als auch Produktionsgesichtspunkte. Die produktionstechnische Optimierung des Angebots führte schließlich zu einer drastischen Reduktion der Komplexität und Teilevielfalt. Während vom Vorgängermodell noch deutlich über 120 Mio. Varianten bestellt werden konnten, existierte der neue *Polo* in unter 100.000 Kombinationen.

Aufgabe 11a
Beschreiben Sie die Entstehung von Komplexität in der Automobilindustrie anhand der in Abb. 4.6 dargestellten herkömmlichen Angebotsstruktur.

Aufgabe 11b
Diskutieren Sie Vor- und Nachteile des *VW*-Baukastensystems. Gehen Sie dabei insbesondere auf die Sichtweise des Marketing ein.

Aufgabe 11c
Skizzieren und erläutern Sie die Komplexitätskurven, die sich auf Basis der herkömmlichen Angebotsstruktur sowie der Angebotsgestaltung durch das Baukastensystem des *VW Polo* ergeben.

Aufgabe 11d
Diskutieren Sie Chancen und Risiken, die sich aus einer Ausweitung des Baukastensystems auf weitere Fahrzeuge des *Volkswagen*-Konzerns ergeben können.

Aufgabe 12 Variantenmanagement und Komplexitätskosten
Ein erfolgreicher Automobilhersteller produziert und verkauft von seinem Bestseller, dem *Benito*, einem Fahrzeug der unteren Mittelklasse, weltweit jährlich 1.000.000 Stück zum Durchschnittspreis von umgerechnet 25.000 €. Dabei wird eine zwar relativ geringe, aber seit Jahren stabile Umsatzrendite nach Steuern von 0,3 % erwirtschaftet. Aufgrund der Markteinführung zahlreicher neuer Wettbewerbsmodelle hat sich die Marktführerposition des *Benito* auf dem deutschen Markt ausgehend von einem Marktanteil von 30 % kontinuierlich auf aktuell nur noch 19,5 % verringert. Der wichtigste Wettbewerber erreicht mit seinem Konkurrenzmodell mittlerweile einen Marktanteil von 18,8 %. Der nationale und internationale Automobilmarkt ist durch eine oligopolistische Struktur gekennzeichnet.

In dieser Situation schlägt der Marketingchef zur Absicherung der Marktführerposition unter anderem vor, die Armaturenbretter des *Benito* in Deutschland zukünftig statt ausschließlich in Schwarz auch in den Farben Hellgrau und Braun anzubieten. Neueste Marktforschungsuntersuchungen hätten ergeben, dass die deutschen Konsumenten beim Autokauf der farblichen Gestaltung des Innenraums eine weitaus höhere Bedeutung zumessen als in der Vergangenheit. In diesem Zusammenhang habe sich in mehreren Kleingruppendiskussionen mit Autofahrern unterschiedlicher Marken gezeigt, so argumentiert der Marketingchef, dass die Kunden neben der Standardfarbe Schwarz, die von allen Wettbewerbern zurzeit als einzige Farboption angeboten wird, vor allem Grau- und Brauntöne besonders lieben und diese die Präferenz für ein Auto positiv beeinflussen.

Schritt	Arbeitstätigkeit	Durchschnittlicher Zeitbedarf
1	Armaturenbrett aus Vorratsbehälter entnehmen und inspizieren	0,15 Min.
2	Handschuhfach aus Vorratsbehälter entnehmen, inspizieren und einsetzen	0,12 Min.
3	6 Clips aus Vorratsbehälter entnehmen und befestigen	0,67 Min.
4	2 Befestigungsklammern einsetzen	0,11 Min.
5	Hilfsträger entfernen	0,11 Min.
6	2 Seitenklammern befestigen	0,12 Min.
	Zwischensumme Vorgabezeit	1,28 Min.
	Verteilzeit für Reparaturen und persönliche Verteilzeit	0,23 Min.
	Gesamt-Vorgabezeit	**1,51 Min.**

Abb. 4.8 Arbeits-Vorgabezeiten bei der Montage des Benito-Armaturenbrettes. (Zahlen entnommen aus Schmidt 1990, S. 150)

Der Marketingchef argumentiert darüber hinaus, seine Nachforschungen bei den Lieferanten des Armaturenbretts hätten ergeben, dass die Zulieferer die Armaturenbretter in hellgrau und braun zum selben Preis liefern würden wie schwarze Armaturenbretter. Die Preisgleichheit ist darauf zurückzuführen, dass die aus recyceltem, bunten Kunststoffgranulat hergestellten Armaturenbretter nach der Herstellung der Rohform lackiert werden müssen. Der hierbei verwendete Farbton des Lackes hat keinen Einfluss auf die Herstellungskosten des Armaturenbretts. Die Umrüstung der Lackiermaschinen beim Farbwechsel kann während der allgemeinen Wartungsstillstandszeiten problemlos erfolgen und verursacht keine nennenswerten Mehrkosten. Ferner erwartet der Marketingchef, dass sich aufgrund der gestiegenen Bedeutung der farblichen Innenraumgestaltung beim Autokauf für die farbigen Armaturenbretter in Deutschland ein Aufpreis von jeweils 300,00 € je Fahrzeug durchsetzen lasse. Diese Preisanhebung sollte auch deshalb möglich sein, weil der *Benito* als einziges Fahrzeug seiner Klasse zukünftig die Wahlmöglichkeit zwischen verschiedenen Armaturenbrettfarben biete.

Der Produktionschef, von der Geschäftsleitung nach seiner Einschätzung des Vorschlags befragt, unterstützt den Marketingchef. Er beruft sich dabei auf eine Studie der Abteilung Arbeitsvorbereitung (Abb. 4.8). Aus dieser Studie gehe hervor, dass im Gegensatz zu den üblichen Forderungen des Marketing, beim Benito zusätzliche Ausstattungsoptionen anzubieten (zum Beispiel Klimaanlage, Nebelscheinwerfer, CD-Wechsler etc.), die Einführung von Armaturenbrettern in verschiedenen Farben keine Mehrkosten in der Produktion verursachen sollten.

Durch die ansonsten seltene Übereinstimmung des Produktions- und Marketingchefs restlos überzeugt, beschließt die Geschäftsleitung die sofortige Einführung von zwei zusätzlichen Armaturenbrettfarben beim *Benito*.

Nach Ablauf eines Jahres interessiert sich die Geschäftleitung für den Erfolg der durchgeführten Maßnahme und bittet den Marketingchef um eine Stellungnahme. Dieser berichtet, dass sich die Marktanteilsposition des *Benito* nicht weiter verschlechtert habe. Diese positive Wirkung auf die Wettbewerbsposition begründet er unter anderem damit, dass in Marktforschungsstudien das Angebot einer zusätzlichen Wahlmöglichkeit (Armaturenbrettfarbe) beim Kauf des *Benito* von der Mehrzahl der Kunden positiv bewertet wird.

Um den Erfolg der Einführung zusätzlicher Armaturenbrettfarben abschließend beurteilen zu können, bittet die Geschäftsleitung auch die Controllingabteilung um eine Beurteilung. Überraschenderweise berichtet der Chefcontroller in der nächsten Geschäftsleitungssitzung, dass sich durch die Einführung der zwei Zusatzfarben der Vorsteuergewinn um mehrere Mio. € verschlechtert habe. Dies sei aus seiner Sicht eine Folge gestiegener Komplexitätskosten sowie der Tatsache, dass sich entgegen der ursprünglichen Erwartung weder der Preis des *Benito* noch der Absatz habe erhöhen lassen.

Wie lässt sich vor diesem Hintergrund die misslungene Durchsetzung eines Aufpreises für farbige Armaturenbretter und der nicht gestiegene Absatz des *Benito* erklären?

4.1.2   Produktpolitik – Lösungen zu den Aufgaben

Lösung Aufgabe 1 Markttest
Der Markttest ist ein probeweiser Verkauf von Produkten in einem begrenzten Teilmarkt. Die Marketinginstrumente werden dabei insgesamt oder nur teilweise eingesetzt. Damit kann der Markttest als umfassendes (komplexes) Feldexperiment betrachtet werden, das einige Monate bis maximal ein Jahr dauert.

Es werden zum Beispiel

- veränderte Marketingkonzeptionen für bereits eingeführte Produkte,
- neue Produkte einer bereits vorhandenen Produktfamilie oder
- vollständig neue Produkte getestet.

Die Aufgaben des Markttests bestehen darin, Marktchancen von Produkten und den Erfolg von Marketingkonzeptionen zu überprüfen. Die Ergebnisse aus dem Teilmarkt werden auf den Gesamtmarkt übertragen.

Besondere Probleme ergeben sich durch die Auswahl des Testmarktes, der für den Gesamtmarkt repräsentativ sein muss. Daneben ist der Handel zur Mitarbeit zu gewinnen. Nicht zuletzt führt der Markttest zu einer frühzeitigen Offenlegung eigener Strategien gegenüber der Konkurrenz, die dadurch rechtzeitig mit Gegenmaßnahmen reagieren kann.

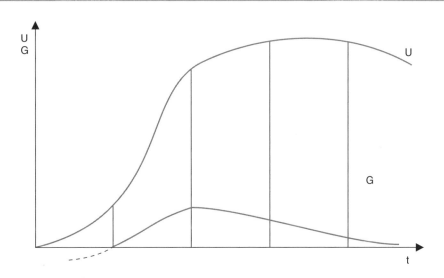

Phase	Einführung	Wachstum	Reife	Sättigung	Degeneration
Umsatz	steigend auf geringem Niveau	stark steigend, höchste Zuwachsrate	steigend, Zuwachsrate abnehmend	U erreicht Maximum, fällt dann ab	Umsatz rückgängig, Grenzumsätze negativ
Gewinn	negativ wegen hoher F&E-Kosten und geringem Absatz	positiv, steigend	positiv	positiv, abnehmend	positiv, weiter abnehmend
Marketing-instrument	Produkt-qualität, um Kinderkrank-heiten aus-zuschalten	Werbung, um Produkt bekannt zu machen	Preis, um Mit-konkurrenten den Markt-eintritt zu erschweren	Produkt-variation	Werbung, um ggf. letztmög-liche Gewinne zu erzielen
Übergang zur nächsten Phase	mit Erreichen der Gewinn-schwelle	Maximum der Umsatz-zuwachsrate	mit Verfla-chung der Umsatzkurve	mit weiterem Absinken der Umsatzkurve	

Abb. 4.9 Idealtypischer Verlauf des Produktlebenszyklus

Lösung Aufgabe 2 Produktlebenszyklus

Lösung Aufgabe 2a

Das Lebenszykluskonzept unterstellt für jedes Produkt das Gesetz des ökonomischen Wer-
dens und Vergehens. Anhand der Umsatz- und Gewinnentwicklung lässt sich folgender
idealtypischer Phasenverlauf aufzeigen (Abb. 4.9):

Lösung Aufgabe 2b
Die Kritik am Lebenszyklusmodell lässt sich an den aufgeführten vier Beispielen verdeutlichen:

- keine Allgemeingültigkeit: Die Allgemeingültigkeit des Konzepts scheitert in der Regel
  an der Definition der Bezugsbasis. Das Beispiel I und das Beispiel III lassen erkennen, dass der Verlauf der Lebenszyklen entscheidend von der gewählten Bezugsgröße
  abhängt. Im Beispiel gilt bei den Schallplattenspielern die Produktgruppe und bei der
  Schallplattenspieler-Marke die Herstellermarke als Bezugsgröße. Der bei der Schallplattenspieler-Marke zu beobachtende Lebenszyklus ergibt sich daraus, dass der Hersteller als letzter verbleibender Anbieter in diesem Markt seinen Umsatz steigern konnte.
  Die gegenläufige Gewinnentwicklung ist darauf zurückzuführen, dass er nun keinen
  Massenmarkt mehr bedient, sondern als Nischenanbieter spezifische Lösungen für die
  individuellen Anforderungen der in diesem Markt verbliebenen Nachfrager-Segmente,
  wie z. B. Musik-Puristen oder DJs, liefern muss.
- fehlende Gesetzmäßigkeit: Der idealtypische Phasenverlauf kann empirisch nicht nachgewiesen werden. Lediglich das Beispiel III zeigt in etwa den idealtypischen Verlauf.
- fehlende Berücksichtigung absatzpolitischer Instrumente: Der Produktlebenszyklus
  hängt nicht nur von der Zeit, sondern auch von den Marketingaktivitäten ab. So könnte
  der Umsatzanstieg im Beispiel II durch verstärkte Marketingaktivitäten bewirkt worden
  sein.
- Phasenabgrenzung: Es fehlen eindeutige Kriterien zur Phasenabgrenzung. Dies wird
  besonders an den Beispielen I und IV deutlich.

Zusammenfassend ist festzuhalten, dass das Lebenszykluskonzept daher keine normative
Aussagekraft besitzt.

Aus dem Konzept heraus können keine Empfehlungen gegeben werden, wann welcher
Marketing-Mix einzusetzen ist und welcher Funktionstyp zur Umsatzprognose heranzuziehen ist.

Das Lebenszyklusmodell ist lediglich beschreibender Natur und dient vorwiegend einer
didaktischen Problemstrukturierung.

Lösung Aufgabe 3 Programmpolitik
Zur Ableitung der Profile ist zunächst die Erstellung einer Arbeitstabelle erforderlich
(Abb. 4.10 und 4.11).

Interpretation Das Sortiment der „*Lumo-AG*" weist eine starke Umsatzkonzentration
beim Artikel HS 115 auf. Dieser Artikel erzielt 45 % des Gesamtumsatzes und benötigt
dafür nur 15 % der Produktionskapazität. Demgegenüber wird mit dem Artikel HS 118
lediglich 10 % des Umsatzes erwirtschaftet, die Produktionskapazität wird jedoch zu 40 %
beansprucht (Abb. 4.12).

Artikel	HS 110	HS 115	HS 118	HNS 100	Summe
Umsatz	760.000	1.710.000	380.000	950.000	3.800.000
Umsatzanteil	20 %	45 %	10 %	25 %	100 %
Beanspruchte Kapazität (in Minuten)	28.800	17.280	46.080	23.040	115.200
Kapazitätsanteil	25 %	15 %	40 %	20 %	100 %
Umsatzanteil/ Kapazitätsanteil	0,80	3,00	0,25	1,25	–
Rangordnung nach der Umsatzanalyse	3	1	4	2	–
Deckungsspanne	2,40	0,50	0,80	7,20	–
Deckungsbeitrag	48.000	21.375	4.864	136.800	211.039
Deckungsbeitragsanteil	23 %	10 %	2 %	65 %	100 %
DB-Anteil/Kapazitätsanteil	0,92	0,67	0,05	3,25	–
Rangordnung nach DB-Analyse	2	3	4	1	–
Zahl der Kunden	28	8	32	12	80
Kundenanteil	35 %	10 %	40 %	15 %	100 %
Umsatzanteil/Kundenanteil	0,57	4,50	0,25	1,67	
Rangordnung nach Kundenanalyse	3	1	4	2	

Abb. 4.10 Arbeitstabelle für die Ableitung der Profile

Interpretation Im Hinblick auf den Deckungsbeitrag ist das Produkt HNS 100 mit großem Abstand das erfolgreichste. Mit ihm werden 65 % des gesamten Deckungsbeitrags unter Inanspruchnahme von nur 20 % der Kapazität erwirtschaftet. Besonders schlecht ist das Erzeugnis HS 118 zu beurteilen. Es blockiert 40 % der Produktionskapazität, trägt aber nur 2 % zum gesamten Deckungsbeitrag bei (Abb. 4.13).

Interpretation Auf das umsatzstärkste Produkt HS 115 und das gewinnträchtigste Produkt HNS 100 entfallen lediglich Kundenanteile von 10 % beziehungsweise 15 %. Diese starke Kundenkonzentration zeigt eine hohe Abhängigkeit der „Lumo AG" von den Abnehmern dieser Produkte und beinhaltet ein hohes unternehmerisches Risiko. Ziel der

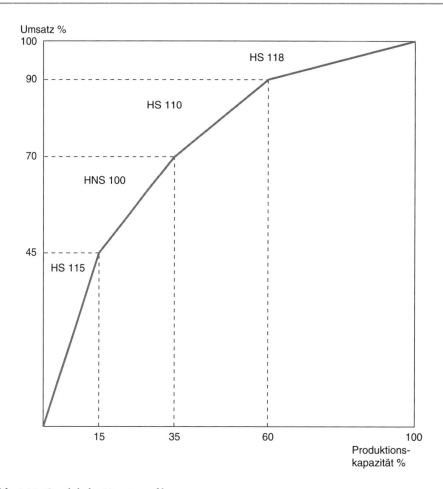

Abb. 4.11 Graphik des Umsatzprofils

Unternehmung sollte es daher sein, ihre wichtigsten Produkte an einen breiteren Abnehmerkreis abzusetzen.

In Abb. 4.14 sind die Informationen, die die Programmstrukturanalyse liefert, zusammengefasst.

Das Produkt HS 110 sollte unverändert im Sortiment bleiben, da es einen vergleichsweise hohen Deckungsbeitrag liefert und eine breite Kundenstruktur besitzt. Der umsatzstärkste Artikel HS 115 wird nur von einem sehr kleinen Kundenkreis abgenommen. Die
daraus resultierende große Abhängigkeit von nur wenigen Kunden bedeutet ein hohes Risiko und eine schwache Verhandlungsposition gegenüber den Kunden, da der Verlust nur
eines Großkunden einen empfindlichen Umsatzrückgang zur Folge hätte. Die *„Lumo AG"*
sollte versuchen, den Abnehmerkreis für dieses Produkt zu erweitern.

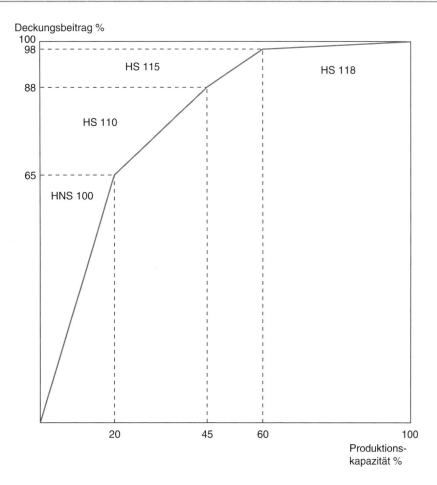

Abb. 4.12 Graphik des Deckungsbeitragsprofils

Obwohl das Produkt HS 118 40 % der vorhandenen Produktionskapazität beansprucht, ist es gleichzeitig der umsatz- und deckungsbeitragsschwächste Sortimentsbestandteil. Daher sollte die „*Lumo AG*" die Produktion dieses Artikels erheblich einschränken beziehungsweise ganz einstellen, um die freiwerdende Kapazität für HNS 100 zu verwenden. Als deckungsbeitragsstärkstes Erzeugnis sollte HNS 100 verstärkt produziert und zugleich einem größeren Abnehmerkreis angeboten werden, um auch hier dem Risiko zu starker Abhängigkeit von nur wenigen Kunden entgegenzutreten.

Lösung Aufgabe 4 Neuproduktplanung
Der Planungsprozess für die Einführung des neuen Rasenmähers beginnt mit der Wahrnehmung von Soll-/Ist-Abweichungen der Marketingziele.

Derartige Anregungsinformationen sind im vorliegenden Fall:

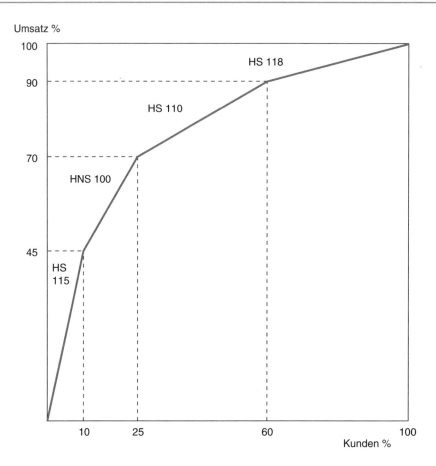

Abb. 4.13 Graphik des Kundenprofils

Artikel	Rangfolge nach Umsatz	Rangfolge nach DB	Beanspruchte Kapazität	Kunden
HS 110	3	2	25 %	viele
HS 115	1	3	15 %	sehr wenig
HS 118	4	4	40 %	sehr viele
HNS 100	2	1	20 %	wenig

Abb. 4.14 Informationen aus der Programmstrukturanalyse

- die rückläufigen Umsatz- und Gewinnzahlen bei Rasenmähern,
- die von der Marketingleitung gewonnenen Erkenntnisse über die Ursachen der für den Hersteller ungünstigen Entwicklung, die bereits konkrete Vorgaben für die Gestaltung des neuen Rasenmähers liefert.

Der Neuproduktplanungsprozess durchläuft die Phasen der Ideengewinnung, -prüfung und -verwirklichung. Im Einzelnen steht das Projektteam vor folgenden Planungsaktivitäten:

- Phase der Ideengewinnung: Das Projektteam hat die Aufgabe, eine möglichst große Anzahl von Produktkonzepten für einen neuen Rasenmäher zu gewinnen. Ausgangspunkt der Ideensuche ist eine systematische Sammlung vorhandener Informationen aus internen und externen Quellen wie zum Beispiel Verkaufsaußendienst, Marktforschungsdaten über Kundenbedürfnisse, Material von Kleingärtnerverbänden etc. Wichtiger als die Sammlung von Ideen ist jedoch eine systematische Ideenproduktion mittels kreativer Verfahren wie zum Beispiel Brainstorming, Synektik oder Ähnliche.
- Phase der Ideenprüfung: Aus der großen Zahl gewonnener Produktkonzepte ist die im Sinne der Marketingziele erfolgversprechende Rasenmäher-Konzeption Schritt für Schritt herauszufiltern. Aufgrund unzureichender Informationen müssen in einer Vorauswahl anhand allgemeiner Kriterien wie zum Beispiel Markt- und Konkurrenzfähigkeit, Lebensdauer, Produktionsmöglichkeiten, Wachstumspotenzial und Sortimentseffekte, jene Ideen eliminiert werden, die nicht erfolgversprechend erscheinen. Für die verbleibenden Ideen werden mögliche Marketingaktivitätsniveaus konkretisiert und hinsichtlich ihrer Auswirkungen auf Umsatz und Gewinn mit Wirtschaftlichkeitsanalysen untersucht.
- Phase der Ideenverwirklichung: Zur Sicherung des Markterfolgs des neuen Rasenmähers sind Produkt- und Markttests durchzuführen. Dabei geht es um die Markierung, Fragen des Designs, der technischen Ausstattung sowie die konkrete Ausgestaltung der Einführungsaktivitäten. Den Abschluss des Planungsprozesses zur Einführung des neuen Rasenmähers bilden eine letzte Überprüfung der Marketingpläne und die von der Marketingleitung zu erteilende formale Einführungsgenehmigung.
- Phase der Markteinführung: Im Mittelpunkt dieser Phase steht die Wahl der passenden Markteinführungsstrategie.

Lösung Aufgabe 5 Ideenfindung in der Neuproduktplanung
Im Rahmen der diskursiven Verfahren zur Ideenproduktion kann zwischen Fragenkatalogen, Funktionsanalysen und der morphologischen Methode differenziert werden. Zu den intuitiven Verfahren zählen das Brainstorming und die Synektik. Die grundlegenden Unterschiede zwischen den beiden Ansätzen lassen sich wie folgt zusammenfassen:

- Während diskursive Verfahren vorwiegend auf analytischem Denken basieren, steht bei den intuitiven Verfahren das kreative Denken im Vordergrund.
- Während diskursive Methoden sowohl von Gruppen als auch individuell genutzt werden können, lassen sich intuitive Verfahren nur in Gruppen einsetzen.

Welches der skizzierten Verfahren eingesetzt wird, hängt entscheidend von der Art des zu lösenden Ideengewinnungsproblems ab. Einfach strukturierte Fragen lassen sich mit diskursiven Verfahren lösen; komplexe oder besonders kreative Probleme erfordern den Einsatz intuitiver Verfahren.

Für die drei Beispiele bedeutet dies:

Lösung Beispiel 1
Ideen für neue beziehungsweise abgeänderte Möbel lassen sich insbesondere mit Fragenkatalogen und Funktionsanalysen gewinnen. Dabei können folgende Fragen über denkbare Merkmalskombinationen von Möbeln gestellt werden:

- Wie kann das Möbeldesign geändert werden?
- Kann die Möbeleinheit vergrößert, verkleinert oder einem neuen Verwendungszweck zugeführt werden?
- Welche Werkstoffe können substituiert werden?

Auf der anderen Seite erfordert die Gestaltung hochwertig designter Möbel begleitend den Einsatz intuitiver Verfahren.

Lösung Beispiel 2
Zur Lösung des Transportproblems eignen sich sowohl die morphologische Analyse wie auch die Synektik. Bei der morphologischen Analyse wird das Transportproblem in Detailprobleme zerlegt (zum Beispiel Antriebsart, Operationsbasis, Behältnis). Kombinationen aus Detaillösungen führen zu neuen Ideen (zum Beispiel magnetfeldangetriebener Schienenschlitten). Bei der Synektik werden kreative Ideen durch systematische Analogiebildungen erzeugt (zum Beispiel Übertragung des vorliegenden Transportproblems in die Welt von Ameisen oder Bienen).

Lösung Beispiel 3
Für ein innovatives Flaschendesign bietet sich das Brainstorming an. In Gruppensitzungen werden von problemfernen und besonders kreativen Personen alle nur denkbaren, auch unsinnig erscheinenden Ideen gesammelt. Dabei sind besondere Spielregeln einzuhalten. So ist zum Beispiel jegliche Kritik untersagt. Diskursive Verfahren sind hier weniger geeignet, da sie zu sehr auf vorhandenen Problemlösungen aufbauen.

Lösung Aufgabe 6 Punktbewertungsmodelle

Lösung Aufgabe 6a
Die Punktesummen beider Konzeptionsalternativen lassen sich wie folgt ermitteln:

- Multiplikation der Einzelbewertungen mit der jeweiligen Gewichtungsziffer,
- Addition der gewichteten Einzelbewertungen (Abb. 4.15).

	Bewertung		Gewichtungs-ziffern	Gewichtete Bewertung	
Kriterien	A	B		A	B
Absatzvolumen	4	4	3	12	12
Nutzung von Synergien mit vorhandenen Produkten	2	4	1	2	4
Kapazitätsbeanspruchung	4	0	2	8	0
Kannibalisierung alter Produkte	2	4	2	4	8
Konkurrenzfähigkeit	2	6	4	8	24
Erwartete Nachfrage	2	4	3	6	12
Investitionsbedarf	4	2	2	8	4
Summe	–	–	–	48	64

Abb. 4.15 Tabelle zur Ermittlung der Punktesummen der Alternativen A und B

Das Konzept A wird abgelehnt, weil ihr Gesamtpunktwert unter dem kritischen Wert von 50 liegt. Konzeption B wird hingegen weiter verfolgt.

Am eingesetzten Scoring-Modell ist beispielhaft folgende Kritik zu üben:

- Die Auswahl und Anzahl der Beurteilungskriterien ist unzureichend: Es fehlen Kriterien wie zum Beispiel Aufnahmebereitschaft des Handels, erwartete Lebenszyklusdauer des neuen Produkts usw.
- Die Kriterien sind nicht überschneidungsfrei, wodurch einzelne Aspekte eine unbeabsichtigte Übergewichtung erhalten, wie zum Beispiel Absatzvolumen und erwartete Nachfrage, Kapazitätsbeanspruchung und Investitionsbedarf.
- Die Kriterien sind ebenso wie die Punktezuordnung und die Festlegung des kritischen Wertes subjektiv ausgewählt. Somit kann das Ergebnis eines Scoring-Modells keinen Anspruch auf Richtigkeit im mathematischen Sinne erheben. Vielmehr handelt es sich bei Scoring-Modellen um eine in Zahlen ausgedrückte Meinung der bewertenden Personen.
- In dem Modell wird das Problem der Unsicherheit nicht berücksichtigt.

Lösung Aufgabe 6b
Der Informationsbedarf ist bei Punktbewertungsmodellen wesentlich geringer als bei Methoden der Wirtschaftlichkeitsrechnung. In Scoring-Modelle gehen Experteninformationen ein; qualitative Urteile werden in quantitative Werte umgewandelt. Für Wirtschaftlichkeitsrechnungen sind Informationen über konkrete Ein- und Auszahlungen im Zeit-

ablauf notwendig. Derartige Daten sind in dieser frühen Phase der Neuproduktplanung und wegen der Vielzahl unbekannter Einflussfaktoren praktisch nicht verfügbar. Daher wird häufig auf Punktbewertungsmodelle zurückgegriffen.

Lösung Aufgabe 7   Break-Even-Analyse

Lösung Aufgabe 7a
Der Break-Even-Absatz lässt sich mit der folgenden Formel berechnen:

$$X_B = \frac{K_f}{p - k_v} = \frac{1{,}2 \text{ Mio.}}{1{,}60 - 1} = 2 \text{ Mio.}$$

Der Break-Even-Absatz liegt bei 20.000 hl (2 Mio. l), das heißt bei einem über 20.000 hl liegenden Absatz pro Jahr erwirtschaftet das Produkt einen Gewinn. Somit ist die Einführung des Bier-Mix-Getränkes sinnvoll, wenn mehr als 20.000 hl pro Jahr abgesetzt werden können.

Lösung Aufgabe 7b
Wesentliche Kritikpunkte gegen die Break-Even-Analyse ergeben sich aus folgenden Punkten:

- Es handelt sich um eine statische Analyse. So wird keine Diskontierung der Ein- und Auszahlungen vorgenommen.
- Es werden lineare Funktionsverläufe unterstellt, die besonders in der Einführungsphase unrealistisch sind.
- Die Unsicherheit der Daten wird nicht berücksichtigt.
- Unterschiedliche Marketingstrategien werden nicht in die Analyse einbezogen.
- Im Rahmen der hier vorgenommenen einperiodigen Break-Even-Analyse wird fälschlicherweise ein konstantes Durchschnittsumsatzniveau über den Lebenszyklus des Produkts unterstellt. Von daher ist es in der Regel zweckmäßiger, mit Hilfe einer zeitbezogenen Break-Even-Analyse zu bestimmen, zu welchem Zeitpunkt die kumulierten Deckungsbeiträge gleich den bis zu diesem Zeitpunkt kumulierten Fixkosten sind.

Lösung Aufgabe 8   Vorteilhaftigkeit von Produktvariationen
Grundsätzlich ist zu prüfen, ob es sinnvoll ist, die Veränderung der Nachfragefunktion unter Inkaufnahme der höheren Grenzkosten herbeizuführen.

Zunächst wird der Bruttogewinn vor der Differenzierung berechnet:

$$U'(x) = K'(x)$$

$$17 - x = 3$$

$$x_{opt} = 14$$

$$p_{opt} = 10$$

$$DB_i = (10 - 3) \times 14 = 98$$

t	1	2	3	4	5	6
BG	1.080.000	870.000	800.000	960.000	850.000	1.350.000

Abb. 4.16 Periodenbezogene Bruttogewinne

Anschließend erfolgt die Ermittlung des Bruttogewinns nach der Qualitätsverbesserung:

$$20 - 0{,}5x \quad = 5$$

$$x_{opt} \quad = 30$$

$$p_{opt} \quad = 12{,}5$$

$$DB_{ii} \quad = (12{,}5 - 5) \cdot 30 = 225$$

Unter der Annahme unveränderter Fixkosten ist die Qualitätsverbesserung unter ökonomischen Gesichtspunkten sinnvoll. Der zusätzliche Bruttogewinn beträgt 127 GE.

Lösung Aufgabe 9 Partizipations- und Substitutionseffekt

Die periodenbezogenen Bruttogewinne sind nach folgender Formel zu berechnen:

$$BG = XB_{PE} \cdot DS_{neu} - XB_{SE} \cdot (DS_{alt} - DS_{neu})$$

Nach Einsetzen der Daten ergibt sich die Tabelle in Abb. 4.16.

In der Anfangsphase überwiegt der Partizipationseffekt. Im Zeitablauf wird jedoch der Substitutionseffekt immer stärker. Da das neue Produkt aber eine deutlich höhere Deckungsspanne aufweist als das alte, steigt der Bruttogewinn in Periode 6 dennoch stark an. Mit Blick auf den Bruttogewinn ist die Neueinführung zu befürworten, wenn davon ausgegangen wird, dass andere Aspekte nicht berücksichtigt werden sollen.

Lösung Aufgabe 10 Produktelimination

Lösung Aufgabe 10a

Für die Eliminationsentscheidung sind die Deckungsbeiträge der einzelnen Produkte zu ermitteln (Abb. 4.17).

Eine negative Deckungsspanne führt zur Elimination eines Produkts, wenn die Deckungsspanne das alleinige Entscheidungskriterium darstellt. Da das klassische Hollandrad eine negative Deckungsspanne aufweist, sollte dieses Produkt aus dem Sortiment genommen werden.

Lösung Aufgabe 10b

Sofern die Produktionskapazität der noch jungen Firma nicht ausreicht, um die gesamte Absatzmenge zu produzieren, führt eine Entscheidung, die nur die Deckungsspanne als

	Kv	P	Absatz	DS	DB	Umsatz
Trekking-Bike Start-Up	966	1.526	1.150	560	644.000	1.754.900
Trekking-Bike	1.148	1.932	960	784	752.640	1.854.720
MTB-Allround	1.029	1.225	1.280	196	250.880	1.568.000
MTB-Competition	1.246	2.142	320	896	286.720	685.440
Hollandrad	980	882	1.530	−98	−149.940	1.349.460
Summe						7.212.520

Abb. 4.17 Tabelle zur Ermittlung der Deckungsbeiträge

Kriterium heranzieht, zu falschen Ergebnissen. Zwar werden nach wie vor Produkte mit einer negativen Deckungsspanne eliminiert, darüber hinaus müssen aber in einem zweiten Schritt bei knapper Kapazität auch alle Produkte mit einer positiven Deckungsspanne einer weiteren Prüfung unterzogen werden. Die Eliminationsentscheidung muss in einem solchen Fall anhand der relativen Deckungsspannen, das heißt der pro Engpasseinheit erzielten Deckungsspanne der einzelnen Produkte, getroffen werden. Das Entscheidungskriterium ist somit wie folgt definiert:

Relative Deckungsspanne = Deckungsspanne / Engpassbelastung

Die Eliminationsreihenfolge entspricht dann der umgekehrten Rangfolge der pro Produkt erzielten relativen Deckungsspanne.

Lösung Aufgabe 10c
25 % der Handelspartner der *Cycletech GmbH* sind Verbundkäufer. Wenn das klassische Hollandrad aus dem Programm genommen würde, würden somit 51 der 204 Händler ihre Nachfrage bei Konkurrenzunternehmen befriedigen. Dadurch ergäbe sich ein Verlust von jeweils 25 % der Deckungsbeiträge bei den einzelnen Produkten. Die Veränderungen der produktspezifischen Deckungsbeiträge lassen sich in einer Tabelle darstellen (Abb. 4.18).

Da der aufgrund der Produkteliminierung entgehende Deckungsbeitrag (483.560 €) größer ist als der durch das Produkt Hollandrad erzeugte negative Deckungsbeitrag (149.940 €), ergibt sich für die kumulierten Deckungsbeitragsveränderungen ein negativer Wert (−333.620 €). Das bedeutet, dass das Hollandrad unter Berücksichtigung von Verbundkäufen auf der Händlerseite im Sortiment verbleiben sollte, um den Gesamtdeckungsbeitrag nicht zu verringern.

	DB vor Elimination des Hollandrades	DB-Veränderung bei Elimination des Hollandrades	DB nach Elimination des Hollandrades
Trecking-Bike Start-Up	644.000	−161.000	483.000
Trecking-Bike	752.640	−188.160	564.480
MTB-Allround	250.880	−62.720	188.160
MTB-Competition	286.720	−71.680	215.040
Hollandrad	−149.940	149.940	0
Summe	1.784.300	−333.620	1.450.680

Abb. 4.18 Veränderung der produktspezifischen Deckungsbeiträge

Lösung Aufgabe 10d

In den meisten Entscheidungssituationen kann der Deckungsbeitrag nicht als alleiniges Entscheidungskriterium herangezogen werden. Vielmehr sollten darüber hinaus folgende Faktoren bei einer Eliminationsentscheidung zusätzlich berücksichtigt werden:

- Beschaffungsverbund,
- Produktionsverbund,
- Sortimentsimage,
- Sortimentsstruktur,
- langfristige Zielsetzungen.

Lösung Aufgabe 11 Komplexität in der Automobilindustrie

Lösung Aufgabe 11a

Ausgangspunkt der Entstehung von Komplexität in der Automobilindustrie sind verschiedene Produktmarken (zum Beispiel *VW Golf, VW Polo, VW Sharan* etc.) (Abb. 4.6). Bei Automobilkonzernen existiert mit unterschiedlichen Herstellermarken sogar noch eine weitere „Komplexitätsstufe" auf der oberen Ebene (zum Beispiel VW-Konzern mit den Herstellermarken *Volkswagen, Audi, Seat* und *Skoda*). Die verschiedenen Produkte werden in einer nächsten Stufe in unterschiedlichen Modell- beziehungsweise Karrosserievarianten angeboten (zum Beispiel *Golf, Golf-Variant, Golf-Cabrio*), die zu einer Erhöhung der Komplexität beitragen. Der Konsument kann jedes dieser Fahrzeuge wiederum mit unterschiedlichen Aggregaten wählen (zum Beispiel 45-PS-Maschine, 75-PS-Maschine, Diesel, Benziner etc.). Auf einer nächsten Stufe werden dann zumeist verschiedene Ausstattungsstufen der einzelnen Fahrzeuge angeboten, die zu einer weiteren Komplexitätssteigerung beitragen (zum Beispiel *Golf CL, Golf GL, Golf GTI* etc.). Vielfach sind die Wahlmöglichkeiten im Hinblick auf die unterschiedlichen Aggregate allerdings in den jeweiligen Ausstattungsstufen eingeschränkt. Auf der letzten Stufe erreicht die Komplexität schließlich mit der Wahlmöglichkeit aus dem großen Spektrum der Sonderausstattungen ihr Maximum. Vor Einführung des Baukastensystems ließ sich damit ein *VW Polo* in weit über 10 Mio. Varianten zusammensetzen.

Lösung Aufgabe 11b

Das *Polo*-Baukastensystem bildet eine Synthese aus den Anforderungen verschiedener betriebswirtschaftlicher Teilbereiche (Produktion, F&E, Finanzierung, Marketing etc.) und kann daher als integratives Konzept bezeichnet werden.

Im **Gesamtzusammenhang** treten folgende **Vorteile** auf:

- Die Vereinheitlichung des Basismodells sowie die Zusammenfassung zusätzlicher Komponenten zu Baukästen führt zu einer Steigerung der Ertragssicherheit bei gleichzeitiger Reduktion des Volumen-Mix-Risikos,
- das Baukastensystem führt zu einer Erhöhung der Planungsgenauigkeit,
- der Ergebnisbeitrag einzelner Teile wird verbessert.

Probleme liegen demgegenüber in einer zweifelhaften Übertragung des Systems auf internationale Märkte. Dabei lassen sich möglicherweise die auf Basis der Nachfrage des deutschen Marktes entstandenen Baukästen nicht ohne Modifikation in anderen Ländern anbieten (Spannungsfeld von Standardisierung versus Differenzierung). Eine Modifikation der Angebotsstruktur würde allerdings wieder zu einer erhöhten Komplexität führen.

Aus Sicht der **Produktion** sind folgende **Vorteile** zu nennen:

- Reduktion der Teilevielfalt,
- Reduktion der Komplexität sowie
- Erhöhung der Kapazitätsauslastung aufgrund vieler Gleichteile.

Durch die produktionstechnische Optimierung des Basismodells sowie der einzelnen Bausteine lässt sich das Angebot durch eine modulare Struktur charakterisieren. Aufgrund der veränderten Angebotsstruktur sind daher zunächst hohe Anschaffungskosten für die Umstellung der Produktion und die damit verbundenen neuen Maschinen zu tätigen.

Vorteile aus Sicht des **Marketing** liegen in folgenden Punkten:

- Erhöhung der Individualität in den unteren und mittleren Preissegmenten durch Steigerung der Angebotsvielfalt,
- Baukastensystem stellt vorwärtsgerichtetes aktives Marktforschungsinstrument dar, abhängig von der Wahlhäufigkeit einzelner Bausteine lassen sich Variationen in der Gestaltung des Angebots durchführen,

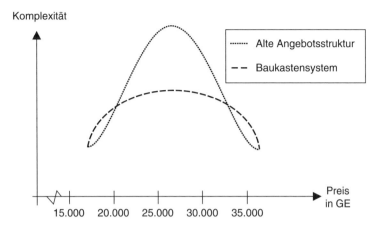

Abb. 4.19 Skizzierte Komplexitätskurve des VW Polo

- Erhöhung der Transparenz der Modell-/Preislisten sowie
- die attraktive Preisgestaltung der Bausteine führt in den unteren Preissegmenten zu einer erhöhten Preisbereitschaft der Konsumenten.

Nachteile sind dagegen in folgenden Punkten zu sehen:

- Das System führt zu verstärkten Preisverhandlungen des Kunden am POS, da aufgrund der Bausteinstruktur auch „ungewollte" Komponenten erworben werden müssen,
- durch die Vereinheitlichung des Basismodells (so beinhaltet zum Beispiel jeder Polo eine Dachantenne, unabhängig davon ob das Modell ein Radiogerät enthält oder nicht) sowie den Wegfall der Modellvarianten fehlt zum Teil eine stärkere (auch optische) Differenzierung der Produkte,
- Produktindividualität geht in den oberen Preissegmenten verloren sowie
- die Identifizierung bedarfsgerechter Baukästen ist zum Teil problematisch, der Fit mit den Kundenwünschen kann aus produktionstechnischen Gesichtspunkten nicht immer hergestellt werden.

Lösung Aufgabe 11c
Auf Basis der herkömmlichen Angebotstruktur sowie der Gestaltung des Angebots durch das Baukastensystem lassen sich die in Abb. 4.19 dargestellten Komplexitätsverläufe skizzieren.

In den unteren Preissegmenten besteht zunächst eine geringe Komplexität, da hier zumeist lediglich das Basismodell in unterschiedlichen Farben oder Innenausstattungen gewählt werden kann. Die Komplexitätskurve der herkömmlichen Angebotstruktur steigt anschließend stark an, da mit höheren Preisen andere Karosserievarianten, Aggregate, Ausstattungsstufen oder Sonderausstattungen integriert werden können. Aufgrund der zahlreichen Wahl- beziehungsweise Kombinationsmöglichkeiten bestand in der herkömmlichen Angebotsstruktur des *Polo* besonders im mittleren Preisbereich eine sehr hohe Komplexität. In den höheren Preissegmenten nahm die Komplexität dagegen wieder ab, da in den höherwertigen Ausstattungstufen (zum Beispiel *Polo G40*) bereits zahlreiche Ausstattungsitems enthalten waren und nur noch wenige Extras hinzugefügt werden konnten.

Durch den Wegfall der Ausstattungsstufen steigt die Komplexitätskurve auf Basis des Baukastensystems zu Beginn etwas stärker an, da bereits in den unteren Preissegmenten Bausteine (zum Beispiel Sportausstattung etc.) integriert werden können, die in der herkömmlichen Angebotsstruktur an höherwertige Ausstattungstufen gebunden waren. Der weitere Anstieg der Komplexitätskurve erfolgt dann allerdings moderat, da die einzelnen Komponenten lediglich in Bausteinen erworben werden können. In den mittleren Preissegmenten ist eine Erhöhung des Fahrzeugpreises vielfach mit einem Austausch einzelner Bausteine verbunden (zum Beispiel Ausstattungsbaustein „Innenausstattung"). In den höheren Preissegmenten sinkt die insgesamt deutlich flachere Komplexitätskurve des Baukastensystems etwas schwächer, da hier aufgrund des Wegfalls der Ausstattungsstufen keine Fahrzeuge mit Fixausstattung existieren, sondern bis zum höchsten Preis zusätzliche Sonderausstattungsbausteine hinzugefügt werden können.

Lösung Aufgabe 11d

Im weiteren Sinne lassen sich die in Aufgabe 11b erarbeiteten Vor- und Nachteile auch auf das weitere Angebot der Marke *Volkswagen* sowie auf die Produkte der übrigen Konzernmarken (*Audi, Seat, Skoda*) übertragen. Chancen liegen daher insbesondere auf Produktionsebene in der weiteren Standardisierung der Produktion sowie auf Marketingebene in der Erhöhung der Transparenz des Angebots. Im Einzelnen sind allerdings bei der Übertragung des Baukastensystems die spezifischen Aspekte der jeweiligen Produkte sowie der unterschiedlichen Hersteller-Marken zu berücksichtigen:

- Eine Ausweitung des Baukastensystems bietet sich insbesondere für die Fahrzeuge der Marke *Volkswagen* an. Hier kann besonders die Möglichkeit einer Individualisierung des Angebots in den unteren Preissegmenten der Produkte zu einer Erhöhung der Nachfrage beitragen. Risiken bestehen allerdings auch bei *Volkswagen* in der zu starken Vereinheitlichung des Angebots. Durch den Wegfall der Modellvarianten fehlt möglicherweise eine optische Differenzierung und damit auch ein emotionaler Anker. Aus der Sicht Volkswagens wäre daher zu überlegen, eine Ergänzung der Angebotsgestaltung durch das Baukastensystem mit Hilfe einzelner Sondermodelle vorzunehmen. Damit könnte auch in den höheren Preissegmenten ein individuelles Angebot geschaffen werden, mit dem eine erhöhte Abschöpfung der Konsumentenrente realisiert werden kann.

- Für Automobilmarken, die wie die Konzernmarke *Audi* primär in höheren Preissegmenten agieren, birgt die Einführung des Baukastensystems insbesondere das Risiko einer Imageeinbuße. In den oberen Preissegmenten wird von den Konsumenten zumeist Individualität im Detail verlangt. Die Zusammenfassung einzelner Komponenten zu Baukästen schränkt die Individualität daher sogar ein. Darüber hinaus lässt sich in diesen Segmenten vielfach mit Prestigemodellen (also spezifischen Ausstattungsstufen) eine hohe Abschöpfung der Konsumentenrente erzielen.

- Auch bei Automobilmarken in den unteren Preissegmenten, die primär auf emotionale Bedürfnisse der Konsumenten ausgerichtet sind (wie die *VW-Marke Seat*), kann die Einführung des Baukastensystems zu Imageeinbußen führen, da hiermit eine zumindest optische Gleichförmigkeit des Angebots verbunden ist und attraktive Ausstattungsstufen oder Sondermodelle fehlen.

Lösung Aufgabe 12 Variantenmanagement und Komplexitätskosten
Die Farbe des Armaturenbretts ist für die Kaufentscheidung bei Automobilen im Vergleich zu anderen Kriterien (Marke, Preis, Motorleistung, Größe des Fahrzeugs, Verbrauch, Komfort, Wiederverkaufswert etc.) von zweitrangiger Bedeutung, obwohl die Wichtigkeit im Zeitvergleich wächst. Darüber hinaus entscheiden sich nach wie vor 80 % der *Benito*-Käufer nach gründlicher Abwägung der zur Verfügung stehenden Farboptionen für das schwarze Armaturenbrett. Obwohl das Angebot zusätzlicher Wahlmöglichkeiten beim Autokauf von den Konsumenten grundsätzlich positiv bewertet wird, weil es das Individualisierungspotenzial der Produkte erhöht, nutzen die meisten Konsumenten diese Wahlmöglichkeit offenbar nicht aus. Dieser Mehrheit der Kunden bringt das Angebot von zwei zusätzlichen Armaturenbrettfarben keinen höheren Nutzen, sodass keine Bereitschaft zur Zahlung eines höheren Preises besteht. Die übrigen 20 % der Kunden zeigen hinsichtlich der Armaturenbrettfarben ebenfalls keine höhere Preisbereitschaft als vor Einführung der Zusatzfarben, weil innerhalb weniger Wochen auch die Wettbewerber verschiedene Armaturenbrettfarben ohne Mehrpreis im Angebot hatten.

Um durch den Vorstoß des *Benito* bei farbigen Armaturenbrettern keine Wettbewerbsnachteile zu erleiden, entschlossen sich die Wettbewerber, schnell zu handeln. Im Gegensatz zum *Benito*, bei dem für die neuen Armaturenbretter zum Zeitpunkt der Markteinführung ein Aufpreis verlangt wurde, bieten die Wettbewerber die neuen Farben ohne Mehrpreis an, um sich ihrerseits Wettbewerbsvorteile zu verschaffen. Die schnelle Reaktion der Wettbewerber wurde dadurch erleichtert, dass alle Anbieter ihre Armaturenbretter von denselben Zulieferern beziehen und für den *Benito* keine Exklusivbelieferung mit farbigen Armaturenbrettern durchsetzbar war. In diesem Zusammenhang wird der enge Reaktionsverbund in einem oligopolistischen Markt besonders deutlich.

4.1.3 Fallstudien

Fallstudie 1: Einführung eines Spezialfittings
Die *GUTEMPA GmbH* ist eine traditionsreiche Gießerei, die sich im Laufe ihrer Entwicklung auf den Temperguss und speziell auf das Gießen von Fittings (Verbindungs- bzw. Anschlussstücke für Rohrleitungen) spezialisiert hat. In den letzten Jahren wurde jedoch deutlich, dass die Herstellung von Standardfittings in Deutschland immer unrentabler wird. Gleichzeitig verstärkt sich der Konkurrenzdruck durch massive Importe von Fittings

aus Billiglohnländern. Diese Länder verfügen zudem über eigene Rohstoffquellen (Eisenerze), müssen nur extrem geringe Abgaben zahlen und das Lohnniveau beträgt ebenfalls nur ein Bruchteil des deutschen Niveaus. Da das Produkt nicht besonders Know-how-intensiv ist, gibt es kaum Qualitätsunterschiede zu inländischen Produkten. Die Importe liegen preislich jedoch weit unter denen der *GUTEMPA GmbH*. Da der Markt für Standardfittings fast ausschließlich von einer Preis-Mengenstrategie geprägt ist, wird in der *GUTEMPA GmbH* intensiv darüber nachgedacht, sich zum Teil aus diesem Markt zurückzuziehen und ein anderes Marktsegment zu erschließen.

Dabei wurde die Idee entwickelt, sich in dem noch wachsenden Markt der kundenorientierten Spezialfittings zu engagieren, da hier in erster Linie eine Präferenzstrategie verfolgt werden kann. Eine solche Strategie hätte den großen Vorteil, dass die Produktionskosten nicht mehr den primären Erfolgsfaktor darstellen. Mit diesem Ziel vor Augen wurde bereits mit der Entwicklung eines Spezialfittings begonnen, das eine echte Innovation darstellt, da es den Anschluss von Privathaushalten an das öffentliche Gasnetz extrem vereinfacht. Vor diesem Hintergrund wurde ein Team aus Forschern, Technikern und Marketingspezialisten zusammengestellt, das die Erfolgsträchtigkeit dieses Fittings mit Hilfe eines Punktbewertungsverfahrens und durch Wirtschaftlichkeitsanalysen ermitteln soll. Im Frühjahr 2002 erhielt dieses Team den Auftrag zu entscheiden, ob zum gegenwärtigen Zeitpunkt das neu entwickelte Spezialfitting auf den Markt gebracht werden soll.

Das Punktbewertungsverfahren soll einen Index liefern, der die qualitativen (also die nicht in Geldeinheiten messbaren) Anforderungen an das Produkt berücksichtigt. Dieser Index besteht aus den vier Hauptfaktoren: Marktfähigkeit, Lebensdauer, Produktionsmöglichkeit und Wachstumspotenzial. Jeder dieser Hauptfaktoren umfasst wiederum Teilfaktoren. Da die beiden Hauptfaktoren Marktfähigkeit und Wachstumspotenzial eine herausragende Bedeutung besitzen, werden sie mit 10 Prozentpunkten über ihrem mathematischen Durchschnitt gewichtet (35 % anstelle von 25 %). Die beiden anderen Faktoren werden gleich gewichtet.

In der ersten Sitzung werden für das neue Spezialfitting bezüglich der drei Hauptfaktoren folgende Werte ermittelt:

Lebensdauer: 65,6
Produktionsmöglichkeit: 87,6
Wachstumspotenzial: 68,6

Ein solcher Wert muss noch für die Marktfähigkeit errechnet werden. Dazu einigen sich die Teammitglieder nach langen Diskussionen auf die in Abb. 4.20 dargestellte Lageeinschätzung.

Die Tabellenwerte spiegeln die Bewertung der Teammitglieder bezüglich der jeweiligen Teilfaktoren wider (zum Beispiel wird mit einer Wahrscheinlichkeit von 50 % angenommen, dass das Produkt eine sehr gute Konkurrenzfähigkeit besitzen wird).

Der Gesamtpunktwert ergibt sich aus der additiven Verknüpfung der gewichteten Werte der Hauptfaktoren. Die abschließende Einschätzung der Erfolgsträchtigkeit des Neuprodukts soll mit der folgenden Beurteilungsskala vorgenommen werden:

Marktfähigkeit	(Gewicht)	sehr gut	gut	durch-schnittlich	schlecht	sehr schlecht	Summe
Punkte		10	8	6	4	2	
1. Erforderliche Absatzwege	1,0	0,20	0,50	0,20	0,10		1,00
2. Beziehung zur bestehenden Produktlinie	2,0	0,50	0,30	0,20			1,00
3. Preis-Qualitäts-Verhältnis	3,0	0,30	0,40	0,20	0,10		1,00
4. Konkurrenz-fähigkeit	2,0	0,50	0,30	0,20			1,00
5. Einfluss auf den Umsatz der alten Produkte	2,0	0,30	0,30	0,20	0,10	0,10	1,00

Abb. 4.20 Einschätzung der Marktfähigkeit des Spezialfittings

0 bis 50 Punkte: Das Produkt wird schlecht bis sehr schlecht abschneiden (Ablehnung des Produktvorschlags).

51 bis 60 Punkte: Das Produkt wird einen geringen Erfolg bringen.

61 bis 75 Punkte: Das Produkt wird einen durchschnittlichen Erfolg bringen.

76 bis 90 Punkte: Das Produkt wird einen guten Erfolg bringen.

91 bis 100 Punkte: Das Produkt wird außerordentlich erfolgreich sein.

Für die Wirtschaftlichkeitsanalyse stehen folgende Kosten und Absatzprognosen zur Verfügung:

Anschaffungskosten einer neuen Maschine	495.000 €
Kosten für Forschung und Entwicklung	300.000 €
Marketingkosten	240.000 €
sonstige Kosten	75.000 €

Für die Berechnung des Kapitalwertes gilt: Alle oben aufgeführten Kosten sind auszahlungswirksam und fallen in der Periode t = 0 an. Die Forschungs- und Entwicklungskosten sind als „sunk costs" zu betrachten.

Für die Berechnung der Erlöse stehen folgende Angaben zur Verfügung:

variable Kosten/Stück	10,50 €
Preis/Stück	15,00 €

Absatzmengen / Jahr	mit Konkurrenzreaktion	ohne Konkurrenzreaktion
t = 1	50.000	83.000
t = 2	167.000	250.000
t = 3	300.000	350.000

Abb. 4.21 Absatzprognosen mit und ohne Konkurrenzsituation

Das Bewertungsteam rechnet mit einer Wahrscheinlichkeit von 65 % damit, dass die Konkurrenz mit einem ähnlichen Produkt in den Markt eintreten wird (Konkurrenzreaktion) (Abb. 4.21).

Aufgabe 1   Scoring-Modell

Aufgabe 1a
Berechnen Sie den Wert des Hauptfaktors Marktfähigkeit.

Aufgabe 1b
Berechnen Sie den Gesamtwert aus den Hauptfaktoren Marktfähigkeit, Lebensdauer, Produktionsmöglichkeit und Wachstumspotenzial, und interpretieren Sie das Ergebnis.

Aufgabe 2   Diskussion des Scoring-Verfahrens
Wie beurteilen Sie das angewandte Punktbewertungsverfahren?

Aufgabe 3   Break-Even-Analyse
Berechnen Sie die Break-Even-Absatzmenge.

Aufgabe 4   Kapitalwertmethode
Ermitteln Sie bei einem Kalkulationszinsfuß von i = 10 % den Kapitalwert der Produktinvestition, und interpretieren Sie das Ergebnis. Gehen Sie davon aus, dass sich die Entscheidungsträger nach dem Erwartungswertkonzept verhalten.

Lösungen zur Fallstudie 1: Einführung eines Spezialfittings

Lösung Aufgabe 1   Scoring-Modell

Lösung Aufgabe 1a
Die Ermittlung des Wertes für den Hauptfaktor Marktfähigkeit ist aus Abb. 4.22 zu ersehen.

Teilfaktoren der Marktfähigkeit	sehr gut	gut	durch-schnitt-lich	schlecht	sehr schlecht	Erwar-tungs-wert	gewich-teter Er-wartungs-wert	Teil-faktor-wert
Punkte	10	8	6	4	2			
1. Erforderliche Absatzwege (Gewicht: 1,0)	0,20	0,50	0,20	0,10		7,60	760 · 1	760
2. Beziehung zur bestehenden Produktlinie (Gewicht: 2,0)	0,50	0,30	0,20			8,60	8,60 · 2	17,20
3. Preis-Qualitäts-Verhältnis (Gewicht: 3,0)	0,30	0,40	0,20	0,10		7,80	7,80 · 3	23,40
4. Konkurrenz-fähigkeit (Gewicht: 2,0)	0,50	0,30	0,20			8,60	8,60 · 2	17,20
5. Einfluss auf den Umsatz der alten Produkte (Gewicht: 2,0)	0,30	0,30	0,20	0,10	0,10	7,20	7,20 · 2	14,40
Wert des Hauptfaktors = Summe der Teilfaktorwerte								79,80

Abb. 4.22 Tabelle zur Ermittlung des Hauptfaktorwertes: Marktfähigkeit

Faktor	Faktorgewicht	Faktorwert	Gewichteter Faktor
Marktfähigkeit	0,35	79,80	27,93
Lebensdauer	0,15	65,60	9,84
Produktionsmöglichkeit	0,15	87,60	13,14
Wachstumspotenzial	0,35	68,60	24,01
Summe			74,92

Abb. 4.23 Gesamtbewertung des Spezialfittings

Lösung Aufgabe 1b

Ermittlung des Gesamtwertes (Abb. 4.23)

Der Gesamtwert beträgt 74,92. Entsprechend der zugrunde gelegten Beurteilungsskala kann somit erwartet werden, dass das Produkt durchschnittlich erfolgreich sein wird.

Lösung Aufgabe 2 Diskussion des Scoring-Verfahrens
Scoring-Modelle sollen in einer groben Vorauswahl Neuproduktideen auf ihre Erfolgs-
trächtigkeit hin untersuchen und feststellen, ob sie mit den Zielen und Ressourcen der
Unternehmung vereinbar sind.

Vorteile des Bewertungsverfahrens bei der *GUTEMPA GmbH* sind:

- Leichte Handhabbarkeit
- Leicht durchschaubarer Bewertungsprozess
- Konkrete Vorgabe einer Entscheidungsregel
- Aussonderung undurchführbarer Produktideen
- Berücksichtigung des Marktrisikos durch:
  - Zuordnung subjektiver Wahrscheinlichkeiten bei der Lagebeurteilung
  - Relativierung des Gesamtwertes an der Beurteilungsskala

Nachteile des Bewertungsverfahrens sind:

- Es gibt keine wissenschaftlich fundierte Regel dafür, welche und wie viele Kriterien zur
  Beurteilung eines Produktvorschlags herangezogen werden sollen.
- Das Bewertungsergebnis fällt unterschiedlich aus, wenn die Bewertung durch die ein-
  zelnen Experten oder durch eine Gruppe von Experten vorgenommen wird.
- Sowohl die Gewichtung der Hauptfaktoren als auch die eigentliche Bewertung unter-
  liegt der subjektiven Schätzung des Entscheidenden.
- Die gewählten Teilfaktoren sind nicht immer überschneidungsfrei.
- Es fehlt eine Entscheidungsregel für den Fall, dass mehrere Produktvorschläge zu über-
  prüfen sind.
- Die Art der gewählten Verknüpfung (additiv, multiplikativ) der Teil- und Hauptfaktoren
  beeinflusst das Ergebnis.
- Die Zurückweisungsgrenze wird subjektiv festgelegt.

Lösung Aufgabe 3 Break-Even-Analyse
Der Break-Even-Absatz entspricht der Absatzmenge, die notwendig ist, um alle für Pro-
duktion und Absatz eines Produkts relevanten Kosten zu decken.
Für den Break-Even-Absatz gilt die Beziehung: Umsatz = Kosten.

$$p \cdot x_b = K_f + K_v \cdot x_b$$

Die Auflösung nach x_b gibt den Break-Even-Absatz:

$$x_b = \frac{K_f}{K_v \cdot p}$$

mit x_b = Break-Even-Absatz
   K_f = Fixkosten
   K_v = variable Kosten
   p = Preis

Die Deckungsspanne pro ME beträgt:

$$p - K_v = 15{,}00 - 10{,}50 = 4{,}50$$

Für den Break-Even-Absatz gilt:

$$x_b = (495.000 + 240.000 + 75.000)/4{,}5 = 180.000$$

Das bedeutet, es müssen 180.000 Fittings verkauft werden, um die Gewinnschwelle zu erreichen. Diese wird im ungünstigsten Fall, nämlich bei 100 % Konkurrenzreaktion, zwischen dem zweiten und dritten Jahr realisiert.

Lösung Aufgabe 4 Kapitalwertmethode
Der Kapitalwert eines Investitionsobjekts ist die Summe aller auf den Zeitpunkt t = 0 abgezinsten Zahlungen, die mit der Investition zusammenhängen. Der Kapitalwert ist folgendermaßen definiert:

$$C = -a_0 + \sum (e_t - a_t)(1 + i)^{-t}$$

a_0 = Anschaffungsauszahlung
e_t = laufende Einzahlungen
a_t = laufende Auszahlungen
i = Kalkulationszinsfuß
t = Periodenindex

Zur Ermittlung der Einzahlungsüberschüsse ist es zunächst erforderlich, die Zahl der absetzbaren Spezialfittings zu bestimmen. Da sich die Entscheidungsträger nach dem Erwartungswertkonzept verhalten, ergeben sich für die einzelnen Jahre folgende Absatzmengen:

im 1. Jahr: $50.000 \cdot 0{,}65 + 83.000 \cdot 0{,}35 = 61.550$
im 2. Jahr: $167.000 \cdot 0{,}65 + 250.000 \cdot 0{,}35 = 196.050$
im 3. Jahr: $300.000 \cdot 0{,}65 + 350.000 \cdot 0{,}35 = 317.500$

Bei einer Deckungsspanne von 4,50 € ergibt sich folgende Zahlungsreihe:

im 1. Jahr: $61.550 \cdot 4{,}50 = 276.975$
im 2. Jahr: $196.050 \cdot 4{,}50 = 882.225$
im 3. Jahr: $317.500 \cdot 4{,}50 = 1.428.750$

Für den Kapitalwert ergibt sich damit:

$$C_0 = -810.000 + 276.975 \cdot 1{,}1^{-1} + 882.225 \cdot 1{,}1^{-2} + 1.428.750 \cdot 1{,}1^{-3} = 1.244.348$$

Interpretation Nach dem Kapitalwertkriterium ist die Produktinvestition eindeutig zu befürworten. Trotz dieser eindeutigen Lösung ist jedoch zu beachten, dass das Entscheidungsverhalten des Teams nach dem Erwartungswertkonzept Risikoneutralität impliziert.

Fallstudie 2: Marketing-Mix-Probleme bei der Einführung einer Bodylotion
Nach der überaus erfolgreichen Einführung eines neuen hautfreundlichen Rasierschaumes ist der Vorstand der *Tenderskin GmbH* davon überzeugt, dass die verantwortliche Produktmanagerin Claudia Brand zu den Koryphäen der Branche gehört. Aus einer gewissen Euphorie heraus beschließt der Vorstand nun auch in den Markt für Körpercremes einzutreten. Dazu wurde bereits eine hochwertige Bodylotion entwickelt. Frau Brand soll auch diesmal mit der Einführung des Produkts betraut werden und zunächst den optimalen Marketing-Mix festlegen. Die Marktchancen für dieses Produkt werden positiv eingeschätzt, da die *Tenderskin GmbH* bereits seit Jahren mit einer qualitativ hochwertigen Rasier-Pflege-Serie im Markt vertreten ist. Das Image dieser Serie ist in erster Linie ein Pflegeimage, das nicht besonders maskulin aufgeladen ist. Für die Verbraucherpreise dieser Erzeugnisse gelten Preisempfehlungen, um eine Schädigung des Markenimage durch einen ruinösen Preiswettbewerb des Handels zu verhindern. Die Distribution des bisherigen Sortiments erfolgt über eine eigene Vertriebsorganisation direkt an den Einzelhandel. In den vergangenen Monaten sind jedoch personelle Engpässe aufgetreten.

Ein zentrales Ziel des Unternehmens besteht darin, seinen Marktanteil im Bereich der Körperpflegeprodukte auszuweiten. Dies ist auch der strategische Hintergrund für die Einführung der Bodylotion.

Im relativ jungen und nach wie vor expandierenden Körperlotionsmarkt wird das Konsumentenverhalten primär von folgenden Faktoren beeinflusst:

- positiver Imagewandel der Körperpflege: Körperpflege wird nicht mehr als notwendiges Übel angesehen, sondern wird zunehmend unter dem Aspekt betrachtet, sich selbst etwas Gutes zu tun, außerdem nimmt die Zahl der Männer ständig zu, die die Körperpflege positiv einschätzen
- ständig steigendes Gesundheits- und Körperbewusstsein (Fitnesswelle)
- verbreiteter Wunsch nach hochwertigen, ökologisch einwandfreien Pflegeprodukten
- wachsende Vorliebe für außergewöhnliche und angenehme Düfte, das heißt, Creme ist kein reines Funktionsprodukt mehr, sondern besitzt einen Zusatznutzen im Sinne eines Parfümcharakters und erhält dadurch einen zusätzlichen Erlebniswert

Mit Blick auf die Endverbraucher liegen Marktforschungsdaten (Abb. 4.24) vor, die die Bedeutung verschiedener soziodemographischer Gruppen für den Absatz von Körperlotionen deutlich machen. Interessant ist ferner, dass Haushalte, die von ihrer Grundeinstellung

Soziodemographische Gruppen	Lotions-verwender in %	Flaschen-verbrauch pro Jahr bezogen auf alle HH	Flaschen-verbrauch pro Jahr bezogen auf verwender HH
Bundesdurchschnitt	41	1,14	2,78
Ortsgröße			
Über 100.000 Einwohner	51	1,71	3,35
10.000 – 100.000 Einwohner	37	0,95	2,57
Unter 10.000 Einwohner	28	0,38	1,36
Soziale Schicht			
Oberschicht	69	2,47	3,58
Mittelschicht	52	1,71	3,29
Unterschicht	30	0,38	1,27
Alter			
15 – 35 Jahre	44	1,20	3,53
36 – 50 Jahre	34	1,14	2,59
51 Jahre und älter	37	0,76	2,05
Haushaltsgröße			
1 Person	37	1,14	3,08
2 Personen	39	1,05	2,69
3 Personen	37	1,14	3,08
4 Personen	45	1,33	2,96
5 Personen	41	1,14	2,78
Geschlecht			
Nicht Sport treibende Frauen	41	1,14	2,78
Sport treibende Frauen	68	2,47	3,63
Nicht Sport treibende Männer	37	1,07	2,89
Sport treibende Männer	51	1,71	3,35

Abb. 4.24 Bedeutung verschiedener soziodemographischer Gruppen für den Absatz von Bodylotion

her für Neuerungen grundsätzlich aufgeschlossen sind, auch tendenziell eher dazu neigen, eine Bodylotion zu verwenden. Andere Studien lassen erkennen, dass das Geschlecht bezüglich seiner zielgruppendiskriminierenden Relevanz bei jungen Konsumenten an Bedeutung verliert (Unisex-Trend). Bezüglich der Verpackung bemängeln viele Verwender, dass man bei den marktüblichen Flaschen, die standardmäßig 500 ml enthalten, nicht erkennen kann, wie viel Creme sich jeweils noch in der Flasche befindet.

Es lassen sich zwei Verwendungsbereiche für Bodylotions unterscheiden:

1. Verwendung für die tägliche regelmäßige Körperpflege
2. Verwendung bei besonderen Anlässen, zum Beispiel nach Sportaktivitäten oder bedingt durch spezifische Hautprobleme

In diesem Zusammenhang kann man noch zwischen Normalverwendern und Intensivverwendern, zum Beispiel Sportlern, die oft duschen, oder Personen mit besonders trockener Haut, unterscheiden. Als Intensivverwender bezeichnet man Personen, die ca. die doppelte Menge eines Normalverwenders verbrauchen.

Die Konkurrenzsituation stellt sich folgendermaßen dar:

Mit ca. 50 % Marktanteil hat der Billiganbieter der Marke „*Bodysmooth*" seit langem eine marktbeherrschende Stellung inne. Diese Position scheint aber seit der letzten Saison nicht mehr gefestigt zu sein, denn „*Bodysmooth*" hatte 2002 einen Marktanteilsverlust von fast 10 % im Vergleich zu 2001, obwohl 2002 eine fühlbare Preissenkung vorgenommen wurde. Dieser Marktanteilsverlust gewinnt an Bedeutung vor dem Hintergrund, dass der Produzent der Lotion „*Körpernah*" mit einem vergleichsweise teureren, in Qualität, Konsistenz und Duft besseren Produkt einen kleinen, aber beständigen Marktanteil (2002: 15 %) erobern konnte. Der restliche Marktanteil verteilt sich auf zahlreiche unbedeutende Kleinanbieter, die sich in ihrer Produktpolitik an der Marke „*Körpernah*" orientieren.

Bezüglich der Absatzmittlerstruktur wurden ebenfalls Marktforschungsdaten erhoben, die den Distributionsgrad der Körperlotionsmarken beleuchten (Abb. 4.25).

Folgende Fixkosten werden durch das Neuprodukt verursacht:

- 0,9 Mio. € Investition/pro Jahr (Gesamtinvestition: 4,5 Mio. €)
- 0,4 Mio. € Markttest im Einführungsjahr

Für das Einführungsjahr 2003 sind bei unterschiedlichen Werbeaufwendungen die in Abb. 4.26 dargestellten Marktanteile zu erwarten.

Für einen konstanten Werbeetat von 1,5 Mio. € und alternative Preise erwartet die Marktforschungsabteilung aufgrund von Markttests die in Abb. 4.27 aufgeführten Marktreaktionen.

Der Produktmanagerin liegt zudem ein dreidimensionales Positionierungsmodell vor, das die Wahrnehmung der derzeit aktuellen Lotions-Marken aus der Sicht der Verbraucher darstellt. Als kaufrelevante Eigenschaften wurden der Preis, die Qualität und der Duft

	Total[1]	Total[2]	Body-smooth[1]	Body smooth[2]	Körper-nah[1]	Körper-nah[2]	übrige[1]	übrige[2]
Absatzmittler, die eine Bodylotion führen	76 %	9,50	46 %	9,88	30 %	3,04	25 %	8,55
Ortsgröße								
Unter 10.000 Einwohner	61 %	3,80	32 %	3,61	29 %	1,90	12 %	2,85
10.000 – 100.000 Einwohner	82 %	7,60	53 %	6,27	52 %	2,28	28 %	5,70
Über 100.000 Einwohner	85 %	14,25	53 %	11,21	29 %	4,18	33 %	12,54
Betriebsformen								
Warenhäuser	78 %	15,66	60 %	9,58	30 %	4,71	34 %	12,31
Drogerieketten etc.	82 %	4,75	49 %	3,99	33 %	2,28	26 %	4,37
Unabhängige Einzelhändler	48 %	2,28	17 %	3,23	27 %	0,95	10 %	2,09
Filialisten	94 %	25,65	63 %	1,53	12 %	12,16	43 %	19,57

1 ≙ Prozentsatz der befragten Absatzmittler, die Bodylotions führen
2 ≙ durchschnittlicher Tagesabsatz in Flaschen pro Outlet

Abb. 4.25 Distribution und durchschnittlicher Tagesabsatz bei Körperlotionen nach Ortsgrößen, Einkaufsquellen und Marken

Werbung in Mio. €	1,36	2,04	2,55	3,40
Geschätzter Marktanteil in %	9,0	12,0	14,0	18,0

Abb. 4.26 Zusammenhang zwischen Werbung und Marktanteil

Preis in €/500-ml-Flasche	5,–	6,–	7,–
Geschätzter Marktanteil in %	15,0	14,0	12,0

Abb. 4.27 Zusammenhang zwischen Werbung und Marktanteil

des Produkts ermittelt, die entsprechend als Dimensionen des Positionierungsmodells Verwendung finden (Abb. 4.28).

Der Marketing-Planungsstab hat bezüglich der Entwicklung des Markt- und Absatzvolumens im Segment der Körperlotionen für die nächsten vier Jahre die in Abb. 4.29 gezeigte Prognose aufgestellt.

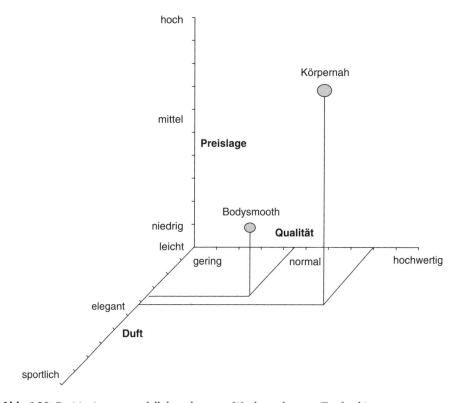

Abb. 4.28 Positionierungsmodell der relevanten Wettbewerber von Tenderskin

	2003	2004	2005	2006
Marktvolumen für Körperlotionen	19.500	20.800	23.400	25.350
prognostizierter Marktanteil für die Körperlotion von Tenderskin in %	14	16	18	20
Erzielbarer Absatz in t	2.730	3.328	4.212	5.030

Abb. 4.29 Prognose des Markt- und Absatzvolumens für Körperlotionen

Aufgabe 1 Situationsanalyse

Frau Brand wird beauftragt, eine Situationsanalyse zu erstellen. Welche relevanten Aspekte sollte die Produktmanagerin berücksichtigen, und mit welchen Inhalten können diese gefüllt werden?

Aufgabe 2 Marketingziele

Nachdem die Produktmanagerin die Situationsanalyse durchgeführt hat, kann sie auf dieser Basis realistische Marketingziele festlegen. Nennen Sie sowohl qualitative als auch quantitative Ziele, und kennzeichnen Sie die wichtigsten Zielgruppen. Unterbreiten Sie außerdem einen Vorschlag, wie Sie die neue Bodylotion im Markt für Körperlotionen positionieren würden.

Aufgabe 3 Verpackungsgestaltung und Branding

Um eine marktorientierte Produktentwicklung zu ermöglichen, arbeiten in der *Tenderskin GmbH* die Marketingabteilung und die Produktentwicklungsabteilung eng zusammen. Frau Brand soll darum ihre Vorstellungen über die Beschaffenheit und die Verpackung der neuen Bodylotion der Entwicklungsabteilung darlegen. Außerdem soll sie der Geschäftsleitung schon jetzt erste Vorschläge für einen möglichen Produktnamen unterbreiten. Liefern Sie Vorschläge für beide Problemkreise.

Aufgabe 4 Distributionsstrategie

Ein wichtiger Erfolgsfaktor für die erfolgreiche Einführung eines Neuprodukts stellt die Wahl der richtigen Distributionsstrategie dar. Leider lässt die schlechte Informationslage keine Entwicklung einer entsprechenden Strategie zu. Das bestehende Vertriebsnetz sollte grundsätzlich zwar genutzt werden, muss aber nochmals gründlich überdacht und eventuell ergänzt werden. Entwickeln Sie für Frau Brand einen Vorschlag zur Lösung der distributionspolitischen Probleme.

Aufgabe 5 Einführungskampagne

Nachdem die Entscheidungen zu den übrigen Marketing-Mix-Instrumenten getroffen wurden, nimmt Frau Brand Kontakt zu ihrer Stamm-Werbeagentur auf. In einem ersten Briefing soll festgehalten werden, welche Aspekte in der Einführungskampagne für den Endverbraucher besonders herausgestellt werden können. Liefern Sie geeignete Vorschläge. Nennen Sie auch die Werbemittel beziehungsweise Werbeträger, mit deren Hilfe die zuvor abgegrenzten Zielgruppen erreicht werden können.

Aufgabe 6 Interdependenzen im Marketing-Mix

Die Entscheidungen, die Frau Brand für die Kommunikationspolitik treffen soll, kann sie nicht losgelöst von den jeweils anderen Mixbereichen treffen. Diskutieren Sie die hier vorhandenen Zusammenhänge.

Aufgabe 7 Werbebudgetierung

Die Unternehmensleitung der *Tenderskin GmbH* plant bis 2006 ein jährliches Werbebudget zu investieren, mit dessen Höhe gerade die Break-Even-Absatzmenge für das Einführungsjahr erreicht wird. Welche der angegebenen Budgetalternativen ist optimal? Gehen Sie hierbei von einer Deckungsspanne von 1.416,00 €/t aus.

Aufgabe 8 Preispolitik

Eine wichtige Entscheidung im Marketing-Mix ist die Festlegung des Preises der neuen Körperlotion. Dabei steht fest, dass die bisherige Preispolitik beibehalten werden soll, eine

Billigpreisstrategie ist auch für dieses Produkt nicht gefordert. Welches ist der optimale Preis für die *Tenderskin*-Bodylotion? Gehen Sie bei Ihren Berechnungen von variablen Kosten pro 500-ml-Flasche in Höhe von 88,2 % vom Endverbraucher-Preis (EVP) aus.

Aufgabe 9 Amortisationsrechnung
Frau Brand und das Entwicklungsteam erhalten von der Unternehmungsleitung die Vorgabe, dass sich die Investitionen innerhalb von drei Jahren amortisiert haben müssen. Wird diese Forderung erfüllt werden?

Lösungen zu Fallstudie 2: Marketing-Mix-Probleme bei der Einführung einer Bodylotion

Lösung Aufgabe 1 Situationsanalyse
Als relevante Komponenten sollten die Unternehmenssituation, die Marktsituation, die Konkurrenzsituation, die Absatzmittlersituation und die Verbrauchersituation analysiert werden:

1. Unternehmenssituation
Die Tenderskin hat sich im Markt für Rasierpflegemittel bereits gut etabliert. Das Marktsegment Körperlotionen wird allerdings bislang gar nicht bearbeitet.

Zur Zeit bietet das Unternehmen ausschließlich Qualitätsprodukte an, die mit einem empfohlenen Verkaufspreis versehen sind, um Preisaktionen des Handels zu vermeiden. Im Vertriebsbereich, speziell im Außendienst, bestehen personelle Engpässe.

2. Situation des Körperlotionsmarktes
Das Segment Körperlotionen stellt einen relativ jungen und nach wie vor expandierenden Teilmarkt im Bereich Körperpflege dar.

Wesentliche Entwicklungsdeterminanten dieses Marktes sind der beständige Trend zu einem positiven Image der Körperpflege, die wachsende Gesundheits-/Fitnesswelle, die gestiegenen qualitativen und ökologischen Ansprüche an Pflegeprodukte und der Wandel vom Funktionsproduktmarkt zum Erlebnisproduktmarkt.

3. Konkurrenzsituation
Der Anbieter der Lotion „*Bodysmooth*" hat mit 50 % Marktanteil eine marktbeherrschende Stellung inne, aber es ist ein leichter Rückgang zu beobachten. Der Anbieter von „*Bodysmooth*" ist eindeutig ein Billiganbieter.

Die Marke „*Körpernah*" besitzt den zweitgrößten Marktanteil und verzeichnet zudem einen langsamen, aber stetigen Marktanteilszuwachs. Dieses Produkt ist qualitativ und preislich eindeutig höher einzustufen als „*Bodysmooth*".

Die übrigen Anbieter sind marktanteilsbezogen eher unbedeutend und orientieren sich überwiegend an der Marke „*Bodysmooth*".

4. Absatzmittlersituation
Der größte Distributionsgrad wird in Städten mit mehr als 100.000 Einwohnern erzielt. Die wichtigsten Absatzmittlerformen sind die Warenhäuser und Filialisten. Hier ist die Marke „*Bodysmooth*" weit besser vertreten als die Marke „*Körpernah*".

5. Verbrauchersituation
Die soziodemographische Käuferstruktur hat folgendes Aussehen: Bewohner von Städten mit über 100.000 Einwohnern, Zugehörigkeit zur Oberschicht, Sport treibende Frauen/ Männer, Altersschwerpunkt bei 15- bis 35-Jährigen, Drei-Personen-Haushalte.

- Die Intensivverwender verbrauchen ca. die doppelte Menge wie Normalverwender.
- Als generelle Verwendungsbereiche können die normale Körperpflege und die anlass-bezogene Körperpflege unterschieden werden.
- An den bisher angebotenen Flaschen wurde seitens der Verbraucher Kritik geübt, da es schwierig ist, festzustellen, wie viel Creme sich noch in der Flasche befindet.

Lösung Aufgabe 2 Marketingziele

Zielplanung Die Grundlage für alle Ziele, die in einem Unternehmen geplant werden, bilden übergeordnete Unternehmensziele wie zum Beispiel Erhalt und Weiterentwicklung des Unternehmens oder die damit in Zusammenhang stehende Erzielung einer Mindest-rendite. Auf Basis dieser übergeordneten Ziele lassen sich unter Berücksichtigung der Daten aus der Situationsanalyse qualitative und quantitative Marketingziele ableiten. Für die *Tenderskin GmbH* könnten im Markt für Körperlotionen folgende Ziele abgeleitet werden:

- **Qualitative Marketingziele:**
  Erfolgreiches Eindringen in einen bislang von der *Tenderskin GmbH* nicht bearbeiteten Markt mit Hilfe der neuen Körperlotion.
  Die neue Bodylotion soll einen hohen Bekanntheitsgrad erlangen und im evoked set der Konsumenten verankert werden. Das neue Produkt soll mit einem positiven Image versehen werden.
  Die neue Körperlotion soll in kurzer Zeit eine hohe Akzeptanz im Handel erreichen und entsprechend schnell in deren Sortimente aufgenommen werden.
- **Quantitative Marketingziele:**
  Im Einführungsjahr soll ein Distributionsgrad von 65 % crreicht werden. Als Mindest-umsatz werden ca. 20 Mio. € angestrebt. Außerdem soll ein Marktanteil von mindestens 10 % erreicht werden.
  Besonders die Prognose des möglichen Umsatzvolumens und des anzustrebenden Marktanteils sollte äußerst gewissenhaft durchgeführt werden, denn auf der Basis dieser Schätzungen wird die Höhe des einzusetzenden Kapitals bestimmt. Fehlprognosen in diesem Bereich können die zukünftige Gewinn- und Kostensituation negativ beeinflus-

sen (zum Beispiel zu hohe Investitionen bei überschätztem zukünftigen Umsatz führen zu Verlusten beziehungsweise zu geringe Investitionen bei unterschätzter Nachfrage führen zu Lieferschwierigkeiten).

Zielgruppen Die Festlegung der relevanten Zielgruppe muss auf zwei Ebenen vorgenommen werden: einerseits auf der Ebene der Endverbraucher, andererseits auf der Ebene der Absatzmittler.

Endverbraucherebene: Mit der neuen Körperlotion sollen in erster Linie jüngere, aufgeschlossene Konsumenten angesprochen werden. Dabei erscheinen Sport treibende Frauen als eine vielversprechende Zielgruppe. Der „Unisex-Trend" eröffnet die Möglichkeit, parallel auch Sport treibende Männer anzusprechen. Diese Zielgruppe weist zudem ein besonderes Entwicklungspotenzial auf, denn die Zahl der Männer, die die Körperpflege positiv einschätzen, nimmt nach wie vor zu. Beide Gruppen eignen sich auch darum besonders, da sie als Intensivverwender von Bodylotion eine hohe Effektivität der Kampagne ermöglichen. Die Konsumenten der neuen Bodylotion sind überwiegend in der Oberschicht und in Städten mit über 100.000 Einwohnern zu finden.

Auf der **Absatzmittlerebene** sollte die gesamte Breite der Betriebsformen, also Warenhäuser, Drogerieketten, unabhängige Einzelhändler und Filialisten angesprochen werden. In der Einführungsphase des neuen Produkts wäre es sinnvoll, besonders die sportlich und jugendlich orientierten Absatzmittler intensiv zu bearbeiten. Dazu gehören auch die unabhängigen Facheinzelhändler mit sportlicher Ausrichtung. Hier besteht zudem noch freies Entwicklungspotenzial. Die Hauptzielgruppe bleiben aber Warenhäuser, Drogerieketten und Filialisten, deren Umsatzanteil am höchsten ist und deren Zahl noch zunehmen wird (Abb. 4.30).

Positionierung Aufgrund der Ergebnisse der durchgeführten Situationsanalyse und einiger wichtiger Zusatzinformationen (zum Beispiel Marktanteilsentwicklung der Konkurrenzmarken) sowie vor dem Hintergrund der bislang verfolgten Unternehmenspolitik muss Frau Brand entscheiden, wo die neue Bodylotion im Produktmarktraum positioniert werden soll. Die gesammelten Informationen legen nahe, eine Lotion zu kreieren, die eine hohe Qualität besitzt, die preislich hoch angesiedelt ist und deren Duft einen intensiven, angenehmen Charakter hat.

Lösung Aufgabe 3 Verpackungsgestaltung und Branding

Produktbeschaffenheit Das Aussehen der Lotion sollte einen milchigen und damit sanften und pflegenden Charakter haben. Als Farbe empfiehlt sich ein reines Weiß, da sich Begriffe wie Sauberkeit, Reinheit und Gesundheit damit assoziieren lassen.

Der Duft der Lotion sollte intensiv sein, um dem Konsumentenwunsch nach einem Parfümcharakter von modernen Cremes gerecht zu werden. Mit Blick auf die beide Geschlechter umfassende Zielgruppe sollte der Duft sowohl Männer als auch Frauen anpre-

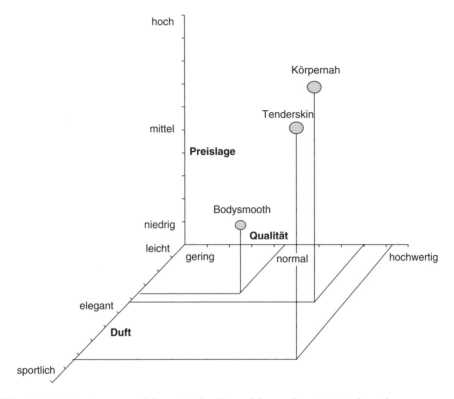

Abb. 4.30 Positionierungsmodell von Tenderskin und ihren relevanten Wettbewerbern

chen. Dies entspräche auch dem zu beobachtenden „Unisex-Trend". Gleichzeitig sollte ein sportlicher Duftcharakter gewählt werden, da insbesondere Sport treibende Frauen und Männer als Zielgruppe anvisiert werden. Vor dem Hintergrund der angestrebten Positionierung dürfen bei der Qualität keine Zugeständnisse gemacht werden. Außerdem sollte die Lotion auf der Basis natürlicher Rohstoffe hergestellt werden, zumal dies die Wahrnehmung der Verbraucher bezüglich der erstklassigen Produktqualität positiv unterstützt. Mit Blick auf die zunehmende Umweltverschmutzung und die damit zusammenhängende Zunahme von Hautproblemen muss insbesondere die Hautfreundlichkeit des Produkts betont werden. Die Haltbarkeit des Produkts sollte mit möglichst wenig Konservierungsstoffen erreicht werden. Die Viskosität der Lotion muss lotionstypisch hoch sein, um ein leichtes Verteilen der Creme auf dem gesamten Körper zu ermöglichen. Außerdem sollte die Creme schnell einziehen und sie darf nicht nachfetten (wichtig bezüglich der Pflege nach dem Duschen).

Verpackung Bei der Verpackungsgestaltung müssen Anforderungen an die Materialart, die Formgebung und die Etikettierung formuliert werden.

Bei der Auswahl des Materials stehen Glasflaschen, Kunststoffflaschen (Hartplastik) oder Kunststofftuben als Alternativen zur Verfügung.

Die Glasflaschen besitzen den Vorteil, dass sie einen hochwertigen Charakter verdeutlichen. Die Verschließbarkeit ist unproblematisch, das Produkt bleibt sichtbar und damit ist auch die Abschätzungsmöglichkeit des Vorrats gewährleistet. Allerdings ist die fehlende Bruchsicherheit und das relativ hohe Gewicht dieser Verpackung ein Problem. Da die neue Lotion besonders Sportler ansprechen soll, können diese Nachteile als Ausschlusskriterium gewertet werden. Eine durchgefärbte Hartplastikflasche kann ebenfalls einen hochwertigen Produktcharakter vermitteln, und ein Sichtfenster könnte die Vorratsabschätzung ermöglichen. Insgesamt besitzt dieses Verpackungsmaterial die gleichen Vorteile wie eine Glasflasche und es ist zudem noch leicht und bruchsicher, was einen entscheidenden Vorteil darstellt. Eine durchsichtige Hartplastikflasche empfiehlt sich wegen der Kratzempfindlichkeit nicht. Eine weitere Verpackungsalternative besteht in der Tube, die zur Zeit im Trend liegt. Ein edler, hochwertiger Charakter ist aber mit dieser Verpackungsart nur schwer zu erreichen. Außerdem besteht bei dieser Verpackung nicht die Option der Nachfüllbarkeit, was aber unter ökologischen Aspekten eine wichtige Eigenschaft darstellt.

Die Form und der Verschluss der Flasche muss in erster Linie produktcharakteristisch sein. Sie sollte auf die Konsumentengewohnheit bezüglich der Inhalts- und Qualitätsanmutung hinweisen. Form und Verschluss müssen zudem eine gute Handhabbarkeit gewährleisten (Griffigkeit, einfache und schnelle Verschließbarkeit, Sauberkeit – kein Verschmieren). Gleichzeitig sollte die Flaschenform eine hochwertige und sportliche Anmutung besitzen, und das Etikett muss optimal zur Geltung kommen. Eine Einzigartigkeit der Flaschenform könnte zudem die Abgrenzung von Konkurrenzprodukten erleichtern.

Die Größe der Flasche steht in engem Zusammenhang mit dem angestrebten Preis pro Verpackungseinheit. Bei dieser Entscheidung sollte vor allem die Beziehung zu Konkurrenzprodukten beachtet werden. Aber auch der vorgesehene Verwendungskontext sollte in die Entscheidung einfließen. Eventuell sind in diesem Zusammenhang mehrere Packungsgrößen sinnvoll (Familienpackung, kleine Sportpackung).

Bei der Etikettierung sollte aus zuvor erstellten Alternativvorschlägen mit Hilfe eines Produkttests das ansprechendste Etikett ermittelt werden. Hierbei werden bei gleichen Produkten in gleichen Flaschen verschiedene Etiketten getestet. Es können folgende Etikettentypen gewählt werden:

- abstraktes Etikett nur mit dem Markennamen,
- Markenname ergänzt durch ein zusätzliches emotionales Signal (zum Beispiel Abbildung einer sich eincremenden Person),
- emotionales Signal im Vordergrund, Markenname als Ergänzung.

Markenname Bei der Namensentwicklung muss zunächst entschieden werden, ob ein völlig neuer Name speziell für die neue Lotion entwickelt oder ob der Name in Anlehnung an den Firmennamen beziehungsweise in Anlehnung an die bereits erfolgreich eingeführte Produktfamilie gewählt werden soll. Außerdem muss der Name in Phonetik und Inhalt eine Assoziation zum Produkt und dessen Qualität ermöglichen. Da die Firma *Tenderskin* bereits mit ihren Rasierpflegemitteln gut am Markt eingeführt ist, bietet sich ein Name an, der den bereits bekannten Unternehmensnamen integriert. Eine derartige Dachmarkenstrategie besitzt den Vorteil, dass das Floprisiko eines neu zu positionierenden Produkts wegen des Goodwilleffektes vermindert wird. Die Komplementarität der Produkte ist ebenfalls gegeben, was als weiteres Argument für eine Dachmarkenstrategie spricht. Eine Gefahr der Dachmarkenstrategie könnte darin bestehen, dass die bestehende Rasierpflegeserie ein sehr männliches Image besitzt, was wiederum potenzielle weibliche Kunden irritieren könnte. Man kann aber davon ausgehen, dass die *Tenderskin*-Pflegeserie ein nicht so stark maskulin aufgeladenes Pflegeimage besitzt. Vor diesem Hintergrund überwiegen die Vorteile der Dachmarkenstrategie. Als Name könnte zum Beispiel „*Tenderskin*-Bodylotion" gewählt werden.

Lösung Aufgabe 4 Distributionsstrategie
Um einen konstruktiven Vorschlag machen zu können, wäre Frau Brand auf detaillierte Informationen über die Distributionspolitik der Konkurrenz sowie auf Informationen über die Struktur und Leistungsfähigkeit der Absatzkanäle angewiesen, die in expliziter Form leider nicht vorliegen. Frau Brand sollte deshalb folgende Fragen klären:

- Welche Vorteile besitzt das klassische Vertriebssystem und welche Potenziale eröffnet zum Beispiel ein Direktvertriebssystem an den Endverbraucher?
- Könnte ein Direktvertriebssystem parallel zu einem klassischen Vertriebssystem aufgebaut werden? Wird durch die Einschaltung des Großhandels der gleiche oder ein höherer Distributionsgrad erreicht?
- Welche Folgen hätte ein Wechsel des Vertriebssystems (zum Beispiel Direktvertrieb oder Vertrieb ausschließlich über Großbetriebsformen) für die Kontrahierungspolitik und für die Effektivität und Wirtschaftlichkeit des Vertriebs?
- Gibt es eventuell marketingstrategische Gründe, die das eine oder andere Vertriebssystem erforderlich machen?
- Ist der Großhandel überhaupt bereit, Produkte der *Tenderskin GmbH* aufzunehmen, und welche Eintrittsbedingungen werden gestellt?

Lösung Aufgabe 5 Einführungskampagne
Für die Einführung des neuen Produkts sollte in erster Linie der Markenname „*Tenderskin*-Bodylotion" herausgestellt werden, da dieser Name bislang nicht im Markt existierte und somit beim Konsumenten noch verankert werden muss (wenn möglich in dessen evoked set). Außerdem sollte bei der Kampagnenkonzeption weitgehend auf die Hervorhebung von Produkteigenschaften verzichtet werden und zwar zu Gunsten einer stark emotionalen (beziehungsweise affektiven) Werbeaussage. Denn gerade bei einer Einführungskampagne sollte das wichtigste Ziel darin gesehen werden, das neue Produkt in der Wahrnehmung der Konsumenten mit einem entsprechenden Image zu versehen. Die Kampagne sollte zudem einen hohen Aufmerksamkeitswert besitzen, was in erster Linie mit Hilfe der Gestaltung erreicht werden kann. Mit Blick auf die angestrebte Kernzielgruppe sollte also ein emotionaler, imageträchtiger Bildinhalt gewählt werden, der Assoziationen zu Jugend,

Sport und Gesundheit erlaubt und sowohl Männer als auch Frauen anspricht. Da weitgehend auf informative Textargumente verzichtet werden soll, ist die Visualisierung der hochwertigen Qualität der Lotion erforderlich. Die Abbildung der konkreten Flasche ist ebenfalls hilfreich, um den Kunden das Wiedererkennen im Handel zu erleichtern.

Für die Ansprache der Endverbraucher bieten sich grundsätzlich folgende Werbemittel/ Werbeträgerkombinationen an, die allerdings nur in Abstimmung mit einem geplanten Werbebudget ausgewählt werden können:

Spots in Fernsehen und Rundfunk, Werbefilme im Kino, Anzeigen in Tageszeitungen und Zeitschriften (besonders Sportzeitschriften wie Fit for Fun etc.), Zeitungsbeilagen, Produktprobenversand mit Hilfe von Direct-Mailing-Aktion, Plakatwerbung, eventuell Nutzung neuer Medien (zum Beispiel Werbung im Internet durch Präsenz auf produktaffinen Themenseiten).

Lösung Aufgabe 6 Interdependenzen im Marketing-Mix
Die Marketing-Mixplanung für die neue Bodylotion stellt sich als ein mehrdimensionales Problem dar. Bei der Kommunikationspolitik sind zum Beispiel folgende Zusammenhänge mit den anderen Mixinstrumenten zu beachten:

Produktpolitik Produkteigenschaften können ein Werbeargument darstellen. Aus der Produktkonzeption lassen sich bestimmte Image- und Kommunikationsziele (zum Beispiel Sportlichkeit) ableiten. Die Verpackung des Produkts stellt ein wichtiges Kommunikationsinstrument dar, mit dem ähnlich wie in der Werbekampagne ein bestimmtes Image kommunikativ vermittelt werden kann.

Programmpolitik Die Heraushebung eines übergeordneten Markennamens im Sinne einer Dachmarkenstrategie bietet sich hier besonders an, da bereits ein breites Sortiment in einem anderen Hauptpflegebereich (Rasierpflegemittel) gut eingeführt ist und entsprechend ein Imagetransfer (Qualität) angestrebt werden kann.

Distributionspolitik Die distributionspolitisch angestrebte Ubiquität kann als Argument in der Endverbraucherwerbung verwendet werden. Ebenso könnte eine distributionspolitische Spezialisierung auf eine bestimmte Betriebsform kommunikationspolitisch genutzt werden (zum Beispiel „nur im guten Fachhandel"). Gegenüber Einzelhändlern lassen sich die Servicevorteile der geplanten Distributionspolitik hervorheben (zum Beispiel besonders intensive Betreuung durch Reisende beziehungsweise Key-Account-Manager). Sollte sogar eine Direktvertriebsstrategie verfolgt werden, hat dies ganz entscheidende Auswirkungen auf die Konzeption der Kommunikationsstrategie.

Preis- und Konditionenpolitik Ein hoher Preis kann im Sinne eines Qualitätskriteriums bewusst kommuniziert werden. Bei der absatzmittlergerichteten Werbung kann eine besonders vorteilhafte Konditionenpolitik als Werbeargument verwendet werden.

Werbung in Mio. €	1.360.000	2.040.000	2.550.000	3.400.000
Geschätzter Marktanteil in %	9	12	14	18
Erzielbarer Absatz in t	1.755	2.340	2.730	3.510
Break-Even-Absatz	1.879	2.359	2.719	3.319

Abb. 4.31 Der Break-Even-Absatz in Abhängigkeit des Werbebudgets

Lösung Aufgabe 7 Werbebudgetierung

Zur Bestimmung des notwendigen Werbeetats muss Frau Brand zunächst die Break-Even-Absatzmenge bestimmen. Mit Hilfe der geschätzten Marktanteilswerte kann anschließend die entsprechende Absatzmenge für die einzelnen Werbebudgetalternativen bestimmt werden. Die Break-Even-Analyse lässt sich mit Hilfe der gegebenen Deckungsbeitragsspanne ermitteln:

$$x_B = k_F/DS$$

x_B: Break-Even-Absatzmenge des Einführungsjahres

k_F: Fixkosten des Einführungsjahres = 1,3 Mio. (jährlicher Investitionsanteil + Markttest im Einführungsjahr) + Werbebudget des Einführungsjahres

DS: Deckungsspanne = 1.416 €/t

Beispiel zur Bestimmung des Marktanteils in Tonnen: $2.730 \text{ t} \cdot \dfrac{9\%}{14\%} = 1.755\,\text{t}$

Aus der Tabelle in Abb. 4.31 lässt sich ablesen, dass das Werbebudget bis 2006 jährlich 2,55 Mio. € betragen sollte.

Lösung Aufgabe 8 Preispolitik

Entsprechend der angestrebten Positionierung der Bodylotion sollte als Basisstrategie eine Hochpreispolitik verfolgt werden. Auch mit Blick auf die erfolgreiche Rasierpflegeserie der *Tenderskin GmbH*, die ebenfalls in höheren Preislagen angeboten wird, erscheint eine Billigstrategie grundsätzlich nicht empfehlenswert.

Bei der Preisentscheidung muss allerdings überprüft werden, ob bei der jeweiligen Preisalternative die Break-Even-Absatzmenge erreicht wird.

Dazu müssen zunächst die erzielbaren Absatzmengen bestimmt werden (Abb. 4.32).

Bei einem Preis von 5,00 € wird die Break-Even-Menge nicht erreicht, damit scheidet diese Preisalternative aus. Bei einem Preis von 6,00 € wird der gleiche Deckungsbeitrag erzielt wie bei einem Preis von 7,00 € pro Flasche. Allerdings ermöglicht der Preis von 6,00 € pro Flasche einen größeren Marktanteil, nämlich 14 %. Darum wird dieser Preis gewählt, da ein zentrales Ziel der Unternehmung in der Ausweitung von Marktanteilen liegt.

Preis pro 500-ml-Flasche	5,00	6,00	7,00
Marktanteil	15	14	12
Erzielbarer Absatz in t	2.925	2.730	2.340
Variable Kosten/Flasche in € (88,2 % EVP)	4,41	5,29	6,17
Fixkosten im Einführungsjahr in €	3.850.000	3.850.000	3.850.000
Break-Even-Absatzmenge in t	3.263	2.719	2.331
DB	3.451.500	3.865.680	3.865.680

Abb. 4.32 Der Break-Even-Absatz in Abhängigkeit unterschiedlicher Preise

	2003	2004	2005	2006
Marktvolumen des Bodylotions-Marktes	19.500	20.800	23.400	25.350
Marktanteil der Tenderskin GmbH in %	14	16	18	20
Erzielbarer Absatz in t	2.730	3.328	4.212	5.070
Deckungsbeitrag in %	23,60	23,60	23,60	23,60
DB in T€	3.865,68	4.712,45	5.964,19	7.179,12
Fixe Kosten in T€	3.850	3.450	3.450	3.450
Bruttogewinn in Mio. €	15,68	1.262,45	2.514,19	3.729,12
Bruttogewinn kumuliert	15,68	1.278,13	3.792,32	7.521,44
Noch zu deckende Investitionen in T€	3.600,00	2.700,00	1.800,00	900,00
Nettogewinn in T€	–3.584,32	–1.421,87	1.992,32	6.621,44

Abb. 4.33 Prognostizierter Deckungsbeitrag und Gewinn von *Tenderskin*

Lösung Aufgabe 9 Amortisationsrechnung

Um zu überprüfen, ob diese Forderung erfüllt werden kann, ist zu zeigen, dass der kumulierte Deckungsbeitrag in den drei Jahren alle Investitionen (inklusive jährlicher Fixkosten in Höhe des konstanten Werbeetats von 2,55 Mio. €) decken wird.

Dies lässt sich übersichtlich anhand der Tabelle in Abb. 4.33 darstellen.

In der dritten Periode wird bereits ein Nettogewinn von 1.992 T€ erwirtschaftet. Damit wird die Forderung der Unternehmungsleitung voll erfüllt.

4.2 Preispolitik

Lernziele:

Der Leser soll nach Bearbeitung dieses Kapitels in der Lage sein

1. die Funktion der Preispolitik im Marketing zu kennzeichnen,
2. den Begriff Preisinteresse definieren zu können,
3. das preispolitische Entscheidungsfeld abzugrenzen,
4. die Preis-Absatz-Funktion und ihre speziellen Ausprägungen herzuleiten,
5. die Preiselastizität der Nachfrage zu definieren und zu berechnen sowie ihre zentralen Bestimmungsfaktoren zu nennen,
6. Merkmale und Arten des Monopols, Oligopols und Polypols herauszustellen,
7. gewinn- und rentabilitätsmaximale Preisforderung bei monopolistischer Angebotsstruktur zu erläutern und zu berechnen,
8. Preisuntergrenzen zu definieren und zu ermitteln, sowie
9. die Preis-Absatz-Funktion für den unvollkommenen Markt bei polypolistischer Konkurrenz zu erklären.

4.2.1 Preispolitik – Aufgaben

Aufgabe 1 Preispolitische Ziele

Im Rahmen der preispolitischen Zielbildung wird zwischen markt- und betriebsgerichteten Zielsetzungen differenziert. Präzisieren Sie mögliche markt- und betriebsgerichtete Ziele der Preispolitik eines Herstellers für Bademoden. Konkretisieren Sie die Zielformulierungen nach Inhalt, Ausmaß, Zeit-, Objekt- und Segmentbezug.

Aufgabe 2 Preisinteresse

Was versteht man unter Preisinteresse? Nennen Sie relevante Nachfragerentscheidungen hinsichtlich des Preises.

Aufgabe 3 Preis-Absatz-Funktion

Was ist unter einer Preis-Absatz-Funktion zu verstehen?

Aufgabe 4 Bestimmungsgründe unterschiedlicher Preis-Absatz-Funktionen

Kennzeichnen Sie den Verlauf spezieller Formen von Preis-Absatz-Funktionen und diskutieren Sie die Bestimmungsgründe:

Aufgabe 4a

Im Fall runder/gebrochener Preise.

Aufgabe 4b
Im Fall psychologischer Preislagen.

Aufgabe 4c
Im Fall von Prestige- bzw. Qualitätseffekten des Preises.

Aufgabe 5 Preiselastizität I
Kennzeichnen Sie den Elastizitätsbegriff und dessen unterschiedliche Formen. Verdeutlichen Sie die verschiedenen Preiselastizitäten anhand der Preis-Absatz-Funktion $p = \frac{10}{x}$, indem Sie – soweit möglich – entsprechende Werte für die Mengen $x_1 = 1$ und $x_2 = 2$ berechnen.

Aufgabe 6 Preiselastizität II
Leiten Sie allgemein die Preiselastizität der Nachfrage für die umsatzmaximale Absatzmenge ab. Es gilt: $U = x \cdot p\,(x)$.

Aufgabe 7 Preiselastizität III
Welche Faktoren bestimmen die Preiselastizität eines Anbieters von technischen Kundendienstleistungen (zum Beispiel Reparaturen)?

Aufgabe 8 Umsatzmaximum
Ein Monopolist sieht sich der Preis-Absatz-Funktion $p = 18 - 0{,}25x$ gegenüber. Ermitteln Sie die umsatzmaximale Preismengenkombination und die Preiselastizität der Nachfrage im Optimum. Analysieren Sie, ob das Ergebnis allgemeingültig ist.

Aufgabe 9 Cournot-Menge
Ein Monopolist sieht sich der Preis-Absatz-Funktion

$$p = 5 - \frac{1}{4}x$$

und der Gesamtkostenfunktion

$$K = 2 + \frac{1}{2}x \rightarrow \text{gegenüber}$$

Aufgabe 9a
Stellen Sie die Preis-Absatz-Funktion und die Erlösfunktion graphisch dar.

Aufgabe 9b
Bestimmen Sie zeichnerisch die gewinnmaximale und die erlösmaximale Absatzmenge.

Aufgabe 9c
Bestimmen Sie die gewinnmaximale Preismengenkombination (Cournot'scher Punkt) algebraisch.

Aufgabe 9d

Begründen Sie, warum die Grenzerlösfunktion bei linear fallender Preis-Absatz-Funktion stets die doppelte Steigung der Preis-Absatz-Funktion hat.

Aufgabe 9e

Wie verändert sich die gewinnmaximale Absatzmenge, wenn

1. sich die Absatzsituation verbessert und sich dadurch die Preis-Absatz-Funktion parallel nach rechts verschiebt? Ist eine Änderung der Absatzsituation denkbar, in der sich nur die optimale Absatzmenge, nicht aber der Preis ändert?
2. nur Fixkosten anfallen?
3. sich die Fixkosten auf 3 GE erhöhen?
4. sich die variablen Stückkosten um $\frac{1}{2}$ GE erhöhen?
5. keine Kosten entstehen?

Aufgabe 10 Produktvariation und Gewinnmaximum

Aufgrund von Nachfragerückgängen hat sich die linear fallende Preis-Absatz-Funktion eines Monopolisten parallel zum Ursprung hin verschoben. Der gewinnmaximale Preis ist dabei von 8 GE auf 6 GE, die gewinnmaximale Menge um 4 ME gesunken.

Der Monopolist hat die Möglichkeit, diese Entwicklung durch eine Produktvariation und durch gezielte Kommunikationsaktivitäten zu kompensieren. Die Grenzkosten von bisher 3 GE würden sich dabei jedoch um 1 GE erhöhen. Die Kosten der Kommunikationsmaßnahmen werden mit 15 GE pro Periode veranschlagt. Für die Entwicklung des neuen Produktkonzepts sind bereits Kosten in Höhe von 15 GE angefallen.

Aufgabe 10a

Bestimmen Sie die Preis-Absatz-Funktion nach Nachfragerückgang mit und ohne Marketingaktivitäten (Produktvariation und Kommunikationsaktivitäten).

Aufgabe 10b

Entscheiden Sie, ob der nach Gewinnmaximierung strebende Monopolist die Marketingaktivitäten (Produktvariation und Kommunikationsaktivitäten) durchführen soll.

Aufgabe 11 Angemessener Gewinn

Ein Monopolist hat die Preis-Absatz-Funktion $p = 8 - \frac{1}{3}x$ und die Kostenfunktion $K = 3 + \frac{1}{4}x$. Er will einen angemessenen Gewinn von mindestens $G^+ = 3{,}75$ GE realisieren. Welche Preismengenkombinationen entsprechen dieser Zielsetzung?

Aufgabe 12 Mindestgewinn

Ein Monopolist hat die Preis-Absatz-Funktion $p = 8\frac{1}{4} - \frac{1}{3}x$ und die Gesamtkostenfunktion $K = 3 + \frac{1}{4}x$. Er verfolgt das Ziel der Umsatzmaximierung unter Einhaltung eines Mindestgewinns von 2 GE.

Aufgabe 12a
Welchen Preis wird er verlangen?

Aufgabe 12b
Nehmen Sie an, dass sich die Gesamtkostenfunktion wie folgt verändert: $K = 3 + 4\frac{2}{3}x$.
Welche Preismengenkombination wird in diesem Fall realisiert?

Aufgabe 13   Preisuntergrenze
Ein nach Gewinnmaximierung strebender Monopolist legt seinen preispolitischen Überlegungen die Kostenfunktion $K = 3 + \frac{1}{4}x$ und die Preis-Absatz-Funktion $p = 8 - \frac{1}{3}x$ zugrunde.

Aufgabe 13a
Bestimmen Sie analytisch seine kurz- und langfristige Preisuntergrenze.

Aufgabe 13b
Welchem Informationszweck dient die Ermittlung der Preisuntergrenze? Haben die unter
a) ermittelten Preisuntergrenzen für den Monopolisten praktische Relevanz? Unter welchen Bedingungen muss er sich mit diesem preispolitischen Problem befassen?

Aufgabe 13c
Bestimmen Sie die Preis-Absatz-Funktion, die bei einer Verschlechterung der Nachfragesituation (Parallelverschiebung der Preis-Absatz-Funktion) vom gewinnmaximierenden
Monopolisten langfristig höchstens hingenommen werden kann. Wie viele Mengeneinheiten wird er hierbei absetzen?

Aufgabe 14   Polypolistisches Angebot
Kennzeichnen Sie grundsätzliche und spezifische Merkmale einer polypolistischen Angebotsstruktur auf vollkommenem und unvollkommenem Markt.

Aufgabe 15   Gleichgewichtspreis im Polypol
Auf einem Markt mit atomistischer Konkurrenz gilt die Gesamtnachfragefunktion

$$Ng(x) = 250.015 - \frac{1}{4}x^2$$

und die Gesamtangebotsfunktion

$$Ag(x) = -749.985 + \frac{3}{4}x^2$$

Aufgabe 15a
Bestimmen Sie den einheitlichen Marktpreis.

Aufgabe 15b
Der Polypolist A will einen Preis fordern, der vom ermittelten Gleichgewichtspreis um
10 % nach

1. oben
2. unten

abweicht. Wie viele Mengeneinheiten seines Produkts wird er jeweils absetzen?

Aufgabe 16 Gewinnmaximum im Polypol
Ein Polypolist auf vollkommenem Markt sieht sich der Preis-Absatz-Funktion p = 16 und
der Kostenfunktion K = 48 + 4x gegenüber.

Aufgabe 16a
Bestimmen Sie die Gewinnschwelle und das Gewinnmaximum.

Aufgabe 16b
Untersuchen Sie sowohl für die Gesamtfunktion als auch für die stückbezogene Betrachtung, wie sich

1. ein sukzessiv sinkender Preis
2. steigende Fixkosten
3. unterschiedliche variable Kosten

auf die gewinnoptimale Absatzmenge und die maximale Gewinnhöhe auswirken. Gehen
Sie hierbei von einer maximalen Produktionskapazität von 48 ME aus.

Aufgabe 17 Betriebsoptimum
Für einen Mengenanpasser gilt die Grenzerlösfunktion U′(x) = 64 und die Kostenfunktion

$$K = 66{,}16x - 0{,}48x^2 + 0{,}02x^3$$

Aufgabe 17a
Bestimmen Sie die Preis-Absatz-Funktion, die Gewinn- und Verlustschwelle sowie das Betriebsminimum, -optimum und -maximum.

Aufgabe 17b
Untersuchen Sie, wie sich

1. ein sukzessiv sinkender Preis
2. der Anfall von Fixkosten
3. unterschiedliche variable Kosten

auf die gewinnmaximale, betriebsoptimale und -minimale Absatzmenge sowie die Gewinn- beziehungsweise Verlustschwelle und die maximale Gewinnhöhe auswirken.

Aufgabe 18 Akquisitorisches Potenzial
Erläutern Sie die Begriffe „Präferenzen" und „akquisitorisches Potenzial" sowie ihre Bedeutung für die Preispolitik eines Polypolisten. Verdeutlichen Sie anhand unterschiedlicher Preis-Absatz-Funktionen die Intensität des akquisitorischen Potenzials innerhalb eines Polypols.

Aufgabe 19 Polypolistische Preis-Absatz-Funktion
Berechnen Sie eine aus linearen Abschnitten zusammengesetzte polypolistische Preis-Absatz-Funktion unter folgenden Annahmen:

a) Der obere monopolistische Grenzpreis liegt bei $p = 7/x = 6$.
b) Die Preiselastizität der Nachfrage beträgt beim oberen monopolistischen Grenzpreis für den monopolistischen Bereich $-\frac{7}{3}$.
c) Die dem unteren monopolistischen Grenzpreis zugeordnete Absatzmenge ist $x = 10$.
d) Der Ordinatenabschnitt des oberen atomistischen Astes ist $p = 8$.
e) Die Sättigungsmenge beim unteren atomistischen Ast beträgt $x = 60$.

Aufgabe 20 Gewinnmaximum bei einer polypolistischen Preis-Absatz-Funktion
Eine Unternehmung sieht sich der polypolistischen Preis-Absatz-Funktion

$$p = \begin{cases} 8 - \frac{1}{6}x & 0 \leq x \leq 6 \\ 10 - \frac{1}{2}x & 6 \leq x \leq 10 \\ 6 - \frac{1}{10}x & 10 \leq x \leq 60 \end{cases}$$

und der Gesamtkostenfunktion $K = 2 + 3x$ gegenüber.

Aufgabe 20a
Berechnen Sie unter Beachtung der Definitionsbereiche das Gewinnma-ximum.

Aufgabe 20b
Beweisen Sie, dass bei dieser polypolistischen Preis-Absatz-Funktion aufgrund der Preiselastizitäten der Nachfrage in den jeweiligen Definitionsbereichen Aussagen über das Fallen und Steigen der Gesamterlöskurve zu gewinnen sind. Berechnen Sie die Preismengenkombination des Erlösmaximums.

Aufgabe 21 Mindestgewinn und Rentabilitätsmaximum im Polypol
Bei einer Unternehmung mit polypolistischer Angebotsstruktur gilt folgende Grenzumsatzfunktion und Kostenfunktion:

$$U'(x) = \begin{cases} 9 - \dfrac{1}{25}x & 0 \le x \le 50 \\[2mm] 13 - \dfrac{1}{5}x & 50 \le x \le 80 \\[2mm] 7 - \dfrac{1}{20}x & 80 \le x \le 280 \end{cases} \qquad K(x) = 220 + 2{,}5x$$

Aufgabe 21a
Wie lautet die Preis-Absatz-Funktion?

Aufgabe 21b
Bestimmen Sie den oberen und unteren monopolistischen Grenzpreis.

Aufgabe 21c
Berechnen Sie die Preismengenkombinationen, die einen angemessenen Gewinn in Höhe von mindestens 50 GE garantieren.

Aufgabe 21d
Bestimmen Sie unter Berücksichtigung der Kapitalbedarfsfunktion $c(x) = \frac{1}{2}x$ das Rentabilitätsmaximum.

Aufgabe 22 Unterschied zwischen Oligopol und Polypol
Zeigen Sie die Unterschiede zwischen dem preispolitischen Entscheidungsfeld eines Oligopolisten und Polypolisten auf.

Aufgabe 23 Monopolistische Grenzpreise
Von welchen Faktoren ist der Abstand der monopolistischen Grenzpreise im Oligopolfall abhängig?

4.2.2 Preispolitik – Lösungen zu den Aufgaben

Lösung Aufgabe 1 Preispolitische Ziele
Im Rahmen eines hierarchischen Zielbildungsprozesses leiten sich die preispolitischen Ziele nach Mittel-Zweck-Vermutungen aus den Marketingzielen ab. Da preispolitische Entscheidungen sowohl auf die Wert- als auch auf die Mengenkomponente des Umsatzes einwirken, stehen im Mittelpunkt der preispolitischen Zielbildung insbesondere quantitative Zielsetzungen. Dies sind neben Umsatz- oder Rentabilitätszielen vor allem Gewinnziele. Preispolitische Zielsetzungen können deshalb zum einen auf die positive Gewinnkomponente, den Umsatz, zum anderen auf die negative Gewinnkomponente, die Kosten, Bezug nehmen. Dementsprechend kann zwischen markt- und betriebsgerichteten Zielen der Preispolitik differenziert werden.

Für einen Bademodenhersteller sind folgende Ziele denkbar:

Marktgerichtete Ziele

- Erhöhung des Absatzes um 20 % für das gesamte Sortiment während der nächsten Badesaison im regionalen Marktsegment „Nordseeküste".
- Gewinnung von 30 Einzelhändlern als Neukunden innerhalb eines Geschäftsjahres im Marktsegment „staatlich anerkannte Kur- und Kneipporte".
- Erhöhung des Marktanteils für das gesamte Sortiment in den nächsten drei Jahren um 5 % in der Bundesrepublik.
- Erringung der Marktführerschaft für Bademoden innerhalb des nächsten Jahres in den Seebädern „Langeoog", „Baltrum" und „Spiekeroog".

Betriebsgerichtete Ziele

- Verwirklichung einer optimalen Kostensituation für Badetücher im Werk „Bremen" für den auftragsschwachen September.
- Anpassung des Absatzes von Herrenbadehosen Modell „Delphin" an den Produktionsgang in den Herbstmonaten.
- Sicherung der Vollbeschäftigung im saisonal schwachen Winterhalbjahr.

Lösung Aufgabe 2 Preisinteresse

Das Bedürfnis, nach Preisinformationen zu suchen und diese dann bei Kaufentscheidungen zu berücksichtigen, wird als Preisinteresse verstanden. Insofern bezieht sich das Preisinteresse hauptsächlich auf motivationalen Aspekte des Preisverhaltens der Nachfrager.

Bei folgenden vier Nachfragerentscheidungen ist der Preis relevant:

1 Markenwahl (Ausnutzung von Preisunterschieden alternativer Marken),
2. Packungsgrößen bzw. Mengenwahl (Ausnutzung von Preisunterschieden bei verschiedenen Mengen),
3. Distributionskanal- und Einkaufsstättenwahl (Ausnutzung von Preisunterschieden bei unterschiedlichen Anbietern),
4. Wahl des Einkaufszeitpunkts (Ausnutzung zeitlicher Preisunterschiede, insbesondere bei Dienstleistungen).

Lösung Aufgabe 3 Preis-Absatz-Funktion

Nachfrage- bzw. Preis-Absatz-Funktionen zeigen die mengenmäßigen Konsequenzen von preispolitischen Entscheidungen eines einzelnen Anbieters, das heißt, welche Mengen des betrachteten Erzeugnisses in der betrachteten Periode bei jeweils unterschiedlichen Preisforderungen absetzbar sind. Jede Preis-Absatz-Funktion gilt nur für eine ganz bestimmte Konstellation der übrigen Marketinginstrumente, deren Einsatz bereits festgelegt ist. Wird diese Konstellation verändert, so nimmt die Preis-Absatz-Funktion eine andere Form an. Ebenso werden für eine Ausprägung der Preis-Absatz-Funktion andere Einflussfaktoren (zum Beispiel Einkommen der Haushalte, Preise von substituierbaren und komplementären Produkten, das absatzwirtschaftliche Instrumentarium von konkurrierenden Unternehmen, der Einfluss des Staates) konstant gesetzt. Variationen dieser Faktoren können die Lage/Form der Preis-Absatz-Funktion verändern.

Lösung Aufgabe 4 Bestimmungsgründe unterschiedlicher Preis-Absatz-Funktionen

Lösung Aufgabe 4a
Das Problem der runden/gebrochenen Preise kann an folgendem Beispiel verdeutlicht werden: Die Erhöhung des Preises eines Gutes von 99,50 auf 100,00 € führt in vielen Fällen zu einem höheren Absatzrückgang als bei einer Erhöhung von 100,00 auf 101,00 €. Dieser Preiseffekt lässt sich nur psychologisch erklären. Der gebrochene Preis lässt den Käufer auf eine scharfe Kalkulation schließen und hat schon optisch eine positivere Wirkung.

Lösung Aufgabe 4b
Eine psychologische Preislage wird durch eine obere und untere Preisschwelle eingegrenzt. Sie gibt den preispolitischen Spielraum an, innerhalb dessen eine segmentspezifische Käuferschaft den Preis für ein Gut akzeptiert. Bei Überschreiten der oberen Preisschwelle geht dieses Käufersegment verloren; bei Unterschreiten der unteren Preisschwelle werden neue Käuferschichten hinzugewonnen. Beide Preisschwellen bringen ein aus der Gewohnheit bzw. Erfahrung der segmentspezifischen Käuferschaft resultierendes allgemeines Werteempfinden für das betreffende Produkt zum Ausdruck.

Lösung Aufgabe 4c
Bei fehlenden Kriterien für die Beurteilung der Qualität eines Produkts neigen Konsumenten dazu, die Höhe des Preises ersatzweise zur Qualitätseinschätzung heranzuziehen. Sie assoziieren einen höheren Preis mit einer höheren Qualität. Der Preis-Qualitäts-Effekt kann deshalb dazu führen, dass bei einer Preiserhöhung die nachgefragte Menge sogar steigt.

Lösung Aufgabe 5 Preiselastizität I
Die Marktreaktion auf veränderte Einsatzniveaus der Marketinginstrumente (zum Beispiel Preis) kann durch die Elastizität der Nachfrage (η) gemessen werden. Diese Maßgröße gibt das Verhältnis der relativen Nachfrageänderung bei einem Gut zu der sie verursachenden relativen Änderung des Aktivitätsniveaus eines Marketinginstruments (zum Beispiel Preishöhe) an. Dabei wird die Änderung auf einen Ausgangs-, End- oder Durchschnittswert bezogen. Grundsätzlich lassen sich zwei Vorzeichenfälle unterscheiden:

1. Gleichgerichtete Änderungen: Die Erhöhung (Verminderung) des Einsatzniveaus des Marketinginstruments führt zu einer Zunahme (Abnahme) der Nachfrage. Der Wert dieser Maßgröße hat ein positives Vorzeichen.
2. Gegenläufige Änderungen: Die Erhöhung (Verminderung) des Einsatzniveaus des Marketinginstruments führt zu einer Abnahme (Zunahme) der Nachfrage. Der Wert dieser Maßgröße hat ein negatives Vorzeichen.
3. Ein Betrag von Null zeigt eine vollkommen unelastische Nachfrage, ein Betrag von unendlich eine vollkommen elastische Nachfrage an.

	Direkte Elastizität	Indirekte Elastizität
Punktelastizität	(1)	(3)
Bogenelastizität	(2)	(4)

Abb. 4.34 Formen der Nachfrageelastizität

Zur Systematisierung unterschiedlicher Formen der Nachfrageelastizität lassen sich folgende polare Merkmale heranziehen:

Direkte/indirekte Elastizität
Direkte Elastizitäten drücken das Verhältnis zwischen der relativen Änderung des Instrumenteneinsatzes und der Nachfragemenge des Gutes eines Anbieters aus.

Indirekte Elastizitäten drücken das Verhältnis zwischen der relativen Änderung des Instrumenteneinsatzes des Anbieters A und der relativen Änderung der Nachfragemenge des Gutes eines anderen Anbieters B aus.

Punkt-/Bogenelastizität
Bogenelastizitäten setzen relative Änderungen in einem endlichen Bereich zueinander in Beziehung.

Die Kombination dieser Merkmale ergibt – wie Abb. 4.34 verdeutlicht – vier Elastizitätstypen. In der Absatztheorie haben vor allem die Elastizitätstypen (1), (2) und (3) Relevanz erlangt.

1. Direkte Punktelastizität

Sie ist definiert als das Verhältnis der relativen Änderung der Nachfrage nach einem Gut zu der sie auslösenden relativen Änderung der Marketingaktivitäten für dieses Gut in einem infinitesimal kleinen Bereich:

$$\eta_{x,MI} = \frac{dx}{x} : \frac{dMI}{MI} = \frac{dx}{dMI} \cdot \frac{MI}{x}$$

mit MI = Aktivitätsniveau eines beliebigen Marketinginstruments
 x = Absatzmenge

Sie gibt an, um wie viel Prozent sich die abhängige Variable x bei einer einprozentigen Änderung der unabhängigen Variable MI (zum Beispiel p) ändert.

Für eine Preis-Absatz-Funktion wird die Nachfrageelastizität synonym als Preiselastizität der Nachfrage, Nachfrageelastizität in Bezug auf den Preis oder einfach nur als Nachfrage- beziehungsweise Preiselastizität bezeichnet.

Rechenbeispiel

Für die Preis-Absatz-Funktion $p = \frac{10}{x}$ beziehungsweise $p = \frac{10}{x}$ ergibt sich die folgende Preiselastizität der Nachfrage:

$$\eta_{x,p} = \frac{dx}{dp} \cdot \frac{p}{x} = -\frac{10}{p^2} \cdot \frac{p}{x} = -\frac{10}{p \cdot x}$$

a) Im Punkt x = 1/p = 10 errechnet sich eine direkte Punkt-Preiselastizität von

$$\eta_{x,p} = -\frac{10}{p \cdot x} = -\frac{10}{10 \cdot 1} = -1$$

b) Im Punkt x = 2/p = 5 errechnet sich eine direkte Punkt-Elastizität von

$$\eta_{x,p} = \frac{10}{p \cdot x} = -\frac{10}{5 \cdot 2} = -1$$

Es handelt sich hier um den Sonderfall einer Funktion mit konstanter Elastizität. Eine Erhöhung (Senkung) des Preises um ein Prozent hat eine Abnahme (Zunahme) der Absatzmenge um den gleichen Prozentsatz zur Folge.

2. Direkte Bogenelastizität

Sie ist definiert als das Verhältnis der durchschnittlichen relativen Änderung der Nachfrage nach einem Gut zu der sie auslösenden durchschnittlichen relativen Änderung der Marketingaktivitäten für dieses Gut in einem endlichen Bereich:

$$\eta_B = \frac{\frac{\Delta x}{x + (x + \Delta x)}}{2} : \frac{\frac{\Delta MI}{MI + (MI + \Delta MI)}}{2} = \frac{\Delta x}{\Delta MI} \cdot \frac{\frac{MI + (MI + \Delta MI)}{2}}{\frac{x + (x + \Delta x)}{2}}$$

Diese auf Mittelwerten basierende Bogenelastizität kann als durchschnittliche relative Steigung der Markt-Reaktions-Funktion (zum Beispiel x = f (p)) in dem betrachteten Bereich interpretiert werden. Ein Wert von η_B = a für einen bestimmten Funktionsbereich bedeutet, dass innerhalb dieses Bereichs im Durchschnitt eine Änderung der unabhängigen Variablen um ein Prozent eine Änderung der abhängigen Variablen um a Prozent zur Folge hat.

Rechenbeispiel

Für $p = \frac{10}{x}$ (bzw. $x = \frac{10}{p}$) ergibt sich im Bereich von $x_1 = 1/p_1 = 10$ bis $x_2 = 2/p_2 = 5$ eine direkte Bogenelastizität von

$$\eta_B = \frac{\Delta x}{\Delta p} \cdot \frac{\frac{p_1 + (p_1 + \Delta p)}{2}}{\frac{x_1 + (x_1 + \Delta x)}{2}}$$

$$= \frac{x_1 - x_2}{p_1 - p_2} \cdot \frac{\frac{p_1 + p_2}{2}}{\frac{x_1 + x_2}{2}}$$

$$= \frac{1 - 2}{10 - 5} \cdot \frac{\frac{10 + 5}{2}}{\frac{1 + 2}{2}}$$

$$= -\frac{1}{5} \cdot \frac{7,5}{1,5} = -1$$

Die Bogenelastizität gibt den Durchschnitt aller Punktelastizitäten im Bereich x_1 bis x_2 an. Da diese an jeder Stelle der Funktion $x = \frac{10}{p}$ stets den Wert –1 annehmen, ist der Wert der Durchschnittselastizität ebenfalls –1.

3. Indirekte Punktelastizität

Sie gibt die relative Änderung der Nachfragemenge des Gutes B bei einer sie bewirkenden relativen Änderung der Marketingaktivitäten für das Gut A an:

$$T = \frac{dx_B}{x_B} : \frac{dMI_A}{MI_A} = \frac{dx_B}{dMI_A} \cdot \frac{MI_A}{x_B}$$

Bezogen auf das Marketinginstrument „Preis" wird diese Elastizität als Kreuzpreiselastizität bzw. Triffin'scher Koeffizient bezeichnet.

Lösung Aufgabe 6 Preiselastizität II

Die Preiselastizität der Nachfrage ist definiert als

$$\eta_{x,p} = \frac{dx}{dp} \cdot \frac{p}{x}$$

Berechnung der umsatzmaximalen Absatzmenge:

$$U = x \cdot p(x)$$
$$\frac{dU}{dx} = 1 \cdot p(x) + x \cdot \frac{dp(x)}{dx} = 0$$
$$x \frac{dp(x)}{dx} = -p(x)$$
$$x = -p \cdot \frac{1}{\frac{dp}{dx}}$$
$$x = -p \cdot \frac{\frac{dx}{dp}}{}$$

Berechnung der Elastizität:

$$\eta_{x,p} = \frac{dx}{dp} \cdot \frac{p}{x}$$

$$= \frac{dx}{dp} \cdot \frac{p}{-p \cdot \dfrac{dx}{dp}} = -1$$

Lösung Aufgabe 7 Preiselastizität III

Folgende Determinanten können die Preiselastizität eines Anbieters von technischen Kundendienstleistungen beeinflussen:

1. Existenz von konkurrierenden Serviceanbietern: Je kleiner die Anzahl konkurrierender Kundendienstangebote ist bzw. je eher ein Angebotsengpass für Kundendienstleistungen besteht, umso unelastischer reagieren tendenziell die Nachfrager auf den Preis.
2. Markttransparenz: Je geringer die Markttransparenz ist, umso unelastischer reagieren tendenziell die Nachfrager auf den Preis.
3. Entbehrlichkeit bzw. Bedeutung des Gerätes: Je weniger ein Kunde auf ein Gerät verzichten kann und je schwieriger der Ersatz ist, umso unelastischer reagiert der Nachfrager auf den Preis.
4. Branchenübliches Stundenlohnniveau: Je mehr der geforderte Preis pro Arbeitsstunde das branchenübliche Stundenlohnniveau überschreitet, umso elastischer reagieren tendenziell die Nachfrager auf den Preis.
5. Zeitpunkt des Kundendienst-Call: Fällt der Call nicht in die normale Geschäftszeit, dann reagieren die Nachfrager tendenziell unelastisch auf den Preis.
6. Schnelligkeit des Kundendienstes: Je kürzer die Ausfallzeit eines Gerätes ist, umso unelastischer reagieren tendenziell die Nachfrager auf den Preis.
7. Schwierigkeit der Kundendienstleistung: Je eher eine Kundendienstleistung von den Nachfragern selbst vollzogen werden kann, umso elastischer reagieren tendenziell die Nachfrager auf den Preis.
8. Neupreis des Gerätes: Je höher der Anschaffungspreis eines Gerätes ist, umso unelastischer reagieren tendenziell die Nachfrager auf den Preis.

Lösung Aufgabe 8 Umsatzmaximum

Aus der Preis-Absatz-Funktion $p = 18 - 0{,}25x$ kann die Umsatzfunktion hergeleitet werden:

$$U = p \cdot x = 18x - 0{,}25x^2$$

Das Umsatzmaximum ist dort erreicht, wo die 1. Ableitung der Umsatzfunktion den Wert Null annimmt (notwendige Bedingung), sofern die 2. Ableitung in diesem Punkt negativ ist (hinreichende Bedingung).

1. Ableitung: $U' = 18 - 0{,}5x = 0$

$x_{opt} = 36; \; p_{opt} = 9$

2. Ableitung: $U' = -0{,}5 < 0$

Somit liegt im Punkt x = 36/p = 9 ein Umsatzmaximum vor.

Die Preiselastizität der Nachfrage ist definiert als

$$\eta_{x,p} = \frac{dx}{dp} \cdot \frac{p}{x}$$

Obige Preis-Absatz-Funktion führt zu einer Preiselastizität von

$$\eta_{x,p} = -4 \cdot \frac{18 - 0{,}25x}{x}$$

$$= \frac{-72}{x} + 1$$

Im Umsatzmaximum ergibt sich somit eine Preiselastizität von

$$\eta_{x,p} = -\frac{72}{36} + 1 = -1$$

Überprüfung der Allgemeingültigkeit
Die Preis-Absatz-Funktion hat die Form

$$p = a - bx$$

Berechnung des Umsatzmaximums:

$$U = ax - bx^2$$

$$U' = a - 2bx = 0$$

$$x_{opt} = \frac{a}{2b}$$

Berechnung der Preiselastizität der Nachfrage im Umsatzmaximum:

$$\eta_{x,p} = \frac{dx}{dp} \cdot \frac{p}{x}$$

$$= -\frac{1}{b} \cdot \frac{a - bx}{x}$$

$$= -\frac{1}{b} \cdot \frac{a - b \cdot \dfrac{a}{2b}}{\dfrac{a}{2b}} = -\frac{1}{b} \cdot \frac{\dfrac{a}{2}}{\dfrac{a}{2b}}$$

$$\eta_{x,p} = -1$$

Das Ergebnis hat Allgemeingültigkeit.

Lösung Aufgabe 9 Cournot-Menge

Lösung Aufgabe 9a
Für die Preis-Absatz-Funktion $p = 5 - \frac{1}{4}x$ lautet die Erlösfunktion:

$$U = p \cdot x = \left(5 - \frac{1}{4}x\right) \cdot x = 5x - \frac{1}{4}x^2$$

x	p	U
0	5,00	0
1	4,75	4,75
2	4,50	9,00
3	4,25	12,75
5	3,75	18,75
9	2,75	24,75
10	2,50	25,00
11	2,25	24,75
15	1,25	18,75
18	0,50	9,00
20	0	0

Abb. 4.35 Wertetabelle zur Umsatzermittlung

Wertetabelle und zeichnerische Darstellung siehe Abb. 4.35 und 4.36.

Lösung Aufgabe 9b
Die erlösmaximale Absatzmenge (x_u) ist in dem Punkt erreicht, in dem eine Parallele zur Abszisse die Erlöskurve tangiert.

Die gewinnmaximale Absatzmenge (x_G) ist in dem Punkt erreicht, in dem eine Parallele zur Kostenfunktion die Erlöskurve tangiert (Abb. 4.37).

Wertetabelle

Lösung Aufgabe 9c
Es ist das Gewinnmaximum zu bestimmen. Notwendige Bedingung für die Existenz eines Gewinnmaximums ist, dass die 1. Ableitung der Gewinnfunktion den Wert Null annimmt, hinreichende Bedingung, dass die 2. Ableitung im Gewinnmaximum kleiner als Null ist.

$$\text{Gewinnfunktion: } G(x) = U(x) - K(x)$$
$$= 5x - \frac{1}{4}x^2 - 2 - \frac{1}{2}x$$
$$= -\frac{1}{4}x^2 + 4,5x - 2 \rightarrow \text{max.!}$$

1. Ableitung: $G'(x) = -\frac{1}{2}x + 4,5 = 0$
   gewinnmaximale Menge: $x_c = 9$
   gewinnmaximaler Preis: $p_c = 5 - \frac{9}{4} = 2,75$

2. Ableitung: $G''(x) = -\frac{1}{2} < 0$

Es liegt somit ein Gewinnmaximum im Punkt $p_c = 2,75$ GE und $x_c = 9$ ME vor.

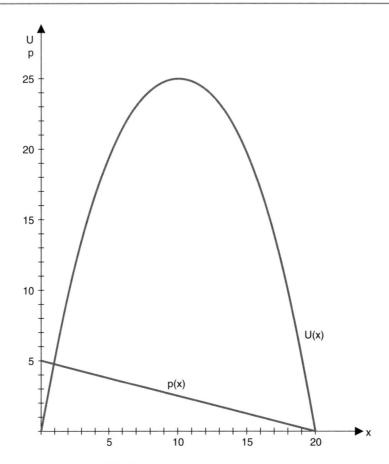

Abb. 4.36 Preis-Absatz- und Erlösfunktion

Lösung Aufgabe 9d
Linear fallende Preis-Absatz-Funktionen haben die Funktionsform:

$$p = a - b \cdot x \text{ mit der Steigung b.}$$

Die Grenzerlösfunktion ist gleich der 1. Ableitung der Umsatzfunktion. Die Grenzerlös-funktion hat somit die Funktionsform $U' = a - 2bx$. Diese Funktion mit der Steigung 2b hat die doppelte Steigung der Preis-Absatz-Funktion.

Lösung Aufgabe 9e
Für die Beantwortung dieser Fragestellung ist es sinnvoll, die allgemeinen Cournot-For-meln herzuleiten:

$$
\begin{aligned}
p &= a - bx \\
U &= ax - bx^2 \\
G &= ax - bx^2 - K \\
G' &= a - 2bx - K' \\
x_c &= \frac{a - K'}{2b}
\end{aligned}
$$

x	K
0	2
10	7

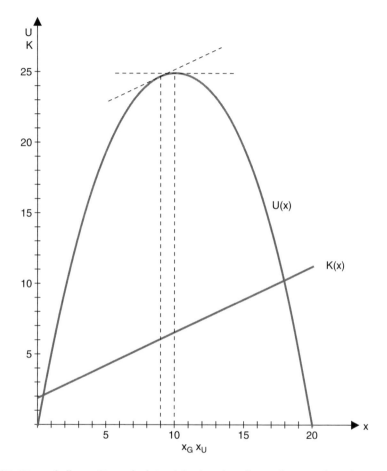

Abb. 4.37 Wertetabelle zur Kostenfunktion (oben) und zeichnerische Ermittlung der gewinn- und erlösmaximalen Absatzmengen (unten)

Die gewinnmaximale Preisforderung erhält man durch Einsetzen von x_c in die Preis-Absatz-Funktion:

$$p_c = a - b \cdot \frac{a - K'}{2b}$$

$$p_c = \frac{a + K'}{2}$$

Mit Hilfe dieser Cournot-Formeln lassen sich Aussagen über die Preis- beziehungsweise Mengenwirkung von kosten- bzw. absatzmäßigen Änderungen treffen:

1. Durch Parallelverschiebung nach rechts erhöht sich der Prohibitivpreis a. Da, wie aus der Cournot-Formel für x_c ersichtlich ist, K' und b konstant bleiben, wächst die gewinnmaximale Menge.

Beispiel

alte Preis-Absatz-Funktion: $x_{c_1} = 9$, $p_{c_1} = 2{,}75$

Nach einer Parallelverschiebung der Preis-Absatz-Funktion von a = 5 auf beispielsweise a = 7 ergibt sich ein neues $x_c = \frac{7-0{,}5}{2 \times 0{,}25} = 13$. Gleichzeitig ändert sich der gewinnmaximale Preis von $p_{c_1} = 2{,}75$ auf $p_{c_2} = 3{,}75$. Hierbei entspricht bei konstanten Grenzkosten die Änderung des gewinnmaximalen Preises immer der Hälfte der Änderung des Prohibitivpreises.

Dieses Ergebnis ist denkbar, wenn sich nur die Steigung b der Preis-Absatz-Funktion ändert, der Prohibitivpreis a aber konstant bleibt (Drehung der Preis-Absatz-Funktion um a). Dann ändert sich – wie aus den Cournot-Formeln ersichtlich ist – nur die gewinnmaximale Absatzmenge, nicht aber der gewinnmaximale Preis.

2. Die gewinnmaximale Absatzmenge steigt. K'(x) nimmt den Wert Null an, wenn nur Fixkosten anfallen. Die gewinnmaximale Preismengenkombination entspricht der umsatzmaximalen Preismengenkombination.

Beispiel

– Grenzerlösfunktion: $\qquad\qquad\qquad\qquad\qquad U'(x) = 5 - \frac{1}{2}x = 0$

– umsatzmaximale Preismengenkombination: $\quad x_u = 10,\ p_u = 2{,}5$

– gewinnmaximale Menge: $\qquad\qquad\qquad\qquad x_c = \dfrac{5-0}{2 \cdot \frac{1}{4}} = 10$

– gewinnmaximaler Preis: $\qquad\qquad\qquad\qquad p_c = \dfrac{5+0}{2} = 2{,}5$

3. Die gewinnmaximale Absatzmenge ändert sich nicht, weil die Grenzkosten K'(x) von den Fixkosten unabhängig sind und konstant bleiben. Die gewinnmaximale Absatzmenge ist daher unabhängig von den Fixkosten (vgl. Cournot-Formel für x_c).

4. Die gewinnmaximale Absatzmenge ändert sich. Sie sinkt, weil sich die Grenzkosten erhöhen und damit der Zähler in der Cournot-Formel für x_c kleiner wird.

Beispiel

– neue Kostenfunktion: $\qquad\quad K_{neu} = 2 + x$

– neue Grenzkostenfunktion: $\quad K'_{neu} = 1$

– gewinnmaximale Menge: $\qquad\quad x_c = \dfrac{5-1}{2 \cdot \frac{1}{4}} = 8$

5. Dieser Fall entspricht (2). Die gewinnmaximale ist gleich der umsatzmaximalen Preismengenkombination. Ein Unterschied zu (2) besteht lediglich in der absoluten Gewinnhöhe. Sie ist hier größer.

Lösung Aufgabe 10 Produktvariation und Gewinnmaximum

Lösung Aufgabe 10a
Die Berechnung des gewinnmaximalen Preises erfolgt nach der Formel:

$$p_{opt} = \frac{a + K'}{2}$$

Nach a aufgelöst ergibt sich:

$$a = 2 \cdot p_{opt} - K'$$

- Berechnung des Prohibitivpreises **nach** Nachfragerückgang (nNR)

$$a_{nNR} = 2 \cdot 6 - 3 = 9$$

- Berechnung des Prohibitivpreises **vor** Nachfragerückgang (vNR)

$$a_{vNR} = 2 \cdot 8 - 3 = 13$$

Durch die Marketingaktivitäten kann die alte PAF wiederhergestellt werden. Diese ist analytisch nur mit den Ausgangsdaten rekonstruierbar. Das heißt, der gewinnmaximale Preis
und die Grenzkosten bleiben zunächst gleich. Im zweiten Teil der Aufgabe wird dann diese
alte PAF unter der Bedingung gestiegener Grenzkosten analysiert.
  Die Berechnung der optimalen Absatzmenge erfolgt nach der Formel:

$$x_{opt} = \frac{a - K'}{2b}$$

Entsprechend lautet die Formel für die Differenz zwischen den optimalen Absatzmengen:

$$x_{opt(vNR)} - x_{opt(nNR)} = \frac{a_{vNR} - K'_{vNR}}{2b} - \frac{a_{nNR} - K'_{nNR}}{2b}$$

Nach b aufgelöst ergibt sich:

$$b = \frac{(a_{vNR} - K'_{vNR}) - (a_{nNR} - K'_{nNR})}{2 \cdot (x_{opt(vNR)} - x_{opt(nNR)})}$$

Durch Einsetzen der angegebenen Werte ergibt sich die Steigung für beide Preis-Absatz-
Funktionen (Parallelverschiebung).

$$b = \frac{(13 - 3) - (9 - 3)}{2 \cdot 4} = 0{,}5$$

Setzt man die errechneten Werte in die allgemeine Form der linear fallenden Preis-Absatz-Funktion ein, so ergibt sich

- PAF vor Nachfragerückgang:

$$p_{vNR} = 13 - 0{,}5 x_{vNR}$$

- PAF nach Nachfragerückgang:

$$p_{nNR} = 9 - 0{,}5 x_{nNR}$$

Lösung Aufgabe 10b
Die Entscheidung muss auf der Grundlage der maximalen Gewinne ermittelt werden. Dabei können im Folgenden nur die entscheidungsrelevanten Kosten berücksichtigt werden. (Dazu gehören die erhöhten Grenzkosten im Fall der Produktvariation sowie die Kosten der Kommunikationsaktivitäten. Die bereits entstandenen Kosten in Höhe von 15 GE für die Produktentwicklung sind sunk costs und daher nicht entscheidungsrelevant).

- Berechnung des Maximalgewinns ohne Produktvariation und Kommunikationsaktivitäten:

$$x_{opt(o)} = \frac{a_o - K'_o}{2b} = \frac{9 - 3}{2 \cdot 0{,}5} = 6$$

$$(a_o = a_{vNR})$$

$$G_{max(o)} = (p_{opt(o)} - K'_o) \cdot x_{opt(o)} = (6 - 3) \cdot 6 = 18 \text{ GE}$$

- Berechnung des Maximalgewinns mit Produktvariation und Kommunikationsaktivitäten: (Für die Berechnung der optimalen Absatzmenge mit Produktvariation und Kommunikationsaktivitäten müssen die erhöhten Grenzkosten berücksichtigt werden ($K'_m = 4$ GE).)

$$x_{opt(m)} = \frac{a_m - K'_m}{2b} = \frac{13 - 4}{2 \cdot 0{,}5} = 9$$

$$(a_m = a_{nNR})$$

Bei Berücksichtigung der gestiegenen Grenzkosten ist $p_{opt(m)} = 8{,}5$ GE

$$G_{max(m)} = (p_{opt(m)} - K_m) \cdot x_{opt(m)} - K_f = (8{,}5 - 4) \cdot 9 - 15 = 25{,}5 \text{ GE}$$

Mittels der Produktvariation und der Kommunikationsaktivitäten kann der Monopolist seinen Gewinn um 7,5 GE steigern. Er sollte deshalb diese Maßnahmen durchführen.

Lösung Aufgabe 11 Angemessener Gewinn
Aus der Preis-Absatz-Funktion $p = 8 - \frac{1}{3}x$ und der Kostenfunktion $K = 3 + \frac{1}{4}x$ ergibt sich die Gewinnfunktion

$$G = -\frac{1}{3}x^2 + 7,75x - 3 = 3,75$$

$$-\frac{1}{3}x^2 + 7,75x - 6,75 = 0$$

$$x^2 - 23,25x + 20,25 = 0$$

$$x_{1,2} = 11,625 \pm \sqrt{135,141 - 20,25}$$

$$x_{1,2} = 11,625 \pm 10,719$$

$$x_1 = 0,906$$

$$x_2 = 22,344$$

$$p_1 = 7,698$$

$$p_2 = 0,552$$

Ein Mindestgewinn von 3,75 GE wird innerhalb der beiden Preismengenkombinationen

$$x_1 = 22{,}35/p_1 = 0{,}55 \qquad \rightarrow \text{(Obergrenze) und}$$
$$x_2 = 0{,}91/p_2 = 7{,}7 \qquad \rightarrow \text{(Untergrenze)}$$

realisiert.

Lösung Aufgabe 12 Mindestgewinn

Lösung Aufgabe 12a
Es liegt eine kombinierte Zielsetzung vor. Es ist der umsatzmaximale Preis zu bestimmen, der zugleich einen Mindestgewinn von 2 GE garantiert. Abbildung 4.38 verdeutlicht die Problemstellung.

In einem ersten Schritt sind die Absatzmengen x_1 und x_2 zu bestimmen, bei denen ein Gewinn von 2 GE entsteht. Unter den Absatzmengen des zulässigen Bereichs zwischen x_1 und x_2 ist im zweiten Schritt die umsatzmaximale Absatzmenge auszuwählen. Im dritten Schritt ist der umsatzmaximale Preis zu berechnen.

1. Schritt: Bestimmung der Ober- und Untergrenze des zulässigen Bereichs.

$$G(x) = U(x) - K(x) = 2$$

$$8\frac{1}{4}x - \frac{1}{3}x^2 - 3 - \frac{1}{4}x = 2$$

$$x^2 - 24x + 15 = 0$$

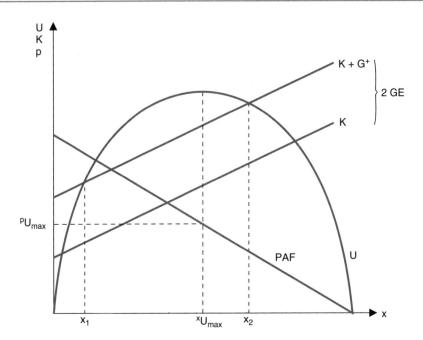

Abb. 4.38 Umsatzmaximaler Preis mit Mindestgewinn

Es ergeben sich folgende Absatzmengen:

$$x_{1,2} = 12 \pm \sqrt{144 - 15}$$
$$= 12 \pm 11,36$$

Alle Absatzmengen zwischen $x_1 = 0,64$ und $x_2 = 23,36$ erfüllen die Nebenbedingung, einen Gewinn von mindestens 2 GE zu erzielen.

2. Schritt: Bestimmung der umsatzmaximalen Absatzmenge.

- Umsatzfunktion:

$$U(x) = 8\frac{1}{4}x - \frac{1}{3}x^2 \to \text{max .!}$$

- 1. Ableitung der Umsatzfunktion:

$$\frac{dU}{dx} = 8\frac{1}{4} - \frac{2}{3}x = 0$$
$$x_{U_{Max}} = 12,375$$

- 2. Ableitung der Umsatzfunktion:

$$U''(x) = -\frac{2}{3} < 0$$

$x_{U_{Max}}$ liegt im zulässigen Bereich.

3. Schritt: Bestimmung des umsatzmaximalen Preises.

$$p_{U_{Max}} = 8\frac{1}{4} - \frac{1}{3} \cdot 12{,}375 = 4{,}125$$

Der Monopolist wird also das absolute Umsatzmaximum realisieren und einen Preis von 4,125 GE verlangen.

Lösung Aufgabe 12b
Die Kostenfunktion wird um ihren Schnittpunkt mit der Ordinate nach links gedreht. Problemstellung und Lösungsweg entsprechen Teilaufgabe a).

1. Schritt: Bestimmung der Ober- und Untergrenze des zulässigen Bereichs.

$$G(x) = 8\frac{1}{4}x - \frac{1}{3}x^2 - 3 - 4\frac{2}{3}x = 2$$
$$x^2 - 10{,}75x + 15 = 0$$

Es ergeben sich folgende Absatzmengen:

$$x_{1,2} = \frac{10{,}75}{2} \pm \sqrt{\left(\frac{10{,}75}{2}\right)^2 - 15}$$
$$= 5{,}375 \pm 3{,}727$$

Alle Absatzmengen zwischen $x_1 = 1{,}65$ und $x_2 = 9{,}1$ erfüllen die Nebenbedingung, einen Gewinn von mindestens 2 GE zu erzielen.

2. Schritt: Bestimmung der umsatzmaximalen Absatzmenge.

Die umsatzmaximale Menge $x_{U_{Max}} = 12{,}375$ fällt nicht in den zulässigen Bereich; sie liegt rechts davon. Der Monopolist wird daher ein relatives Umsatzmaximum anstreben, das bei der höchsten Absatzmenge des zulässigen Bereichs ($x_2 = 9{,}1$) liegt.

3. Schritt: Bestimmung des zu x_2 zugehörigen Preises.

$$p_2 = 8\frac{1}{4} - \frac{1}{3} \cdot 9{,}1 = 5{,}22$$

Der Monopolist wird ein relatives Umsatzmaximum realisieren und bei einem Preis von 5,22 GE 9,1 ME absetzen.

Lösung Aufgabe 13 Preisuntergrenze

Lösung Aufgabe 13a Bestimmung der langfristigen Preisuntergrenze
Die langfristige Preisuntergrenze ist jener Angebotspreis einer Produkteinheit, bei der gerade noch die gesamten Stückkosten gedeckt werden (Vollkostendeckung). Stück- beziehungsweise Durchschnittskostenfunktion:

$$kg = \frac{K}{x} = \frac{3}{x} + \frac{1}{4}$$

Es ist jener der zwei möglichen Schnittpunkte der linear fallenden Preis-Absatz-Funktion mit der hyperbolischen Durchschnittskostenfunktion zu bestimmen, welcher die niedrigere p- und somit höhere x-Koordinate aufweist.

$$p = kg$$
$$8 - \frac{1}{3}x = \frac{3}{x} + \frac{1}{4}$$
$$x^2 - 23{,}25x + 9 = 0$$
$$x_{1,2} = 11{,}625 \pm \sqrt{11{,}625^2 - 9}$$
$$= 11{,}625 \pm 11{,}231$$
$$x_1 = 22{,}856$$
$$x_2 = 0{,}394$$

Die gesuchte langfristige Preisuntergrenze ergibt sich durch Einsetzen der größeren Absatzmenge x_1 in die Preis-Absatz-Funktion:

$$p_L = 8 - \frac{1}{3} \cdot 22{,}856 = 0{,}38$$

Bestimmung der kurzfristigen Preisuntergrenze
Die kurzfristige Preisuntergrenze ist jener Angebotspreis einer Produkteinheit, der gerade noch die variablen Stückkosten beziehungsweise Grenzkosten deckt (Teilkostendeckung).

$$\text{Grenzkostenfunktion} : K'(x) = \frac{1}{4}$$

Es ist die p-Koordinate des Schnittpunktes der Preis-Absatz-Funktion mit der Grenzkostenfunktion zu bestimmen. Da im vorliegenden Fall die Grenzkosten konstant sind und daher die Grenzkostenfunktion parallel zur Abszisse verläuft, ist die kurzfristige Preisuntergrenze:

$$p_K = K'(x) = 0{,}25$$

Lösung Aufgabe 13b

Die Preisuntergrenze kann als ein Entscheidungskriterium interpretiert werden. Sie informiert darüber, inwieweit der Preis eines Produkts reduziert werden kann, damit Produktion und Absatz einer Produkteinheit hinsichtlich des Gewinnziels noch lohnen. Von Ausgleichsmöglichkeiten innerhalb eines Sortimentsverbunds wird dabei abgesehen. Während kurzfristig zumindest die Kosten, die durch eine Stilllegung vermieden werden können – also die variablen Kosten – durch den Preis gedeckt sein müssen, haben Anbieter auf lange Sicht nur dann Überlebenschancen, wenn vollkostendeckende Erlöse erwirtschaftet werden.

Für einen nach Gewinnmaximierung strebenden Monopolisten haben die unter 13a) berechneten Preisuntergrenzen keinerlei praktische Bedeutung, da er in der gegebenen Absatz- und Kostensituation seine Preismengenkombinationen stets autonom festlegt und dabei bestimmte Zielsetzungen berücksichtigt. Mit dem Preisuntergrenzenproblem wird er erst dann konfrontiert, wenn eine Verschlechterung der Absatz- und/oder Kostensituation eintritt. Dabei interessiert zunächst nur die langfristige Preisuntergrenze. Die kurzfristige Preisuntergrenze gewinnt erst dann an Bedeutung, wenn der Monopolist keine Vollkostendeckung mehr erzielen kann.

Lösung Aufgabe 13c

Langfristig kann der Monopolist solange eine Verschlechterung der Absatzsituation hinnehmen, bis die parallel verschobene Preis-Absatz-Funktion die Durchschnittskostenkurve tangiert. Im Tangentialpunkt deckt der Umsatz gerade noch die vollen Kosten. Die p-Koordinate des Tangentialpunktes ist die langfristige Preisuntergrenze.

Die Steigung der neuen ist gleich der Steigung der alten Preis-Absatz-Funktion: $b = -\frac{1}{3}$.

Zur Bestimmung des Höchstpreises a der neuen Preis-Absatz-Funktion werden die Koordinaten des Tangentialpunktes benötigt. Ihre Berechnung ist möglich, da die Steigungen der Preis-Absatz- und der Durchschnittskostenfunktion im Berührungspunkt gleich sind:

$$p'(x) = kg'(x)$$

$$-\frac{1}{3} = -\frac{3}{x^2}$$

$$x_{1,2} = \pm 3$$

Die negative Absatzmenge ist ökonomisch nicht sinnvoll, daher ist die positive Absatzmenge in die Durchschnittskostenfunktion einzusetzen. Es ergibt sich die langfristige Preisuntergrenze: $kg = \frac{3}{3} + \frac{1}{4} = 1{,}25 = p_L$. Berechnung von a:

$$a = 1{,}25 + \frac{1}{3} \cdot 3 = 2{,}25$$

Die gesuchte Preis-Absatz-Funktion lautet:

$$p = 2{,}25 - \frac{1}{3}x$$

	Vollkommener Markt (= atomistische Konkurrenz)	Unvollkommener Markt
Preispolitische Aktivitäten	nicht möglich, da einheitlicher Marktpreis (Mengenanpassung, Preis-Kosten-Kontrolle)	nur innerhalb des preispolitischen Spielraums
Einsatz anderer Marketing-instrumente (Präferenz-politik)	nein, weil keine Profilierungsmöglichkeiten bestehen	ja
Präferenzen bzw. akquisitorisches Potenzial	keine, da es sich um ein homogenes Gut handelt	persönliche, sachliche und zeitliche Präferenzen (heterogene Güter)
Räumliche Konzentration der Anbieter- und Nachfrager-standorte	Punktmarkt	Punkt- oder Gebietsmarkt
Reaktionsgeschwindigkeit	unendlich schnell	time-lag
Informationen	vollkommen	unvollkommen
Triffin'scher Koeffizient	$T = \infty$	$0 < T < \infty$

Abb. 4.39 Spezifische Merkmale einer polypolistischen Angebotsstruktur auf vollkommenem und unvollkommenem Markt

Der Monopolist fordert einen Preis in Höhe der langfristigen Preisuntergrenze und setzt drei Mengeneinheiten ab.

Lösung Aufgabe 14 Polypolistisches Angebot

- Grundsätzliche Merkmale:
  - Sehr viele Nachfrager.
  - Sehr viele Anbieter mit relativ kleinen Marktanteilen.
  - Preisforderungen der Konkurrenz beeinflussen, wenn auch nur kaum merklich, den Absatz des einzelnen Polypolisten. Gewonnene oder verlorene Nachfrage verteilt sich auf eine große Zahl von Konkurrenten.
  - Preisaktivitäten eines Polypolisten haben keine Reaktionen seiner Konkurrenten zur Folge. Daher können die Preisforderungen der Konkurrenten als Datum aufgefasst werden.
- Artspezifische Merkmale (Abb. 4.39 und 4.40):

Lösung Aufgabe 15 Gleichgewichtspreis im Polypol

Lösung Aufgabe 15a
Bei atomistischer Konkurrenz existiert gemäß den Bedingungen des vollkommenen Mark-tes ein Gleichgewichtspreis p^+, der sich aus der Übereinstimmung von Gesamtnachfrage und Gesamtangebot ergibt.

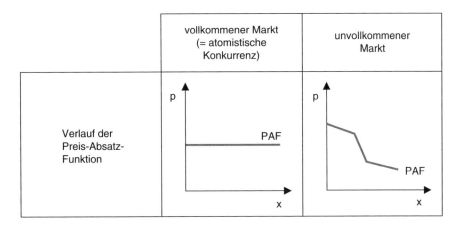

Abb. 4.40 Verlauf der Preis-Absatz-Funktion auf vollkommenem und unvollkommenem Markt

Ermittlung des Schnittpunktes der Gesamtnachfrage- und Gesamtangebotsfunktion:

$$Ng(x) = 250.015 - \frac{1}{4}x^2 = -749.985 + \frac{3}{4}x^2 = Ag(x)$$

$$x^2 = 1.000.000$$

$$x_{1,2} = \pm 1.000$$

Die negative Menge ist ökonomisch nicht sinnvoll. Es ergibt sich folgender Gleichgewichtspreis:

$$Ng(x) = 250.015 - \frac{1}{4} \cdot 1.000^2 = 15 = p^+$$

Lösung Aufgabe 15b

1. In diesem Fall verkauft der Polypolist A keine Mengeneinheit seines Produktes. Er verliert seinen gesamten Absatz an die Konkurrenz.
2. In diesem Fall zieht der Polypolist A zwar die Gesamtnachfrage des Marktes auf sich. Er kann sie aber aufgrund begrenzter Kapazitäten nicht befriedigen. Beide Marktreaktionen vollziehen sich gemäß den Bedingungen vollkommener Marktübersicht und mit unendlich schneller Reaktionsgeschwindigkeit.

Lösung Aufgabe 16 Gewinnmaximum im Polypol

Lösung Aufgabe 16a
Es gilt:

$$U(x) = K(x)$$
$$\bar{p} \cdot x = 16x = 48 + 4x$$
$$x = 4$$

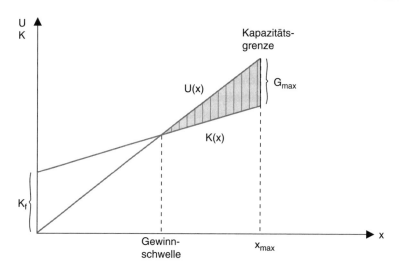

Abb. 4.41 Ausgangssituation Gesamtkostenbetrachtung

Bestimmung des Gewinnmaximums:
Da sowohl die Umsätze als auch die Kosten gemäß den Funktionen U = 16x und K = 48 + 4x linear steigen, kann die Maximierungsbedingung U′(x) = K′(x) nicht angewandt werden. Der gewinnmaximierende Mengenanpasser produziert an seiner Kapazitätsgrenze, da dort die Differenz zwischen linear steigenden Erlösen und linear steigenden Gesamtkosten am größten ist.

Lösung Aufgabe 16b
Bei einer maximalen Produktionskapazität von x = 48 ME betragen

- die Gesamterlöse 768 GE,
- die Gesamtkosten 240 GE,
- der maximale Gesamtgewinn 528 GE,
- die Grenzerlöse 16 GE,
- die Grenzkosten 4 GE,
- die Stückkosten 5 GE,
- der maximale Stückgewinn 11 GE.

Graphische Darstellung der Ausgangssituation:

- für die Gesamtfunktion (Abb. 4.41)
- für die stückbezogene Betrachtung (Abb. 4.42)

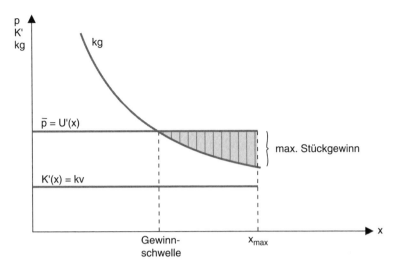

Abb. 4.42 Ausgangssituation Stückkostenbetrachtung

1. Sukzessiv sinkender Preis

- Die Steigung der Erlösfunktion nimmt ab, da $U'(x) = p$; das heißt, die Erlösfunktion wird um den Nullpunkt nach unten gedreht.
- Die Gewinnschwelle wird erst bei größerem x erreicht.
- Die Höhe des maximalen Gewinns bei gleicher Kapazitätsgrenze sinkt; ab $p < 5$ ist $U(x) < K(x)$ (Verlust).
- Die gewinnoptimale Absatzmenge bleibt unberührt, da sie stets an der Kapazitätsgrenze liegt.
- Der Schnittpunkt von $U'(x)$ und kg (= Gewinnschwelle) wandert nach rechts.
- Bei $U'(x) = K'(x) = 4$ unvermeidbarer Verlust in Höhe der Fixkosten von 48 GE (Betriebsminimum).
- Bei $U(x) < K(x)$ aber $U'(x) > K'(x)$ Verlust durch Kapazitätserweiterung vermeidbar.

2. Steigende Fixkosten

- Die Kostenfunktion verschiebt sich parallel nach oben.
- Die Gewinnschwelle wird erst bei höherem x erreicht.
- Die Höhe des maximalen Gewinns bei gleicher Kapazitätsgrenze sinkt; ab $K_f > 576$ GE ist $U(x) < K(x)$ (durch Kapazitätserweiterung vermeidbarer Verlust).
- Die gewinnoptimale Absatzmenge bleibt unberührt. Sie liegt stets an der Kapazitätsgrenze.
- Die Durchschnittskostenfunktion verschiebt sich nach rechts oben; der Schnittpunkt von $U'(x)$ und kg (= Gewinnschwelle) wandert nach rechts.

3. Unterschiedliche variable Kosten

a) Die Steigung der Kostenfunktion nimmt zu, das heißt, die Kostenfunktion wird um den Ordinatenabschnitt nach oben gedreht.
   - Die Höhe des maximalen Gewinns sinkt bei gleicher Kapazitätsgrenze.
   - Die gewinnoptimale Absatzmenge bleibt unberührt, da sie stets an der Kapazitätsgrenze liegt.
   - Bei $U'(x) = K'(x) = 16$ unvermeidbarer Verlust in Höhe der Fixkosten von 48 GE.
   - Bei $U(x) < K(x)$ aber $U'(x) > K'(x)$ Verlust durch Kapazitätserweiterung vermeidbar.
   - Die Durchschnittskostenfunktion verschiebt sich nach oben; der Schnittpunkt von $U'(x)$ und kg (= Gewinnschwelle) wandert nach rechts.

b) Die Steigung der Kostenfunktion nimmt ab, das heißt die Kostenfunktion wird um den Ordinatenabschnitt nach unten gedreht.
   - Die Gewinnschwelle wird bei geringerem x erreicht.
   - Die Höhe des maximalen Gewinns steigt bei gleicher Kapazitätsgrenze.
   - Die gewinnoptimale Absatzmenge bleibt unberührt. Sie liegt stets an der Kapazitätsgrenze.
   - Die Durchschnittskostenfunktion verschiebt sich nach unten; der Schnittpunkt von $U'(x)$ und kg (= Gewinnschwelle) wandert nach links.

Lösung Aufgabe 17 Betriebsoptimum

Lösung Aufgabe 17a

- Bestimmung der Preis-Absatz-Funktion:

$$U'(x) = 64 = \bar{p}$$

- Bestimmung der Gewinn- und der Verlustschwelle:
  Die Gewinnschwelle (bzw. Verlustschwelle) ist der untere (bzw. obere) Schnittpunkt von Erlös- und Kostenfunktion. Links (bzw. rechts) von diesem Schnittpunkt sind die Kosten größer als die Erlöse, rechts (bzw. links) davon ist es umgekehrt. Es gilt also:

$$U(x) = K(x)$$

$$64x = 66{,}16x - 0{,}48x^2 + 0{,}02x^3$$

$$x^3 - 24x^2 + 108x = 0$$

$$x^2 - 24x + 108 = 0$$

$$x_{1,2} = 12 \pm 6$$

   – Verlustschwelle: $x_o = 18$
   – Gewinnschwelle: $x_u = 6$

- Bestimmung des Betriebsminimums:
  Als Betriebsminimum wird das Minimum der variablen Durchschnittskostenfunktion bezeichnet. Diese Funktion ist eine nach oben geöffnete Parabel, die vor ihrem Minimum über, danach unterhalb der Grenzkostenfunktion verläuft. Das Betriebsminimum gibt zugleich die kurzfristige Preisuntergrenze eines Mengenanpassers mit s-förmiger Kostenfunktion an.

- variable Durchschnittskostenfunktion:

$$K_v = 66{,}16 - 0{,}48x + 0{,}02x^2$$

- Ableitung der variablen Durchschnittskostenfunktion:

$$K'_c = -0{,}48 + 0{,}04x = 0$$

- betriebsminimale Absatzmenge:

$$X_m = 12$$

- Bestimmung des Betriebsoptimums:
  Als Betriebsoptimum wird das Minimum der totalen Durchschnittskostenfunktion bezeichnet. Diese Funktion ist eine nach oben geöffnete Parabel, die vor ihrem Minimum über, danach unterhalb der Grenzkostenfunktion verläuft. Das Betriebsoptimum gibt zugleich die langfristige Preisuntergrenze eines Mengenanpassers mit s-förmiger Kostenfunktion an. Im vorliegenden Fall fällt die totale mit der variablen Durchschnittskostenfunktion zusammen. Das Betriebsoptimum ist also gleich dem Betriebsminimum von $X_m = 12$.

- Bestimmung des Betriebsmaximums:
  Das Betriebs- bzw. Gewinnmaximum ist der Schnittpunkt der Grenzerlös- und der Grenzkostenfunktion mit der größeren Absatzmenge. Links von diesem Schnittpunkt sind die Grenzkosten kleiner, rechts davon größer als der Preis.

$$U'(x) = K'(x)$$
$$64 = 66{,}16 - 0{,}96x + 0{,}06\,x^2$$
$$x^2 - 16x + 36 = 0$$
$$x_{1,2} = 8 \pm 5{,}29$$
$$x_G = 13{,}29 \rightarrow \text{(gewinnmaximale Absatzmenge)}$$
$$x_2 = 2{,}71$$

Lösung Aufgabe 17b

1. Sukzessiv sinkender Preis

- Die Steigung der Erlösfunktion nimmt ab, da $U'(x) = p$; das heißt, die Erlösfunktion wird um den Nullpunkt nach rechts gedreht.
- Die Gewinnschwelle wird erst bei größerem x erreicht.
- Die Verlustschwelle wird bereits bei kleinerem x erreicht.
- Die Höhe des maximalen Gewinns sinkt.
- Die gewinnmaximale Absatzmenge sinkt; das Betriebsmaximum wandert auf der Grenzkostenfunktion nach unten (beziehungsweise nach $K'(x) = kg$).
- Wenn die Erlösgerade die Gesamtkostenkurve bzw. die konstante Preis-Absatz-Funktion die Durchschnittskostenkurve tangiert, das heißt, wenn $U'(x) = p = kg = K'(x)$ gilt, dann werden gerade noch die vollen Kosten gedeckt (Betriebsoptimum).
- Wenn $U(x) < K(x)$ beziehungsweise $U'(x) = p < kg$, dann entsteht ein Verlust aufgrund ungedeckter Kosten.
- Die Lage des Betriebsoptimums bzw. -minimums bleibt unberührt.

2. Anfall von Fixkosten

- Die Kostenfunktion verschiebt sich parallel nach oben.
- Die totale und variable Durchschnittskostenfunktion fallen auseinander. Damit ist das Betriebsminimum nicht mehr gleich dem Betriebsoptimum.
- Die Gewinnschwelle wird erst bei größerem x erreicht.
- Die Verlustschwelle wird bereits bei kleinerem x erreicht.
- Die Höhe des maximalen Gewinns sinkt.
- Die gewinnmaximale Absatzmenge (Betriebsmaximum) bleibt unverändert, da sie unabhängig von den Fixkosten ist.
- Das Betriebsoptimum wird bei größerem x erreicht.
- Wenn die Gesamtkostenkurve die Erlösgerade bzw. die totale Durchschnittskostenkurve die Preisgerade tangiert, dann werden gerade noch die vollen (Stück-)Kosten gedeckt.
- Wenn für alle x $U(x) < K(x)$ beziehungsweise $U'(x) = p < kg$, dann entsteht ein Verlust durch ungedeckte Fixkosten.

Graphische Darstellung der Ausgangssituation (Abb. 4.43)

3. Unterschiedliche variable Kostenänderungen in der Struktur der variablen Kosten beeinflussen sowohl die Höhe des maximalen Gewinns, die Gewinn- und Verlustschwelle als auch die Lage des Betriebsminimums, -optimums und -maximums. Wegen der Vielgestaltigkeit der möglichen variablen Gesamtkosten kann allgemein keine eindeutige Aussage über die Wirkung einer solchen Kostenänderung getroffen werden. Tendenziell gilt, dass die gewinnmaximale Absatzmenge bei gegebenem Preis um so

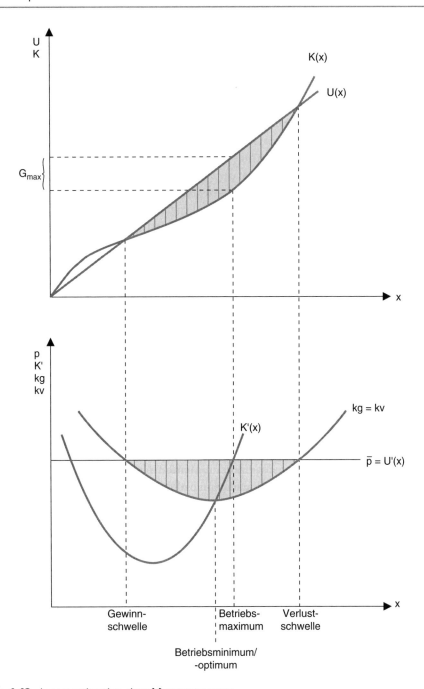

Abb. 4.43 Ausgangssituation eines Mengenanpassers

größer ist, je flacher und je lang gestreckter die variable Gesamtkosten- und damit auch die Grenzkostenkurve verlaufen.

Lösung Aufgabe 18 Akquisitorisches Potenzial
Das akquisitorische Potenzial einer Unternehmung stellt die Summe der Wirkungen aller jemals eingesetzten absatzpolitischen Aktivitäten der Unternehmung und aller sonstigen, zum Teil nicht rational erfassbaren, kaufrelevanten Faktoren dar, die bei den Käufern Präferenzen für das Unternehmen beziehungsweise sein Produkt erzeugen. Es kann auch als „goodwill", Ruf, Image und Attraktivität der Unternehmung beziehungsweise des Produkts interpretiert werden. Haben Käufer Präferenzen, schätzen sie konkurrierende Produkte als heterogen ein. Diese Differenzierung kann sachlich (zum Beispiel Produkteigenschaften), zeitlich (zum Beispiel kurze Lieferzeit), örtlich (zum Beispiel Ladennähe) und/oder persönlich (zum Beispiel freundliche Bedienung) bedingt sein.

Die Existenz von Präferenzen hebt die Einheitlichkeit des Marktpreises auf. Käufer, die ein bestimmtes Produkt präferieren, sind bereit, einen höheren Preis als für vergleichbare Konkurrenzprodukte zu bezahlen. Der Polypolist verfügt in diesem Fall über einen preispolitischen Spielraum, innerhalb dessen er seinen Preis nach oben und unten variieren kann, ohne dass er Käufer an die Konkurrenz verliert oder von dieser abzieht. Die Preis-Absatz-Funktion setzt sich aus einem monopolistischen und einem oberen und unteren atomistischen Abschnitt zusammen. Der monopolistische Bereich weist betragsmäßig eine größere Steigung als die atomistischen Bereiche auf. Mengenzuwächse im monopolistischen Preisintervall resultieren ex definitione ausschließlich aus der Mobilisierung latenter Nachfrage. Eine Überschreitung des oberen beziehungsweise Unterschreitung des unteren Grenzpreises führt zu einer empfindlichen Nachfragereaktion, die der bei atomistischer Konkurrenz entspricht.

Je nach der relativen Stärke des eigenen akquisitorischen Potenzials kann die Preis-Absatz-Funktion eines Polypolisten tendenzielle Verläufe, wie in Abb. 4.44 beschrieben, annehmen.

Lösung Aufgabe 19 Polypolistische Preis-Absatz-Funktion
Berechnung des monopolistischen Bereichs:

- Berechnung der Steigung:

$$n_{6/7} = \frac{dx}{dp} \cdot \frac{7}{6} = -\frac{7}{3} \quad \rightarrow \quad \frac{dx}{dp} = -2$$

Die Steigung beträgt $-\frac{1}{2}$.
- Berechnung des Prohibitivpreises:

$$p = a - \frac{1}{2}x$$

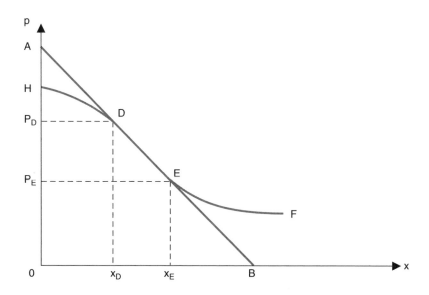

Fall	Verlauf der PAF	Eigenes akquisitorisches Potenzial	Akquisitorisches Potenzial der Konkurrenz
1	H D E F	schwach	schwach
2	H D E B	schwach	stark
3	A D E F	stark	schwach
4	A D E B	stark	stark

Abb. 4.44 Preis-Absatz-Funktion eines Polypolisten in Abhängigkeit des akquisitorischen Potenzials

In diese Preis-Absatz-Funktion wird der obere monopolistische Grenzpreis

$$p = 7/x = 6 \quad \rightarrow \text{ eingesetzt.}$$

$$7 = a - \frac{1}{2} \cdot 6$$

$$7 = a - 3$$

$$a = 10$$

Die Funktion des monopolistischen Bereichs lautet:

$$p = 10 - \frac{1}{2}x. \quad \rightarrow \text{ Sie ist definiert für } 6 \leq x \leq 10.$$

- Berechnung des oberen atomistischen Astes:
  - Ordinatenabschnitt: $\qquad a = 8$

  - Berechnung der Steigung: $\qquad b = \dfrac{p_2 - p_1}{x_2 - x_1} = \dfrac{8 - 7}{0 - 6} = -\dfrac{1}{6}$

    Die Funktion des oberen atomistischen

    Astes lautet: $\qquad p = 8 - \dfrac{1}{6}x$

  → Sie ist definiert für $0 \leq x \leq 6$.

- Berechnung des unteren atomistischen Astes:
  - Berechnung der Steigung: $\qquad b = \dfrac{p_2 - p_1}{x_2 - x_1} = \dfrac{5 - 0}{10 - 60} = -\dfrac{1}{10}$

  - Berechnung des Ordinatenabschnitts: $\qquad p = a - \dfrac{1}{10}x$

    $$a = \dfrac{1}{10} \times 10 + 5 = 6$$

    Die Funktion des unteren atomistischen

    Astes lautet: $\qquad p = 6 - \dfrac{1}{10}x$

    Sie ist definiert für $10 \leq x \leq 60$.

Die polypolistische Preis-Absatz-Funktion lautet:

$$p = \begin{cases} 8 - \dfrac{1}{6}x & 0 \leq x \leq 6 \\[2mm] 10 - \dfrac{1}{2}x & 6 \leq x \leq 10 \\[2mm] 6 - \dfrac{1}{10}x & 10 \leq x \leq 60 \end{cases}$$

Lösung Aufgabe 20 Gewinnmaximum bei einer polypolistischen Preis-Absatz-Funktion

Lösung Aufgabe 20a
Das Gewinnmaximum wird nach der Regel $U'(x) = K'(x)$ bestimmt.

- Bestimmung der Grenzerlösfunktion:

$$U'(x) = \begin{cases} 8 - \dfrac{1}{3}x & 0 \leq x \leq 6 \\[2mm] 10 - x & 6 \leq x \leq 10 \\[2mm] 6 - \dfrac{1}{5}x & 10 \leq x \leq 60 \end{cases}$$

- Bestimmung der Grenzkostenfunktion:

$$K'(x) = 3$$

- Berechnung der gewinnmaximalen Absatzmenge:

$$3 = 8 - \frac{1}{3}x \quad \rightarrow \quad x = 15$$

nicht definiert!

$$3 = 10 - x \rightarrow x = 7$$

im Definitionsbereich!

$$3 = 6 - \frac{1}{5}x \quad \rightarrow \quad x = 15$$

im Definitionsbereich!

Es ergeben sich somit zwei Partialoptima mit den Preismengenkombinationen

$$x = \frac{7}{p} = \frac{13}{2} = 6{,}5$$

$$x = \frac{15}{p} = \frac{9}{2} = 4{,}5$$

Zur Ermittlung des absoluten Gewinnmaximums wird ein Vergleich der Gewinnhöhe an den beiden gewinnmaximalen Stellen der Gewinnfunktion $G(x) = U(x) - K(x)$ durchgeführt.

x/p	U = px	K = 2 + 3x	G
7/6,5	45,5	23	22,5
15/4,5	67,5	47	20,5

Das absolute Gewinnmaximum ist bei der Preismengenkombination $x = 7/p = 6{,}5$ gegeben. Die Kombination $x = 15/p = 4{,}5$ stellt dagegen ein relatives Maximum dar.

Lösung Aufgabe 20b
Die Preiselastizität der Nachfrage wird jeweils für die Grenzpunkte des Definitionsbereichs eines jeden Abschnitts der Preis-Absatz-Funktion berechnet.

- Definition der Preiselastizität:

$$\eta_{xp} = \frac{dx}{dp} \cdot \frac{p}{x}$$

- oberer atomistischer Bereich:

$$\frac{dp}{dx} = -\frac{1}{6} \quad \rightarrow \quad \frac{dx}{dp} = -6$$

$$p = 8 - \frac{1}{6} \cdot 0 = 8 \quad \rightarrow \quad x = 0/p = 8$$

$$p = 8 - \frac{1}{6} \cdot 6 = 7 \quad \rightarrow \quad x = 6/p = 7$$

$$\eta_{0/8} = -6 \cdot \frac{8}{0} = -\infty$$

$$\eta_{6/7} = -6 \cdot \frac{7}{6} = -7$$

Die Preiselastizität der Nachfrage ist im gesamten Definitionsbereich des oberen atomistischen Astes $\eta < -1$.

- monopolistischer Bereich:

$$\frac{dp}{dx} = -\frac{1}{2} \quad \rightarrow \quad \frac{dx}{dp} = -2$$

$$p = 10 - \frac{1}{2} \cdot 6 = 7 \quad \rightarrow \quad x = 6/p = 7$$

$$p = 10 - \frac{1}{2} \cdot 10 = 5 \quad \rightarrow \quad x = 10/p = 5$$

$$\eta_{6/7} = -2 \cdot \frac{7}{6} = -2{,}33$$

$$\eta_{10/5} = -2 \cdot \frac{5}{10} = -1$$

Die Preiselastizität der Nachfrage ist im Definitionsbereich des monopolistischen Astes $\eta \leq -1$.

- unterer atomistischer Bereich:

$$\frac{dp}{dx} = -\frac{1}{10} \quad \rightarrow \quad \frac{dx}{dp} = -10$$

$$p = 6 - \frac{1}{10} \cdot 10 = 5 \quad \rightarrow \quad x = 10/p = 5$$

$$p = 6 - \frac{1}{10} \cdot 60 = 0 \quad \rightarrow \quad x = 60/p = 0$$

$$\eta_{10/5} = -10 \cdot \frac{5}{10} = -5$$

$$\eta_{60/0} = -10 \cdot \frac{0}{60} = 0$$

Die Preiselastizität der Nachfrage ist im unteren atomistischen Bereich erst $\eta < -1$, dann $\eta > -1$.

Aus dieser Elastizitätsbetrachtung folgt:

1. Im oberen atomistischen Bereich steigt die Erlöskurve monoton an; sie besitzt kein Maximum ($\eta < -1 \rightarrow U'(x) > 0$).
2. Im monopolistischen Bereich steigt die Erlöskurve bis zum unteren Grenzpreis monoton an ($\eta < -1 \rightarrow U'(x) > 0$); im Grenzpunkt $x = 10/p = 5$ hat sie ein Erlösmaximum von ($\eta = -1 \rightarrow U'(x) = 0$).
3. Im unteren atomistischen Bereich muss die Erlöskurve ein weiteres Maximum besitzen, da sie erst monoton steigt ($\eta < -1 \rightarrow U'(x) > 0$) und dann monoton fällt ($\eta > -1 \rightarrow U'(x) < 0$).

- Berechnung des Erlösmaximums im unteren atomistischen Bereich:

1. Möglichkeit

$$U(x) = px \rightarrow \text{max.!}$$

$$U'(x) = 6 \cdot \frac{1}{5}x = 0$$

$$x = 30$$

$$p = 3$$

2. Möglichkeit

Da im Erlösmaximum immer eine Preiselastizität der Nachfrage von ($\eta = -1$ gilt, folgt:

$$\eta_{xp} = -1 = -10\frac{6 - \frac{1}{10}x}{x}$$

$$1 = \frac{60}{x} - 1$$

$$x = 30$$

$$p = 3$$

Im Bereich $10 \leq x \leq 30$ ist $\eta_{xp} < -1$;
im Bereich $30 \leq x \leq 60$ ist $\eta_{xp} > -1$.
Die Erlöskurve besitzt bei $x = 30/p = 3$ ihr 2. Maximum.

Lösung Aufgabe 21 Mindestgewinn und Rentabilitätsmaximum im Polypol

Lösung Aufgabe 21a

Die Preis-Absatz-Funktion ergibt sich durch Halbierung der Steigung der Grenzlösfunktion:

$$p = \begin{cases} 9 - \dfrac{1}{50}x & 0 \le x \le 50 \\[2mm] 13 - \dfrac{1}{10}x & 50 \le x \le 80 \\[2mm] 7 - \dfrac{1}{40}x & 80 \le x \le 280 \end{cases}$$

Lösung Aufgabe 21b

Die monopolistischen Grenzpreise ergeben sich durch Einsetzen der x-Werte der beiden Grenzpunkte in den monopolistischen oder den entsprechenden atomistischen Funktionsbereich.

- oberer monopolistischer Grenzpreis:

$$p = 13 - \frac{1}{10} \cdot 50 = 8$$

- unterer monopolistischer Grenzpreis:

$$p = 13 - \frac{1}{10} \cdot 80 = 5$$

Lösung Aufgabe 21c

Jeder Abschnitt der Gewinnfunktion ist mit dem angemessenen Gewinn gleichzusetzen:

- oberer atomistischer Bereich ($0 \le x \le 50$):

$$G(x) = \left(9 - \frac{1}{50}x\right)x - 220 - 2{,}5x = 50$$

$$x^2 - 325x = -13.500$$

$$x_{1,2} = 162{,}5 \pm 113{,}61$$

$$x_1 = 276{,}11 \quad \rightarrow \quad \text{nicht definiert!}$$

$$\left.\begin{array}{l} x_2 = 48{,}89 \\ p_2 = 4{,}02 \end{array}\right\} \quad \text{im Definitionsbereich!}$$

- monopolistischer Bereich ($50 \le x \le 80$):

$$G(x) = \left(13 - \frac{1}{10}x\right)x - 220 - 2{,}5x = 50$$

$$x^2 - 105x = -2.700$$

$$x_{1,2} = 52{,}5 \pm 7{,}5$$

$$\left.\begin{array}{l} x_1 = 60 \\ p_1 = 7 \end{array}\right\} \quad \text{im Definitionsbereich!}$$

$$x_2 = 45 \quad \rightarrow \quad \text{nicht definiert}$$

- unterer atomistischer Bereich ($80 \leq x \leq 280$):

$$G(x) = \left(7 - \frac{1}{40}x\right)x - 220 - 2,5x = 50$$

$$x^2 - 180x = -10.800$$

$$(x - 90)^2 = -2.700$$

$$x = 90 \pm \sqrt{-2.700}$$

Da es sich hier um eine komplexe Zahl handelt, ist die Lösung ökonomisch nicht sinnvoll.

Der Polypolist erzielt einen angemessenen Gewinn in Höhe von 50 GE, wenn er eine Preismengenkombination realisiert, die zwischen $x = 48,89/p = 8,02$ und $x = 60/p = 7$ liegt.

Lösung Aufgabe 21d

Jeder Abschnitt der Renditefunktion ist auf eine rentabilitätsmaximale Preismengenkombination zu untersuchen.

- oberer atomistischer Bereich ($0 \leq x \leq 50$):

$$R(x) = \frac{(9 - \frac{1}{50}x)x - 220 - 2,5x}{\frac{1}{2}x} \quad \rightarrow \quad \text{max.!}$$

$$= 13 - \frac{1}{25}x - 440x^{-1}$$

$$R'(x) = -\frac{1}{25} + 440x^{-2} = 0$$

$$x^2 = 11.000$$

$$x_{1,2} = \pm 104,88 \quad \rightarrow \quad \text{nicht definiert!}$$

- monopolistischer Bereich ($50 \leq x \leq 80$):

$$R(x) = \frac{(13 - \frac{1}{10}x)x - 220 - 2,5x}{\frac{1}{2}x} \quad \rightarrow \quad \text{max.!}$$

$$= 21 - \frac{1}{5}x - 440x^{-1} = 0$$

$$R'(x) = -\frac{1}{5} + 440x^{-2} = 0$$

$$x^2 = 2.200$$

$$x_{1,2} = \pm 46,9 \quad \rightarrow \quad \text{nicht definiert!}$$

- unterer atomistischer Bereich ($80 \leq x \leq 280$):

$$R(x) = \frac{\left(7 - \frac{1}{40}x\right)x - 220 - 2,5x}{\frac{1}{2}x} \quad \rightarrow \quad \text{max.!}$$

$$= 9 - \frac{1}{20}x - 440x^{-1}$$

$$R'(x) = -\frac{1}{20} + 440x^{-2} = 0$$

$$x^2 = 8.800$$

$$\left.\begin{array}{l} x_1 = 93,81 \\ p_1 = 4,65 \end{array}\right\} \quad \text{im Definitionsbereich!}$$

$$x^2 = -93,81 \quad \rightarrow \quad \text{ökonomisch nicht sinnvoll!}$$

Da die Rentabilität für x = 93,81 negativ ist, sind die Randwerte des monopolistischen Bereichs auf Rentabilitätsmaxima zu prüfen:

$$R(x = 50) = \frac{8 \cdot 50 - 220 - 2,5 \cdot 50}{\frac{1}{2} \cdot 50}$$

$$= \frac{55}{25} = 2,2 = 220\%$$

$$R(x = 80) = \frac{5 \cdot 80 - 220 - 2,5 \cdot 80}{\frac{1}{2} \cdot 80}$$

$$= -\frac{20}{40} = -0,5 = -50\%$$

Bei einer Absatzmenge von x = 93,81 und einem Preis von p = 4,65 erreicht der Polypolist ein relatives, bei einer Absatzmenge von x = 50 und einem Preis von p = 8 ein absolutes Rentabilitätsmaximum.

Lösung Aufgabe 22 Unterschied zwischen Oligopol und Polypol
Abbildung 4.45 zeigt die Unterschiede zwischen dem preispolitischen Entscheidungsfeld eines Oligopolisten und eines Polypolisten auf.

Lösung Aufgabe 23 Monopolistische Grenzpreise
Der Abstand zwischen dem oberen und dem unteren Grenzpreis des monopolistischen Bereichs einer oligopolistischen Preis-Absatz-Funktion hängt von folgenden Faktoren ab:

1. dem akquisitorischen Potenzial des Unternehmens. Mit seiner Höhe nehmen die Präferenzen der Käufer und damit der Umfang des reaktionsfreien Spielraums des Oligopolisten zu.

	Polypolist	Oligopolist
Zahl der Anbieter	viele	wenige
Marktanteil pro Anbieter	relativ klein	relativ groß
Wirkung von Preisaktivitäten eines Anbieters auf die Menge anderer	kaum	Reaktionsverbundenheit
Bedeutung des preispolitischen Spielraums bei unvollkommenem Markt	keine Käuferbewegung von oder zur Konkurrenz	keine Käuferbewegung von oder zur Konkurrenz und keine Konkurrenzreaktion

Abb. 4.45 Preispolitisches Entscheidungsfeld von Polypolisten und Oligopolisten

2. der Substituierbarkeit bzw. wahrgenommenen Heterogenität der Produkte: Je weniger das Produkt eines Oligopolisten durch Konkurrenzerzeugnisse substituiert werden kann, umso größer ist sein preispolitischer Spielraum.
3. der Marktübersicht der Nachfrager und Konkurrenten: Je unübersichtlicher der Markt ist, umso größer ist tendenziell der preispolitische Spielraum des Oligopolisten.
4. der Stärke beziehungsweise Attraktivität der Konkurrenten: Je schwächer die Marketingaktivitäten der Konkurrenten ausgeprägt sind, umso größer ist der preispolitische Spielraum des Oligopolisten.

Demgegenüber tangieren die Zahl der Konkurrenten und die Marktreaktionsgeschwindigkeit auf Preisänderungen lediglich die drei Steigungen der oligopolistischen Preis-Absatz-Funktion. Diese verlaufen tendenziell umso flacher, je höher die obigen Faktoren ausgeprägt sind. So wirken sich zum Beispiel Nachfrageverschiebungen zwischen den Oligopolisten mit wachsender Zahl von Konkurrenten weniger stark aus.

4.2.3 Fallstudien

Fallstudie 1: Handelsspannenanalyse des Herstellers „Blitzlicht"
Der Fotohersteller „Blitzlicht" unterhält eine zentrale Reparaturwerkstatt, die defekte Fotogeräte (Kameras und Fotozubehör) aus eigener Produktion repariert. In diesem Reparaturgeschäft konkurriert er mit zahlreichen wirtschaftlich unabhängigen Handwerksbetrieben. Bei ihnen handelt es sich in der Regel um kleine bis mittlere Familienunternehmen, die defekte Fotogeräte aller Marken reparieren. Die Ersatzteile für ein bestimmtes Fotogerät beziehen sie vom jeweiligen Fotohersteller.

In die Abwicklung seiner Reparaturgeschäfte schaltet der Fotohersteller „Blitzlicht" – wie andere Fotohersteller auch – den Fotohandel ein. Nur etwa 10 % der Reparaturaufträge seiner Werkstatt stammen von direkt einsendenden Fotoamateuren. Die meisten defekten Fotogeräte werden bei Fotoeinzelhändlern abgegeben. Die Präferenz des Fotohändlers be-

	Handelsspanne							
	bis 10 %		11–30 %		31–50 %		51 % und mehr	
Ø Anzahl jährlich eingesandter Foto-geräte pro Geschäft	in Stück	in %	in Stück	in %	in Stück	in %	in Stück	in %
an den Hersteller	19	53	35	44	28	39	50	39
an freie Werkstätten	17	47	45	56	43	61	77	61
Summe	36	100	80	100	71	100	127	100

Abb. 4.46 Durchschnittliche Anzahl eingesandter Fotogeräte nach der Handelsspanne der Fotohändler

stimmt sodann, ob das defekte Fotogerät an eine freie Werkstatt oder die Herstellerwerkstatt weitergeleitet wird.

Empirische Erhebungen der Marktforschung des Herstellers *„Blitzlicht"* über das so genannte Einsendeverhalten der Fotohändler zeigten, dass im Jahresdurchschnitt pro Fotofachhandlung mehr Kameras an die freien als an die Herstellerwerkstätten eingesandt wurden (37 gegenüber 28 Stück).

Als maßgebliche Gründe der Fotohändler, die eine freie Werkstatt präferieren, wurden Weg-, Zeit- und Kostenersparnisse einerseits, vor allem aber die erzielbare Handelsspanne andererseits ermittelt. So lassen Daten zum Einsendeverhalten und zur Preispolitik der Fotohändler den Schluss zu, dass hohe Handelsspannen hauptsächlich durch Reparaturen bei freien Werkstätten erzielt werden können, die im Durchschnitt niedrigere Reparaturpreise als die Hersteller verlangen. Abb. 4.46, die sich nur auf den klassischen Fotohandel (Fotofachgeschäfte und -drogerien) bezieht, zeigt deutlich, dass der Anteil der an freie Werkstätten gesandten Fotogeräte mit der Höhe der Handelsspanne steigt.

Der Fotohersteller *„Blitzlicht"* muss bei der Kalkulation seiner Reparaturkosten neben der Konsumentenreaktion zusätzlich das preispolitische Verhalten der Fotohändler einbeziehen. Hinsichtlich des Konsumentenverhaltens ergaben Marktforschungsanalysen, dass Fotoamateure höchstens einen Reparaturpreis von etwa 50 % des Geräteneupreises akzeptieren.

Aufgabe 1　Determinanten der Handelsspanne
Welche Determinanten bestimmen die Höhe der Handelsspanne der Fotohändler im Kamerareparaturgeschäft und wie kann die Handelsspanne interpretiert werden?

Aufgabe 2　Handelsspannenelastizität
Es ist zu vermuten, dass eine funktionale Beziehung zwischen den vom Herstellerkundendienst beim Fotohandel erzielten Reparaturaufträgen und der Handelsspanne besteht.

Aufgabe 2a
Bestimmen Sie die Handelsspannenreaktionsfunktion für den Hersteller *„Blitzlicht"*. (Hyperbolische Regressionsfunktion: $y = a \cdot x^{-b}$). Gehen Sie hierbei von den Prozentwerten

aus. Beziehen Sie zur rechnerischen Vereinfachung die Anzahl der eingeschickten Geräte auf die Intervallenden der Handelsspannenausprägung. Bei i = 4 wird unter dem Aspekt gleicher Intervallbreite HS_i = 70 angenommen.

Aufgabe 2b
Ermitteln Sie die Handelsspannenelastizität.

Aufgabe 3 Ersatzteilpreispolitik
Nennen Sie aus der Sicht des Fotoherstellers „*Blitzlicht*" beispielhaft Anlässe und Ziele für eine Änderung seiner Reparatur- und Ersatzteilpreise.

Lösungen zur Fallstudie 1: Handelsspannenanalyse des Herstellers „*Blitzlicht*"

Lösung Aufgabe 1 Determinanten der Handelsspanne
Die Handelsspanne des Reparaturgeschäfts im Fotohandel gibt die Differenz zwischen dem Reparaturpreis, den der Amateurkunde an den Fotohändler zahlt und dem (Reparatur-)Einstandspreis an, den der Fotohändler seinerseits der jeweiligen Reparaturinstitution vergütet. Darin schlagen sich die preispolitischen Aktivitäten der beiden konkurrierenden Reparaturinstitutionen „freie Werkstatt" und „Herstellerwerkstatt" sowie des Fotohandels nieder.

Unter der Annahme eines mehr oder weniger vorgegebenen Endverbraucherpreises – Kamerareparaturen sollten nach einer Faustregel einen bestimmten Prozentsatz des Geräteneupreises nicht übersteigen – hängt die Handelsspanne vor allem vom Einstandspreis ab. Zu dieser Annahme berechtigt die empirische Untersuchung zum Einsendeverhalten des Handels, nach der der Fotohandel hohe Handelsspannen im Reparaturgeschäft vor allem bei einer Auftragsvergabe an die preisgünstigeren freien Werkstätten erzielt. Folglich kann die Handelsspanne als preispolitisches Instrument der Reparaturinstitution interpretiert werden.

Lösung Aufgabe 2 Handelsspannenelastizität

Lösung Aufgabe 2a
Als Datenbasis für eine Validierung der vermuteten funktionalen Beziehung zwischen den Reparaturaufträgen und der Handelsspanne kann die Abb. 4.48 herangezogen werden, die Auskunft über die durchschnittliche Anzahl der eingesandten Fotogeräte nach der Handelsspanne des klassischen Fotohandels gibt. In der folgenden Reaktionsfunktion werden die Reparaturaufträge der Herstellerwerkstatt in Abhängigkeit von der Handelsspanne des klassischen Fotohandels aufgezeigt, wenn dieser 100 Reparaturaufträge zu vergeben hat.

$$y_i = f(HS_i)$$

wobei y_i = Reparaturaufträge der Herstellerwerkstatt
HS_i = Höhe der Handelsspanne
i   = Laufindex i von 1 bis 4

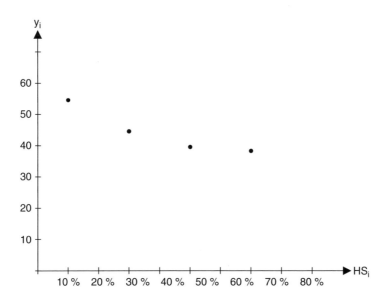

Abb. 4.47 Reparaturaufträge in Abhängigkeit der Handelsspanne

Werden die HS_i/y_i-Kombinationen in ein Diagramm eingetragen (Abb. 4.47), so lässt sich die Hypothese aufstellen, dass der Reparaturabsatz der Herstellerwerkstatt mit wachsender Handelsspanne degressiv abnimmt. Eine gute Approximation dieses Verlaufs liefert die hyperbolische Funktion: $y_i = a \cdot HS^{-b}_i$.

Durch Logarithmieren beider Seiten der Gleichung kann diese Funktion linearisiert werden. Ihre Parameter sind dann mittels der Methode der Kleinsten Quadrate schätzbar. Es ergeben sich folgende Normalgleichungen:

$$\log \hat{a} = \frac{\sum \log HS^2_i \cdot \sum \log y_i - \sum \log HS_i \cdot \sum \log HS_i \cdot \log y_i}{n \cdot \sum \log HS^2_i - (\log HS_i)^2}$$

$$\log \hat{b} = \frac{\sum \log HS_i \cdot \sum \log y_i - n \cdot \sum \log HS_i \cdot \log y_i}{n \cdot \sum \log HS^2_i - \left(\sum \log HS_i\right)^2}$$

Um $\hat{a}$ und $\hat{b}$ numerisch zu bestimmen, sind die entsprechenden Werte aus der Arbeitstabelle in Abb. 4.48 zu entnehmen.

$$\log \hat{a} = \frac{9,4728 \cdot 6,55 - 6,0212 \cdot 9,7909}{4 \cdot 9,4728 - 6,0212^2} = \frac{3,0939}{1,6364} = 1,8907$$

$$\hat{a} = 77,75$$

$$\hat{b} = \frac{6,0212 \cdot 6,55 - 4 \cdot 9,7909}{4 \cdot 9,4728 - 6,0212^2} = \frac{0,2753}{1,6364} = 0,1682$$

Damit lautet die Reaktionsfunktion: $\hat{y}_i = 77,75 \, HS^{-0,1682}_i$

i	HS_i	$\log HS_i$	$\log HS_i^2$	y_i	$\log y_i$	$\log y_i^2$	$\log HS_i \cdot \log y_i$
1	10	1,0000	1,0000	53	1,7243	2,9732	1,7243
2	30	1,4771	2,1818	44	1,6435	2,7011	2,4276
3	50	1,6990	2,8866	39	1,5911	2,5316	2,7033
4	70	1,8451	3,4044	39	1,5911	2,5316	2,9357
Σ		6,0212	9,4728		6,5500	10,7375	9,7909

Abb. 4.48 Arbeitstabelle zur Schätzung der Handelsspannenreaktionsfunktion

HS_i	y_i	$\hat{y}_i$
10	53	53
30	44	44
50	39	40
70	39	38

Abb. 4.49 Vergleich Schätzwerte und reale Werte

Sie zeigt – wie sich durch Einsetzen der vorgegebenen HS_i-Werte nachweisen lässt – eine gute Anpassung an die wahren y_i-Ausprägungen (Abb. 4.49):

Lösung Aufgabe 2b
Die Handelsspannenelastizität der Nachfrage ist definiert als

$$\eta_{y,HS} = \frac{dy}{dHS} \cdot \frac{HS}{y}$$

Berechnung der Steigung der Reaktionsfunktion:

$$\frac{dy}{dHS} = -0,1682 \cdot 77,75 \, HS^{-1,1682}$$

Berechnung der Elastizität:

$$\eta_{y,HS} = -0,1682 \cdot 77,75 \, HS^{-1,1682} \cdot \frac{HS}{77,75 \cdot HS^{-0,1682}}$$

$$\eta_{y,HS} = -0,1682$$

Der Koeffizient ist größer als –1 und zeigt daher ein unelastisches Auftragsverhalten des Handels gegenüber der Herstellerwerkstatt. So hat eine 10 %ige Veränderung der Handelsspanne etwa nur eine 1,68 %ige Mengenveränderung zur Folge.

Anlässe	Ziele
Veränderte Preise der freien Werkstätten	■ Erhaltung der Wettbewerbsfähigkeit ■ Marktanteilserhaltung ■ Sicherung der Vollbeschäftigung in der Reparaturwerkstatt ■ Verbesserung der Kosten- und Gewinnsituation
Veränderungen auf der Konsumentenebene (zum Beispiel Nachfrageverlagerung auf Ersatzkäufe, Stagnation oder Schrumpfung des Marktvolumens)	■ Marktanteilserhaltung bzw. -erweiterung ■ Sicherung der Vollbeschäftigung in der Reparaturwerkstatt
Kostenänderungen	■ Kostendeckung ■ Weitergabe von Kostenvorteilen
Sonderpreisaktionen bei Ersatzteilen	■ Lagerabbau ■ Ausverkauf von Ersatzteilen für Geräte, für die die Herstellerwerkstatt keine Reparaturdienste mehr anbietet
Veränderte Preispolitik der Fotohändler	■ Konstanz des Handelsspannengefüges ■ Keine Verärgerung der Fotoamateure wegen zu hoher Reparaturkosten
Sonstige Umweltveränderungen, insbesondere veränderte rechtliche Bestimmungen	■ Konsens mit der veränderten Umweltlage

Abb. 4.50 Anlässe und Ziele für eine Änderung von Reparatur- und Ersatzteilpreisen

Lösung Aufgabe 3 Ersatzteilpreispolitik
Die Lösung wird in Abb. 4.50 tabellarisch dargestellt.

Fallstudie 2: Monopolistische Preispolitik eines Andenkenherstellers
Ein Hersteller für Reiseandenken produziert silberne Spazierstock-Plaketten des Alpenvereins (Produkt A), Eiffeltürme (Produkt B), Hermanns-Denkmäler (Produkt C) und US-Freiheitsstatuen (Produkt D) aus Messing, die er auf unterschiedlichen Märkten anbietet. Es ist ihm gelungen, für diese Reiseandenken eine monopolartige Marktstellung zu erlangen.

Durch Marktforschung hat der Andenkenhersteller versucht, die Marktreaktion, gemessen in Mengeneinheiten, auf alternative Preisforderungen zu ermitteln. Folgende Ergebnisse sind für das **Produkt A** festgestellt worden: Zu einem Preis von 90,00 € und mehr war keine der befragten Personen bereit, das Produkt A zu erwerben. Bei einer Preisforderung von 80,00 € können 50 Mengeneinheiten (ME) im Monat, bei 70,00 € 100 ME, bei 60,00 € 150 ME usw. abgesetzt werden. Für **Produkt B** ergaben sich ein Prohibitivpreis von 110,00 € und eine Sättigungsmenge von 1.100 ME. Beim **Produkt C** wurde festgestellt, dass bei einem Preis von 41,00 € und einem Absatz von 1.025 ME die Nachfrageelastizität den Wert −1 annimmt. Der Prohibitivpreis des **Produkts D** beträgt 185,00 €. Bei einer Senkung dieses Preises um 8,00 € steigt die Absatzmenge um 10 ME.

Das Produkt A wird auf einer Anlage I hergestellt, die nur für dieses Produkt verwendbar ist. Sie kann in der betrachteten Periode maximal 175 ME produzieren. An fixen Kosten entstehen durch die Anlage I im Planungszeitraum $K_{f,I} = 2.000,00$ €. Jede Mengeneinheit von A verursacht variable Stückkosten von $k_{V_A} = 20,00$ €/ME. Die Produkte B, C und D können nur auf einem Aggregat II gefertigt werden. Dieses Aggregat steht in der Planungsperiode insgesamt 1.466,5 Zeiteinheiten (ZE) zur Verfügung. Die Produktionszeit für 1 ME von Produkt B beträgt 1,5 ZE, von Produkt C 1 ZE und von Produkt D 2,4 ZE. Jedes Stück von Produkt B verursacht variable Kosten in Höhe von $k_{V_B} = 30,00$ €/ME, von Produkt C $k_{V_C} = 10,00$ €/ME und von Produkt D $k_{V_p} = 25,00$ €/ME. Die fixen Kosten des Aggregates II belaufen sich in der Periode auf $K_{f,II} = 29.330,00$ €.

Der Kapitalbedarf für jedes Produkt beträgt – unabhängig von der abgesetzten Menge – 10.000,00 €.

Aufgabe 1 Gewinn- versus Rentabilitätsmaximum bei Engpass
Wie viele Mengeneinheiten von den Spazierstock-Plaketten, Eiffeltürmen, Hermanns-Denkmälern und Freiheitsstatuen soll der Andenkenhersteller im Monat produzieren und zu welchen Preisen absetzen, wenn er das Ziel der

a) Gewinnmaximierung
b) Rentabilitätsmaximierung

bei voller Kapazitätsausnutzung der Anlage II verfolgt? Wie groß ist sein Gesamtgewinn bzw. seine Rentabilität im jeweiligen Maximum?
   Es wird unterstellt, dass die Preis-Absatz-Funktionen einen linear fallenden Verlauf haben.

Lösungen zu Fallstudie 2: Monopolistische Preispolitik eines Andenkenherstellers

Lösung Aufgabe 1 Gewinn- versus Rentabilitätsmaximum bei Engpass

Lösung Aufgabe 1a
1. Schritt: Ermittlung der Preis-Absatz-Funktionen
- für **Produkt A:**

    - Prohibitivpreis: $p_H = a = 90$

    - Steigung: $b = \dfrac{\Delta p}{\Delta x} = \dfrac{p_2 - p_1}{x_2 - x_1} = \dfrac{90 - 80}{0 - 50} = -0,2$
                 (Preissenkung von p_H auf $p = 80$)

    - Preis-Absatz-Funktion: $p_A = 90 - 0,2 x_A$

- für **Produkt B**:

  - Prohibitivpreis: $\quad p_H = a = 100$

  - Steigung: $\quad b = \dfrac{\Delta p}{\Delta x} = \dfrac{p_2 - p_1}{x_2 - x_1} = \dfrac{110 - 0}{0 - 1.100} = -0,1$
    $\left(\text{Preissenkung von } p_H \text{ auf } p = 0\right)$

  - Preis-Absatz-Funktion: $\quad p_B = 110 - 0,1 x_B$

- für **Produkt C**:
  Die Preiselastizität einer linearen Preis-Absatz-Funktion nimmt bei $\frac{PH}{2}$ und $\frac{x_s}{2}$ den Wert 1 an.

  - Prohibitivpreis: $\quad p_H = a = 2 \times 41 = 82$

  - Steigung: $\quad b = \dfrac{\Delta p}{\Delta x} = \dfrac{p_2 - p_1}{x_2 - x_1} = \dfrac{82 - 0}{0 - 2.050} = -0,04$
    $(\text{Sättigungsmenge: } x_S = 2 \cdot 1.025)$

  - Preis-Absatz-Funktion: $\quad p_C = 82 - 0,04 x_C$

- für **Produkt D**:

  - Prohibitivpreis: $\quad p_H = a = 185$

  - Steigung: $\quad b = \dfrac{\Delta p}{\Delta x} = \dfrac{p_2 - p_1}{x_2 - x_1} = \dfrac{185 - 177}{0 - 10} = -0,8$

  - Preis-Absatz-Funktion: $\quad p_D = 185 - 0,8 x_D$

2. Schritt: Ermittlung der gewinnmaximalen Preismengenkombination und der Gewinnhöhe für Produkt A

Das Produkt A wird auf der Anlage I erstellt. Da auch keine absatzmäßige Verflechtung mit den übrigen Produkten besteht, kann die optimale Preismengenkombination für A isoliert von den anderen Produkten nach dem üblichen Optimierungskriterium $E'(x) = K'(x)$ beziehungsweise der Cournot-Formel berechnet werden.

- gewinnmaximale Absatzmenge:

$$x_{AG} = \frac{a - K'(x)}{2b} = \frac{90 - 20}{2 \cdot 0,2} = 175$$
$$\text{wobei} \quad K'(x) = k_{VA}$$

Die gewinnmaximale Absatzmenge des Produkts A schöpft die maximale Kapazität der Anlage I von 175 ME vollständig aus.

- gewinnmaximaler Preis:

$$p_{A_G} = \frac{a + K'}{2} = \frac{90 + 20}{2} = \text{€/ME}$$

- Höhe des maximalen Gewinns:

$$G_A = p_A \cdot x_A - kv_A x_A - K_{f,I}$$
$$= 55 \cdot 175 - 20 \cdot 175 - 2.000 = 4.125 \text{ €}$$

3. **Schritt:** Ermittlung der gewinnmaximalen Preismengenkombination und der Gewinn-höhe für die Produkte B, C und D

Die Produkte B, C und D sind produktionsmäßig miteinander verflochten. Daher ist die Funktion des Gesamtgewinns unter Beachtung der Kapazitätsrestriktion zu maximieren.

Zielfunktion:

$$G(x_B, x_C, x_D) = (p_B - kv_B) \cdot x_B + (p_C - kv_C) \cdot x_C + (p_D - kv_D) \cdot x_D - K_{f,II}$$
$$= (110 - 0,1x_B - 30) \cdot x_B + (82 - 0,04x_C - 10) \cdot x_C$$
$$+ (185 - 0,8x_D - 25) \cdot x_D - 29.330$$

Kapazitätsrestriktion:

$$1,5x_B + 1x_C + 2,4x_D = 1.466,5$$

Zur Bestimmung eines restriktiven Extremwertes wird das Verfahren von Lagrange heran-gezogen. Hierzu ist die Nebenbedingung in die Form

$$1,5x_B + 1x_C + 2,4x_D - 1.466,5 = 0$$

zu bringen, mit der Hilfsvariablen λ zu multiplizieren und von der zu maximierenden Ziel-funktion zu subtrahieren.

$$F = (80 - 0,1x_B) \cdot x_B + (72 - 0,04x_C) \cdot x_C + (160 - 0,8x_D) \cdot x_D - 29.330 +$$
$$\lambda (1,5x_B + x_C + 2,4x_C - 1.466,5)$$

Notwendige Bedingung für die Existenz der gesuchten Extremwerte ist, dass die partiellen Ableitungen nach x_B, x_C, x_D und λ den Wert Null annehmen:

$$\frac{\partial F}{\partial x_B} = 80 - 0,2x_B + 1,5\lambda = 0 \qquad \rightarrow \qquad x_B = 400 + 7,5\lambda$$

$$\frac{\partial F}{\partial x_C} = 72 - 0,08x_C + \lambda = 0 \qquad \rightarrow \qquad x_C = 900 + 12,5\lambda$$

$$\frac{\partial F}{\partial x_D} = 160 - 1,6x_D + 2,4\lambda = 0 \qquad \rightarrow \qquad x_D = 100 + 1,5\lambda$$

$$\frac{\partial F}{\partial \lambda} = 1,5x_B + x_C + 2,4x_D - 1.466,5 = 0$$

Die Auflösung des Systems von vier Bestimmungsgleichungen nach den vier Unbekannten ergibt den Wert des Lagrange-Multiplikators $\lambda = -10$ und die gewinnmaximalen Mengen: $x_B = 325$; $x_C = 775$; $x_D = 85$.

Für die Prüfung, ob die Kapazitätsrestriktion erfüllt ist, sind die optimalen Absatzmengen mit ihrem Zeitbedarf pro ME zu multiplizieren:

$$325 \cdot 1,5 + 775 \cdot 1 + 85 \cdot 2,4 = 1.466,5$$

Die optimalen Absatzmengen der Produkte B, C und D können produziert werden und nutzen die Kapazität des Aggregates II voll aus.

Durch Einsetzen der x-Werte in die jeweilige Preis-Absatz-Funktion lassen sich die gewinnmaximalen Preise berechnen:

$$p_B = 110 - 0,1 \cdot 325 = \quad 77,50 \text{ €/ME}$$
$$p_C = 82 - 0,04 \cdot 775 = \quad 51 \quad \text{ €/ME}$$
$$p_D = 185 - 0,8 \cdot 85 \ = 117 \quad \text{ €/ME}$$

Der unter Beachtung der Kapazitätsrestriktion maximale Gewinn über die Produkte B, C und D beträgt:

$$G(x_B, x_C, x_D) = (80 - 0,1 \cdot 325) \cdot 325 + (72 - 0,04 \cdot 775) \cdot 775 + (160 - 0,8 \cdot 85) \cdot$$
$$85 - 29.330 = 25.702,50 \text{ €}$$

Der Andenkenhersteller erwirtschaftet einen maximalen Gesamtgewinn von 29.827,50 € pro Monat, wenn er 175 silberne Spazierstock-Plaketten des Alpenvereins zu einem Preis von 55,00 €, 325 Eiffeltürme zu einem Preis von 77,50 €, 775 Hermanns-Denkmäler zu einem Preis von 51,00 € und 85 US-Freiheitsstatuen zu einem Preis von 117,00 € verkauft.

Lösung Aufgabe 1b

Die Verfolgung des Ziels der Rentabilitätsmaximierung führt zu den gleichen Preismengenkombinationen und zum gleichen Gewinn, weil das eingesetzte Kapital von der Absatzmenge unabhängig ist. Im Gegensatz dazu ändert sich der Lagrange-Multiplikator, da statt des Gewinnmaximums das Rentabilitätsmaximum und damit ein anderer Extremwert zu bestimmen ist. λ beträgt

$$-\frac{10}{30.000} = -0,0003$$

Die (durchschnittliche) Rentabilität des Andenkenherstellers beträgt:

$$R = \frac{G(x_A, x_B, x_C, x_D)}{C(x_A, x_B, x_C, x_D)} = \frac{29.827,50}{40.000} = 0,75 \cong 75\%$$

Fallstudie 3: Preispolitik auf dem Polypolmarkt für Billigrechner

Der Hersteller „*Adam Riese*" will einen neuen Billigrechner auf dem nationalen Markt für elektronische Taschenrechner einführen. Sein bisheriger Marktanteil ist wie der seiner zahlreichen Konkurrenten relativ klein. Alle Anbieter dieses Marktes betreiben eine mehr oder weniger ausprägte Präferenzpolitik. Ein Markttest von „*Adam Riese*" lieferte bezüglich preispolitischer Aktivitäten für das neue Produkt folgende Daten:

Innerhalb des Preisintervalls zwischen $p_1 = 10$ und $p_2 = 14$ kann der Hersteller „*Adam Riese*" den Preis für seinen Billigrechner variieren, ohne nennenswert an Nachfrage zu gewinnen oder zu verlieren. Senkt er den Preis unter $p_1 = 10$, bei dem 1.200 ME in der Planungsperiode absetzbar sind, so zieht er einen großen Teil der bisher von der Konkurrenz befriedigten Nachfrage auf sich. Die Preiselastizität der Nachfrage beträgt bei diesem „kritischen" Preis für den atomistischen Funktionsbereich $\eta = -5$. Hebt der Hersteller „*Adam Riese*" dagegen den Preis über $p_2 = 14$ an, bei dem 800 ME absetzbar sind, so geht ihm überdurchschnittlich viel Nachfrage verloren. Bei einer Preisforderung von $p = 15$ besteht keine Nachfrage mehr nach dem Billigrechner.

Die Marktforschung des Herstellers „*Adam Riese*" nimmt an, dass die Preis-Absatz-Funktion für den Billigrechner abschnittsweise linear verläuft. Der Billigrechner wird auf einer Mikroprozessor-gesteuerten Anlage hergestellt, deren Kostenfunktion $K = 4x + 5.100$ lautet. Die Kapazität der Anlage beträgt $x_{max} = 2.700$.

Aufgabe 1 Gewinnmaximum bei monopolistischer Konkurrenz

Bestimmen Sie die gewinnmaximale Preismengenkombination.

Lösungen zu Fallstudie 3: Preispolitik auf dem Polypolmarkt für Billigrechner

Lösung Aufgabe 1 Gewinnmaximum bei monopolistischer Konkurrenz

Der Hersteller „*Adam Riese*" ist ein Polypolist auf unvollkommenem Markt.

1. Bestimmung der doppelt geknickten Preis-Absatz-Funktion

- oberer atomistischer Funktionsbereich:

  – Prohibitivpreis: a = 15 (= Preis für x = 0)

- Steigung:
$$b = \frac{\Delta p}{\Delta x} = \frac{p_2 - p_1}{x_2 - x_1} = \frac{15 - 14}{0 - 800} = -\frac{1}{800}$$

- Definitionsbereich:
$$0 \le x \le 800$$

Die Funktion des oberen atomistischen Abschnitts lautet:

$$p = 15 - \frac{1}{800}x$$

■ monopolistischer Funktionsbereich:

- Steigung:
$$b = \frac{p_2 - p_1}{x_2 - x_1} = \frac{14 - 10}{800 - 1.200} = -\frac{1}{100}$$

- absoluter Abschnitt:
$$a = 14 + \frac{1}{100} \cdot 800 = 22$$

- Definitionsbereich:
$$800 \le x \le 1.200$$

Die Funktion des monopolistischen Abschnitts lautet:

$$p = 22 - \frac{1}{100}x$$

■ unterer atomistischer Funktionsbereich:

$$\eta_{xp} = \frac{dx}{dp} \cdot \frac{p}{x} = \frac{dx}{dp} \cdot \frac{10}{1.200} = -5$$

- Steigung:
$$\frac{dx}{dp} = -5 \cdot 120 = -600$$
$$b = \frac{dp}{dx} = -\frac{1}{600}$$

- absoluter Abschnitt:
$$a = 10 + \frac{1}{600} \cdot 1.200 = 12$$

- Definitionsbereich: $1.200 \le x \le 2.700$ (max. Kapazität)

Die Funktion des unteren atomistischen Abschnitts lautet:

$$p = 12 - \frac{1}{600}x$$

Die Preis-Absatz-Funktion des Billigrechners ist:

$$p = \begin{cases} 15 - \dfrac{1}{800}x & 0 \le x \le 800 \\[2mm] 22 - \dfrac{1}{100}x & 800 \le x \le 1.200 \\[2mm] 12 - \dfrac{1}{600}x & 1.200 \le x \le 2.700 \end{cases}$$

2. Bestimmung der gewinnmaximalen Preismengenkombination

Da lineare Abschnitte der Preis-Absatz-Funktion vorliegen und die variablen Stückkosten kv von der Gesamtausbringung unabhängig sind, kann die gewinnmaximale Preismengenkombination mit den Cournot-Formeln ermittelt werden:

$$x = \frac{a - kv}{2b}; \qquad p = \frac{a + kv}{2}$$

Es ergibt sich folgende gewinnmaximale Absatzmenge für den

- oberen atomistischen Bereich:

$$x_I = \frac{15 - 4}{2 \cdot \frac{1}{800}} = 4.400$$

- monopolistischen Bereich:

$$x_{II} = \frac{22 - 4}{2 \cdot \frac{1}{100}} = 900$$

- unteren atomistischen Bereich:

$$x_{III} = \frac{12 - 4}{2 \cdot \frac{1}{600}} = 2.400$$

Von diesen drei Mengen sind nur x_{II} und x_{III} definiert. Ihre zugehörigen gewinnmaximalen Preisforderungen lauten:

$$P_{II} = 22 - \frac{1}{100}x_{II}$$

$$= 22 - \frac{1}{100} \cdot 900 = 13$$

$$P_{III} = 12 - \frac{1}{600}x_{III}$$

$$= 12 - \frac{1}{600} \cdot 2.400 = 8$$

Um festzustellen, welche dieser beiden Preismengenkombinationen zum absoluten Gewinnmaximum führen, müssen die zugehörigen absoluten Gewinnhöhen verglichen werden:

$G_{II} = p_{II} \cdot x_{II} - 4x_{II} - 5.100$
$\quad = 13 \cdot 900 - 4 \cdot 900 - 5.100 = 3.000$

$G_{III} = p_{III} \cdot x_{III} - 4x_{II} - 5.100$
$\quad = 8 \cdot 2.400 - 4 \cdot 2.400 - 5.100 = 4.500$

Demzufolge liegt das absolute Gewinnmaximum bei der Preismengenkombination

$$p = 8/x = 2.400.$$

4.3   Distributionspolitik

Lernziele:
Der Leser soll nach Bearbeitung dieses Kapitels in der Lage sein

1. Funktionen der Distributionspolitik im Marketing zu kennzeichnen,
2. Ziele, Entscheidungstatbestände und Daten der Distributionspolitik zu erläutern,
3. Strategien zur Akquisition und Selektion von Absatzmittlern zu erläutern,
4. Chancen und Risiken des Mehrkanalvertriebs zu benennen,
5. Franchisesysteme zu erläutern,
6. die Leistungen und Pflichten in Franchisesystemen darzulegen sowie
7. die Bedeutung der Logistik für das Marketing aufzuzeigen.

4.3.1   Distributionspolitik – Aufgaben

Aufgabe 1   Bedeutungswandel der Distributionspolitik
Im Zuge des Wandels von der Produktionsorientierung im Verkäufermarkt zur Marketingorientierung im Käufermarkt hat auch die Distributionspolitik einen deutlichen Bedeutungswandel durchlaufen. Kennzeichnen Sie diesen Wandel am Beispiel der Bekleidungsbranche.

Aufgabe 2   Distributionspolitische Ziele
Typischerweise wird beim Bierabsatz zwischen zwei grundsätzlichen Distributionskanälen unterschieden: der Gastronomie und dem Handel, wobei zwischen Hersteller und Einzelhandel beziehungsweise Gastronomie in aller Regel eine Großhandelsstufe zwischengeschaltet ist. Besondere Bedeutung im Distributionssystem für Bier, insbesondere für die national distribuierten Marken, haben dabei die Getränkefachgroßhändler. Über diese Zwischenstufe finden knapp 40 % des gesamten Bierabsatzes ihren Weg zur Gastronomie oder zum Einzelhandel.

Über die Gastronomie werden zwar nur rund 25 % des Gesamtbierabsatzes vertrieben, gleichwohl werden hier, wegen der eingeschränkten Wettbewerbssituation und der Bindung vieler Gaststätten an die Brauereien, über so genannte Bierlieferungsverträge bessere Renditen als beim Heimkonsum erzielt. Dies manifestiert sich in dem überproportional hohen Umsatzanteil der Gastronomie am Gesamtbierumsatz, der mit rund 30 % mehr als 5 Prozentpunkte über dem mengenmäßigen Anteil liegt.

Darüber hinaus sind für die Brauer die Pflege der Gastronomie und die Entwicklung eigener Gastronomie-Konzepte wichtige Instrumente im Aufbau eines Markenprofils. Allerdings hat die Bedeutung der Gastronomie als Absatzkanal im Zeitablauf deutlich abgenommen.

Eine Spezialitätenbrauerei für Kölsch, die bislang lediglich im lokalen Kölner Markt agiert, sieht sich vor dem Problem, dass auf diesem sehr engen Markt kaum noch Absatzzuwächse zu erzielen sind. Angeregt durch den Erfolg von Weizenbier, das ebenfalls sehr lange nur regionale Bedeutung hatte, inzwischen aber auch in Norddeutschland beachtliche Marktanteile erreicht, plant die Kölschbrauerei die Ausweitung ihres regionalen Marktes. Bislang verfügt man in Köln sowohl in der Gastronomie als auch im Handel über eine sehr hohe Distributionsdichte. Außerhalb von Köln ist Kölsch allerdings bislang kaum verbreitet.

Formulieren Sie ausgehend von den Besonderheiten der Bierdistribution operationale distributionspolitische Ziele für die Kölschbrauerei.

Aufgabe 3 Entscheidungstatbestände der Absatzkanalwahl
Ein Hersteller von Elektrorasierern beabsichtigt aufgrund eines sinkenden Marktvolumens, erstmals einen Elektrostaubsauger in sein Sortiment aufzunehmen. Welche Entscheidungen hinsichtlich der Wahl des Absatzkanals muss der Hersteller treffen?

Aufgabe 4 Direkter versus indirekter Vertrieb
Ein großes Verlagsunternehmen plant die Neuauflage seines 20-bändigen Standardlexikons. Der Verlagsleiter zeigt sich mit dem bisherigen Vertrieb der Altauflage unzufrieden und erwägt, den Direktvertrieb im Rahmen einer neuen Vertriebsstrategie zu berücksichtigen. Die Geschäftsleitung ist sich unsicher, welche Argumente für oder gegen einen indirekten Vertrieb sprechen. Stellen Sie eine Entscheidungsmatrix auf, in der anhand von Ihnen definierter Beurteilungskriterien die Vor- und Nachteile des indirekten Vertriebs deutlich werden.

Aufgabe 5 Mehrkanalvertrieb
Nennen Sie die Chancen und Risiken des Mehrkanalvertriebs.

Aufgabe 6 Franchisesysteme
Was sind Franchisesysteme? Warum hat deren Bedeutung in den letzten Jahren zugenommen?

Aufgabe 7 Leistungen und Pflichten in Franchisesystemen
Welche gegenseitigen Leistungen und Pflichten haben Franchisegeber und Franchisenehmer?

Aufgabe 8 Marketingfunktion der Absatzmittler

Welche Marketingaktivitäten kann der Groß- beziehungsweise Facheinzelhandel dem Hersteller im Rahmen eines indirekten Vertriebs abnehmen? Argumentieren Sie am Beispiel eines Kameraherstellers.

Aufgabe 9 Regalplatzsicherung

Als Ende der siebziger Jahre alkoholfreies Bier in den Markt eingeführt wurde, waren sowohl Handel als auch Konsumenten sehr skeptisch gegenüber dem neuen Produkt. Wie konnte die *Binding*-Brauerei dennoch den knappen Regalplatz im Handel und die notwendige Zahl von Absatzmittlern für ihr Produkt *Clausthaler* gewinnen? Systematisieren Sie Ihre Ansatzpunkte.

Aufgabe 10 Reisender versus Handelsvertreter

Der Hausautor der *Letter-GmbH*, Jan Grothan, hat sein neues Buch „Der Balkon" abgeschlossen. Nachdem alle von Grothan bislang im *Letter*-Verlag erschienenen Bücher Bestseller waren, rechnet die Geschäftsleitung der *Letter GmbH* auch für das neue Buch mit einer Bestseller-Auflage. Geplant ist, das Buch in einer Hardcoverversion zum Preis von 50,00 GE zu verkaufen. Fraglich ist, ob für den Vertrieb des Buches Reisende oder Handelsvertreter eingesetzt werden sollen. Auf eine entsprechende Stellenanzeige haben sich Herr Lauf und Frau Kontakt beworben. Herr Lauf will nur dann als Reisender tätig werden, wenn ihm ein Fixum (f_r) von 3.500,00 GE garantiert wird. Zusätzlich verlangt er 6 % Provision (q_r) der von ihm vermittelten Umsätze. Frau Kontakt ist der Meinung, sie sei eine „Topverkäuferin". Sie verzichtet deshalb auf ein Fixgehalt und ist mit 10 % Vertreterprovision (q_v) zufrieden. Der Vertriebsleiter hat Zweifel, ob er das Verkaufsgebiet an den Reisenden Herrn Lauf oder die Handelsvertreterin Frau Kontakt geben soll.

Aufgabe 10a

Wird er sich für den Reisenden Herrn Lauf oder für die Handelsvertreterin Frau Kontakt entscheiden, wenn beide gleichermaßen im Verkaufsgebiet 1.500 Bücher verkaufen?

Aufgabe 10b

In einem anderen Verkaufsgebiet liegen von dem letzten Bestseller Jan Grothans Erfahrungswerte vor. Es zeigte sich, dass der Reisende monatlich rund 1.800 Bücher verkaufen kann, während ein Vertreter maximal 1.500 Bücher absetzt. Der über 1.500 Stück hinausgehende Mehrabsatz erbringt einen zusätzlichen Gewinn von 7,50 GE/Buch. Welche Absatzform ist bei dieser Konstellation vorteilhafter?

Aufgabe 10c

Neben finanzmathematischen Argumenten gibt es noch eine Reihe weiterer Kriterien, die die Entscheidung für den Einsatz von Handelsvertretern beziehungsweise Reisenden beeinflussen. Nennen Sie diese Kriterien stichwortartig und vergleichen Sie beide Vertriebsformen in einer Tabelle.

Aufgabe 11 Marketinglogistik

Die Geschäftsführung eines Bekleidungsherstellers plant aufgrund sinkender Umsätze und Einbrüchen in der Umsatzrentabilität eine Reorganisation. Es ist beabsichtigt, den Funktionsbereich Logistik aus der Marketingabteilung auszugliedern. Begründet wird diese Maßnahme mit der Behauptung, dass „physische Distribution ja doch nichts mit Marketing zu tun hat".

Entwerfen Sie eine Gegendarstellung zu dieser These. Gehen Sie dabei auf die Aufgaben der Marketinglogistik ein.

Aufgabe 12 Optimales Transportmittel

Dem Kosmetikhersteller *Shower* ist es gelungen, einen osteuropäischen Großabnehmer für seine Gesichtscreme *Clearface* zu gewinnen. Mit dem Abnehmer wurde vereinbart, dass der Kunde die monatlichen Abnahmemengen auf Paletten, die jeweils 120 Pakete (12 Flaschen) aufnehmen, frei Haus erhält. Bis zum gegenwärtigen Zeitpunkt beliefert Shower seine Kunden mit einem eigenen Lkw, dessen monatliche Fixkosten 5.000 GE betragen. Wenn die eigene Transportkapazität ausgelastet ist, besteht die Möglichkeit, auf die Bahn auszuweichen oder eine Spedition zu beauftragen. Die Bahn setzt in ihrem Angebot neben einer Grundpauschale von 500 GE einen Kostensatz von 2,5 GE pro Palette an. Liegt das Auftragsvolumen über 60 Paletten, erhöht sich zwar der Grundpreis um 50 GE, auf die Transportkosten pro Palette wird aber ein Rabatt von 33 % gewährt.

Die Spedition verlangt für jeden Auftrag eine Grundvergütung von 300 GE. An variablen Kosten werden 4 GE pro Palette berechnet.

Beim Transport mit dem eigenen Lkw entstehen variable Kosten von 16 GE.

Aufgabe 12a

Der Absatz nach Osteuropa wird vermutlich von Monat zu Monat stark schwanken. Von daher möchte die Geschäftsleitung das jeweils kostenminimale Transportmittel für alternative Transportmengen ermitteln. Lösen Sie das Problem analytisch und graphisch.

Aufgabe 12b

Nehmen Sie zu dem unter 12a) durchgeführten Verfahrensvergleich kritisch Stellung.

Aufgabe 13 Distributionspolitik im Biermarkt

Typischerweise wird beim Bierabsatz zwischen zwei grundsätzlichen Distributionskanälen unterschieden: der Gastronomie und dem Handel, wobei zwischen Hersteller und Einzelhandel beziehungsweise Gastronomie in aller Regel eine Großhandelsstufe zwischengeschaltet ist. Besondere Bedeutung im Distributionssystem für Bier, insbesondere für die national distribuierten Marken, haben dabei die Getränkefachgroßhändler. Über diese Zwischenstufe finden knapp 40 % des gesamten Bierabsatzes ihren Weg zur Gastronomie oder zum Einzelhandel.

Der Absatzkanal Handel, über den rund 75 % des Bierausstoßes abgesetzt wird, kann nach vier Betriebstypen weiter differenziert werden:

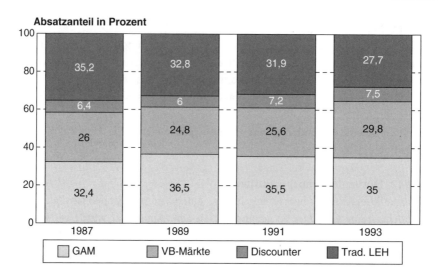

Abb. 4.51 Entwicklung des Bierabsatzes von 1987 bis 1993 (nach Geschäftstypen). (Quelle: Lebensmittel-Zeitung vom 13. April 1995)

- Verbrauchermärkte,
- Discounter,
- traditioneller Lebensmitteleinzelhandel (LEH),
- Getränkeabholmärkte (GAM).

Innerhalb dieser Betriebstypen des Handels hat es hinsichtlich ihrer Bedeutung für den Bierabsatz in den letzten Jahren Verschiebungen gegeben, die Implikationen für das Marketing, insbesondere im Hinblick auf den Preis und die Gebindeform, nach sich zogen und ziehen (Abb. 4.51). Gewinner im preisaggressiven Wettbewerb des Bierhandels sind die GAM, die Verbrauchermärkte (in der Regel mit eigenem Getränkeshop) und die Discounter.

In dem augenblicklich im Lebensmitteleinzelhandel zu beobachtenden scharfen Preiswettbewerb nutzen immer mehr Handelsunternehmen Bier als Lockangebot beziehungsweise Demonstrationsobjekt einer besonderen Preiswürdigkeit des gesamten Sortiments. Gelang es den Premiummarken 1993 noch nahe an die psychologische Preisschwelle von 20,00 GE pro Kasten zu gelangen (höchster Wert nach GfK im April 1993 mit 19,34 GE), sind Angebote von unter 17,00 GE inzwischen keine Seltenheit. Es wundert nicht, dass der Handel dabei vorzugsweise die imageträchtigen, werbewirksamen Premiummarken in den Mittelpunkt rückt und in seinen Inseraten auch deutlich hervorhebt. Auch Untereinstandspreise gehören mittlerweile im Biergeschäft beinahe zum Alltag.

Im Zentrum des aggressiven Preiswettbewerbs steht im LEH, insbesondere im Discountbereich, wo kostenintensive Mehrwegsysteme gescheut werden, allerdings nicht das 20er-Mehrweggebinde, sondern die Halbliterdose. Während 1993 noch rund die Hälfte der Halbliterdosen für einen Preis von über 1,00 GE abgesetzt werden konnte, waren dies

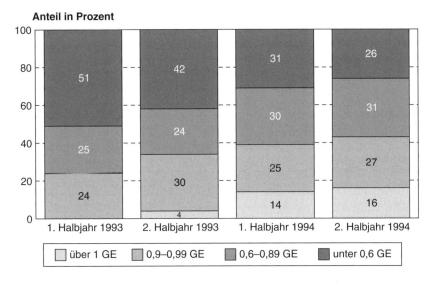

Anteil in Prozent

| | 1. Halbjahr 1993 | 2. Halbjahr 1993 | 1. Halbjahr 1994 | 2. Halbjahr 1994 |

☐ über 1 GE ☐ 0,9–0,99 GE ■ 0,6–0,89 GE ■ unter 0,6 GE

Abb. 4.52 Preisverfall bei Dosenbier – Entwicklung der Preisklassenanteile bei der 0,5-l-Dose von 1993 bis 1994. (Quelle: o.V.: Nur oben brummt's, in: Lebensmittel-Praxis vom 10. März 1995)

Ende 1994 nur noch 26 %. Auffallend ist das starke Wachstum des Preissegments unter 0,59 GE, also des so genannten Billigbiersegments (Abb. 4.52).

57 % der Verbraucher kaufen gleich zehn oder mehr Dosen auf einmal. Dies zeigt, dass das Dosenbier immer weniger ein klassisches Zwischendurch-Produkt und immer mehr ein Substitutionsprodukt zum 20er-Mehrweggebinde geworden ist.

Die Halbliterdose konnte vom 1. Halbjahr 1993 zum 1. Halbjahr 1994 bundesweit einen Zuwachs von über 20 % verbuchen und vereint inzwischen rund 12 % des Bierabsatzes auf sich. Dabei ist die Varianz sowohl des Wachstums als auch des Marktanteils der Gebindeform in den Bundesländern sehr hoch. So betrug das Wachstum in Bayern ausgehend von einer niedrigen Basis beispielsweise 85,7 % und der Marktanteil der 0,5-l-Dose schwankt zwischen 37,7 % in Sachsen-Anhalt und 3,9 % in Baden-Württemberg. Auch wenn das Dosenwachstum in erster Linie zu Lasten der Einwegflasche geht, ist es unter ökologischen Gesichtspunkten bemerkenswert, dass sich der Einweganteil im Handel von 1980 bis 1993 (alte Bundesländer) von 11,5 % auf 16,5 % erhöht hat.

Nicht nur regional variiert die Bedeutung der Halbliterdose. Auch in den aufgezeigten Betriebstypen ist ihre Verbreitung sehr heterogen. Während über den Betriebstyp Discounter lediglich 6,8 % des Gesamtbierabsatzes verkauft werden, finden 27 % aller Halbliterdosen über diesen Absatzkanal ihren Weg zum Verbraucher (Zahlen für 1994).

Trotz des Trends zur Dose bleibt Bier ein Mehrweggetränk. 1993 wurden über 80 % des Bierabsatzes im Lebensmitteleinzelhandel (LEH) und den Getränkeabholmärkten (GAM) in Mehrwegflaschen verkauft (Abb. 4.53).

Eng verknüpft mit dem Trend zur Dose ist der Vormarsch der Handelsmarken, da rund zwei Drittel des Gesamthandelsmarkenvolumens in der 0,5-l-Dose abgesetzt wird. Spielten

	Verbrau-cher-märkte	Discounter	Trad. LEH	GAM	Marktanteil Gebinde in %
	Marktanteile bezogen auf LEH und GAM in %				
Mehrweg-Fl. 0,5 l	60,0	35,0	61,6	74,1	63,4
Mehrweg-Fl. 0,33 l	22,8	4,1	13,4	21,9	17,9
Einweg-Fl. 0,5 l	0,1	0,5	0,1	0,7	0,1
Einweg-Fl. 0,33 l	4,6	13,6	4,7	2,0	4,0
Dosen 0,5 l	8,8	33,1	16,3	0,6	10,9
Dosen 0,3 l	2,1	12,5	3,0	0,5	2,6
Partydosen	1,2	0,4	0,3	0,1	0,6
Sonstige	0,4	0,9	0,5	–	0,4
Marktanteil Betriebstyp in %	25,3	6,8	35,6	32,2	100

Abb. 4.53 Absatz von Bier im LEH und GAM nach Betriebstyp und Gebindeart 1993

Handelsmarken noch zu Beginn der neunziger Jahre mit einem Umsatzanteil von 1,5 % (1992) eine eher untergeordnete Rolle im Biermarkt, so hat sich dies in den vergangenen Jahren, nicht zuletzt wegen hoher Überkapazitäten der Brauer, deutlich gewandelt. Bereits 1993 stieg der Anteil der Handelsmarken am Gesamtumsatz auf 2,4 %. 1994 wuchs ihr Marktanteil abermals kräftig auf nunmehr über 5 %. Am stärksten vertreten sind die Handelsmarken in den ostdeutschen Ländern, wo ihr erheblicher Preisvorteil Marktanteile von durchgängig über 10 %, in Sachsen-Anhalt sogar von 20 % bewirkte. Liegt der Durchschnittspreis für den Liter Bier über alle Gebinde und Sorten bei 2,06 GE, gehen die Handelsmarken mit einem Durchschnittspreis von 1,39 GE in den Wettbewerb.

Aufgabe 13a
Wie erklärt sich der wachsende Anteil von Handelsmarken im Biermarkt?

Aufgabe 13b
Wie lässt sich der Preisverfall im Biermarkt erklären?

Aufgabe 13c
Welche Gründe sind für den wachsenden Anteil von Dosenbier am Gesamtbierabsatz ausschlaggebend?

Aufgabe 13d
Welcher Zusammenhang besteht zwischen den aufgezeigten Entwicklungen?

4.3.2   Distributionspolitik – Lösungen zu den Aufgaben

Lösung Aufgabe 1   Bedeutungswandel der Distributionspolitik

In der Verkäufermarktsituation entspricht das Instrument der Distribution dem ursprünglichen Wortsinn, das heißt der reinen Verteilung der Ware. Im Wesentlichen sind logistische Aufgabenstellungen zu lösen. Zentrales Ziel im Rahmen der Distributionspolitik eines Bekleidungsherstellers war die Kostenminimierung der Warendistribution.

Die Marketingorientierung in der Käufermarktsituation impliziert den bewussten Einsatz der Distribution als präferenzpolitisches Instrument. Zur Erlangung eines Wettbewerbsvorteils kann der Bekleidungshersteller zum Beispiel versuchen, seine Ware nur in exklusiven Boutiquen anzubieten. Eine derartige distributionspolitische Entscheidung steht in engem Zusammenhang mit den anderen Instrumenten des Marketing-Mix und erfordert eine Integration aller Marketing-Instrumente. So bedingt ein exklusiver oder selektiver Vertrieb zum Beispiel einen vergleichsweise höheren Preis, eine auf ein Markenimage ausgerichtete Kommunikationspolitik sowie hochwertige Produkte. Das heißt umgekehrt nicht, dass das Kostenziel für die Distributionspolitik in der Käufermarktsituation keine Bedeutung besitzt. Ebenso wie jedes Marketing-Instrument steht auch die Distributionspolitik im Spannungsfeld von Kosten und Leistungen. Es geht also um die Optimierung des Preis-Leistungs-Verhältnisses. Die raschen Saisonwechsel sowie das gleichzeitige Bestreben des Bekleidungshandels, die Lagerbestände auf ein Minimum zu reduzieren, haben der Logistik in der Bekleidungsindustrie zu einer starken Bedeutung verholfen. Die richtige Ware zum richtigen Zeitpunkt an den richtigen Ort zu liefern ist Ausdruck der Lieferqualität, der aufgrund der besonderen Situation in der Bekleidungsindustrie eine hohe Bedeutung zukommt.

Lösung Aufgabe 2   Distributionspolitische Ziele

Distributionspolitische Entscheidungen können nach folgenden Kriterien getroffen werden:

- potenzieller Umsatz des Absatzkanals, Marktanteil des Absatzkanals,
- Vertriebskosten,
- Ungewichteter Distributionsgrad (Zahl der belieferten Absatzmittler im Verhältnis zur Gesamtzahl der Absatzmittler für das entsprechende Produkt) oder gewichteter Distributionsgrad (Umsatz der belieferten Absatzmittler im Verhältnis zum Gesamtumsatz der Absatzmittler für das entsprechende Produkt),
- Image des Absatzkanals,
- Kontrolle des Absatzkanals,
- Flexibilität des Absatzkanals,
- Kommunikationsmöglichkeiten mit den Absatzmittlern.

Für die Herleitung distributionspolitischer Ziele ist es erforderlich, die obigen Kriterien in Beziehung zu den Marketingzielen zu setzen und sie nach Inhalt, Ausmaß, Zeit-, Segment- und Objektbezug zu konkretisieren.

Die Brauerei könnte für ihr Kölsch zum Beispiel folgende Ziele verfolgen:

- Erreichung eines Marktanteils von 5 % im Lebensmitteleinzelhandel und Getränkeabholmärkten in Nordrhein-Westfalen im Jahr 2002.
- Um diesen Marktanteil erreichen zu können, ist ein höherer Distributionsgrad auch außerhalb von Köln erforderlich. Die Brauerei könnte sich daher zum Ziel setzen, innerhalb der nächsten drei Jahre in Nordrhein-Westfalen einen gewichteten Distributionsgrad von 60 % im Lebensmitteleinzelhandel und in Getränkeabholmärkten zu erreichen.
- Aufgrund der besonderen Bedeutung der Gastronomie für das Image und die Bekanntheit des Produktes, sollte die Brauerei eine Steigerung der Anzahl von Vertriebsbindungen (Bierlieferungsverträge) auf 10 % der Abnehmer in Nordrhein-Westfalen im Absatzkanal Gastronomie innerhalb der Jahre 2002 und 2003 anstreben.
- Die starke Stellung des Getränkefachgroßhandels in der Bierdistribution macht es schließlich erforderlich, den Getränkefachgroßhandel in die distributionspolitische Zielsetzung einzubeziehen. So könnte die Brauerei auf der Fachgroßhandelsstufe einen gewichteten Distributionsgrad von 65 % innerhalb der nächsten fünf Jahre anstreben.

Lösung Aufgabe 3 Entscheidungstatbestände der Absatzkanalwahl
Für den Vertrieb seines Staubsaugers muss der Hersteller folgende Entscheidungen treffen:

1. Entscheidungen zwischen direktem und indirektem Vertrieb. Es bestehen folgende Alternativen:
   - direkter Vertrieb über den eigenen Außendienst (Haus-zu-Haus-Vertrieb),
   - Vertrieb über die gegenwärtig für den Vertrieb von Rasierern eingeschalteten Elektrohändler,
   - Verkauf des Staubsaugers als markenloses Produkt an einen Hersteller, der in diesem Markt bereits etabliert ist oder an einen Händler, der das Produkt als Handelsmarke führt. In diesem Fall müsste der Hersteller keinen eigenen Absatzkanal aufbauen. Erforderlich wäre eine zuverlässige Lieferung an den Hersteller beziehungsweise Händler.
2. Zahl und Art der Absatzmittler, die bei indirektem Vertrieb eingeschaltet werden sollen. Es bestehen im Hinblick auf die unterschiedlichen Betriebsformen folgende Alternativen: Warenhäuser, Versandhandel, Verbrauchermärkte, Fachmärkte oder Fachgeschäfte. Innerhalb dieser Betriebsformen kann der Hersteller dann je nach Marktauftritt des Handelsunternehmens zwischen verschiedenen Betriebstypen wie zum Beispiel Discountern oder erlebnisorientierten Warenhäusern wählen. Die Wahl der Betriebsform beziehungsweise des Betriebstyps ist dabei abhängig von der Vertriebsstrategie. Der Hersteller kann seinen Staubsauger exklusiv, selektiv oder intensiv vertreiben. Der

Vertriebsweg Beurtei-lungskriterien	Direkter Vertrieb	Indirekter Vertrieb
Vertriebskosten	■ kostenintensiver Außendienst	■ kostengünstiger wegen Funktionsübernahme des Handels; aber Ertragseinbußen durch Handelsspanne
Kontrolle der Marketing-aktivitäten	■ genaue und kontrollierbare Vorgaben an den Außendienst bei der Kundenberatung	■ nur bedingt gewährt
Aufbaudauer	■ relativ lang, da ein völlig neuer Außendienst aufgebaut werden muss	■ relativ kurz, da auf bestehende Vertriebskanäle zurückgegriffen werden kann
Flexibilität	■ Mitarbeiterwechsel nur unter Berücksichtigung personalrecht-licher Bestimmungen ■ tendenziell bessere Anpassungs-fähigkeit des eigenen Mitarbei-terstabs an neue Marketing-situationen und -konzepte	■ leicht austauschbare Absatz-mittler, wenn keine länger-fristigen vertraglichen Vereinbarungen bestehen ■ schwerfälligerer Vollzug not-wendiger Anpassungen aufgrund geringerer Einflussmöglichkeiten auf den Handel

Abb. 4.54 Beurteilungskriterien alternativer Vertriebswege

Exklusivvertrieb ist dabei der Extremfall des Selektivvertriebs, wobei die Absatzmittler nach qualitativen und quantitativen Kriterien selektiert werden, um den Absatz nach den Vorstellungen des Herstellers sicherzustellen. Beim intensiven Vertrieb hingegen steht nicht die Auswahl geeigneter, sondern die Gewinnung von möglichst vielen Absatzmittlern im Vordergrund.

3. Entscheidung über die Art und Zahl der einzuschaltenden Außendienstmitarbeiter. Der Elektrohersteller steht den Alternativen Handelsvertreter oder Reisende gegenüber. Darüber hinaus muss er festlegen, wie viele Außendienstmitarbeiter pro Verkaufsgebiet eingesetzt werden und wie diese Mitarbeiter kontrolliert und gesteuert werden können.
4. Entscheidung über die Art der vertraglichen und kommunikativen Beziehungen zwischen den Mitgliedern des Distributionssystems. Der Elektrohersteller kann seine Vertriebspartner vertraglich an sich binden (zum Beispiel durch Franchise-Systeme) oder lediglich partnerschaftlich mit ihnen kooperieren.
5. Schließlich muss eine Entscheidung über die Einteilung des Verkaufsgebietes in Verkaufsbezirke getroffen werden.

Lösung Aufgabe 4 Direkter versus indirekter Vertrieb

Die Beurteilungs- und Entscheidungskriterien für alternative Absatzwege lassen sich aus den distributionspolitischen Zielen ableiten. Die Übersicht in Abb. 4.54 zeigt die entsprechende Beurteilung für den Verlag.

Chancen	Risiken
■ Umfassende, individuelle und kosten-günstige Betreuung vorhandener Kunden ■ Multiple Kundenbindung durch ein Netzwerk an Geschäfts- und Servicebeziehungen mit dem Kunden ■ Kanalübergreifendes Cross Selling ■ Individuelle Ansprache und Gewinnung neuer Nachfragersegmente ■ Schwer zu imitierender Wettbewerbsvorteil (wenn gut abgestimmt/geführt) ■ Erweiterte Möglichkeiten zur identitäts-konformen Markenpräsentation	■ Konflikt der Absatzkanäle reduziert das Vertriebsengagement der Kanäle ■ Hoher Koordinationsaufwand ■ Komplexitätserhöhung ■ Hohe Investitionskosten beim Aufbau ■ Fehlende Kompetenzen bei der Kombination von Offline- und Online-Channels ■ Unzufriedene Kunden durch eine nicht integrierte und kanalübergreifende Kunden-betreuung ■ Entstehung von Markenimagekonfusion durch fehlende Abstimmung der Absatz-kanäle

Abb. 4.55 Chancen und Risiken des Mehrkanalvertriebs. (Quelle: In Anlehnung an Wirtz 2008, S. 72 ff.)

Lösung Aufgabe 5 Mehrkanalvertrieb

Unternehmen streben in Märkten, die in mehrere Zielsegmente mit unterschiedlichen Anforderungen an den Absatzkanal aufgeteilt werden können, des Öfteren eine Erweiterung auf mehrere, parallel genutzte Absatzkanäle an. Diese werden als Mehrkanalvertriebe bezeichnet. Grund dafür sind veränderte Kauf-, Medien- und Konsumgewohnheiten auf Nachfragerseite.

In Abb. 4.55 werden die Chancen und Risiken des Mehrkanalvertriebs dargestellt.

Lösung Aufgabe 6 Franchisesysteme

Ein Franchisesystem zeichnet sich durch eine kooperative, langfristig, vertraglich umfassend geregelte Beziehung zwischen einem Franchisegeber und einer Vielzahl von rechtlich selbständig bleibenden Franchisenehmern aus.

Insbesondere, weil seitens der Hersteller eine weitgehende Durchsetzung ihrer Marketingkonzepte bis zum Endverbraucher möglich ist, haben Franchisesysteme in den letzten Jahren an Bedeutung gewonnen. Speziell im Dienstleistungssektor kommt der Sicherung des Marketingkonzepts eine hohe Bedeutung zu.

Lösung Aufgabe 7 Leistungen und Pflichten in Franchisesystemen

Abbildung 4.56 stellt die Leistungen und Pflichten in Franchisesystemen dar.

Lösung Aufgabe 8 Marketingfunktion der Absatzmittler

Der Handel kann dem Hersteller insbesondere solche Funktionen abnehmen, die

- dem Hersteller nicht zugänglich sind und die
- der Handel effizienter als der Hersteller erfüllen kann.

Leistungen/Pflichten des Franchisegebers	Leistungen/Pflichten des Franchisenehmers
■ Bereitstellung von Produkt, Firmen- und Markenzeichen ■ Überlassung des System-Know-hows ■ Gewährung von Nutzungsrechten am Systemimage ■ Hilfe beim Betriebsaufbau ■ Werbung, Verkaufsförderung, Aktionen, Sortimentsplanung ■ Laufende Beratung auf allen Unternehmens-gebieten ■ Betriebswirtschaftliche Dienstleistungen, Organisationsmittel ■ Laufende Aus- und Weiterbildung der Franchisenehmer ■ Erfahrungsaustausch ■ Belieferung bzw. Nachweis von Einkaufs-gelegenheiten zu festgelegten Konditionen ■ Erhaltung der Wettbewerbsfähigkeit des Systems ■ Gewährung von Gebietsschutzrechten	■ Führung des Geschäfts nach vorgegebenen Richtlinien ■ Verwendung von Marken und Zeichen des Franchisegebers ■ Vorbehaltloser Einsatz für das System ■ Wahrung der Betriebs- und Geschäfts-geheimnisse ■ Periodische Daten- und Ergebnismeldung ■ Ausschließlicher Leistungsbezug beim Fran-chisegeber oder bei vorgegebenen Quellen ■ Duldung von Kontrollen und Inspektionen ■ Anerkennung des Weisungsrechts des Franchisegebers ■ Sortimentsbildung und Einhaltung der Systemstandards ■ Inanspruchnahme der Dienstleistungen des Franchisegebers ■ Abführung einer Franchisegebühr (variabel/fix)

Abb. 4.56 Gegenseitige Leistungen und Pflichten in Franchisesystemen

Dazu gehören im Einzelnen:

- Sortimentsfunktion: Zusammenstellung einzelner Produkte zu einem Fachhandelssortiment, zum Beispiel Projektoren, Leinwände, Filme.
- Bereitstellung von Lager- und Verkaufsfläche in Kundennähe, um zum Beispiel die saisonalen Nachfrageschwankungen nach Fotoartikeln auszugleichen (Weihnachtsgeschäft, Urlaubszeit).
- Kundendienstleistungen wie zum Beispiel Kamerareparaturen und Filmentwicklungen.
- Beratungsleistungen beim Kameraerstkauf sowie bei der Zusammenstellung und Bedienung komplexer Fotoausrüstungen.
- Werbung am „point of sale" (zum Beispiel Fotokataloge, Kameraprospekte) und Präsentation von Fotogeräten in Verkaufsvitrinen und Schaufenstern.
- Gewährung von Absatzkrediten (zum Beispiel Inzahlungnahme gebrauchter Kameras).
- Verkaufsförderung, zum Beispiel Sonderverkaufsaktionen für Fotofilme, Ausverkaufsaktionen für auslaufende Kameramodelle.

Lösung Aufgabe 9 Regalplatzsicherung
Wenn die notwendige Zahl von Händlern nicht ohne weiteres zur Listung des neuen Artikels bereit ist, muss der Hersteller Akquisitionspolitik in Form der Pull- und Push-Methode betreiben.

Abb. 4.57 Pull und Push
im vertikalen Marketing

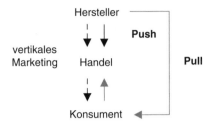

Pull-Strategie: Es handelt sich um eine Kombination absatzpolitischer Maßnahmen, die an die Endverbraucher gerichtet sind und sie veranlassen sollen, das Produkt im Handel nachzufragen. Die damit bewirkte Nachfrage der Konsumenten soll den Handel zur Neuproduktaufnahme veranlassen. Im Falle von *Clausthaler* hieße dies, insbesondere massive Werbung, vorzugsweise im TV, zu betreiben.

Push-Strategie: Es handelt sich um eine Kombination absatzpolitischer Maßnahmen, die direkt an die Händler gerichtet sind. In Ergänzung zu Geschmacksproben, Nachweis der Rentabilität des neuen Produkts etc. können den Händlern Einführungsrabatte oder Listungsgelder gezahlt werden. So hätte die *Binding-Brauerei* dem Handel mit der Methode der direkten Produktrentabilität von der im Vergleich zu anderen Bieren höheren Wirtschaftlichkeit des neuen Produkts überzeugen können.
    Diesen Zusammenhang verdeutlicht Abb. 4.57:

Lösung Aufgabe 10 Reisender versus Handelsvertreter

Lösung Aufgabe 10a
Da sowohl Handelsvertreterin als auch Reisender annahmegemäß gleich viele Bücher absetzen, ist für die Lösung ein Kostenvergleich heranzuziehen. Es ist zu prüfen, ob ein Reisender mehr oder weniger Kosten verursacht als ein Handelsvertreter. Dabei soll die kostengünstigere Alternative gewählt werden.
    Vertriebskosten bei dem Reisenden Herrn Lauf:

$$K_r = f_r + q_r \cdot x \cdot p = 3.500 + 0,06 \cdot 1.500 \cdot 50 = 8.000$$

Vertriebskosten bei der Handelsvertreterin Frau Kontakt:

$$K_v = f_v + q_v \cdot x \cdot p = 0 + 0,1 \cdot 1.500 \cdot \ 50 = 7.500$$

Die Handelsvertreterin ist bei einem Kostenvergleich günstiger.

Lösung Aufgabe 10b
Da nunmehr nicht von einem identischen Absatz der Handelsvertreterin und des Reisenden ausgegangen werden kann, ist ein Gewinnvergleich heranzuziehen. Die Kosten, die

der Reisende und die Handelsvertreterin verursachen, sind diesmal unter Einbeziehung des zusätzlichen Gewinns, den der Reisende erzielt, zu betrachten.

Bei dem Reisenden kommt es zu einem Mehrabsatz von 300 Büchern (1.800 – 1.500), diese Bücher können mit einem Gewinn von 7,50 GE/Stck. verkauft werden. Daraus entsteht ein Gewinnvorteil von 300 · 7,50 GE = 2.250 GE.

Die Vertriebskosten bei einem Reisenden betragen in diesem Fall:

$$K_r = f_r + q_r \cdot x \cdot p = 3.500 + 0,06 \cdot 1.800 \cdot 50 - 300 \cdot 7,50 = 6.650 \text{ GE}$$

Die Vertriebskosten bei einem Handelsvertreter bleiben gleich:

$$K_v = f_v + q_v \cdot x \cdot p = 0 + 0,1 \cdot 1.500 \cdot 50 = 7.500 \text{ GE}$$

Für diese Konstellation ist es günstiger, den Reisenden einzustellen.

Lösung Aufgabe 10c
Weitere Kriterien für den Vorteilhaftigkeitsvergleich von Reisenden und Vertretern sind (Abb. 4.58).

Lösung Aufgabe 11 Marketinglogistik
Die Marketinglogistik befasst sich mit der physischen Bewegung der Produkte zwischen Hersteller und Endkäufer sowie dem dazugehörigen Informationsaustausch. Aufgabe der Marketinglogistik ist es, dafür zu sorgen, dass

- das richtige Produkt,
- zur gewünschten Zeit,
- in der richtigen Menge,
- im richtigen Zustand,
- an den gewünschten Ort,
- zu geringstmöglichen Kosten

gelangt.

Da der Handel bestrebt ist, seine Lagerbestände zu minimieren und die Bekleidungsbranche gleichzeitig durch eine besondere Schnelllebigkeit und häufigen Kollektionswechsel gekennzeichnet ist, kommt der Logistik im Modebereich eine herausragende Bedeutung zu. Die Ware muss in kurzer Zeit am Point of Sale verfügbar sein, da die Produkte aufgrund ihres hohen modischen Charakters nur eine begrenzte Zeit absetzbar sind. Ist die Saison vorbei, lässt sich die so genannte Altware nur mit deutlichen Preisreduzierungen verkaufen. Hinzu kommt, dass der Textilhandel seine Läger deutlich verkleinert, um so die Kapitalbindung zu mindern und die Lagerumschlagsgeschwindigkeit zu erhöhen. Daher hat der Handel zum Beispiel nicht alle Größen im Lager, sodass derartige Waren bei Kundenanfragen innerhalb sehr kurzer Zeit lieferbar sein müssen. Daher muss die Ge-

Vertriebs-alternative / Kriterium	Reisender	Handelsvertreter
Vertragliche Bindung	§§ 59 ff. HGB, unselbstständig, stark weisungsgebunden	§§ 84 ff., HGB, selbstständig, nicht weisungsgebunden
Arbeitszeitgestaltung der Tätigkeit	Vorgabe durch das Unternehmen (Umsatzsoll)	freie Gestaltung im Rahmen des Vertrages
Kostencharakter	größtenteils fix	fast nur variabel
Kundenbearbeitung	nach Vorgabe durch die Vertriebsleitung, daher intensiv	nach eigener Disposition, in Abstimmung mit dem Unternehmen, daher meist extensiver
Kontakte zu Abnehmern	im Rahmen des Vertriebsprogramms und der persönlichen Beziehungen	vielseitigere Kontakte durch ein breites Sortiment von verschiedenen Firmen
Verhalten gegenüber Kunden	vertritt die Interessen des Unternehmens	vertritt vorwiegend seine Interessen und das seiner Kunden, bildet einen eigenen Kundenstamm
Änderung der Absatzbezirke	leichter möglich	schwierig, u. U. nur mit Änderungskündigung (Abfindung)
Berichterstattung	regelmäßig, Vorschriften für Inhalt, Form, Umfang und Häufigkeit	je nach Vereinbarung, generell seltener und in geringem Umfang
Reiseroute	Planung durch Verkaufsleiter	vorwiegend eigene Planung
Einsatz-, Steuerungs- und Verwendungsmöglichkeit	überall im Außen- und Innendienst	im Rahmen des Vertrages, nur im Außendienst
Arbeitsweise	vorwiegend unternehmensorientiert	unternehmens- und einkommensorientiert
Arbeitskapazität	konzentriert auf ein Unternehmen	verteilt auf mehrere Unternehmen
Verkaufstraining	fester Bestandteil der Aus- und Fortbildung	freiwillig oder im Rahmen der Vereinbarung
Nachwuchsförderung	aus den eigenen Reihen, auf dem Stellenmarkt	auf dem Stellenmarkt
Nebenfunktionen	Verkaufsförderung, Markterkundung, Kundendienst	je nach Vereinbarung
Kündigung	wie bei jedem Angestellten	Sonderregelung, eventuell Ausgleichsanspruch nach § 89 b HGB

Abb. 4.58 Reisender und Handelsvertreter im Vergleich

schäftsleitung ihre Meinung dahingehend ändern, dass ein hoher Lieferservice sehr wohl als präferenzpolitisches Instrument in der Bekleidungsbranche genutzt werden kann.

Lösung Aufgabe 12 Optimales Transportmittel

Lösung Aufgabe 12a
Analytische Lösung Zur Ermittlung des kostenminimalen Transportmittels sind zunächst die relevanten Kostenfunktionen aufzustellen:

- Kostenfunktionen Bahn:
  a) $K_B = 500 + 2{,}5x$ $\qquad 0 < x \leq 60$
  b) $K_B = 550 + 1{,}68x$ $\qquad x > 60$

- Kostenfunktion Spedition:

$$K_F = 300 + 4x$$

- Kostenfunktion eigener Lkw:

$$K_E = 16x$$

Die Fixkosten für den eigenen Lkw von 5.000 GE sind nicht entscheidungsrelevant, da sie unabhängig von der Wahl des Transportmittels entstehen.

Nunmehr müssen die drei Transportmittel im Hinblick auf ihre Kosten verglichen werden:

- Kostenvergleich zwischen eigenem Lkw und Spedition:

$$16x_A = 300 + 4x_A$$
$$x_A = 25$$

Wegen der Grundvergütung ist die Spedition erst bei mehr als 25 Paletten kostengünstiger als der eigene Lkw.

- Kostenvergleich zwischen Spedition und Bahn:

$$300 + ax_B = 500 + 2{,}5x_B$$
$$x_B = 133{,}33$$

Für die Bahn gilt ab einer Transportmenge von 60 Paletten eine andere Kostenfunktion:

$$300 + 4x_B = 550 + 1{,}68x_B$$
$$x_B = 107{,}53$$

Wegen der höheren Grundvergütung ist die Bahn erst bei mehr als 107,53 Paletten kostengünstiger als die Spedition.

- Kostenvergleich zwischen Bahn und eigenem Lkw:

$$500 + 2{,}5x_C = 16x_C$$
$$13{,}5x_C = 500$$
$$x_C = 37{,}04$$

Wegen der Grundpauschale ist die Bahn erst bei mehr als 37,04 Paletten kostengünstiger als der eigene Lkw.

Aus diesen Berechnungen ergeben sich folgende Einsatzbereiche der drei Transportmittel:

- eigener Lkw $0 < x \le 25$
- Spedition $25 < x < 107{,}53$
- Bahn $107{,}53 \ge x$

Graphische Lösung
Zur graphischen Lösung müssen zunächst die Kostenfunktionen der einzelnen Transportmittel eingezeichnet werden, um dann die jeweils kostenminimale abzutragen. Die geknickte Kurve für das Transportmittel Bahn resultiert aus der in zwei Intervallen unterschiedlich definierten Kostenfunktion (siehe oben). Bei x = 60 weist die Kurve damit eine Sprungstelle von 650 GE auf 650,5 GE auf (Abb. 4.59).

Lösung Aufgabe 12b
Der Kostenvergleich beruht lediglich auf quantitativen Daten. Da die einzelnen Transportmittel in ihrer Transportleistung nicht homogen sind, muss die Analyse um folgende qualitative Kriterien erweitert werden:

- Produktspezifische Besonderheiten, durch die bestimmte Transportmittel ausscheiden (zum Beispiel Sperrigkeit, Verderblichkeit von Waren).
- Imagekomponenten, das heißt Adäquanz der logistischen Instrumente mit dem Produkt, der Werbebotschaft usw.
- Schnelligkeit. Um diese Komponente zu erfassen, müssten auch Zinskosten und Kosten durch entgangene Aufträge – da die Lieferung eventuell zu langsam erfolgte – für die Bahn und Spedition berücksichtigt werden.
- Längerfristige Verträge. Falls Bahn und Spedition nur langfristig Verträge abschließen, ist eine flexible Anpassung an unterschiedliche Transportmengen nicht möglich.
- Verfügbarkeit, insbesondere fremder Transportorgane, braucht nicht gewährleistet zu sein.
- Kontrollmöglichkeit ist bei fremden Transportorganen eingeschränkt.

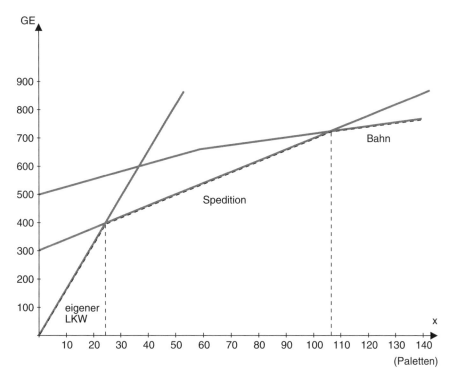

Abb. 4.59 Kostenvergleich alternativer Verkehrsmittel

Lösung Aufgabe 13 Distributionspolitik im Biermarkt

Lösung Aufgabe 13a

Handelsmarken gehen mit einem deutlichen Preisvorteil in den Wettbewerb. Offenbar ist die Biernachfrage insbesondere in Ostdeutschland, wo der Marktanteil der Handelsmarken besonders hoch ist, relativ preiselastisch. Ausschlaggebend dafür könnte eine in Ostdeutschland vergleichsweise geringe Kaufkraft sein. Die preiselastische Nachfrage wird auch wesentlich durch die wahrgenommene Austauschbarkeit der Biere im Hinblick auf ihre harten Produkteigenschaften wie zum Beispiel die lebensmittelrechtliche Qualität verursacht. Da für viele Verbraucher deutsches Bier aufgrund des Reinheitsgebots per se qualitativ hochwertig ist, billigen sie auch preisgünstigen Handelsmarken eine hohe Qualität zu.

Da der Biermarkt durch hohe Überkapazitäten geprägt ist, sehen viele Hersteller in der Produktion von Handelsmarken die einzige Möglichkeit, im Verdrängungswettbewerb zu bestehen. Schließlich gewinnt der Discountvertrieb im Biermarkt an Bedeutung. Gerade dieser Betriebstyp ist durch einen generell hohen Handelsmarkenanteil gekennzeichnet.

Lösung Aufgabe 13b

Der Preisverfall im Biermarkt hat seinen Ursprung im Verhalten des preisaggressiven Lebensmitteleinzelhandels. Der harte Verdrängungswettbewerb zwischen den großen Handelsunternehmen hat ausgehend von den Discountern zu einem sehr preisaggressiven

Wettbewerb geführt. Bier steht dabei aus mehreren Gründen im Vordergrund. Bier ist ähnlich wie Brot oder die 100-g-Tafel Schokolade ein Eckartikel für den Verbraucher, an dem er die Preiswürdigkeit des gesamten Handelssortiments festmacht. Insofern sind die Handelsunternehmen bemüht, den Bierpreis niedrig zu halten. Verstärkend kommt hinzu, dass gerade die werbeintensiven Bier-Premiummarken vom Handel zur Demonstration eines besonders guten Preis-Leistungs-Verhältnisses genutzt werden. Als Reaktion auf die Preissenkungen der Premiummarken sind auch die Hersteller von Bieren in anderen Preisklassen zu Preissenkungen gezwungen, sodass es zu einem allgemeinen Preisverfall kommt.

Lösung Aufgabe 13c

Für den wachsenden Anteil von Dosenbier sind drei Gründe ausschlaggebend. Von Seiten der Verbraucher ist ein Trend zu bequemem Konsum, zu Convenience festzustellen. Diesem Trend kommt die Dose entgegen, da sie vom Konsumenten unproblematisch konsumiert und entsorgt werden kann. Hinzu kommt, dass Käufer von Dosenbier durch die Kennzeichnung mit dem Grünen Punkt im Rahmen des Dualen Systems Deutschland die Einwegverpackung als ökologisch unbedenklich betrachten.

Die großen Bierproduzenten nutzen die Dose darüber hinaus als Instrument im Wettbewerb. Viele kleine, insbesondere bayrische Brauereien sind mit der Investition in eine eigene Dosenabfüllanlage finanziell überfordert und können so dem gemachten Trend zur Dose nicht folgen.

Auch auf der Handelsstufe wird die Dose als Wettbewerbsinstrument zwischen Lebensmitteleinzelhandel und Getränkeabholmärkten genutzt. Der Discountbereich des Lebensmitteleinzelhandels scheut kostenintensive Mehrwegsysteme und forciert daher den Vertrieb in Dosen, während die Getränkeabholmärkte der klassische Mehrwegvertriebsweg sind.

Die Aufgabenstellung bezog sich auf die Entwicklungen im Biermarkt zu Anfang der 1990er Jahre. Die aktuell geführte Diskussion um die Einführung eines Zwangspfandes für Einweggetränkeverpackungen ist für die Lösung folglich nicht relevant. Allerdings verdeutlicht dieses Beispiel die hohe Bedeutung von exogen vorgegebenen „Spielregeln" für das Marketing. Mit Einführung des Zwangspfandes kann erwartet werden, dass der Anteil des Dosenbiers am Gesamtmarkt im Jahre 2003 durch die veränderten Rahmenbedingungen wieder deutlich rückläufig sein wird.

Lösung Aufgabe 13d

Der Preisverfall bei Bier, der Vormarsch der Handelsmarken und das starke Wachstum bei Dosenbier korrelieren sehr stark miteinander. Die Discounter, die sich sehr handelsmarkenorientiert zeigen, sind gleichzeitig Vorreiter im aggressiven Preiswettbewerb des Lebensmitteleinzelhandels und vermeiden aus Kostengründen Mehrwegsysteme. An dem Beispiel des Biermarktes zeigt sich, dass die Instrumente des Marketing sehr stark miteinander verknüpft sind. Im Beispiel sind dies die Markenpolitik, die Wahl des Vertriebswegs und der Verpackung sowie die Preispolitik.

4.3.3 Fallstudien

Fallstudie: Absatzkanalprobleme eines Frottierwebers

Das Unternehmen *Frottier-Flausch GmbH* konnte sich in den letzten Jahren im Markt der Heimtextilien unter anderem als Hersteller von exklusiven, relativ hochpreisigen Frottier-Handtüchern etablieren. Die Produkte der Firma gehören mittlerweile zu den echten Markenartikeln im Haustextiliensegment. Die *Frottier-Flausch GmbH* vertreibt ihre Produkte über eine regional organisierte Verkaufsorganisation an den klassischen Fachhandel. In den letzten Jahren ist jedoch der jahrelang positive Trend beim Absatz von Handtüchern abgebrochen. Auch die Marktentwicklung für klassische Frottier-Bademäntel, die ebenfalls ein wichtiger Umsatzträger des Unternehmens sind, stagniert seit einiger Zeit. Gleichzeitig drängen aggressive Wettbewerber aus dem asiatischen Raum sowie Großversender mit Eigenimporten auf den deutschen Markt, die mit extremen Billigangeboten an die Käufer herantreten. Dieser Konkurrenzkampf der Haustextilienhersteller findet nicht nur auf der Konsumentenebene, sondern auch auf der Absatzmittlerebene statt. Auf der Ebene der Absatzmittler werden gegenüber den Fachhändlern neben kontrahierungspolitischen insbesondere logistische Maßnahmen eingesetzt.

Darüber hinaus hat sich das Handtuchgeschäft zugunsten der Versender und Großfilialisten der Nahrungsmittelbranche (zum Beispiel Kaffeeröster) verlagert. Der klassische Vertriebsweg über den Facheinzelhandel und Einzelhandel verliert hingegen zunehmend an Bedeutung. Während einerseits Konzentrationstendenzen festgestellt werden können (Zusammenschlüsse von Einzelhandelsunternehmen, Bildung von Einkaufsverbänden), sterben andererseits kleine Betriebsformen mehr und mehr aus. Die Kooperations- und Konzentrationsprozesse führen zu einer wachsenden Zentralisation der Einkaufsentscheidungen und zu einer erheblichen Nachfragemacht. Da die *Frottier-Flausch GmbH* einen Großteil ihres Umsatzes über den klassischen Einzelhandel abwickelt, ist sie von dieser Entwicklung besonders betroffen. Demgegenüber ist das Unternehmen in den ständig an Marktbedeutung gewinnenden Großvertriebsformen (Parfümerieketten, Möbelhandelsketten etc.) noch unterrepräsentiert (siehe Abb. 4.60 und Abb. 4.61).

Das Bevorratungsverhalten der Einzelhändler ist von den Abverkäufen an die Konsumenten im Jahresablauf geprägt. Diese weisen in der Regel zwei saisonale Spitzen auf: Die Orderzeit vor der Sommer- und Badesaison und die Orderzeit vor dem Weihnachtsgeschäft im Herbst. Allgemein neigt der Haustextilien-Handel zu relativ kurzfristiger Disposition: Die Hälfte aller Aufträge der *Frottier-Flausch GmbH* sind Klein- und Kleinstaufträge. Wesentliche Ursache dafür ist die mangelnde Bereitschaft des Handels, ein eigenes Lager zu unterhalten. In diesem Zusammenhang lässt sich feststellen, dass eine ausgeprägte Servicekultur des Produzenten gegenüber dem Handel zu einem immer wichtigeren Wettbewerbsfaktor, besonders unter Berücksichtigung der preisaggressiven Mitbewerber, wird.

Gerade mit Blick auf diesen immer wichtiger werdenden Dienstleistungsaspekt fallen gewisse Lieferserviceschwächen der *Frottier-Flausch GmbH* besonders ins Gewicht:

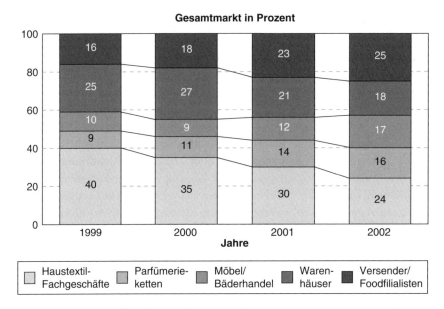

Gesamtmarkt in Prozent

Abb. 4.60 Verkaufsentwicklung (in Stück) der Betriebsformen des Haustextilienhandels

Kundenart	Umsatz in Mio. € gesamtes Verkaufsprogramm	Umsatz in % gesamtes Verkaufsprogramm
Fachhandel	53	37
Parfümerieketten	13	9
Möbelketten	10	7
Warenhäuser	45	31
Versender	11	8
Großvertriebsformen	13	9
	145	100

Abb. 4.61 Umsatz der *Frottier-Flausch GmbH* nach Absatzmittlern im Jahr 2002

- zu hohe Transportkosten,
- zu hohe Kosten für Kleinsendungen,
- Lieferzeiten sind zu lang,
- oft sind nur Teillieferungen möglich,
- Lieferreklamationen werden oft umständlich bearbeitet.

Zur Übermittlung von Bestellungen bedienen sich mittlerweile ca. 38 % der Kunden des Telefaxgerätes, 10 % des Briefes, 24 % des Telefons und 28 % bestellen über den Außendienst, der wiederum die Bestellung per Fax an den zentralen Versand der *Frottier-Flausch GmbH* weiterleitet.

Die Lieferbereitschaft des Unternehmens beträgt zur Zeit 86 %. Sie wird wesentlich von der Warenbeschaffung und der Lagerbestandsreichweite, also dem Sicherheitsbestand, bestimmt. Diese beträgt für die Handtücher im Jahresdurchschnitt ca. drei Monate. Die durchschnittliche Lieferzeit beträgt zur Zeit noch drei Arbeitstage. Die wahrgenommene Lieferzuverlässigkeit wird von einer Reihe von Faktoren bestimmt, unter anderem von der Verhaltensweise und der Auskunftsfähigkeit der Mitarbeiter in der Marketinglogistik, dem Lieferzeitpunkt und der Liefergenauigkeit, dem Zustand der gelieferten Ware sowie der Einhaltung von Lieferzusagen. Als Indikator für die Lieferzuverlässigkeit dient die Retourenquote (der Anteil der ausgelieferten Ware, der von den Kunden zurückgesandt wird, weil die Qualität mangelhaft war oder der Liefertermin über-/unterschritten wurde). Diese hat sich im vergangenen Jahr von 2,5 % auf 3,5 % verschlechtert (Abb. 4.60 und 4.61).

Aufgabe 1 Ziele der Absatzkanalpolitik
Entwickeln Sie für das Unternehmen *Frottier-Flausch GmbH* konkrete Ziele für die Absatzkanalpolitik und für die Marketinglogistik. Zeigen Sie dabei Interdependenzen zu den anderen Marketinginstrumenten auf.

Aufgabe 2 Strategien der Absatzkanalpolitik
Welche Strategien der Absatzkanalpolitik empfehlen Sie dem Handtuchproduzenten angesichts des Wandels in der Absatzmittlerstruktur? Beziehen Sie sich in Ihrer Antwort auf die Entscheidungstatbestände der Distributionspolitik.

Aufgabe 3 Marketinglogistik
Skizzieren Sie die Probleme der Marketinglogistik hinsichtlich der Saisonalität des Badetuch-Absatzes. Welche logistischen Maßnahmen sind zur Sicherung der Lieferbereitschaft zu ergreifen? Welche Möglichkeiten bieten andere absatzpolitische Instrumente, vor allem die Verkaufsförderung, für eine Glättung der saisonalen Schwankungen?

Lösungen zur Fallstudie: Absatzkanalprobleme eines Frottierwebers

Lösung Aufgabe 1 Ziele der Absatzkanalpolitik

1. Ziele der Absatzkanalpolitik
- Beibehaltung und Stabilisierung des bestehenden Image als hochpreisiger Markenartikler.
- Steigerung des Umsatzanteils in den Parfümerieketten von 9 % auf 15 %, bei den Möbelketten von 7 % auf 14 % und bei den Warenhäusern von 31 % auf 35 % innerhalb der nächsten zwei Jahre.

- Gewinnung von zehn Neukunden aus dem Bereich Möbel-/Bäderhandelsketten im nächsten Jahr.
- Änderung des Bevorratungsverhaltens der Kunden durch ein Anreizsystem zu kontinuierlichen Bestellungen in wirtschaftlichen Auftragsgrößen in den nächsten vier Jahren.
- Erhöhung des Anteils der Telefaxbesteller auf 50 % innerhalb der nächsten zwei Jahre.

2. Ziele der Logistik
- Schnellstmögliche Senkung der Reklamationsrate auf das alte Niveau von 2,5 %.
- Verkürzung der Lieferzeiten auf einen Tag, Etablierung eines „24-Stunden-Services" für 80 % der Lieferungen in den nächsten 18 Monaten.
- Anpassung der Versandkostenbeteiligung der Händler an das Konkurrenzniveau in den nächsten zwei Jahren.
- Reduktion der Teillieferungen auf Null durch Verbesserung der Lieferbereitschaft auf 95 % in den nächsten zwei Jahren.
- Vereinfachung der Reklamationsbearbeitung durch Erhöhung der Auskunftsfähigkeit und -geschwindigkeit der Mitarbeiter.
- Verbesserung des vertikalen Informationsaustausches durch Etablierung eines Efficient-Consumer-Response-Systems in den nächsten zwei Jahren.

3. Beziehung zu anderen Marketinginstrumenten
- Das Imageziel impliziert, dass keine wesentlichen Veränderungen am Produkt vorgenommen werden dürfen. Zudem sollte das Imageziel auch kommunikationspolitisch stärker unterstützt werden. Die Preishöhe muss als Qualitätsmerkmal ebenfalls beibehalten werden.
- Schulung des Personals im persönlichen Verkauf und Telefonmarketing, um Reklamationen etc. kundengerecht zu behandeln.
- Kommunikationspolitische Aussagen (zum Beispiel Ubiquität) müssen durch entsprechende Absatzwege (Distributionsgrad) erfüllt werden.

Lösung Aufgabe 2 Strategien der Absatzkanalpolitik
- Entwicklung spezieller handelsgerichteter Marketingpläne, um sich auf die Umstrukturierungen im Handel (Kettenbildung, Einkaufskooperationen) einzustellen.
- Gezielte Repräsentanz in den Großvertriebsformen ohne die zur Zeit wichtigsten Partner, die Einzelhandels-Fachgeschäfte, zu verärgern. Möglichkeiten diskutieren, ob der Großhandel mit einer spezifischen Marke beliefert werden soll.
- Akquisitionsstrategie bei den Großvertriebsformen (Parfümerie- und Möbelketten) durch Profilierung als leistungsfähiger, aktiver und kooperationsbereiter Partner.
- Einrichtung von handelsorientierten Organisationseinheiten. Für die Großkunden sollte zum Beispiel unbedingt ein Key-Account-Manager eingestellt werden, um deren optimale Betreuung zu gewährleisten.
- Selektionsstrategie für mögliche sonstige Einzelhändler, die als Handelspartner in Frage kommen.
- Prüfung anderer Absatzkanäle, zum Beispiel Hotelketten, Fitnessstudios etc.

Lösung Aufgabe 3 Marketinglogistik

1. Problem der Saisonalität
- Gefahr der Überschreitung von Lieferterminzusagen zur Saisonspitze.
- Gefahr von Unwirtschaftlichkeitsproblemen im Saisontief.
- Saisonal schwankender Bedarf an Kapazitäten aufgrund des unterschiedlichen Warendurchflusses.

2. Sicherung der Lieferbereitschaft
- Rechtzeitige Antizipation der saisonal zusätzlich erforderlichen Mengen (zum Beispiel aufgrund von Erfahrungswerten).
- Rechtzeitige Planung und Disposition der zusätzlichen personellen, räumlichen und technischen Kapazitäten.
- Frühzeitige Abstimmung mit dem Verkauf.

3. Absatzpolitische Möglichkeiten zur Glättung der saisonalen Schwankungen
- Beeinflussung des Bevorratungsverhaltens der Einzelhändler durch entsprechende Konditionenpolitik (zum Beispiel Frühorderrabatt, Lagerrabatt, Saisonrabatt).
- Handelsbezogene Verkaufsförderung, zum Beispiel Unterstützung kleinerer Einzelhändler mit Verkaufsförderungsmaterialien wie Plakaten, Präsentationsständern etc., Naturalrabatte, Verkaufswettbewerbe, Schulungsangebote für das Verkaufspersonal.

4.4 Kommunikationspolitik

Lernziele

Der Leser soll nach Bearbeitung dieses Kapitels in der Lage sein

1. Funktionen und Ziele der Kommunikationspolitik im Marketing zu beschreiben,
2. die Entscheidungstatbestände der Werbung zu erläutern,
3. die Ziele und Bedeutung des Sponsoring zu beurteilen,
4. das Problem des optimalen Werbebudgets mittels unterschiedlicher Modellansätze zu lösen,
5. die Problematik der Mediaselektion und des Mediensplit zu erläutern,
6. mit Hilfe des LP-Ansatzes einen optimalen Belegungsplan zu ermitteln,
7. den Begriff In-Game Advertising sowie dessen Instrumente zu erläutern,
8. die Vor- und Nachteile des Subinstrumente sozialer Medien zu benennen,
9. den Mediaplanungsprozess zu skizzieren und deren Anforderungen und Bestandteile zu benennen.

4.4.1   Kommunikationspolitik – Aufgaben

Aufgabe 1 Sponsoring

Im deutschen Biermarkt erfreut sich das Sponsoring wachsender Beliebtheit. Das gesamte Sponsoringengagement der deutschen Brauer 1994 wird auf ca. 150 Mio. GE, rund 25 % der Ausgaben für klassische Werbung, geschätzt. Damit ist die Bierbranche besonders sponsoringfreudig. Untersuchungen über alle Branchen gehen davon aus, dass weniger als 5 % der Gesamtausgaben für klassische Werbung für Sponsoring ausgegeben werden.

Schwerpunkt des Sponsoring ist das Sportsponsoring mit einem geschätzten Anteil am Gesamtsponsoringvolumen von rund 65 %. Von den hundert größten Brauereien gaben in einer Befragung 91 % zu Protokoll, im Sportsponsoring aktiv zu sein.[1]

Im Hinblick auf die Sportarten überrascht es nicht, dass Fußball die Biersponsoring-sportart Nummer eins ist; 29 % der befragten TOP-100-Brauer gaben an, sich im Fußball zu engagieren.

Beispiele für Sportsponsoring finden sich auch unter den TOP-10-Brauereien. So sponsert die Privatbrauerei *Diebels* in der Fußball-Bundesliga mit Borussia Mönchengladbach und Fortuna Düsseldorf gleich zwei Erstliga-Vereine im regionalen Stammmarkt. Daneben waren die Biermarken *Henninger, Licher, Veltins, Hasseröder, Holsten* und *Jever* im Fussballsponsoring aktiv.

Marktführer *Warsteiner* engagiert sich trotz einer auch im Verhältnis zu den Gesamt-werbeausgaben sehr starken Sponsoringaktivität im Fußball hingegen kaum. Die Schwer-punkte des ca. 20 Mio. Sportsponsoring-Etats sind mit Eishockey (Weltmeisterschaft) so-wie dem alpinen und nordischen Ski-Weltcup in den Wintersportarten zu finden. Daneben werden auch Motorsport, Volleyball und Ballonfahren unterstützt.

Die *Veltins*-Brauerei hat sich bis 1997 die Sponsoringrechte an der Basketball-Bundes-liga sowie der Basketball-Nationalmannschaft gesichert. Gleiches gilt für das Programm-sponsoring der Basketballspiele aus der amerikanischen und deutschen Erstliga.

Aufgabe 1a

Grenzen Sie den Begriff des Sponsoring vom Mäzenatentum ab.

Aufgabe 1b

Welche Hauptziele verfolgen die Brauer mit ihrem intensiven Sponsoring-Engagement?

Aufgabe 1c

Welche Gründe sind für das wachsende Sponsoring ausschlaggebend? Warum sponsert die Brauwirtschaft gerade den Fußball so stark?

---

[1] Die Befragungsergebnisse zum Sponsoring im Biermarkt stammen aus einer Studie des Instituts für Sportpublizistik an der Deutschen Sporthochschule Köln: Brauereien & Sportsponsoring Studie 95.

	1990	1991	1992	1993	1994
	Anteile in %				
Zeitungen	10	11	8	7	7
Zeitschriften	30	27	22	21	16
TV	27	33	39	31	36
Hörfunk	16	15	14	18	20
Plakat	17	14	17	23	21

Abb. 4.62 Mediensplit im Biermarkt von 1990 bis 1994

	1990	1991	1992	1993	1994
	Anteile in %				
Zeitungen	26	25	25	25	23
Zeitschriften	39	37	34	31	29
TV	25	29	32	34	38
Hörfunk	8	7	7	7	7
Plakat	2	2	2	3	3

Abb. 4.63 Mediensplit über alle Branchen von 1990 bis 1994

Aufgabe 1d
Weshalb kann Sponsoring nur als ergänzendes Kommunikationsinstrument eingesetzt werden?

Aufgabe 1e Welches Risiko ergibt sich für eine einzelne Brauerei durch das hohe Sponsoringvolumen der gesamten Branche?

Aufgabe 2 Mediasplit
Die nachfolgenden Tabellen zeigen den Mediensplit im deutschen Biermarkt sowie aller werbetreibender Branchen der deutschen Wirtschaft im Vergleich (Abb. 4.62 und 4.63).

Aufgabe 2a
Beschreiben und interpretieren Sie die in den Tabellen wiedergegebene Entwicklung des Mediensplits.

Aufgabe 2b
Arbeiten Sie die wesentlichen Unterschiede zwischen dem Mediensplit des Biermarktes und dem allgemeinen Mediensplit heraus. Wie erklären sich die Differenzen?

Aufgabe 3 Werbekonzeption für einen Textilfilialisten

Der Textilfilialist „*Summ*" expandierte in den vergangenen Jahren sowohl durch internes als auch externes Wachstum. Das Unternehmen verfügt über rund 30 Filialen und erwirtschaftet einen Jahresumsatz von rund 1,4 Mrd. €. Der Vorstand ist bestrebt, die Unternehmensmarke „*Summ*" im Modehandel zu etablieren. Daher wird ein einheitlicher Marktauftritt sowohl über das Sortiment, die Gestaltung der Verkaufsräume als auch eine einheitliche Marktkommunikation angestrebt. Dem Bemühen um eine Markenbildung steht die Notwendigkeit eines an die lokalen Wettbewerbsverhältnisse und Kundenanforderungen angepassten Marktauftritts gegenüber. Ihre Aufgabe als Trainee in der Konzernmarketingabteilung ist es nun, eine Gesamtwerbekonzeption zu entwickeln, die integrativ den Erfordernissen einer Teil- und Gesamtprofilierung des Textilfilialisten Rechnung trägt.

Aufgabe 3a

Welche Entscheidungstatbestände muss die Werbeabteilung bei ihrer Planung berücksichtigen?

Aufgabe 3b

Zeigen Sie die besondere Problematik der geforderten integrativen Werbekonzeption im Hinblick auf eine Gesamtunternehmensprofilierung und eine auf die lokalen Verhältnisse abgestimmten Werbekonzeption für die unterschiedlichen Unternehmensebenen auf.

Aufgabe 3c

Zeigen Sie die Eignung unterschiedlicher Werbeträger für die von Ihnen entwickelte Werbekonzeption auf.

Aufgabe 4 Gewinnmaximales Werbebudget

Die *Giga-Soft GmbH* hat sich zum weltweit größten Hersteller von Computer Software entwickelt. Durch die Übernahme seiner wichtigsten Mitbewerber und nach einem jahrelangen Preiskrieg mit kleineren Herstellern hat die *Giga-Soft GmbH* auf dem Markt für Softwareprogramme mittlerweile eine Monopolstellung erreicht. Das neueste Produkt aus der Entwicklungsabteilung ist ein ausgefeiltes Kostenanalyseprogramm für Großunternehmen, welches Rationalisierungspotenziale in der Größenordnung von 30 % eröffnet, ohne die teuren Dienste externer Unternehmensberater in Anspruch nehmen zu müssen. Dieses Programm stieß schon im Vorfeld auf reges Interesse und es wird davon ausgegangen, dass der Preis nur als sekundäres Entscheidungskriterium hinzugezogen wird.

Die *Giga-Soft GmbH* sieht sich einer fallenden Preis-Absatz-Funktion gegenüber. Die Eigentümerin, Gil Trades, zählt bereits heute zu den reichsten Frauen der Welt. Ihr oberstes Unternehmensziel besteht nach wie vor in der kurzfristigen Maximierung des Gewinns. Die Hauptaktionsparameter des Unternehmens sind der Absatzpreis und die Werbung. Aufgrund der Monopolstellung kann die Marketingabteilung davon ausgehen, dass, bei gegebenem Werbekonzept, eine quantitative Beziehung zwischen Werbekosten K_w und der Verschiebung der Preis-Absatz-Funktion besteht. Die Verschiebung wird durch die Zunahme der Cournotmenge x_c angegeben. Die Steigung der Preis-Absatz-Funktion bleibt konstant.

Die Werbekostenfunktion lautet:

$$K_w = 0,01 \, \Delta x_c - 0,023 \, \Delta x_c^2 + 0,0008 \, \Delta x_c^3$$

Δx_c gibt die Absatzmenge an, die bei der Realisierung der Cournotmenge und des Cournotpreises zusätzlich zur Cournotmenge, die ohne Werbung erreicht wird, erzielt werden kann.

Die Produktionsfunktion lautet:

$$K_p = 800.000 + 10x$$

Die Preis-Absatz-Funktion ohne Werbung lautet:

$$p_o = 299.200 - 11,662x$$

Bei konstanter Steigung äußert sich die Verschiebung der Preis-Absatz-Funktion in einer Veränderung des Prohibitivpreises.

Sie als Absatzspezialist der Marketingabteilung werden beauftragt, die gewinnmaximale Absatzmenge, den zugehörigen Preis und den entsprechenden Gewinn zu ermitteln. Dabei sollen Sie davon ausgehen, dass nur direkte Verschiebungen der Preis-Absatz-Funktion möglich sind.

Basis für Ihre Entscheidung sollen folgende unterstellte Preis-Absatz-Funktionen sein, die sich durch Werbung ergeben:

$$p_1 = 469.200 - 11,662x$$
$$p_2 = 639.200 - 11,662x$$
$$p_3 = 809.200 - 11,662x$$

Welche Preis-Absatz-Funktion wird gewählt und wie hoch sind jeweils die zugehörigen Werbekosten?

Aufgabe 5 Werbebudgetierung
Der Parfümhersteller „*Smell AG*" möchte sein Werbebudget für 2004 festlegen. Die dazu gebildete Projektgruppe besteht aus insgesamt vier Mitgliedern. Leider kann sich die Projektgruppe nicht auf ein vernünftiges Verfahren der Budgetierung einigen.

Insgesamt stehen vier Vorschläge zur Disposition:

- Das Werbebudget soll 0,75 % vom Umsatz 2002 betragen.
- Das Werbebudget richtet sich nach den für Werbung verfügbaren finanziellen Mitteln.
- Das Werbebudget soll mindestens genauso groß sein wie das der Konkurrenz.
- Das Werbebudget soll an den aufgestellten Werbezielen ausgerichtet werden.

Sie sind als Marketingassistent bei der „Smell AG" beschäftigt und werden gebeten, die Projektgruppe bei der Auswahl des vorteilhaftesten Budgetierungsverfahrens zu beraten.

Aufgabe 6 Subinstrumente sozialer Medien
Bennen Sie Subinstrumente sozialer Medien sowie deren Vor- und Nachteile.

Aufgabe 7 In-Game Advertising
Was ist In-Game Advertising, und welche Instrumente gibt es?

Aufgabe 8 Mediaplanungsprozess
Zwischen dem werbetreibendem Unternehmen und der Mediaagentur findet ein Media-Briefing statt. Dieses dient dem Informationsaustausch zwischen Agentur und Auftraggeber und stellt eine wesentliche und verbindliche Arbeitsgrundlage für die Agentur im Rahmen der Mediaplanung dar.

Skizzieren Sie den Prozess der Mediaplanung und benennen Sie Anforderungen und Bestandteile des Media-Briefings.

4.4.2   Kommunikationspolitik – Lösungen zu den Aufgaben

Lösung Aufgabe 1 Sponsoring

Lösung Aufgabe 1a
Unter Sponsoring versteht man die systematische Förderung von Personen, Organisationen oder Veranstaltungen im Bereich Sport, Kultur oder Soziales (Umwelt) durch Geld-, Dienst- oder Sachleistungen zur Erreichung bestimmter Kommunikationsziele. Das sponsernde Unternehmen verfolgt also mit dem Engagement konkrete Ziele. Hierin liegt der Unterschied zum Mäzenatentum, das einen uneigennützigen Charakter hat.

Lösung Aufgabe 1b
Die wichtigsten Sponsoringziele sind Förderung des Bekanntheitsgrades sowie insbesondere der Imagetransfer vom Sponsoring-Objekt auf die Marke oder das sponsernde Unternehmen. In der Praxis finden sich jedoch selten konkrete Sponsoringziele. Nur bei rund 60 % der Unternehmen basiert das Sponsoring auf einem schriftlich fixierten Konzept.

Lösung Aufgabe 1c
Die Gründe für das wachsende Sponsoring der deutschen Brauer sind vielschichtig und sowohl in qualitativen als auch quantitativen Motiven zu suchen. Hinsichtlich quantitativer Kriterien muss man den (gewichteten) Tausender-Preis anderer Instrumente beziehungsweise Medien mit den Kosten des Sportsponsoring vergleichen. Im Bereich der Bandenwerbung gibt es dazu Untersuchungen, die zwar keine genaue Quantifizierung leisten, aber doch tendenziell zu dem Ergebnis kommen, dass Bandenwerbung einen wesentlich günstigeren Tausender-Preis als klassische TV-Werbung aufweist. Die Reichweite der Ban-

denwerbung ergibt sich aus Stadionbesuchern (in der Bundesliga pro Saison im Schnitt 306.000), aus zunehmenden Fußball-Live-Übertragungen sowie Multiplikatoreffekten durch die Sportberichterstattung (34 Spieltage bei ca. fünf Sendeminuten in ARD, ZDF, RTL, SAT 1, Pro 7).

Neben diesen quantitativen Gründen gibt es eine Reihe von qualitativen Ursachen für ein wachsendes Sponsoring. Sportsponsoring spielt sich im Hintergrund der eigentlichen Geschehnisse ab. Durch eine unterschwellige Kommunikation können sinkende Akzeptanz gegenüber klassischer TV-Werbung, Stichwort „Werbefrust", und Umgehungsstrategien der Rezipienten, Stichwort „Zapping", vermieden werden.

Das Sportsponsoring erreicht den Rezipienten in seiner Freizeit. Hier kann ein prinzipiell hoher Aktivierungsgrad unterstellt werden, sodass die für eine Werbewirkung notwendige Kombination kognitiver (Logo) und affektiver Elemente (Sponsoringumfeld) dem Sponsoringinstrument inhärent ist.

Sponsoring ermöglicht zudem den Transfer von originär dem betreffenden Sport oder Sponsoringpartner zugeschriebenen Eigenschaften, wie dynamisch, fair, sportlich, auf das Produkt des Sponsors. Dafür ist allerdings eine langfristige Beziehung erforderlich. Nicht übersehen werden darf die Gefahr von Badwill-Transfers, insbesondere bei Testimonial-Sponsoring (etwa bei Doping-Affären). Dies offenbart die Notwendigkeit einer sehr sorgfältigen Auswahl der Sponsoringpartner und einer ständigen Überprüfung der Eignung des Sponsoringpartners für die angestrebten Kommunikationsziele (zum Beispiel im Falle des Sponsoring von Jan Ullrich durch den Sportausrüster *Adidas*).

Die hohe Affinität der Zielgruppe „Männer" zum Hauptsponsoringobjekt, dem Fußball, ist brauerspezifisch. 82 % der nach einer UFA-Studie als „fußballverrückt" gekennzeichneten Personen, sind Männer, und Bier ist sowohl im Konsum (65,3 %) als auch beim Einkauf (60 %) Männersache.

Außerdem ist Fußball mit deutlichem Abstand die beliebteste TV-Sportart bei den Bundesbürgern.

Lösung Aufgabe 1d
Die Begrenztheit der Sponsoringbotschaft, in der Regel ist nur das Logo kommunizierbar, macht die Ergänzung durch andere Kommunikationsinstrumente erforderlich, um neben der Bekanntheit des Logos auch bestimmte Kommunikationsinhalte vermitteln zu können. Außerdem werden die Rezipienten ein ihnen bereits durch andere Kommunikationsinstrumente bekanntes Logo im Sponsoringumfeld besser wahrnehmen. Daher sollte das Sponsoring in ein integriertes Kommunikationsmix eingebunden werden.

Lösung Aufgabe 1e
Fraglich ist, ob die deutschen Brauer, beziehungsweise die größten unter ihnen, mit ihrem starken Sportsponsoringengagement nicht einer neuen Austauschbarkeit der Marken Vorschub leisten. Dies gilt umso mehr, als man sich mit Fußball auf eine Sportart konzentriert. Andererseits mag eine Profilierung unter den Top-Brauereien solange nicht zur Überlebensnotwendigkeit werden, wie Marktanteile von den unprofilierten Konsumbieren im mittleren Preissegment gewonnen werden können.

Lösung Aufgabe 2 Mediasplit

Lösung Aufgabe 2a
Wenn man zunächst vom Niveau der Medienanteile abstrahiert und das Augenmerk ausschließlich auf die Tendenz lenkt, so lassen sich folgende Aussagen treffen:

- Zeitungen verlieren Anteile im Mediasplit.
- Zeitschriften haben sehr deutliche Werbeanteile verloren, im Biermarkt sogar etwas stärker als im Allgemeinen.
- Das Fernsehen ist eindeutiger Gewinner im Intermedienwettbewerb und ist inzwischen stärkster Werbeträger.
- Der Hörfunk ist in seinen Werbeanteilen relativ stabil, im Biermarkt steigt der Anteil leicht an.
- Das Plakat konnte seinen Anteil am Mediasplit leicht ausbauen, im Biermarkt dabei deutlicher als im Branchendurchschnitt.

Trotz der Unterschiede im Niveau der einzelnen Medien kann zusammenfassend festgehalten werden, dass es sowohl im Durchschnitt über alle Branchen als auch speziell im Biermarkt eine ähnliche Tendenz gibt. Die Printmedien verlieren Werbeanteile, während das Fernsehen deutliche Zuwächse verzeichnen kann. Es gibt somit einen Trend zu elektronischen Medien.

Ein wesentlicher Faktor für die verstärkte TV-Werbung ist die Zulassung privater Fernsehsender in Deutschland, die nicht den Werbebeschränkungen der öffentlich-rechtlichen Anstalten unterliegen. Der insgesamt starke Anstieg der TV-Werbung hat ausschließlich zu Mehreinnahmen bei den privaten TV-Anbietern geführt. So nähert sich der TV-Anteil im Mediasplit den international üblichen Werten von rund 50 %. Der Anteil öffentlich-rechtlicher Sender an den TV-Werbeaufwendungen ist von 50 % 1990 auf 13 % 1994 zurückgegangen.

Neben diesen medienrechtlichen Gründen lässt sich der Trend zur TV-Werbung auch aus der wachsenden Bedeutung der Bildkommunikation erklären. Im Zeitalter der Informationsüberlastung bietet das Fernsehen durch seine multisensorische Kommunikation ein höheres Aktivierungspotenzial als die Printmedien. Darüber hinaus ist das Fernsehen besser zur Vermittlung von Emotionen geeignet, was aufgrund der hohen Austauschbarkeit der Produkte im Biermarkt für die Kommunikationspolitik im Biermarkt besonders wichtig ist.

Lösung Aufgabe 2b
Unter den 30 werbeintensivsten Branchen ist die Bierbranche diejenige mit dem höchsten Anteil für Plakatwerbung. Ausschlaggebend dafür dürfte die lokale Zielgenauigkeit dieses Mediums sein, die sich vor allem die kleinen lokalen Brauereien zu Nutze machen. Darüber hinaus ist das Plakat ein Werbemedium, das auch kleineren Brauereien mit entsprechend kleinen Werbebudgets die Möglichkeit zur Massenkommunikation eröffnet.

Interessant ist der eklatante Unterschied zwischen der Brauwirtschaft und der sonstigen werbetreibenden Wirtschaft bei der Nutzung der Hörfunkwerbung. Die Brauwirtschaft nutzt dieses Medium sehr viel stärker als dies andere Branchen tun. Dies mag zum einen an der Regionalität des Biermarktes liegen, die über die regionale Struktur der Hörfunklandschaft besser als beim Fernsehen berücksichtigt werden kann. Zum anderen kommen bei Bier die Vorzüge einer Konditionierung über akustische Reize, hoher aktivierender und geringer kognitiver Anteil, besonders zum Tragen. So nutzen viele Brauer Musik als Erkennungsmerkmal oder das Geräusch eines sich füllenden Bierglases zur Aktivierung.

Lösung Aufgabe 3 Werbekonzeption für einen Textilfilialisten

Lösung Aufgabe 3a

Grundlage für die Festlegung einer Werbekonzeption ist der Regelkreis der Marktkommunikation. Die Marketingabteilung des Textilfilialisten kann die Werbekonzeption wie folgt entwickeln:

- Festlegung der Werbeziele: Ausgangspunkt der Werbekonzeption ist die Festlegung von Werbezielen, die nach Organisationsebenen gegliedert und nach Ausmaß, Objekt-, Zeit- und Segmentbezug operationalisiert werden müssen. Diese Ziele müssen dabei aus den Unternehmens- und Marketingzielen abgeleitet werden.
- Festlegung der Werbestrategie: Die Werbestrategie orientiert sich an der Corporate Identity, deren integrativer Bestandteil die Corporate Communication ist. Das Corporate-Identity-Konzept gewährleistet den zur Markenbildung erforderlichen einheitlichen Marktauftritt. Andererseits muss das gewählte CI-Konzept genügend Entfaltungsmöglichkeiten für eine lokale Profilierung lassen. Konkret muss im Rahmen der Strategie das Werbeversprechen und die damit angestrebte Unique Advertising Proposition festgelegt werden.
- Festlegung des Werbebudgets: Auf Basis der Werbeziele muss das notwendige Werbebudget ermittelt werden. Wichtig ist dabei eine ausgewogene Aufteilung des Budgets auf die Zentralebene und die einzelnen Filialen.
- Gestaltung der Werbebotschaft: Inhalt und Aufbereitung der werblichen Botschaft müssen sich an den Erfordernissen der konzern- und filialbezogenen Teilstrategie orientieren.
- Mediaselektion: Für die Teilstrategien sind Medienpläne zu entwickeln. Sie zeigen die zeitliche Schaltung unterschiedlicher Medien wie Zeitschriften, Zeitungen, Fernsehen oder Hörfunk (Intermediaselektion). Dabei haben die einzelnen Medien für jede Teilstrategie ein anderes Gewicht. Die Mediapläne enthalten ferner die Belegung von einzelnen Zeitschriftentiteln oder Rundfunkprogrammen (Intramediaselektion).

Lösung Aufgabe 3b

Der Erfolg der Werbekonzeption für den Textilfilialisten „Summ" hängt entscheidend davon ab, ob sich die Teilkonzeption auf der Unternehmens- und Filialebene ergänzen und

Einsatzmöglichkeiten / Werbeträger	Regionale Werbekonzeption der Verkaufshäuser	Überregionale Werbekonzeption des Unternehmens
Tageszeitungen/ Anzeigenblätter	■ regionale Zielgruppenansprache ■ aktuelle Produktinformationen	
Publikumszeitschriften		■ breite Zielgruppenansprache ■ mehrfarbige Darstellung ■ günstiger Tausender-Preis ■ Mehrfachkontakte
Fachzeitschriften		■ mehrfarbige Darstellung ■ gezielte Ansprache von Meinungsführern ■ Herausstellung eines Produktes oder einer Abteilung
Fernsehen		■ breite Zielgruppenansprache ■ Erreichung einer hohen Bekanntheit
Hörfunk	■ regionale Zielgruppenansprache über Lokalradios/Regionalsender	■ breite Zielgruppenansprache ■ begrenzte Darstellungsmöglichkeiten
Plakate	■ gezielter regionaler Einsatz ■ mehrfarbige Darstellung ■ Mehrfachkontakte möglich	■ kann auch überregional eingesetzt werden ■ mehrfarbige Darstellung ■ Mehrfachkontakte möglich

Abb. 4.64 Einsatzmöglichkeiten der wichtigsten Werbeträger

gegenseitig fördern. Die besondere Problematik eines solchen integrativen Gesamtkonzeptes liegt in der Abstimmung der zeitlichen und sachlichen Entscheidungstatbestände. Dabei sind besonders folgende Aspekte zu koordinieren:

- zeitliche Dimension: Abgestimmte Durchführungszeiträume einzelner Kampagnen.
- sachliche Dimension: Abstimmung der werblichen Teilziele, koordinierte Aufteilung des Budgets, Abstimmung über die verschiedenen Werbebotschaften.

Zusammenfassend muss eine Werbekonzeption gewährleisten, dass einerseits ein einheitliches Gesamtunternehmensimage aufgebaut wird, andererseits den einzelnen Filialen die Möglichkeit von standortspezifischen Werbemaßnahmen eingeräumt wird.

Lösung Aufgabe 3c
Die Tabelle in Abb. 4.64 zeigt stichwortartig die Einsatzmöglichkeiten der wichtigsten Werbeträger und ihre Vorteile auf.

Lösung Aufgabe 4 Gewinnmaximales Werbebudget

Da vier Preis-Absatz-Funktionen existieren, müssen auch vier Gewinnfunktionen aufgestellt werden. Bei der Zielsetzung der Gewinnmaximierung ist die Differenz zwischen Umsätzen und Kosten zu maximieren. Die gewinnmaximale Preismengenkombination nach
Cournot, liegt vor, wenn der Grenzgewinn, also die erste Ableitung der Gewinnfunktion,
den Wert Null annimmt ($U'(x) - K'(x) = 0$) und die zweite Ableitung negativ ist. In diesem
gewinnmaximalen Punkt sind Grenzumsatz und Grenzkosten gleich ($U'(x) = K'(x)$), das
heißt, die Steigung der Umsatzkurve und der Gesamtkostenkurve sind identisch. (P.S.:
Wegen der großen Zahlen in dieser Aufgabe können Taschenrechner-Ergebnisse von der
Musterlösung abweichen. Dies ist auf rechnerinterne Rundungsabweichungen zurückzuführen.)

Maximumbestimmung ohne Werbung

$$G_o = U_o - K_{po} = p_o \cdot x - K_p$$
$$G_o = 299.200x - 11{,}662x^2 - 800.000 - 10x \;\to\; max.!$$

Zur Maximumbestimmung wird die Ableitung der Funktion gleich Null gesetzt:

$$\frac{dG_0}{dx} = 299.200 - 23.324x - 10 = 0 \qquad \begin{array}{l}\to\text{ da die 2. Ableitung} < 0 \text{ ist,}\\ \text{liegt ein Maximum vor.}\end{array}$$

Die Cournot'sche Menge x_c ergibt sich durch Auflösen dieser Gleichung nach x:

$$x_{c0} = 12.828$$
$$\Delta x_c = 0$$
$$K_w = 0{,}00 \text{ €}$$

Der zugehörige Gewinn beträgt:

$$G_o = 1.918.138.724 \text{ €}$$

1. Alternative mit Werbung

$$G_1 = U_1 - K_{p1} = p_1 \cdot x - K_p - K_w$$

$$G_1 = 469.200x - 11{,}662x^2 - 800.000 - 10x - K_w$$

Zur Maximumbestimmung wird die Ableitung der Funktion gleich Null gesetzt:

$$\frac{dG_0}{dx} = 469.200 - 23.324x - 10 = 0 \qquad \begin{array}{l}\to\text{ da die 2. Ableitung} < 0 \text{ ist,}\\ \text{liegt ein Maximum vor.}\end{array}$$

Die Cournot'sche Menge x_c ergibt sich durch Auflösen dieser Gleichung nach x:

$$x_{c1} = 20.116$$
$$\Delta x_c = 7.288$$
$$K_w = 308.459.798 \ €$$

Der zugehörige Gewinn beträgt:

$$G_1 = 4.409.897.637 \ €$$

2. Alternative mit Werbung

$$G_2 = U_2 - K_{p2} = p_2 \cdot x - K_p - K_w$$
$$G_2 = 639.200x - 11,662x^2 - 800.000 - 10x - K_w$$

Zur Maximumbestimmung wird die Ableitung der Funktion gleich Null gesetzt:

$$\frac{dG_0}{dx} = 639.200 - 23,324x - 10 = 0 \qquad \rightarrow \text{da die 2. Ableitung} < 0 \text{ ist,}$$
$$\text{liegt ein Maximum vor.}$$

Die Cournot'sche Menge x_c ergibt sich durch Auflösen dieser Gleichung nach x:

$$x_{c2} = 27.405$$
$$\Delta x_c = 14.577$$
$$K_w = 2.473.073,794 \ €$$

Der zugehörige Gewinn beträgt:

$$G_2 = 6.284.569.355 \ €$$

3. Alternative mit Werbung

$$G_3 = U_3 - K_{p3} = p_3 \cdot x - K_p - K_w$$
$$G_3 = 809.200x - 11,662x^2 - 800.000 - 10x - K_w$$

Zur Maximumbestimmung wird die Ableitung der Funktion gleich Null gesetzt:

$$\frac{dG_0}{dx} = 809.200 - 23,324x - 10 = 0 \qquad \rightarrow \text{da die 2. Ableitung} < 0 \text{ ist,}$$
$$\text{liegt ein Maximum vor.}$$

Die Cournot'sche Menge x_c ergibt sich durch Auflösen dieser Gleichung nach x:

$$x_{c3} = 34.693$$
$$\Delta x_c = 21.865$$
$$K_w = 8.351.548.731 \ €$$

Der zugehörige Gewinn beträgt:

$$G_3 = 5.684.447.188 \text{ €}$$

Der Vergleich der vier denkbaren Situationen zeigt, dass Werbekosten in Höhe von 2.473.073.794 € zum höchsten Gewinn führen, nämlich 6.284.569.355 €. Demnach sollte die 2. Preis-Absatz-Funktions-Alternative gewählt werden.

Der zugehörige Preis des neuen Kostenanalyseprogramms beträgt 319.603 €.

Lösung Aufgabe 5 Werbebudgetierung

Eine prozentuale Orientierung am Umsatz ist kein geeignetes Verfahren zur Werbebudgetierung, da kein Ursache-Wirkungs-Zusammenhang zwischen dem Umsatz des vorangegangenen Jahres und dem Werbebudget besteht.

Die verfügbaren Mittel können kein alleiniger Orientierungsmaßstab sein, da auch hier der Ursache-Wirkungs-Zusammenhang mit der Werbebudgethöhe fehlt. Als Restriktion bietet diese Kerngröße allerdings wichtige Zusatzinformationen.

Bei beiden Verfahren besteht zudem die Gefahr des prozyklischen Werbeverhaltens. Eine Periode, in der ein hoher Umsatz beziehungsweise Cashflow erwirtschaftet wurde, bewirkt ein hohes Werbebudget in der Folgeperiode. Umgekehrt wird in umsatzschwachen Phasen nur wenig Werbung betrieben. Eine solche Verhaltensweise ist ökonomisch nicht sinnvoll.

Eine Orientierung an der Konkurrenz kann ebenfalls zu Fehlentscheidungen führen, insbesondere dann, wenn Sondereinflüsse wie etwa kostspielige Neueinführungen der Konkurrenz das Bild verzerren. Außerdem müssten zumindest Überlegungen über das Verhältnis von Marktanteil und Werbeanteil angestellt werden. Das heißt, dass sich das eigene Werbebudget nicht an den bloßen Budgets der Konkurrenten orientieren kann, sondern dass die Werbebudgets der Wettbewerber ins Verhältnis zu deren Marktanteil gesetzt werden. Erst dieses Verhältnis (share of market zu share of voice) ist ein geeigneter Maßstab für das eigene Werbebudget.

Die Orientierung an den angestrebten Werbezielen kann als geeignete Vorgehensweise gelten. Der Ursache-Wirkungs-Zusammenhang zwischen Werbeziel und Werbebudget ist korrekt. Wenn die Werbeabteilung nachweisen kann, dass die zuvor formulierten Ziele mit einem bestimmten Budget erreichbar sind, so wäre dieses Budget optimal. Die dazu erforderliche Kenntnis der Werbewirkung ist allerdings oftmals nur unzureichend.

Lösung Aufgabe 6 Subinstrumente sozialer Medien

Die Subinstrumente sozialer Medien sowie deren Vor- und Nachteile sind in Abb. 4.65 aufgeführt. Zur Vertiefung des Themas empfehlen wir Ihnen die Dissertation von Ulrike Arnhold „User Generated Branding: Integrating User Generated Content into Brand Management".

	Weblogs	Wikis	Online-Communities	Foto- und Videocommunities	Microlobbing-dienste	Social Networks
Vorteile	■ Möglichkeit des persönlichen und direkten Austauschs mit den Zielgruppen ■ Beeinflussung des Meinungsbildungsprozesses	■ zeitunabhängige und kostenlose Verfügbarkeit ■ hohe Aktualität	■ oftmals starke Bindung der Nutzer an die Community ■ erweiterer Informatinszugang durch Communitymitgliedschaft	■ Aktives Wahlverhalten der User ■ Hoher Unterhaltungswert	■ Informationen werden schnell und breit gefächert weitergeleitet ■ Möglichkeit der Interaktion durch Weiterleitung der Nachrichten	■ Aufbau und Pflege des Netzwerkes ■ Veröffentlichung diverser Informationen
Nachteile	■ Informationen lassen sich nur schwer auf Glaubwürdigkeit prüfen	■ Angaben lassen sich auf Richtigkeit nicht prüfen ■ Qualität der Beiträge schwankt	■ Angaben lassen sich auf Richtigkeit nicht prüfen ■ Qualität der Beiträge schwankt	■ Urheberrechtsbeschränkungen ■ Einschränkung der Persönlichkeitsrechte	■ Verifikation der veröffentlichten Inhalte ■ Nur Kurznahrichten möglich	■ Privatsphäre der User ist eingeschränkt ■ Verifikation der Informationen

Abb. 4.65 Subinstrumente sozialer Medien. (Quelle: in enger Anlehnung an Meffert 2012, S. 672)

Instrument	Adgames	Statisches In-Game Advertising	Dynamisches In-Game Advertising
Beschreibung	■ Einfach programmierte, kostenlose Werbespiele	■ Integration statischer Werbung in Computerspiele	■ Integration dynamischer Werbung in Computerspiele
Vorteile	■ Einfach zu realisieren ■ Relativ günstig	■ Hohes Spiel- und Programmierniveau ■ Gute Möglichkeit der gezielten Einbringung von Werbebotschaften	■ Hohes Spiel- und Programmierniveau ■ Gute Möglichkeit der gezielten Einbringung von Werbebotschaften ■ Sehr große Gestaltungsmöglichkeiten ■ Veränderbarkeit der Werbebotschaft
Nachteile	■ Mögliche negative Assoziation zur Marke ■ Botschaft der Werbung kann nicht verändert werden ■ Niedriges Spiel- und Programmierniveau	■ Botschaft der Werbung kann nicht verändert werden ■ Mittel- bis langfristige Kooperation mit Spielehersteller nötig	■ Mittel- bis langfristige Kooperation mit Spielehersteller nötig ■ Hohe Komplexität in der kontinuierlichen Koordination aller Maßnahmen
Beispiele	■ Johnnie Walkers Moorhuhn Jagd	■ Autorennspiele (z. B. Need for Speed)	■ Online-Spielewelten (z. B. Warcraft) ■ Second Life

Abb. 4.66 Instrumente des In-Game Advertising

Lösung Aufgabe 7 In-Game Advertising

In-Game Advertising beschreibt die geplante, systematische und dem Spieleentwickler vergütete Integration von aus der Realität bekannten werblichen Maßnahmen in die Virtualität von Video- und Computerspielen, mit denen die Kommunikationsziele des Unternehmens erreicht werden sollen. Die Instrumente im Rahmen des In-Game Advertising sind in Abb. 4.66 im Überblick dargestellt.

Lösung Aufgabe 8 Mediaplanungsprozess

Ein gutes Media-Briefing muss folgende grundlegende Anforderungen erfüllen (Abb. 4.67):
– schriftliche Fixierung, da dies Nachprüfbarkeit und Bestätigung ermöglicht
– rechtzeitige Erstellung (Gewährleistung ausreichender Vorlaufzeit)
– Vollständigkeit (komplette Erfassung der Problemstellung)
– Abstimmung mit dem Input der vorgelagerten Stufen (z.B. dem Marketing-Plan)

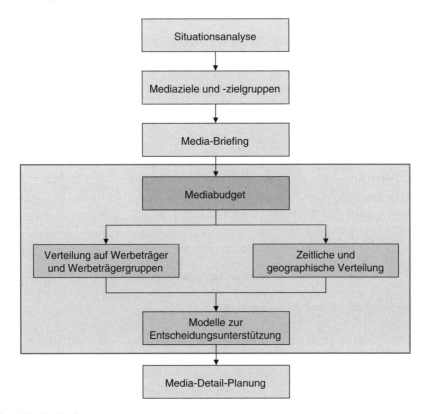

Abb. 4.67 Mediaplanungsprozess

– Beifügen von Anlagen und wichtigen Informationsmaterialien
– Entwicklung gemeinsam von Agentur und werbetreibendem Unternehmen

Folgende inhaltliche Bestandteile sollte jedes Media-Briefing beinhalten:
– Klare und nachvollziehbare Zielgruppendefinition
– Mediastrategische Ziele bezogen auf Reichweite und Werbedruck
– Informationen zur Zeitplanung: Zeithorizont und gewünschte zeitliche Verteilung des
  Werbeeinsatzes
– Informationen bzgl. bevorzugter und ausgeschlossener Werbeträger
– Angestrebte Werbeziele im Zusammenhang mit dem Nachfragerverhalten

4.4.3 Fallstudie

Fallstudie: Einführungskampagne für ein alkoholfreies Bier
Die „*Met-AG*" ist eine traditionsreiche deutsche Markenbrauerei. Trotz ihrer langen, eindrucksvollen Geschichte und der hohen Qualität ihrer Produkte, sieht sich die „*Met-AG*"
einer ständig schwieriger werdenden Absatzsituation gegenüber.

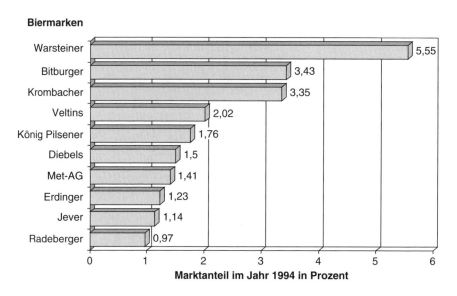

Biermarken

Abb. 4.68 Marktanteile ausgewählter Biermarken

Im Jahr 1994 konkurrierten 1.278 deutsche Braustätten mit rund 5.000 Marken um das Gesamtmarktvolumen in Deutschland von 20,5 Milliarden GE. Trotz wachsender Konzentration gilt der deutsche Biermarkt im internationalen Vergleich jedoch als fragmentiert. Diese Feststellung wird durch eine Analyse der Marktanteile noch unterstützt (Abb. 4.68).

Während der Markt für klassisches Bier eine „atomistische" Struktur aufweist, finden sich in dem recht jungen Markt für alkoholfreies Bier nur wenige Anbieter und die Marktanteile in diesem Segment bewegen sich in Bereichen zwischen 4 % (*Gerstel*) und 54 % (*Clausthaler*).

Nachfragestruktur und -verhalten auf dem deutschen Biermarkt
68,4 % der Gesamtbevölkerung ab 14 Jahren gehören zu den Konsumenten von Bier – das entspricht 42,8 Mio. Menschen (alle Zahlen für 1993). Dabei wird Bier in erster Linie, nämlich zu fast 70 %, von Männern konsumiert.

Im Hinblick auf die **Altersstruktur** der Bierkonsumenten ist eine hohe Ähnlichkeit zur Struktur der Gesamtbevölkerung zu konstatieren. Der Anteil der Bierkonsumenten weicht, abgesehen von den Altersgruppen der 14- bis 19-Jährigen und der über 60-Jährigen, nicht wesentlich vom Anteil in der Gesamtbevölkerung ab (Abb. 4.69).

Im Hinblick auf das **Haushalts-Nettoeinkommen** sind Bierkonsumenten eher besser verdienend. Von den jährlichen Gesamthaushaltsausgaben eines Vier-Personen-Arbeitnehmerhaushaltes entfielen 1992 0,8 % (oder 372,00 GE) auf Bier (Abb. 4.70).

Deutschland ist ein „Biertrinkerland" – dies belegt nicht nur die emotionale Debatte um das deutsche Reinheitsgebot für Bier, sondern auch der **Pro-Kopf-Bierverbrauch**. Mit 139,6 l (1994) nimmt Deutschland im internationalen Vergleich einen Spitzenplatz ein (die nachfolgende Tabelle gibt Daten aus dem Jahr 1991 wieder) (Abb. 4.71).

	Anteil an der Gesamtbevölkerung	Anteil der Altersgruppe an Bierkonsumenten
	in %	
14 bis 19 Jahre	7,3	3,8
20 bis 29 Jahre	18,3	19,5
30 bis 39 Jahre	17,1	19,2
40 bis 49 Jahre	14,9	17,2
50 bis 59 Jahre	17,0	18,5
ab 60 Jahre	25,5	21,8

Abb. 4.69 Bierkonsumenten nach Altersstruktur

	Anteil an der Gesamtbevölkerung	Anteil an Bierkonsumenten
	in %	
unter 2.000 GE	17,4	13,6
2.000 bis 3.000 GE	25,0	25,7
3.000 bis 4.000 GE	21,9	22,7
mehr als 4.000 GE	35,7	38,1

Abb. 4.70 Bierkonsumenten nach Einkommensklassen

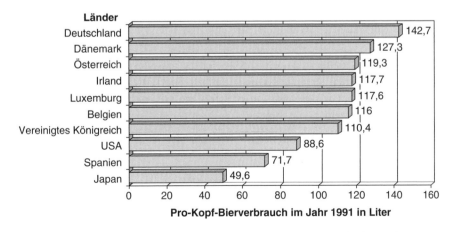

Abb. 4.71 Der deutsche Pro-Kopf-Bierverbrauch im internationalen Vergleich (1991)

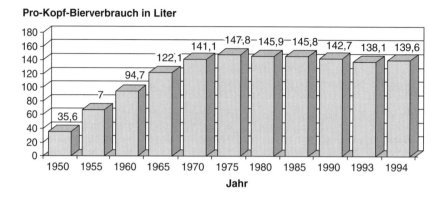

Pro-Kopf-Bierverbrauch in Liter

Abb. 4.72 Der Pro-Kopf-Bierverbrauch in der Bundesrepublik Deutschland von 1950 bis 1994

Allerdings ist auf dem deutschen Biermarkt die **Sättigungsgrenze** schon seit langem erreicht. Dies wird an der Entwicklung des Pro-Kopf-Verbrauchs sehr deutlich. Bereits 1970 hatte dieser Indikator den Wert von 141,1 l erreicht. Bis zum Jahr 1976 stieg der Pro-Kopf-Verbrauch auf seinen maximalen Wert von 151,9 l an und ist seitdem rückläufig. Konnten die deutschen Brauer noch in den achtziger und beginnenden neunziger Jahren über 140 l pro Kopf absetzen, sank der Verbrauch 1993 mit 138,1 l pro Kopf unter diese Marke. Zwar gelang 1994 eine Stabilisierung mit 139,6 l pro Kopf, dennoch muss man angesichts der Tendenz den deutschen Biermarkt zweifelsfrei als **gesättigten Markt auf hohem Niveau** kennzeichnen (Abb. 4.72).

Eine Erklärung für die Stagnation beziehungsweise den Rückgang des Bierverbrauchs liegt in der durch den **Wertewandel** zu beobachtenden wachsenden Substitution alkoholhaltiger durch alkoholfreie Getränke, insbesondere durch Fruchtsäfte und Mineralwasser. So profitierten von dem beträchtlichen Anstieg des **Gesamtgetränkeverbrauchs** von 577,5 l auf 672,5 l oder 16,4 % im Zeitraum 1980 bis 1994 ausschließlich alkoholfreie Getränke. Ihr Konsum stieg im selben Zeitraum von 398,2 l auf 506,7 l (+27,2 %), während der Pro-Kopf-Verbrauch alkoholhaltiger Getränke von 179,5 l auf 168,8 l sogar zurückging (−6,3 %) (Abb. 4.73).

In diesen Zahlen manifestiert sich das gestiegene Gesundheitsbewusstsein der Bundesbürger. Auf der einen Seite zieht eine vermehrte Sporttätigkeit einen deutlichen Getränkemehrverbrauch, vorzugsweise von Wasser und Säften nach sich. Andererseits raten Mediziner aus gesundheitlichen Gründen zu hohem Getränkekonsum.
Der Bierverbrauch nach Haushaltstypen wird in Abb. 4.74 dargestellt.

Neben den Daten zum Verbrauch ist die Bekanntheit der einzelnen Biermarken ein wichtiger Aspekt, der bei der Planung der Marketingkommunikation zu berücksichtigen ist. Die hauseigene Marktforschungsabteilung hat die gestützte Markenbekanntheit ausgewählter Biermarken erhoben. Daraus ergab sich folgendes Bild:
Als weitere Charakteristika des Biermarktes liegen folgende Erkenntnisse vor:

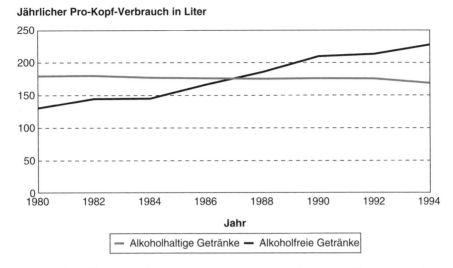

Abb. 4.73 Alkoholfreie Getränke im Trend – Getränkeverbrauch in Deutschland von 1980 bis 1994

Jahr	4 Pers.-HH, Arbeiter und Angestellte, mittleres EK	4 Pers.-HH, Beamte und Angestellte, gehobenes EK	2 Pers.-HH, Rentner und Sozialhilfeempfänger, geringes EK
1980	196,8 l	153,6 l	85,2 l
1989	178,8 l	187,2 l	100,8 l
1990	190,8 l	188,4 l	96,0 l
1991	187,2 l	183,6 l	98,4 l

Abb. 4.74 Bierverbrauch nach Haushaltstypen

- In den Städten wird pro Kopf mehr Bier getrunken als auf dem Lande.
- In Süddeutschland wird im Durchschnitt mehr Bier getrunken als im Norden der Bundesrepublik.
- Bezüglich der Einstellung der Bierkäufer zum alkoholfreien Bier konnte zusammenfassend festgestellt werden, dass:
  - bei 60 % der Bierkäufer pauschale Vorurteile gegenüber dem Geschmack von alkoholfreien Bieren bestehen und
  - die älteren Männer alkoholfreies Bier generell nicht als Bier im klassischen Sinne akzeptieren und es eher mit Getränken wie Limonade und Mineralwasser verbinden

Bei den professionellen Verwendern konnte festgestellt werden, dass 900 von 15.000 Veranstaltern bereits heute aus Sicherheitsgründen nur noch alkoholfreies Bier ausschenken.

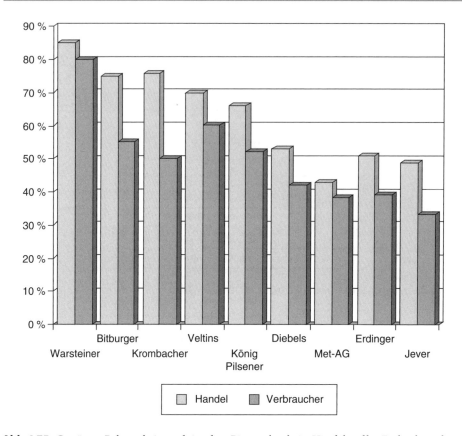

Abb. 4.75 Gestützter Bekanntheitsgrad einzelner Biermarken beim Handel und bei Endverbrauchern

In dieser Marktsituation wird in der Geschäftsführung der „*Met-AG*" intensiv darüber diskutiert, ob ein alkoholfreies Bier unter der Dachmarke „*Met-Aktiv*" im Markt positioniert werden soll. Durch die Nutzung des Unternehmungsnamens im Sinne einer Dachmarke will man die gleichen Zielgruppen ansprechen, die man bereits mit der Biermarke erreicht (Abb. 4.75).

Für die „*Met-AG*" existieren drei relevante Zielgruppen: der Handel, gewerbliche Verwender und private Haushalte. Allerdings besteht bei allen drei Zielgruppen ein Wissensdefizit in Bezug auf die Produkteigenschaften wie zum Beispiel: echtes Qualitätsprodukt, Gesundheitsaspekte, Neuartigkeit etc. Obwohl bereits fast 50 % der Händler über die Vorteile des alkoholfreien Bieres informiert sind, gibt es auch hier noch Handlungsbedarf.

Versetzen Sie sich in die Situation des Marketing-Assistenten. Sie erhalten die Aufgabe, Vorschläge bezüglich der Kommunikationsstrategie zu präsentieren. Dazu liegen Ihnen für die Mediaselektion neben den oben genannten Daten noch die in Abb. 4.76 aufgeführten Informationen vor.

Die AZ besitzt kein besonders hohes intellektuelles Niveau und sie wird überwiegend von den unteren Sozialschichten und auf dem Lande gelesen. Die DZ ist schon seit vielen Jahren am Markt eine echte Konstante und hat entsprechend viele regelmäßige Leser. Die

Zeitschrif	Leser gesamt in Tsd.	Leser weiblich in Tsd.	Leser männlich in Tsd.	Preis 1/1 S. in GE	Preis/ 1.000 Leser
AZ	1.800	1.000	800	46.800	26
BZ	1.600	700	900	57.600	36
CZ	1.600	800	800	51.200	32
DZ	800	100	700	33.600	42
EZ	4.1000	2.100	2.000	114.800	28

Abb. 4.76 Daten für die Mediaselektion

EZ umfasst ein weites Feld an Themen und spricht auch aufgrund ihres Schreibstils alle Gesellschaftsschichten an. Da der Verlag in München seine Zentrale hat, gibt es bei der Berichterstattung über nationale Themen einen süddeutschen Schwerpunkt, entsprechend wird die EZ im norddeutschen Raum weniger gelesen. Die Leserschaft ist insgesamt nicht sehr treu.

Es steht ein Budget von 540.000 bis 580.000 GE für Einschaltungen in diesen fünf Medien zur Verfügung. Es sollen zwei Zeitschriften in den Streuplan aufgenommen werden. Ferner müssen wenigstens drei Belegungen pro Zeitschrift erfolgen, um die gewünschte Wirkung zu erzielen.

Aufgabe 1 Zielgruppenwahl
Stellen Sie die wichtigsten Zielgruppen, die Sie mit der Marktkommunikation für das neue alkoholfreie Bier *Met-Aktiv* erreichen wollen, zusammen.

Aufgabe 2 Kommunikationsziele
Formulieren Sie im Hinblick auf die relevanten Zielgruppen konkrete Kommunikationsziele für die Einführung des alkoholfreien Bieres. (Da die Formulierung von Zielen immer eine gewisse Bandbreite erlaubt und nicht mathematisch eindeutig abgeleitet werden kann, geht es in dieser Aufgabe nur darum, einen plausiblen Lösungsvorschlag zu präsentieren.)

Aufgabe 3 Kommunikationsmix
Nachdem die Ziele festgelegt wurden, geht es darum, zu bestimmen, welche Kommunikationsinstrumente in welchem Ausmaß verwendet werden sollen. Wie würden Sie ein gegebenes Kommunikationsbudget auf die unterschiedlichen Instrumente verteilen?

Aufgabe 4 Inhaltliche Werbegestaltung
Welche Werbeargumente würden Sie bei der Ansprache der Haushalte einerseits und der gewerblichen Verwender andererseits in den Vordergrund stellen?

Aufgabe 5 Werbeträgerauswahl
Welche Typen von Werbemitteln und Werbeträgern würden Sie wählen, um die Haushalte und die gewerblichen Verwender von alkohlfreiem Bier anzusprechen und zu beeinflussen?

Aufgabe 6 Inter-Media-Selektion
Die Haushalte können durch die Zeitschriften AZ-EZ erreicht werden. Welche Zeitschriften sollen wie oft belegt werden, um dieses große Segment gezielt zu bearbeiten und gleichzeitig das Budget einzuhalten?

Lösungen zur Fallstudie: Einführungskampagne für ein alkoholfreies Bier

Lösung Aufgabe 1 Zielgruppenwahl
Die relevanten Zielgruppen lassen sich nach privaten Haushalte, gewerblichen Verwendern und dem Handel differenzieren. Aus diesen Zielgruppen lassen sich einige besonders erfolgversprechende Segmente identifizieren:

1. Handel: Getränkehandel, Tankstellen, Lebensmitteleinzelhandel, Warenhäuser
2. Gewerbliche Verwender: Restaurants und Gaststätten, Autobahnraststätten, Veranstaltungsservice-Unternehmen, Imbissstuben
3. Endverbraucher: sportlich orientierte und gesundheitsbewusste Männer mit einem mittleren bis hohen Einkommen, Autofahrer, Vier-Personen-Haushalte mit mittlerem Einkommen.

Lösung Aufgabe 2 Kommunikationsziele
Die Konkretisierung der Kommunikationsziele sollte insbesondere nach Zielinhalt, Zielausmaß, Zeit-, Segment- und Objektbezug vorgenommen werden. Da im vorliegen Fall das Objekt *Met-Aktiv* klar definiert ist, wird in der nachfolgenden Tabelle der Objektbezug nicht explizit erwähnt. Die Konkretisierung der Ziele lässt sich übersichtlich in Form einer Tabelle darstellen, (Abb. 4.77).

Lösung Aufgabe 3 Kommunikationsmix
Die Bedeutung der Kommunikationsinstrumente für die Einführung des alkoholfreien Bieres muss sich an den einzelnen Zielgruppen orientieren. Vor dem Hintergrund der angestrebten segmentspezifischen Kommunikationsziele ist zum Beispiel die in Abb. 4.78 dargestellte Aufteilung des Kommunikationsbudgets auf die einzelnen Instrumente denkbar.

Lösung Aufgabe 4 Inhaltliche Werbegestaltung
Unter Berücksichtigung der gewonnenen Marktinformationen können folgende Werbeargumente gegenüber den Endverbrauchern und gewerblichen Verwendern besonders herausgestellt werden:

Private Haushalte	Veränderung der negativen Einstellungen bei Männern zu alkoholfreien Bieren	Verringerung des Anteils negativer Einstellungen – zum Geschmack von 60 % auf 20 % bei den Bierkäufern allgemein – zur Akzeptanz als klassisches Bier von 40 % auf 15 % bei den älteren Männern	1 Jahr
	Schaffung von Kaufabsichten	bei 30 % potenzieller Käufer von alkoholfreiem Bier	bis 2 Jahre
	Erringung eines Marktanteils im Markt für alkoholfreie Biere	von ca. 20 %	bis 2 Jahre
Gewerbliche Verwender	Schaffung einer Markenbekanntheit für das alkoholfreie Bier „Met-Aktiv"	von ca. 65 %	1 Jahr
	Vermittlung der Informationen über die Produktvorteile	40 % sollen die Produkteigenschaften kennen	1 Jahr
	Stärkung positiver Einstellungen bei Geschäftsführern von Gaststätten	Anteilswert kann erst nach der Gewinnung exakterer Marktinformationen festgelegt werden	1 Jahr
	Erhöhung des Anteils an Veranstaltern, die alkoholfreies Bier verwenden	auf 10 %, wobei der Zuwachs insbes. durch das eigene Produkt erreicht werden soll	bis 2 Jahre
Getränke-händler, Tankstellen, Lebensmittel-händler	Schaffung einer Markenbekanntheit für das alkoholfreie Bier „Met-Aktiv"	von ca. 90 %	1 Jahr
	Vermittlung von Informationen über Produkt- und Wettbewerbsvorteile bei Aufnahme des alkoholfreien Bieres in das Sortiment	70 % sollen Vorteile kennen	1 Jahr
	Bildung positiver Einstellungen zu alkoholfreiem Bier	Anteilswert kann erst nach der Gewinnung exakterer Marktinformationen festgelegt werden	1 Jahr
	Distributionsdichte	von etwa 60 %	bis 2 Jahre

Abb. 4.77 Formulierung möglicher Kommunikationsziele

Kommunikationsinstrumente Zielgruppen	Werbung	Verkaufsförderung	Sponsoring	Public Relations
Private Haushalte	80 %	15 %	–	5 %
Gewerbliche Verbraucher	35 %	40 %	30 %	5 %
Handel	30 %	45 %	20 %	5 %

Abb. 4.78 Aufteilung des Kommunikationsbudgets

Werbemittel	Werbeträger
Plakate	diverse Anschlagflächen
Anzeigen	Tageszeitungen Publikumszeitschriften
Regionalprogramme	Funk Fernsehen

Abb. 4.79 Geeignete Werbemittel/Werbeträger-Kombinationen

Werbemittel	Werbeträger
Anzeigen	Fachzeitschriften Tageszeitungen
Prospektbeilagen	Fachzeitschriften
Direktwerbung	Direct Mailings, postalisch oder per Fax
Eventmarketing, Werbeveranstaltungen	Veranstaltungen der eigenen Werbeabteilung
Werbeverkaufshilfen	Probenausstellung bei Events

Abb. 4.80 Geeignete Werbemittel/Werbeträger-Kombinationen

1. Haushalte:
    - Gesundheitsargument
    - Fitnesswelle
    - Führerscheinargument
    - Klarer Kopf, klares Vergnügen
    - Junges, modernes Produkt
    - Echtes Qualitätsprodukt (Reinheitsgebot)

2. Gewerbliche Verwender:
    - Sicherheitsargument bei Großveranstaltungen (keine Randalierer)
    - Zusätzlicher Umsatz bei Gaststätten durch Autofahrer
    - Echtes Neuprodukt
    - Erreichung einer jungen aktiven Zielgruppe

Lösung Aufgabe 5 Werbeträgerauswahl
Für eine wirksame breit gestreute Ansprache der Endverbraucher eignen sich die in Abb. 4.79 beschriebenen Werbemittel/Werbeträger-Kombinationen.

Die gewerblichen Verwender können besonders wirksam durch die in Abb. 4.80 dargestellten Werbemittel/ Werbeträger-Kombinationen erreicht werden.

Zeitschrift	Leser männlich in Tsd.	Preis 1/1 S. in GE	Preis/1.000 Leser
AZ	800	46.800	58,5
BZ	900	57.600	64,0
CZ	800	51.200	64,0
DZ	700	33.600	48,0
EZ	2.000	114.800	57,4

Abb. 4.81 Zielgruppenspezifische Tausender-Preise

Lösung Aufgabe 6 Inter-Media-Selektion
Bei der Lösung dieses Problems sind unterschiedliche Vorgaben und Restriktionen zu beachten, die dem Text zu entnehmen sind. Die wichtigste Restriktion besteht in dem begrenzten Budget. Dennoch soll die Streuung optimiert werden. Als ökonomisches Kriterium für die Budgetallokation kann der Tausender-Kontaktpreis herangezogen werden:

$$\text{Tausender-Preis} = (\text{Preis je Anzeigenseite} \cdot 1.000) / (\text{Leser pro Ausgabe})$$

Nach diesem Kriterium sind die Zeitschriften AZ (26,00 GE/1.000 Leser) und EZ (28,00
GE/1.000 Leser) die günstigsten Alternativen. Sollen jedoch Männer gezielt angesprochen
werden, da Bier überwiegend von männlichen Konsumenten gekauft wird, so ist der un-
gewichtete Tausender-Preis als Kriterium der Reichweitenmaximierung bei begrenztem
Budget nicht geeignet. Es muss eine zielgruppenspezifische Gewichtung vorgenommen
werden. Dazu wird der Preis je Anzeigenseite auf die qualitative Reichweite, sie entspricht
in diesem Fall der männlichen Leserschaft, bezogen. Für die Zeitschriften AZ bis EZ ergeben sich zielgruppenspezifische Tausender-Preise (Abb. 4.81):
Während beim ungewichteten Tausender-Preis die Zeitschrift DZ mit 42,00 GE am teu-
ersten ist, wird sie, wenn man sie auf die Zielgruppe der Männer bezieht, mit 48,00 GE zur
kostengünstigsten Alternative. Danach folgt die Zeitschrift AZ. Die Zeitschrift AZ weist
mit 58,50 GE einen fast gleich hohen zielgruppenspezifischen Tausender-Preis auf wie die
Zeitschrift EZ. Dennoch scheidet sie als geeigneter Träger aus, weil sie nicht die angestrebte Zielgruppe für alkoholfreies Bier erreicht. Somit werden DZ und EZ in den Streuplan
aufgenommen. Mindestens drei Belegungen kosten:

$$3 \cdot \text{DZ} = 100.800,00 \text{ GE}$$
$$3 \cdot \text{EZ} = 344.400,00 \text{ GE}$$

Damit sind erst 445.200,00 GE des Budgets verbraucht, es verbleiben noch 134.800,00 GE.
Das heißt, es sind noch weitere Belegungen in den Zeitschriften DZ oder EZ möglich. Da
EZ überwiegend im süddeutschen Raum gelesen wird und der Bierkonsum hier ebenfalls

höher ist, bietet es sich an, EZ zu belegen. Außerdem ist die Leserschaft von EZ nicht besonders treu. So können Kontakte mit wechselnden Lesern erreicht werden, die zu einer Reichweitenkumulation führen. Die Budgetaufteilung sollte demnach folgendermaßen aussehen:

$$DZ \text{ wird } 3 \cdot \text{ belegt.}$$
$$EZ \text{ wird } 4 \cdot \text{ belegt.}$$

Es verbleibt ein Restbudget von 20.000,00 GE.

Marketingimplementierung

5

Lernziele:
Der Leser soll nach Bearbeitung dieses Kapitels in der Lage sein

1. den Prozess der Marketingimplementierung zu erläutern,
2. Ursachen für das Scheitern von Marketingstrategien zu benennen,
3. die Aufgaben der Promotoren bei der Implementierung zu kennzeichnen,
4. mathematische Lösungsansätze zur Optimierung des Marketing-Mix zu erläutern, durchzuführen und die Annahmen dieser Optimierungsansätze kritisch zu würdigen,
5. die Funktion der Unternehmenskultur und -identität für die Marketingimplementierung zu erläutern und,
6. die Gestaltungsparameter der Aufbauorganisation darzustellen.

5.1 Marketingimplementierung – Aufgaben

Aufgabe 1 Prozess der Marketingimplementierung
Aus welchen zwei Bereichen setzt sich der Prozess der Marketingimplementierung zusammen?

Aufgabe 2 Ursachen für das Scheitern von Marketingstrategien
Worauf ist das Scheitern von Marketingstrategien zurückzuführen?

Aufgabe 3 Aufgaben der Promotoren
Welche Aufgaben nehmen die einzelnen Promotoren bei der Marketingimplementierung wahr? Gehen Sie dabei auch auf die Implementierungsbarrieren ein, welche durch die verschiedenen Promotoren überwunden werden können.

H. Meffert et al., *Marketing Arbeitsbuch*,
DOI 10.1007/978-3-8349-3863-3_5, © Springer Fachmedien Wiesbaden 2013

252 Marketingimplementierung

Aufgabe 4 Optimaler Marketing-Mix mit Hilfe des LP-Ansatzes

Die *Vanadium AG* bietet Bohrer an. Ihren Markt hat die *Vanadium AG* in die beiden Segmente kommerzielle Verbraucher (zum Beispiel Handwerks- und Industriebetriebe) und Heimwerker aufgeteilt. Während *Vanadium* an kommerzielle Verbraucher direkt verkauft, schaltet sie im Heimwerkersegment den Einzelhandel ein. Aufgrund unterschiedlicher Vertriebskosten, Preise und Konditionen erwirtschaftet die *Vanadium AG* im Marktsegment der kommerziellen Verbraucher einen Deckungsbeitrag von 0,60 € pro Stück, im Heimwerkermarktsegment dagegen nur 0,48 €.

Für das kommende Jahr plant die *Vanadium AG* ein Werbebudget von 47.500,00 €. Die Werbeaufwendungen belaufen sich bei kommerziellen Kunden auf einen Cent, bei den Heimwerkerbedarfshändlern auf 2,5 Cent pro Stück. Ihre drei Handelsvertreter haben eine Besuchskapazität von 3.200 Stunden pro Jahr. Erfahrungsgemäß ist für einen Auftrag bei kommerziellen Kunden eine durchschnittliche Besuchszeit von 60 Min., bei Einzelhändlern im Heimwerkerbereich von 45 Min. erforderlich. Die durchschnittliche Auftragsmenge bei kommerziellen Kunden beträgt 500 Bohrer, bei den Händlern 1.500 Bohrer. Der Hersteller verfolgt das Ziel der Gewinnmaximierung. Um den jetzt realisierten Marktanteil von 7 % halten zu können, will der Hersteller aber sowohl im Heimwerkersegment als auch im Segment der kommerziellen Verwender im kommenden Jahr mindestens 500.000 Stück absetzen.

Aufgabe 4a

Bestimmen Sie graphisch mit Hilfe eines LP-Ansatzes (Lineare Programmierung) für beide Marktsegmente die optimale Kombination der Marketinginstrumente Werbung und persönlicher Verkauf. Berechnen Sie die dabei jeweils erzielten Absatzmengen. Wie groß ist der Gewinnbeitrag beider Marktsegmente?

Aufgabe 4b

Welche Argumente sprechen gegen eine Optimierung des Marketing-Mix mit Hilfe der Linearen Programmierung?

Aufgabe 5 Unternehmenskultur und -identität

Die Deckung des verbleibenden Koordinationsbedarfs bei der Marketingimplementierung kann durch unterschiedliche Instrumente erfolgen. Die Koordination durch Unternehmenskultur und Unternehmensidentität ist dabei von großer Bedeutung.

Aufgabe 5a

Definieren Sie die Begriffe Unternehmenskultur und Unternehmensidentität.

Aufgabe 5b

Erläutern Sie die Koordination mittels Unternehmensidentität und Unternehmenskultur.

Aufgabe 6 Ablauf- und Aufbauorganisation

Zur Gestaltung der Marketingorganisation wird auf die Erkenntnisse der Organisationslehre zurückgegriffen.

Aufgabe 6a
Stellen Sie kurz den Unterschied zwischen Ablauf- und Aufbauorganisation des Marketing dar.

Aufgabe 6b
Beschreiben Sie ausführlich die drei Gestaltungsparameter der Aufbauorganisation.

5.2 Lösungen zu den Aufgaben

Lösung Aufgabe 1 Prozess der Marketingimplementierung
Der Prozess der Marketingimplementierung kann inhaltlich in zwei Teilaufgaben untergliedert werden: die Durchsetzung und Umsetzung der Marketingstrategie. Die Durchsetzung bezieht sich insbesondere auf die Schaffung von Akzeptanz für die Strategie bei den betroffenen Unternehmensmitgliedern. Die Umsetzung der Marketingstrategie ist die Spezifizierung und Konkretisierung der globalen Strategievorhaben sowie die funktionsübergreifende und funktionsspezifische Koordination der Marketingmaßnahmen sowie die entsprechende Anpassung der Unternehmensstruktur und -systeme an die Marketingstrategie.

Die Durchsetzung der Marketingstrategie umfasst also die verhaltensbezogenen Aufgaben und die Umsetzung die sachbezogenen Aufgaben der Marketingimplementierung. Für eine erfolgreiche Implementierung ist es wichtig, dass beide Bestandteile des Implementierungsprozesses in gleicher Weise verfolgt werden.

Lösung Aufgabe 2 Ursachen für das Scheitern von Marketingstrategien
Das Scheitern von Marketingstrategien ist nicht zwangsläufig auf eine unzureichende Qualität der Marketingstrategie zurückzuführen, sondern kann ebenfalls durch die Qualität des Implementierungsprozesses begründet sein. Dementsprechend ergeben sich für das Scheitern von Marketingstrategien mehrere Ursachen (Abb. 5.1).

Eine mangelhafte Umsetzung einer ungeeigneten Strategie im Sinne einer „verhinderten Gefahr" ist dahingehend für das Unternehmen vorteilhaft, als dass eine Verschlechterung also ein „Misserfolg" vermieden wird. Führt eine gute Strategie nicht zum Erfolg, da die Implementierung nicht gelingt, so handelt es sich um eine „verspielte Erfolgschance".

Lösung Aufgabe 3 Aufgaben der Promotoren
Dem Implementierungsträger kommt beim Implementierungsprozess die Rolle eines „Promotoren" zu. Die Aufgabe eines „Promotoren" besteht vorrangig darin, Verhaltenswiderstände zu überwinden sowie implementierungsrelevante Ressourcen und Managementfähigkeiten in den Prozess einzubringen.

In der Literatur wird zwischen „Fachpromotoren", „Machtpromotoren" und „Prozesspromotoren" unterschieden:

5 Marketingimplementierung

Qualität der Marketingimplementierung / Qualität der Marketingstrategie	schlecht	gut
schlecht	„verhinderte Gefahr"	„verspielte Chance"
gut	„Misserfolg"	„Erfolg"

Abb. 5.1 Ursachen für das Scheitern von Marketingstrategie

- Dem Fachpromotor kommt im Rahmen der Marketingimplementierung die Aufgabe zu, durch sein Fachwissen und seine Qualifikation den Implementierungsprozess zu unterstützen. Dies beinhaltet vor allem die Informationsversorgung und die Überwindung der Implementierungsbarrieren des „Nicht-Wissens" und „Nicht-Könnens". Als Fachpromotoren sind vor allem Fachspezialisten oder entsprechend qualifizierte externe Berater geeignet.
- Machtpromotoren dagegen können sich auf Grund ihrer hierarchischen Position innerhalb des Unternehmens in besonderer Weise für die Durchsetzung und Umsetzung der Marketingstrategie einsetzen. Insbesondere die Barriere des „Nicht-Wollens" kann durch diese Promotoren durch Anordnung (hierarchisch) sowie durch materielle und immaterielle Anreize (marktlich) bewältigt werden. Machtpromotoren haben in der Regel eine hohe hierarchische Stellung im Unternehmen inne. Geeignete Personengruppen sind daher Mitglieder oder Vorsitzende der Geschäftsleitung sowie Bereichs- oder Abteilungsleiter.
- Prozesspromotoren übernehmen während des Implementierungsprozesses in erster Linie die Koordination der zu erfüllenden Aufgaben. Sie sollen insbesondere helfen, organisatorische und administrative Widerstände zu überwinden. Zudem gehören die Information, die Instruktion und die Motivation zu den Aufgaben der Prozesspromotoren. Als Prozesspromotoren geeignet sind solche Unternehmensmitglieder, die aufgrund ihrer relativ langen Unternehmenszugehörigkeit entsprechende Kenntnisse über die Organisation besitzen, Netzwerke aufbauen können oder bereits über solche verfügen und als Bindeglied zwischen den Fach- und Machtpromotoren fungieren.

Lösung Aufgabe 4 Optimaler Marketing-Mix mit Hilfe des LP-Ansatzes

Lösung Aufgabe 4a
Zur Lösung des Problems sind zunächst die Zielfunktionen sowie die relevanten Nebenbedingungen aufzustellen:

Da die *Vanadium AG* das Ziel der Gewinnmaximierung verfolgt, entspricht die Ziel-funktion der Gewinnfunktion:

$$G_B = 0{,}60x_1 + 0{,}48x_2 \rightarrow max.!$$

wobei: x_1 = Absatzmenge im Marktsegment der kommerziellen Verbraucher
 x_2 = Absatzmenge im Marktsegment der Heimwerker
 G_B = Bruttogewinn

Die Zielfunktion ist unter Beachtung folgender Restriktionen zu maximieren:
Besuchszeitrestriktion (in Min.):
Die Gesamtkapazität ergibt sich aus 3.200 Stunden mal 60 Min. = 192.000 Min. Pro Bohrer errechnet sich im Segment der kommerziellen Verwender ein Zeitbedarf von 0,12 Min. (60 Min. pro Auftrag/500 Bohrer pro Auftrag) und im Heimwerkerbereich von 0,03 Min. (45 Min. pro Auftrag/1.500 Bohrer pro Auftrag). Somit ergibt sich folgende Besuchs-zeitrestriktion:

$$0{,}12x_1 + 0{,}03x_2 \leq 192.000$$

Neben der Besuchszeit muss die Werbebudgetrestriktion berücksichtigt werden. Da sich die Werbeaufwendungen bei kommerziellen Verwendern auf einen Cent und bei Heim-werkern auf 2,5 Cent belaufen, ergibt sich folgende Restriktion:

$$0{,}01x_1 + 0{,}025x_2 \leq 47.500$$

Die Mindestabsatzmengen ergeben folgende Restriktion:

$$x_1, x_2 \geq 500.000$$

Die gewinnmaximalen Werte von x_1 und x_2 können graphisch bestimmt werden (Abb. 5.2). Die Zielfunktion und die Restriktionen werden in ein x_1/x_2-Koordinatensystem eingetra-gen. Die optimale Lösung ergibt sich dort, wo die Zielfunktion den zulässigen Lösungsbe-reich tangiert (x_1 = 1.250.000, x_2 = 1.400.000).
Die gewinnmaximale Absatzmenge beträgt im Marktsegment kommerzielle Kunden 1,25 Mio. Bohrer, im Marktsegment Heimwerker 1,4 Mio. Bohrer. Die Besuchskapazität und das Werbebudget werden auf die beiden segmentspezifischen Mixe aufgeteilt (Abb. 5.3).
Der Deckungsbeitrag des Marktsegments kommerzielle Kunden von 750.000 € und der Deckungsbeitrag des Marktsegments Heimwerker von 672.000 € ergeben einen Gewinn-beitrag von 1,422 Mio. €.

Lösung Aufgabe 4b
Gegen den Einsatz des Verfahrens linearer Programmierung zur Ermittlung des optimalen Marketing-Mix sprechen insbesondere folgende Argumente:

- Die Wirkungen der einzelnen Instrumente sind vielfach nicht voneinander unabhän-gig und folglich nicht addierbar. Die auf komplementären und substitutiven Beziehun-

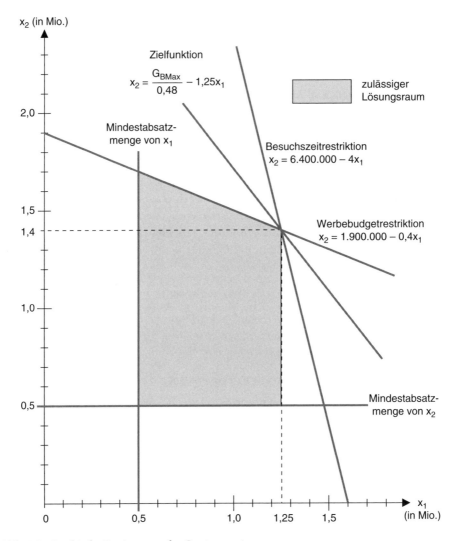

Abb. 5.2 Graphische Bestimmung des Gewinnmaximums

Marktsegment	Absatzmenge in Mio. Stück	Besuchszeit in Stunden	Werbebudget in €
Kommerzielle Kunden	1,25	2.500	12.500
Heimwerker	1,40	700	35.000
Summe	2,65	3.200	47.500

Abb. 5.3 Segmentspezifische Marktbearbeitung der *Vanadium AG*

gen beruhenden vielfältigen Interdependenzen zwischen den Marketing-Instrumenten können bei der linearen Programmierung nicht berücksichtigt werden.

- Wegen der bestehenden Interdependenzen ist die notwendige Zurechnung von Erträgen auf die einzelnen Marketinginstrumente praktisch kaum lösbar.
- Die Linearitätsannahme der zugrunde gelegten Funktionen sind unrealistisch, da konstante Wirkungen der Instrumente in der Realität nicht gegeben sind.
- Es handelt sich um Allokationsmodelle, welche die Budgetverteilung optimieren. Daher ist die Entscheidung über die Höhe des Budgets bereits vorher zu fällen.

Somit ist ein LP-Ansatz nicht nur praktisch kaum anwendbar, da die benötigten exakten Informationen nicht verfügbar sind, sondern weist auch aufgrund der nicht abbildbaren, vielfachen, sachlichen und zeitlichen Interdependenzen analytische Schwächen auf.

Lösung Aufgabe 5 Unternehmenskultur und -identität

Lösung Aufgabe 5a
Nach Kotler und Armstrong (vgl. Kotler/Armstrong 2006: Principles of Marketing, 11. Aufl., S. 53.) wird Unternehmenskultur als „ein System aus langfristig stabilen Werten und Überzeugungen, die von den Unternehmensmitgliedern geteilt werden" definiert. Das der Unternehmenskultur ähnelnde Identitätskonstrukt kann als ein relativ stabiles System von Selbstreflexionen bezüglich der eigenen Herkunft, der Kompetenzen, der Werte, der Vision und der Persönlichkeit einer Gruppe von Menschen interpretiert werden. Es ist über die Zeit hinweg relativ konstant und dient der Gruppe als Rahmen für das Handeln.

Lösung Aufgabe 5b
Bei einer Koordination durch die Unternehmenskultur und Unternehmensidentität erfolgt die Abstimmung ebenfalls ohne explizite organisatorische Regelungen. Ähnliche Werte, Visionen, Kompetenzen, Kommunikationsstile oder die Herkunft führen hier zu einem hohen Maß an Vertrauen und ermöglichen die Identifikation mit der Unternehmensmarke oder Unternehmensbereichsmarke. Dies führt zu einer informellen Abstimmung aller Unternehmensaktivitäten, die sich nicht zuletzt durch einen in sich geschlossenen Auftritt im Markt positiv auf den Unternehmenserfolg auswirkt. Entscheidend für die Koordinationswirkung ist, dass möglichst viele Organisationsmitglieder über dieselben Überzeugungen verfügen. Die Kultur und Identität einer Organisation kann in unterschiedlichen Formen in Erscheinung treten und für die Mitarbeiter erlebbar werden. Speziell die Pflege von Ritualen, Symbolen, Mythen und Visionen und die Auswahl von Mitarbeitern nach ihrem Fit zur Identität und Kultur eines Unternehmens können dabei zur Stärkung der Verhaltensrelevanz und zur Koordinationswirkung der Organisationskultur beitragen. Jedoch können Kultur und Identität bei stark veränderten Marktbedingungen auch zu Flexibilitätsverlusten durch ein hohes Maß an Rigidität. Für eine erfolgreiche Marketingimplementierung müssen die Marketingstrategien eines Unternehmens zu der Unternehmenskultur passen.

Lösung Aufgabe 6 Ablauf- und Aufbauorganisation

Lösung Aufgabe 6a

Die Ablauforganisation befasst sich mit der organisatorischen Gestaltung einzelner Arbeitsprozesse (z. B. Absatzplanung) in der Marketingabteilung. Dagegen befasst sich die Aufbauorganisation des Marketing mit der Zerlegung und Verteilung von Aufgaben und Kompetenzen sowie der Koordination von Aufgaben und Aufgabenträgern. Sie wird auch als formale Organisationsstruktur bezeichnet und spiegelt die äußere Form des Stellengefüges einer Organisation wider.

Lösung Aufgabe 6b

Die Aufbauorganisation kann anhand der drei Gestaltungsparameter Spezialisierung, Koordination und Entscheidungsdelegation beschrieben werden:

- Spezialisierung (Arbeitsteilung): Der Grad und die Art der Spezialisierung lassen sich als charakteristische Merkmale heranziehen, um die Spezialisierung innerhalb des Unternehmens darzustellen. Der **Spezialisierungsgrad** beschreibt das Ausmaß der Spezialisierung der Aufgabenträger (hohe Spezialisierung versus geringe Spezialisierung). Bei der **Art der Spezialisierung** der Aufgabenträger lässt sich grundsätzlich die **funktionsorientierte Spezialisierung** von der **objektorientierten Spezialisierung** unterscheiden. Von einer funktionsorientierten Spezialisierung ist dann zu sprechen, wenn ein Aufgabenträger (oder eine Gruppe von Aufgabenträgern) jeweils nur eine bestimmte Funktion (auch Verrichtung genannt) ausübt, wie z. B. die Beschaffung von Einsatzstoffen. Eine objektorientierte Spezialisierung liegt dann vor, wenn sich die Arbeitsteilung an den genannten Objekten orientiert, wo Aufgaben vollbracht werden. Somit kann in diesem Zusammenhang auch von einer produkt-, kunden- oder regionenorientierten Spezialisierung gesprochen werden.
- Koordination der organisatorischen Einheiten: Aus der Spezialisierung ergibt sich ein unmittelbarer Koordinationsbedarf. Hierzu stehen unterschiedliche Koordinationsinstrumente zur Verfügung.
- Entscheidungsdelegation: Im Rahmen der Entscheidungsdelegation erfolgt eine umfangmäßige Verteilung von Entscheidungsbefugnissen innerhalb der Organisation. Die Delegation beinhaltet im Einzelnen: die Zuweisung von Aufgaben, die Vorgabe von Zielen für die Aufgabenerfüllung, die Ausstattung mit den zur Aufgabenerfüllung notwendigen Rechten (Weisungsrechten nach innen und Vertretungsrechten nach außen) und die Zuweisung von Verantwortung. Vielfach wird anstelle von Entscheidungsdelegation auch von **Entscheidungsdezentralisation oder -zentralisation** gesprochen. Bei der Zentralisation kommt es zu einer Bündelung von Entscheidungsbefugnissen in der Unternehmensspitze, während bei der Dezentralisation eine vollständige Aufteilung dieser Entscheidungsbefugnisse auf hierarchisch nachgeordneten Instanzen erfolgt.

Marketingcontrolling 6

Lernziele:

Der Leser soll nach Bearbeitung dieses Kapitels in der Lage sein

1. die Aufgaben des Marketingcontrolling zu erläutern,
2. optimale Preismengenkombinationen zu ermitteln,
3. die optimale Umsatz- und Kapitalrendite zu bestimmen,
4. das Umsatz-, Deckungsbeitrags- und Kundenprofil einer Firma zu berechnen und
5. das Instrument zur Identifizierung von Meinungen der Internetnutzer über unternehmenseigene Produkte benennen zu können.

6.1 Marketingcontrolling – Aufgaben

Aufgabe 1 Aufgaben des Marketingcontrolling

Welche wesentlichen Aufgaben nimmt das Marketingcontrolling wahr?

Aufgabe 2 Gewinn- versus Renditemaximum

Ein Monopolist sieht sich der Preis-Absatz-Funktion $p = 8 - \frac{1}{3}x$, der Kostenfunktion $K = 3 + \frac{1}{4}x$ und einer Kapitalbedarfsfunktion $C = 100x$ gegenüber. Berechnen Sie die gewinn- und gesamtkapitalrentabilitätsmaximalen Preismengenkombinationen sowie die jeweilige Gewinnhöhe und Gesamtkapitalrentabilität. Vergleichen Sie die Ergebnisse bezüglich des Informationsbedarfs des Entscheidungsträgers.

Aufgabe 3 Maximale Umsatzrendite

Ein Monopolist sieht sich der Preis-Absatz-Funktion $p = 10 - 0{,}25x$, der Kostenfunktion $K = 30 + 2x$ und der Kapitalbedarfsfunktion $C = 120 + 15x$ gegenüber.

H. Meffert et al., *Marketing Arbeitsbuch*,
DOI 10.1007/978-3-8349-3863-3_6, © Springer Fachmedien Wiesbaden 2013

Artikel	Zahl der Verkäufe	Preis	Variable Kosten	Beanspruchte Produktionskapazität in Minuten	Markt- anteil in %	Zahl der Abnehmer
HS 110	20.000	38,00	35,60	28.800	3,00	28
HS 115	42.750	40,00	39,50	17.280	6,75	8
HS 118	6.080	62,50	61,70	46.080	1,50	32
HNS 100	19.000	50,00	42,80	23.040	3,75	12

Abb. 6.1 Informationen zum Absatzprogramm der Lumo AG

Aufgabe 3a
Der Monopolist möchte seine Umsatzrendite maximieren. Ermitteln Sie die optimale Preismengenkombination.

Aufgabe 3b
Bestimmen Sie im Optimum die Umsatz- und Kapitalrendite sowie die Umschlagshäufigkeit des eingesetzten Kapitals.

Aufgabe 4 Mindestrendite
Ein Monopolist, der sich der Preis-Absatz-Funktion $p = 8\frac{1}{4} - \frac{1}{3}x$, der Gesamtkostenfunk-tion $K = 3 + \frac{1}{4}x$ und einer Kapitalbedarfsfunktion $C = 0{,}5x$ gegenübersieht, verfolgt das Ziel, eine Mindestrendite von 10 % zu erwirtschaften. Berechnen Sie die Preismengenkombinationen, die dieser Zielsetzung genügen.

Aufgabe 5 Sortimentspolitik
Die „*Lumo AG*" stellt seit mehreren Jahren Halogenscheinwerfer für den Autozubehörmarkt her. Zur Analyse des Absatzprogramms stehen die Informationen aus Abb. 6.1 zur Verfügung.

An Fixkosten sind in der vergangenen Periode 195.350 € entstanden. Das wertmäßige Marktvolumen umfasst 25,333 Mio. €. Die Produktion orientiert sich ausschließlich an den Auftragseingängen der Kunden.

Entwickeln Sie aus dem vorliegenden Datenmaterial das Umsatz-, Deckungsbeitrags- und Kundenprofil der „*Lumo AG*" und interpretieren Sie die Ergebnisse.

Formulieren Sie auf der Grundlage Ihrer Analyse Verbesserungsvorschläge für die Sortimentspolitik der „*Lumo AG*".

Aufgabe 6 Identifizierung der Meinungen durch Internetnutzer
Mit welchem Instrument lassen sich Meinungen von Internetnutzern über unternehmenseigene Produkte, aber auch Marken oder Werbemaßnahmen identifizieren?

6.2   Lösungen zu den Aufgaben

Lösung Aufgabe 1   Aufgaben des Marketingcontrolling

In seiner Eigenschaft als Entscheidungsunterstützungsfunktion übernimmt das Marketingcontrolling zwei wesentliche Aufgaben:

Die **Informationsfunktion** umfasst die **Beschaffung und Zusammenstellung** der erforderlichen Daten für die jeweilige Entscheidungssituation. In Betracht dafür kommen interne und externe Informationsquellen. Die so gewonnenen Informationen unterstützen unmittelbar die Planungs- und Steuerungsentscheidungen im Rahmen des Marketingmanagementprozesses.

Die **Kontrollfunktion** baut direkt auf der Informationsfunktion auf, mit dem Ziel, Verbesserungspotenziale und Fehlentwicklungen innerhalb der Planungs- und Realisierungsprozesse aufzudecken.

Zur Kontrolle können zwei Instrumente eingesetzt werden. Die **Soll-Ist-Vergleiche** beziehen sich auf die Marketing- bzw. Instrumentalziele als Bezugsgrößen. Dies verdeutlicht die Relevanz quantifizierbarer Ziele im Marketing (Sicherung der Operationalität von Marketingzielen), damit überhaupt ein Soll-Wert für Vergleiche zur Verfügung steht.

Von einfachen Kontrollen mittels Soll-Ist-Vergleichen sind **Marketing-Audits** abzugrenzen. Hier soll überprüft werden, inwieweit unterstellte Prämissen und Rahmenbedingungen für ein erfolgreiches zukünftiges Handeln tatsächlich existieren. Um die Leistungsfähigkeit des Marketingmanagements als Ganzes zu betrachtet, wird im Rahmen von Audits das Entstehen und der Ablauf von Entscheidungen analysiert. Wichtig: nicht jedoch deren Resultate. Im Vergleich zu Kontrollen sind Audits nicht vergangenheits- sondern zukunftsbezogen.

Festzuhalten ist, dass, obwohl grafisch meist so dargestellt, Aktionen des Marketingcontrolling **nicht nach** Planungs- und Entscheidungsprozessen durchgeführt werden, **sondern parallel eingesetzt** werden, um durch unmittelbare Rückmeldung das Marketingmanagement zu unterstützen.

Lösung Aufgabe 2   Gewinn- versus Renditemaximum

- Bestimmung des Gewinnmaximums mit den Cournot-Formeln
  - gewinnmaximale Menge:

$$x_G = \frac{a - K'}{2b} = \frac{8 - \frac{1}{4}}{2 \cdot \frac{1}{3}} = 11{,}625$$

  - gewinnmaximaler Preis:

$$p_G = \frac{a + K'}{2} = \frac{8 + \frac{1}{4}}{2} = 4{,}125$$

– Höhe des maximalen Gewinns:

$$G(x) = U(x) - K(x)$$

$$= p \cdot x - 3 - \frac{1}{4}x$$

$$= \frac{33}{8} \cdot \frac{93}{8} - 3 - \frac{1}{4} \cdot \frac{93}{8} = 42{,}05$$

– Gesamtkapitalrentabilität im Gewinnmaximum:

$$R(x) = \frac{G(x)}{C(x)} = \frac{42{,}05}{100 \cdot \dfrac{93}{8}} = \frac{42{,}05}{1 \cdot 162{,}5} = 0{,}036 \approx 3{,}6\%$$

- Bestimmung des Gesamtkapitalrentabilitätsmaximums: Notwendige Bedingung für die Existenz eines Gesamtkapitalrentabilitätsmaximums ist, dass die 1. Ableitung der Gesamtkapitalrentabilitätsfunktion den Wert Null annimmt. Die hinreichende Bedingung lautet, dass die 2. Ableitung im Gesamtkapitalrentabilitätsmaximum kleiner als Null ist.
  – Gesamtkapitalrentabilitätsfunktion:

$$R(x) = \frac{G(x)}{C(x)} = \frac{U(x) - K(x)}{C(x)}$$

$$= \frac{8x - \dfrac{1}{3}x^2 - 3 - \dfrac{1}{4}x}{100x}$$

$$= \frac{-\dfrac{1}{3}x^2 + 7{,}75x - 3}{100x}$$

– 1. Ableitung:

$$\frac{dR}{dx} = \frac{(C \cdot G') - (G \cdot C')}{C^2}$$

$$= \frac{100x\left(7{,}75 - \dfrac{2}{3}x\right) - \left(7{,}75 - \dfrac{1}{3}x^2 - 3\right) \cdot 100}{10.000x^2}$$

$$= \frac{\dfrac{-200}{3}x^2 + 775x + \dfrac{100}{3}x^2 - 775x + 300}{10.000x^2}$$

$$= \frac{-\dfrac{1}{3}x^2 + 3}{100x^2} = 0$$

Bei der Berechnung der Nullstellen kann der Nenner vernachlässigt werden.

$$\frac{dR}{dx} = -\frac{1}{3}x^2 + 3 = 0$$

– gesamtkapitalrentabilitätsmaximale Menge: $x_{1,2} = \pm 3$
(Eine negative Menge ist ökonomisch nicht sinnvoll.)

– gesamtkapitalrentabilitätsmaximaler Preis: $p_1 = 8 - \frac{1}{3} \cdot 3 = 7$
– 2. Ableitung:

$$\frac{dR^2}{dx} = \frac{100x^2 \cdot (-\frac{2}{3}x) - 200x \cdot (-\frac{1}{3}x^2 + 3)}{10.000x^4} = -\frac{3}{50}x^{-3}$$

– Wert der 2. Ableitung an der Stelle x_1:

$$R''(x = 3) = -\frac{3}{50} \cdot 3^{-3} = -0{,}002$$

Da $R''(x1) < 0$ ist, liegt an dieser Stelle ein Gesamtkapitalrentabilitätsmaximum vor.
– Höhe des gesamtkapitalrentabilitätsmaximalen Gewinns:

$$\begin{aligned} G(x) &= p \cdot x - 3 - \frac{1}{4}x \\ &= 7 \cdot 3 - 3 - \frac{1}{4} \cdot 3 = 17{,}25 \end{aligned}$$

– Höhe der maximalen Gesamtkapitalrentabilität:

$$R(x) = \frac{G(x)}{C(x)} = \frac{17{,}25}{100 \cdot 3} = \frac{17{,}25}{300} = 0{,}058 \equiv 5{,}8\%$$

Informationsbedarf: Ausgehend von der Kapitalbedarfsfunktion $C(x) = d + e \cdot x$ sind zwei Fälle zu unterscheiden:

▪ Für $d = 0$ (wie hier) ist x_{opt} lediglich von den Fixkosten und der Steigung der Preis-Absatz-Funktion abhängig. Es gilt

$$x_{opt} = \sqrt{\frac{K_{Fix}}{b}}$$

▪ Für $d \neq 0$ ist x_{opt} von den Fixkosten, der Steigung der Preis-Absatz-Funktion **und** den Grenzkosten abhängig.

Lösung Aufgabe 3 Maximale Umsatzrendite

Lösung Aufgabe 3a

Die Umsatzrendite ist definiert als $r_u = \frac{G}{U}$

Notwendige Bedingung für die Existenz eines Rentabilitätsmaximums ist, dass die 1. Ableitung der Rentabilitätsfunktion den Wert Null annimmt. Die hinreichende Bedingung lautet, dass die 2. Ableitung in der Nullstelle kleiner als Null ist.

- Umsatzrentabilität:

$$r_u \;= \frac{G}{U} = \frac{U-K}{U}$$

$$= \frac{10x - 0{,}25x^2 - 2x - 30}{10x - 0{,}25x^2}$$

$$= \frac{-0{,}25x^2 + 8x - 30}{10x - 0{,}25x^2}$$

1. Ableitung:

$$\frac{dr_u}{dx} = \frac{(-0{,}5x+8)\cdot(10x-0{,}25x^2) - (10-0{,}5x)\cdot(-0{,}25x^2+8x-30)}{(10x-0{,}25x^2)^2}$$

$$= \frac{-5x^2+80x+0{,}125x^3-2x^2+2{,}5x^2-80x+300}{(10x-0{,}25x^2)^2} + \frac{-0{,}125x^3+4x^2-15x}{(10x-0{,}25x^2)^2}$$

$$= \frac{-0{,}5x^2-15x+300}{(10x-0{,}25x^2)^2}$$

Bei der Berechnung der Nullstelle kann der Nenner vernachlässigt werden.

$$-0{,}5x^2 - 15x + 300 = 0$$

$$x^2 + 30x - 600 = 0$$

$$x_{1,2} = -15 \pm \sqrt{225+600}$$

$$x_{1,2} = -15 \pm \sqrt{825}$$

$$x_{1,2} = -15 \pm 28{,}7$$

$$x_1 = 13{,}7$$

$$x_2 = -43{,}7 \;(\text{ökonomisch nicht sinnvoll})$$

2. Ableitung:

Die 2. Ableitung nimmt bei einer Absatzmenge von $x_1 = 13{,}7$ einen Wert von $-0{,}0034$ an. Es liegt somit ein Maximum der Umsatzrentabilitätsfunktion vor.

- Berechnung des optimalen Preises:

$$p = 10 - 0{,}25 \cdot 13{,}7$$

$$p_{opt} = 6{,}58$$

Lösung Aufgabe 3b

- Bestimmung der Umsatzrendite:

$$G = U - K = 6{,}58 \cdot 13{,}7 - 2 \cdot 13{,}7 - 30$$

$$G_{opt} = 32{,}75$$

$$U = p \cdot x$$

$$U_{opt} = 13{,}7 \cdot 6{,}58 = 90{,}15$$

$$r_u = \frac{G}{U} = \frac{32{,}75}{90{,}15} = 0{,}3633$$

Die Umsatzrendite beträgt 36,33 %.

- Bestimmung des Kapitalumschlags:

$$KU = \frac{U}{C}$$

$$KU_{opt} = \frac{90{,}15}{120 + 15x} = \frac{90{,}15}{120 + 205{,}5} = 0{,}277$$

- Bestimmung der Kapitalrendite:

$$r_c = r_u \cdot KU$$

$$r_c = 0{,}3633 \cdot 0{,}277 = 0{,}11006$$

Die Kapitalrendite beträgt 10,06 %.

Lösung Aufgabe 4   Mindestrendite

Es ist von folgendem Lösungsansatz auszugehen:

$$R(x) = \frac{G(x)}{C(x)} = \frac{U(x) - K(x)}{C(x)} = 0{,}1$$

$$\frac{8x - \frac{1}{3}x^2 - 3 - \frac{1}{4}x}{\frac{1}{2}x} = 0{,}1$$

$$-\frac{1}{3}x^2 + 7{,}75x - 3 = 0{,}05x$$

$$x^2 - 23{,}1x + 9 = 0$$

Es ergeben sich folgende Absatzmengen:

$$x_{1,2} = \frac{23{,}1}{2} \pm \sqrt{\left(\frac{23{,}1}{2}\right)^2 - 9}$$

$$= 11{,}55 \pm 11{,}15$$

Artikel	HS 110	HS 115	HS 118	HNS 100	Summe
Umsatz	760.000	1.710.000	380.000	950.000	3.800.000
Umsatzanteil	20 %	45 %	10 %	25 %	100 %
Beanspruchte Kapazität (in Minuten)	28.800	17.280	46.080	23.040	115.200
Kapazitätsanteil	25 %	15 %	40 %	20 %	100 %
Umsatzanteil/ Kapazitätsanteil	0,80	3,00	0,25	1,25	–
Rangordnung nach der Umsatzanalyse	3	1	4	2	–
Deckungsspanne	2,40	0,50	0,80	7,20	–
Deckungsbeitrag	48.000	21.375	4.864	136.800	211.039
Deckungsbeitragsanteil	23 %	10 %	2 %	65 %	100 %
DB-Anteil/ Kapazitätsanteil	0,92	0,67	0,05	3,25	–
Rangordnung nach DB-Analyse	2	3	4	1	–
Zahl der Kunden	28	8	32	12	80
Kundenanteil	35 %	10 %	40 %	15 %	100 %
Umsatzanteil/ Kundenanteil	0,57	4,50	0,25	1,67	–
Rangordnung nach Kundenanalyse	3	1	4	2	–

Abb. 6.2 Arbeitstabelle für die Ableitung der Profile

Die gesuchten Preise ergeben sich durch Einsetzen von $x_{1,2}$ in die Preis-Absatz-Funktion:

$$p_{1,2} = 8 - \frac{1}{3}(11,55 \pm 11,15)$$

Eine Mindestrendite von 10 % wird innerhalb der beiden Preismengenkombinationen

$$x_1 = 0,4/p_1 = 7,87 \qquad \rightarrow \text{(Untergrenze) und}$$
$$x_2 = 22,7/p_2 = 0,43 \qquad \rightarrow \text{(Obergrenze)}$$

erzielt.

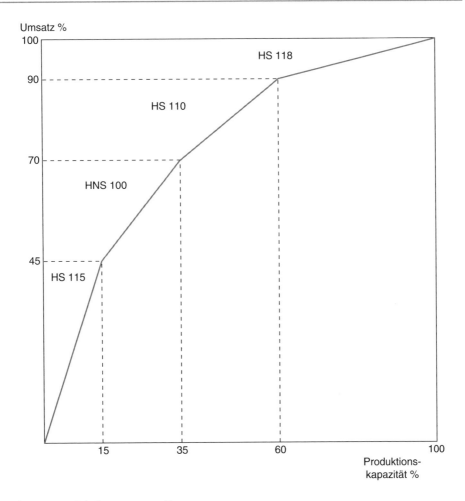

Abb. 6.3 Graphik des Umsatzprofils

Lösung Aufgabe 5 Sortimentspolitik

Zur Ableitung der Profile ist zunächst die Erstellung einer Arbeitstabelle erforderlich (Abb. 6.2 und 6.3).

Interpretation

Das Sortiment der „*Lumo AG*" weist eine starke Umsatzkonzentration beim Artikel HS 115 auf. Dieser Artikel erzielt 45 % des Gesamtumsatzes und benötigt dafür nur 15 % der Produktionskapazität. Demgegenüber wird mit dem Artikel HS 118 lediglich 10 % des Umsatzes erwirtschaftet, die Produktionskapazität wird jedoch zu 40 % beansprucht (Abb. 6.4).

Interpretation

Im Hinblick auf den Deckungsbeitrag ist das Produkt HNS 100 mit großem Abstand das erfolgreichste. Mit ihm werden 65 % des gesamten Deckungsbeitrags unter Inanspruch-

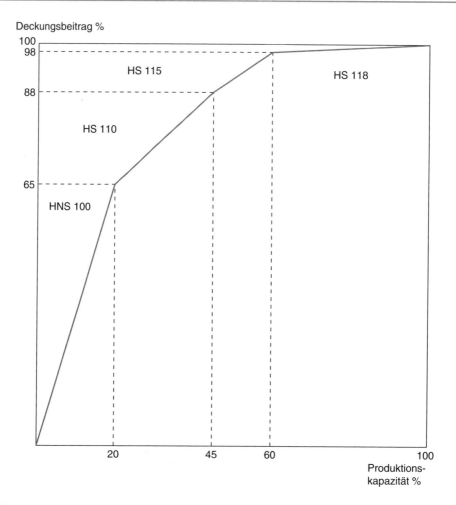

Abb. 6.4 Graphik des Deckungsbeitragsprofils

nahme von nur 20 % der Kapazität erwirtschaftet. Besonders schlecht ist das Erzeugnis HS 118 zu beurteilen. Es blockiert 40 % der Produktionskapazität, trägt aber nur 2 % zum gesamten Deckungsbeitrag bei (Abb. 6.5).

Interpretation

Auf das umsatzstärkste Produkt HS 115 und das gewinnträchtigste Produkt HNS 100 entfallen lediglich Kundenanteile von 10 % beziehungsweise 15 %. Diese starke Kundenkonzentration zeigt eine hohe Abhängigkeit der „*Lumo AG*" von den Abnehmern dieser Produkte und beinhaltet ein hohes unternehmerisches Risiko. Ziel der Unternehmung sollte es daher sein, ihre wichtigsten Produkte an einen breiteren Abnehmerkreis abzusetzen.

Abbildung 6.6 zeigt zusammenfassend Informationen über die Programmstrukturanalyse auf.

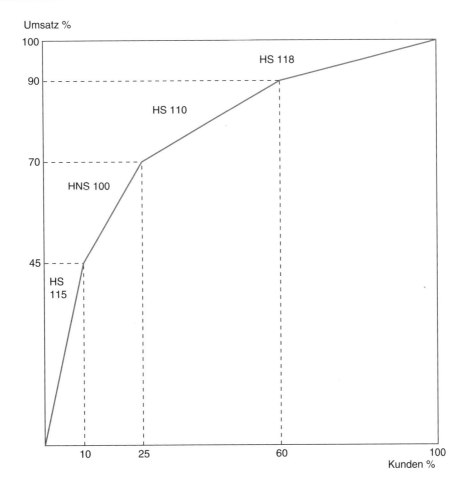

Abb. 6.5 Graphik des Kundenprofils

Artikel	Rangfolge nach Umsatz	Rangfolge nach DB	Beanspruchte Kapazität	Kunden
HS 110	3	2	25 %	viele
HS 115	1	3	15 %	sehr wenig
HS 118	4	4	40 %	sehr viele
HNS 100	2	1	20 %	wenig

Abb. 6.6 Informationen aus der Programmstrukturanalyse

Das Produkt HS 110 sollte unverändert im Sortiment bleiben, da es einen vergleichsweise hohen Deckungsbeitrag liefert und eine breite Kundenstruktur besitzt. Der umsatzstärkste Artikel HS 115 wird nur von einem sehr kleinen Kundenkreis abgenommen. Die
daraus resultierende große Abhängigkeit von nur wenigen Kunden bedeutet ein hohes Risiko und eine schwache Verhandlungsposition gegenüber den Kunden, da der Verlust nur
eines Großkunden einen empfindlichen Umsatzrückgang zur Folge hätte. Die „Lumo AG"
sollte versuchen, den Abnehmerkreis für dieses Produkt zu erweitern.

Obwohl das Produkt HS 118 40 % der vorhandenen Produktionskapazität beansprucht,
ist es gleichzeitig der umsatz- und deckungsbeitragsschwächste Sortimentsbestandteil.
Daher sollte die „Lumo AG" die Produktion dieses Artikels erheblich einschränken beziehungsweise ganz einstellen, um die freiwerdende Kapazität für HNS 100 zu verwenden.
Als deckungsbeitragsstärkstes Erzeugnis sollte HNS 100 verstärkt produziert und zugleich
einem größeren Abnehmerkreis angeboten werden, um auch hier dem Risiko zu starker
Abhängigkeit von nur wenigen Kunden entgegenzutreten.

Aufgabe 6 Identifizierung der Meinungen durch Internetnutzer
Als Instrument eignet sich das Webmonitoring. Hier erfolgt eine Durchsuchung der Me-
dien des Web 2.0, z. B. Blogs, soziale Netzwerke, Foren, systematisch nach User Generated
Content zu be-stimmten Themen. Neben der Menge der Beiträge können auch die
„Tonlage" der Berichte (positiv oder negativ) analysiert werden. Für Unternehmen stellt das
Webmonitoring ein geeignetes Mittel dar, um neue Trends und relevante Diskussionen im
Internet zeitnah zu erfassen.

Zukunftsperspektive des Marketing

7

Lernziele:

Der Leser soll nach Bearbeitung dieses Kapitels in der Lage sein

1. die zentralen zukünftigen Herausforderungen des Marketing zu beschreiben,
2. die Bedeutung der Authentizität des Leistungsversprechens darzustellen und
3. die Grundprinzipien von CSR zu verstehen.

7.1 Zukunftsperspektive des Marketing – Aufgaben

Aufgabe 1 Herausforderungen marktorientierter Unternehmensführung

Die zukünftigen Rahmenbedingungen des Marketingmanagements sind gleichermaßen durch politisch-rechtliche, sozio-kulturelle, ökonomische, technologische und ökologische Herausforderungen gekennzeichnet. Zeigen Sie für jeden dieser Bereiche die zentralen Herausforderungen für das Marketing auf.

Aufgabe 2 Mitarbeiterorientierung

Warum ist die Authentizität des Leistungsversprechens im Marketingbereich von besonderer Bedeutung?

Aufgabe 3 Corporate Social Responsibility

Die Auseinandersetzung mit ethischen Fragen des Marketing wird in den letzten Jahren durch die verstärkte Forderung nach der Wahrnehmung einer „Corporate Social Responsibility" (CSR) geprägt.

Zur Vertiefung des Themas empfehlen wir Ihnen die Dissertation von Matthias Münstermann „Corporate Social Responsibility: Ausgestaltung und Steuerung von CSR-Aktivitäten".

H. Meffert et al., *Marketing Arbeitsbuch*,   271
DOI 10.1007/978-3-8349-3863-3_7, © Springer Fachmedien Wiesbaden 2013

Aufgabe 3a

Definieren Sie den Begriff Corporate Social Responsibility (CSR).

Aufgabe 3b

Stellen Sie die zentralen Aspekte von CSR dar.

Aufgabe 3c

Führen Sie Beispiele für CSR im sozialen und ökologischen Bereich auf.

Aufgabe 4 Konsumentenverhalten

Die veränderten Rahmenbedingungen haben ein verändertes Verhalten der Marktteilnehmer zur Folge. Stellen Sie die zentralen Entwicklungen im Konsumentenverhalten dar.

Aufgabe 5 Relationship-Marketing

Der Grundgedanke und die Konzepte des Relationship-Marketing haben bereits vielerorts einen Wechsel im Marketingdenken ausgelöst. Die marktorientierte Führung wird zunehmend als „Investition in die Kundenbeziehung" begriffen.

Aufgabe 5a

Erläutern Sie die Grundgedanken und Konzepte des Relationship-Marketing.

Aufgabe 5b

Stellen Sie die Konsequenzen des Relationship-Marketing für die Marketingforschung dar.

Aufgabe 6 Internes Marketing

Die Probleme einer nachlassenden Glaubwürdigkeit des Marketing zeigen sich auch in unternehmensinternen Analysen immer häufiger. Verschiedene Studien belegen, dass sich die Bindung und Identifikation der Mitarbeiter mit ihrem Unternehmen auf einem außerordentlich niedrigen Niveau bewegt und zudem seit Jahren rückläufig ist. In diesem Zusammenhang hat das interne Marketing stark an Bedeutung gewonnen.

Aufgabe 6a

Stellen Sie die Grundprinzipien des identitätsorientierten Marketing vor und gehen Sie dabei insbesondere auf die Bedeutung des Mitarbeiterverhaltens für den Marketingerfolg ein.

Aufgabe 6b

Gehen Sie auf die Bedeutung von monetären und nicht-monetären Anreizsystemen zur Steigerung der Mitarbeiterbindung ein.

7.2   Lösungen zu den Aufgaben

Lösung Aufgabe 1 Herausforderungen marktorientierter Unternehmensführung

Als zentrale **politisch-rechtliche** Herausforderungen sind angesichts der Probleme des Klimawandels sowie der sich abzeichnenden Energiewende (Ausstieg aus der Atomenergie) und der zunehmenden Verknappung natürlicher Ressourcen verschärfte Umweltschutzgesetze hervorzuheben. So wird der im Jahre 2011 beschlossene Atomausstieg erhebliche Innovationen für die Gestaltung einer zukunftsfähigen und nachhaltigen Energieversorgung erfordern. Hinsichtlich der Erhöhung der der Ressourceneffizienz sind nationale und europäische Regelungen zum Aufbau von Stoffkreisläufen (z. B. Altautomobilrecycling) oder Auszeichnungspflichten von Energieeffizienzen hervorzuheben.

Hinsichtlich unterschiedlicher wirtschaftlicher Entwicklungsgeschwindigkeiten in der EU zeichnen sich bei einigen Mitgliedsstaaten Finanzprobleme ab, welche vielfältige Herausforderungen zur Stabilität des Euros erfordern. Weiterhin ist mit einer Ausweitung der Gesetzgebungskompetenz der EU zu rechnen. So ist derzeit ein großer Einfluss im Wettbewerbs- und Kartellrecht zu sehen, welches in einigen Bereichen wesentlich strenger ausgelegt ist als das nationale Kartellrecht. Auch dem Verbraucherschutz räumt die EU-Gesetzgebung hohe Prioritäten ein und stellt somit die Rechte der Verbraucher in den Vordergrund.

Die **ökologischen Herausforderungen** haben zu Beginn dieses Jahrtausends eine Renaissance erfahren. Das rasante Wirtschaftswachstum in den bevölkerungsreichsten Ländern wie China und Indien beschleunigen den Verbrauch natürlicher Ressourcen, welches sich zunehmend in den Weltmarktpreisen für Stahl, Öl und Gas widerspiegelt. Insofern werden die Erhöhung der Energieeffizienz und der Ausbau regenerativer Energieträger (z. B. Sonnen- und Windenergie) Einfluss auf nahezu alle Produkt- und Dienstleistungsbereiche nehmen. Demgegenüber stellt sich angesichts der wachsenden Weltbevölkerung die Frage, wie mit dem steigenden Bedarf nach Konsum- und Investitionsgütern und den damit verbundenen Belastungen der natürlichen Umwelt umgegangen werden soll.

Hinzu kommt der sich abzeichnende Klimawandel, der immer mehr Investitionen in Anpassungs- und Widerstandsstrategien (z. B. Deichbau, Klimatisierung von Räumen, sturmsichere Infrastrukturen, etc.) erforderlich machen wird. Hierdurch ergeben sich vielfältige neue Marktchancen, aber auch Risiken der Veränderung ganzer Branchenstrukturen.

Der demografische Wandel ist als eine zentrale **gesellschaftliche Herausforderung** in den westlichen Industrieländern anzuführen. Rückläufige Geburtenraten stehen einer zunehmenden Überalterung der einheimischen Bevölkerung gegenüber. Auch in Bezug auf das Arbeitszeitbudget hat sich ein Wandel ergeben. Während vor zehn Jahren noch ein Trend zu kürzeren Arbeitszeiten aufgrund wirtschaftlicher Rationalisierungseffekte feststellbar war, hat seit geraumer Zeit im Hinblick auf die Senkung der Lohnstückkosten eine Umkehr hin zu einer Verlängerung der Arbeitszeiten stattgefunden.

Diese Entwicklungen spiegeln sich auch vielschichtig und widersprüchlich zugleich in Form eines **tiefgreifenden Wertewandels** in der Bevölkerung wider. Das Streben nach Selbstverwirklichung und Unabhängigkeit zeigt sich dabei in den individuellen Kundenwünschen und -anforderungen.

Dominierendes Thema des neuen Jahrtausends ist die weltweite Gefahr des Terrorismus, die mit einem erhöhten Bedürfnis nach Sicherheit (z. B. Videoüberwachung, Reisesicherheit, Sicherheit im Internet, etc.) einhergeht. Branchen wie die Reise- und Flugindustrie sind von diesen Entwicklungen besonders betroffen.

Schließlich können ein verstärktes ökologisches Bewusstsein sowie ein Bekenntnis zur Zivilgesellschaft beobachtet werden. Der grundsätzliche Wunsch nach einer nachhaltigen Entwicklung betrifft alle relevanten Stakeholder in unserer Gesellschaft und zeigt sich bspw. im Stiftungsboom, im freiwilligen Engagement oder im anhaltenden Biotrend.

Die fortschreitende Internationalisierung der Absatz-, Beschaffungs- und Finanzmärkte stellen die wichtigste **wirtschaftliche Entwicklung** für das Marketing der Zukunft dar. So hat sich Europa als Wirtschaftsgemeinschaft als fester institutioneller Wirtschaftsblock neben Japan und den USA etabliert, wenngleich sowohl die Volatilität globaler Märkte als auch die Finanz- und Wirtschaftskrise neue Herausforderungen an die finanzielle Stabilität einzelner europäischer Mitgliedsstaaten stellt.

Ursache für einen weltweit vorherrschenden Verdrängungswettbewerb ist die rasant fortschreitende Internationalisierung. Unternehmen reagieren dahingehend, dass sie ihre Wertschöpfungsaktivitäten zunehmend global steuern, um ein wettbewerbsfähiges Preis und Qualitätsniveau aufrechterhalten zu können. Stagnierende und schrumpfende Märkte – insbesondere in den entwickelten westlichen Industrienationen – stellen im globalen Wettbewerb eine weitere Herausforderung dar.

Ebenso ist auf die veränderten Marktstrukturen hinzuweisen. So ist in den letzten 30 Jahren vor allem ein Trend zum Verlust der „Mittemärkte" beobachtbar. Ursache dafür ist die wachsende Bedeutung von Qualitäts- und Billiganbieter in den unteren Preissegmenten. Diese Polarisierung der Märkte ist weitgehend zum Stillstand gekommen. Es zeichnen sich speziell im Konsumgüterbereich Perspektiven und Chancen für eine „neue Mitte" ab.

Technologische Entwicklungen werden weiterhin die Triebfeder für Veränderungen und Wirtschaftswachstum sein. Der technologische Wandel bringt zunächst eine anwendungsorientierte Weiterentwicklung der Schlüsseltechnologien, insbesondere der Nachrichten- und Informationstechnik, mit sich. So ist die Intensivierung des Dialogs im Internet mittels Foren, Blogs, Communities und andere soziale Netzwerke ein maßgeblicher Trend der letzten Jahre, der unter dem Stichwort Web 2.0 intensiv diskutiert wird. Hierüber ergeben sich neue Formen der Kundeninteraktion und der Kundenintegration, die vielfältige Chancen für das Marketing beinhalten.

Darüber hinaus werden neue Basistechnologien wie die Mikro-, Bio- und Nanotechnologie in den dynamischen Wachstumsschüben zur Anwendungsreife gelangen. Angesichts der vielfältigen ökologischen und ressourcenbezogenen Probleme ist auch von einem Innovationsschub in den Bereichen Energiegewinnung, -infrastruktur und -effizienz sowie „GreenTech" auszugehen. Diese Marktpotenziale zielen primär auf die mit Vermeidungs- und Effizienzstrategien verbundenen technologischen Lösungen ab.

Lösung Aufgabe 2 Mitarbeiterorientierung
Da viele Mitarbeiter in einem relativ engen Kontakt zu aktuellen und potenziellen Kunden stehen, wirken sich Inkonsistenzen im Verhalten der Mitarbeiter unmittelbarer auf den Erfolg des Unternehmens aus als bei Mitarbeitern marktferner Funktionsbereiche (z. B. Finanzbereich). Besonders in Dienstleistungsbranchen mit einer hohen Interaktionsintensität von Mitarbeiter und Kunde, aber auch in anderen Märkten, sind Mitarbeiter daher als Botschafter des Unternehmens und Multiplikatoren des Leistungsversprechens zu verstehen und ihre Potenziale für die Marktbearbeitung entsprechend zu heben.

Lösung Aufgabe 3 Corporate Social Responsibility

Lösung Aufgabe 3a
Gemäß des Grünbuchs der Europäischen Kommission aus dem Jahr 2001 wird CSR definiert als „Konzept, das den Unternehmen als Grundlage dient, auf freiwilliger Basis soziale Belange und Umweltbelange in ihre Unternehmenstätigkeit und in die Wechselbeziehungen mit den Stakeholdern zu integrieren." Aus Sicht der EU-Kommission bedeutet dies, gesellschaftlich verantwortlich zu handeln und „nicht nur gesetzliche Bestimmungen einzuhalten, sondern mehr zu investieren in Humankapital, in die Umwelt und in Beziehungen zu anderen Stakeholdern".

Lösung Aufgabe 3b
CSR ist getragen von der Einsicht, dass langfristiger unternehmerischer Erfolg nur durch nachhaltiges und gesellschaftsverantwortliches Handeln realisiert werden kann. Es können drei zentrale Aspekte von CSR identifiziert werden: die freiwillige Übernahme gesellschaftlicher Verantwortung, die gleichgewichtige Beachtung der drei Dimensionen Ökonomie, Ökologie und Soziales sowie der Dialog mit den relevanten Anspruchsgruppen. Um eine wirkungsvolle Ausrichtung des Unternehmens im Sinne eines gelebten gesellschaftsverantwortlichen Handelns sicherstellen zu können, ist CSR mit den Unternehmens- und Marketingzielen in Einklang zu bringen. Zielkonflikte sind frühzeitig zu thematisieren und ggf. durch innovative Problemlösungen oder veränderte Zielgewichtungen zu überwinden. Der Einbezug in die Zielhierarchie kann entscheidend dazu beitragen, dass die gesellschaftliche Verantwortung unter ökologischen, sozialen und ökonomischen Gesichtspunkten die Grundlage für betriebliche Entscheidungsprozesse und Marketingstrategien sowie -maßnahmen bildet.

Lösung Aufgabe 3c
Als Beispiele im sozialen Bereich lassen sich unterschiedliche Aktivitäten wie Arbeitsschutz, Aus- und Fortbildung, lebenslanges Lernen, betriebliche Gesundheitsvorsorge, Vereinbarkeit von Familie und Beruf, Coporate Volunteering, Gender Mainstreaming, sozialverantwortliches Umstrukturieren, Corporate Giving, Schutz der Menschenrechte, Armutsbekämpfung etc. anführen. Im Bereich der ökologischen Ausgestaltungsformen werden bspw. Themen wie der effiziente Umgang mit Energie und Rohstoffen, Recycling, Minimierung von Abgasen und Emission oder integrierte Produktpolitik behandelt.

Lösung Aufgabe 4   Konsumentenverhalten

Bei der Entwicklung des Konsumentenverhaltens sind vor allem die demographischen Veränderungen von Bedeutung. Neue Produkte und Dienstleistungen müssen für die älteren
Zielgruppen entwickelt und zielgruppenadäquat vermarktet werden. Bereits heute existieren einige Angebote, wie bspw. Gruppenreisen für Senioren oder altersgerecht gestaltete
Mobiltelefone, die diesen veränderten Bedürfnissen Rechnung tragen. Zudem haben die
demographischen Verschiebungen Einfluss auf das private Finanzanlageverhalten, da tra-
ditionelle Rentensysteme auf Grund der neuen Gegebenheiten nicht mehr ausreichen.

Die Individualisierung ist der Verhaltens-Megatrend der 2000er Jahre. Die Nachfrage
nach individuellen Produkten wird dabei vor allem von den kaufkräftigen Zielgruppen
getragen.

Die Zielgruppen zersplittern zunehmend. Zudem wechseln die Konsumenten ihre
Konsumpräferenzen immer häufiger. Bezogen auf den einzelnen Konsumenten zeichnen
sich dabei weiterhin „hybride" Konsumstrukturen ab. So steht der Nachfrage nach aggres-
siv niedrigpreisigen Produkten des täglichen Bedarfs nicht selten ein steigender Bedarf an
Luxusgütern gegenüber. Dieser Aspekt gewinnt zudem durch die wachsende Spreizung
zwischen sehr armen und reichen Konsumentengruppen an Bedeutung.

Die verstärkte Globalisierung erhöht das Verlangen nach regionaler Identifikation. Dies
zeigt sich in der Rückbesinnung auf nationale (z. B. *Persil, Miele*), regionale (z. B. *Westfäli-
sche Provinzial*) oder sogar lokale (z. B. *Früh Kölsch*) Marken.

Lösung Aufgabe 5   Relationship-Marketing

Lösung Aufgabe 5a

Das Relationship-Marketing erfordert eine neue Denkweise: Statt möglichst viele Kunden für die Produkte des Unternehmens zu gewinnen, sollen die Unternehmen dauerhaft
die richtigen Produkte für attraktive Kunden finden. Dies setzt auf der Anbieterseite eine
spezifische Kundenkenntnis voraus, die mit dem Einsatz interaktiver Instrumente des Dia-
log-Marketing sowie einem leistungsfähigen Einsatz von CRM-Systemen begünstigt wird,
so dass die Informationsgewinnung, Kundenbearbeitung und Erfolgskontrolle effizienter
gestaltet werden können. Über monetäre Bedürfnisse hinaus ist eine Intensivierung der
Kundenbeziehung vor allem durch individualisierte Angebote und den damit verbundenen Zusatznutzen durch hohe Kundenzufriedenheit sicher zu stellen. Aus der Gebunden-
heit muss eine emotionale Verbundenheit und Vertrauensbeziehung zur jeweiligen Marke
erwachsen. Einheitliche Strategiemuster (z. B. Qualitäts- vs. Kostenführerschaft), fixierte
Preisangebote sowie klassische Kommunikationsinstrumente sind im Relationship-Marketing nicht oder nur noch begrenzt einsatzfähig.

Lösung Aufgabe 5b

Relationship-Marketing kann nur erfolgreich sein, wenn sich Unternehmen zu einem umfassenden und kontinuierlichen Dialog mit dem Kunden verpflichten und diesen tatsächlich umsetzen und leben. Das Leitmotiv lautet „Sense and Respond". Wird diesem Motiv

gefolgt, reichen die klassischen Formen der auf Massen bzw. Zielgruppen ausgerichteten Marketingforschung nicht mehr aus. Vielmehr sind weiterführende aktive und passive Methoden der Informationsgewinnung einzusetzen. Neben den eher passiven Methoden wie u. a. der neuroökonomischen Forschung sowie dem Shopper Research sind unter dem Einsatz neuer Medien vor allem Touch Point Analysen und User Panels, das Internet Monitoring interaktiver Wertschöpfung und Crowd Sourcing als aktive Methoden anzuführen. In systematisch geplanten Interaktionen mit den Kunden werden Informationen gewonnen, in Bedürfnisstrukturen überführt und auf deren Basis Produkt- und Leistungskonzepte erarbeitet. Die kundenbezogenen Produkt- und Leistungskonzepte werden in Marketing-Mix-Faktoren umgesetzt und anschließend wird in einem Pre-Testing – durch die Interaktion mit dem Kunden – eine systematische Anpassung des Marketing-Mix vorgenommen. In der Beobachtungsphase erfolgt die Steuerung der Marktperformance anhand intensiver und kontinuierlicher Beobachtungen von Kunden und Wettbewerbsverhalten. Die erfolgreiche Nutzung von Kunden als innovative Ressource setzt dabei allerdings eine sorgfältige Vorbereitung und Strukturierung der Interaktionsprozesse voraus.

Lösung Aufgabe 6 Internes Marketing

Lösung Aufgabe 6a
Ein Unternehmen kann am Markt nur erfolgreich sein, wenn die in der Kommunikation getroffenen Nutzenversprechen (Positionierung) sich im Verhalten der Mitarbeiter widerspiegeln. Somit kommt dem **identitätsorientierten Marketing** verstanden als Inside-Out-Prozess eine besondere Bedeutung zu. Der Ansatz interpretiert die Identität eines Unternehmens und hiermit auch die Kompetenz der Mitarbeiter als wichtige Voraussetzung für den unternehmerischen Erfolg. Der Aufbau von Wettbewerbsvorteilen in Märkten sollte demnach zukünftig die Mitarbeiter in verstärktem Maße einbeziehen.

Lösung Aufgabe 6b
Die Mitarbeiter werden nicht nur durch ein bloßes Lippenbekenntnis der Unternehmensführung eine höhere Bindung gegenüber ihrem Unternehmen aufbauen und somit zum Unternehmenserfolg beitragen. Vielmehr bedarf es geeigneter Anreizstrukturen monetärer und nicht-monetärer Art. So gilt es, Anreizsysteme zu schaffen, die sich nach den individuellen Bedürfnissen der Mitarbeiter richten und auf der monetären Seite z. B. risikoaffine Angestellte durch Gewinn- und Erfolgsbeteiligungen und risikoaverse Mitarbeiter mit Hilfe von zusätzlichen Versicherungsleistungen in ihrer Leistung fördern. Immaterielle Anreize hingegen können sich bspw. in der Erweiterung des persönlichen (unternehmerischen) Freiraums oder auch in Statussymbolen (z. B. Größe/Ausstattung des Büros etc.) niederschlagen.

Marketing-Grundstudiumsklausuren

8.1 Marketing-Grundstudiumsklausur

A. Marketingforschung

1. Eine Lebensmittel-Zentrale untersucht, ob sich unterschiedliche Preisniveaus von Sonderangeboten im Lebensmittelhandel lohnen. In einem Experiment vom Typ EBA-CBA werden in drei aufeinander folgenden Wochen in den Testgeschäften

   – das Preisniveau der Testartikel von 10 % über dem Einstandspreis
   – auf den Einstandspreis beziehungsweise
   – auf 10 % unter dem Einstandspreis gesenkt (Einstandspreis = Wareneinkaufspreis abzüglich Mehrwertsteuer des jeweiligen Verkaufspreises). Das Experiment wird in zehn Testgeschäften in Frankfurt/Main durchgeführt. Darüber hinaus stehen vier Kontrollgeschäfte im Umkreis von Frankfurt zur Verfügung.

   Die Auswirkungen unterschiedlicher Preisniveaus werden durch die Abverkäufe der Testartikel während der Dauer des Sonderangebots (jeweils donnerstags bis samstags) gemessen. Die Test-Handelsbetriebe sind nicht bereit, einen identischen Artikel (zum Beispiel Persil) in kurzer Zeit zweimal hintereinander zu senken. Deshalb werden für jede Testperiode vom Untersuchungsleiter drei unterschiedliche Gruppen von Sonderangeboten mit vier Artikeln annähernd gleicher Attraktivität zusammengestellt.
   Nach Durchführung des Experiments wurden die folgenden Umsatzzahlen gemessen:

H. Meffert et al., *Marketing Arbeitsbuch*,
DOI 10.1007/978-3-8349-3863-3_8, © Springer Fachmedien Wiesbaden 2013

	Testmarkt Durchschnittlicher Umsatz pro Geschäft (in €)	Kontrollmarkt Durchschnittlicher Umsatz pro Geschäft (in €)
1. Preisniveau: 10 % über dem Einstandspreis	72.189	55.068
2. Preisniveau: Einstandspreis	74.250	54.623
3. Preisniveau: 10 % über dem Einstandspreis	83.285	58.180

a) Berechnen Sie anhand der Umsatzwerte die prozentualen Nettoeffekte in diesem EBA-CBA-Test bei Senkung des Preisniveaus von 1. auf 2. beziehungsweise 2. auf 3. beziehungsweise insgesamt von 1. auf 3.

(4 Punkte)

b) Nennen Sie mögliche Störgrößen, die die Ergebnisse dieser Untersuchungsanlage beeinflussen können. Welche zusätzlichen Informationen benötigt die Handelszentrale zur Beantwortung der Frage, ob sich Preissenkungen bei den Sonderangeboten lohnen?

(4 Punkte)

Lösung
Zu a)
Da die Umsätze im Testmarkt und im Kontrollmarkt in der Before-Betrachtung jeweils voneinander abweichen, ist es notwendig, eine gemeinsame Basis zu schaffen, indem die Umsätze des Kontrollmarktes entsprechend gewichtet werden:

- Preissenkung von 1. auf 2.
  $(74.250 - 72.189) - (54.623 - 55.068) \cdot (72.189/55.068) = (+2.061) - (-583)$
  $= +2.644$ von $72.189 = 3{,}66$ %

- Preissenkung von 2. auf 3.
  $(83.285 - 74.250) - (58.180 - 54.623) \cdot (74.250/54.623) = (+9.035) - (4.835)$
  $= +4.200$ von $74.250 = 5{,}66$ %

- Preissenkung von 1. auf 3.
  $(83.285 - 72.189) - (58.180 - 55.068) \cdot (72.189/55.068) = (+11.096) - (4.080)$
  $= +7.016$ von $72.189 = 9{,}72$ %

Zu b)
Störgrößen (zum Beispiel):

- Gleichartigkeit der Test- und Kontrollgeschäfte (Durchschnittsbetrachtung über unterschiedliche Geschäftstypen)
- Werbeaktivitäten der Test- und Kontrollgeschäfte
- Konkurrenzaktivitäten
- Art der Artikel in den gleich attraktiven Gruppen von Sonderangeboten
- Wetterlage
- Sonstige Sonderangebote in den Geschäften

Zusätzliche Informationen werden vor allem benötigt über Deckungsbeiträge; aber auch über andere betriebswirtschaftlich relevante Zielgrößen wie Kundenzahl, Einkaufsbetrag, Anteil der Sonderangebote am Einkaufsbetrag, Wirkungen auf das Preisimage u. a.

B. Marketingprognosen

2. Ein Konsumgüterhersteller plant die Einführung einer neuen Seife. Dazu werden Informationen über die Wirkungsweise der zur Verfügung stehenden Marketinginstrumente benötigt. Kennzeichnen Sie mindestens vier Hauptprobleme bei der Erstellung von Wirkungsprognosen für den kombinierten Einsatz von Marketinginstrumenten.

(2 Punkte)

Lösung

- Interdependenzproblem zwischen den Marketinginstrumenten (Wirkungsverbund)
- Zurechenbarkeit der Wirkungen
- Zeitliche Ausstrahlungseffekte
- Art des unterstellten Funktionstyps
- Einbeziehung von Konkurrenzaktivitäten

C. Preispolitik

3. Ein Monopolist sieht sich der Preis-Absatz-Funktion $p = 15 - 0{,}2x$, einer Kostenfunktion $K = 20 + 2{,}5x$ und einer Kapitalbedarfsfunktion $C = 10 + 40x$ gegenüber. Der Unternehmer setzt seinen Preis fest, indem auf die durchschnittlichen totalen Stückkosten ein Gewinnzuschlag von 30 % aufgeschlagen wird.

a) Ermitteln Sie den preispolitischen Spielraum des Monopolisten bei dieser Zielsetzung.

(4 Punkte)

b) Welchen Preis wird der Monopolist festlegen, wenn er unter Berücksichtigung des preispolitischen Spielraums von a) eine Rentabilitätsmaximierung anstrebt?

(4 Punkte)

c) Durch eine Verschlechterung der Absatzsituation verschiebt sich die Preis-Absatz-Funktion auf p = 7 – 0,2x. Der Monopolist legt langfristig seine preispolitische Verhaltensweise fest, indem er in jeder einzelnen Periode auf die durchschnittlichen totalen Stückkosten einen Gewinnzuschlag von 30 % aufschlägt. Dabei orientiert er sich jeweils an der abgesetzten Menge in der Vorperiode (Ausgangspunkt: $x_0 = 20$ ME).
Welche Preismengenkombinationen wird der Monopolist in den vier Folgeperioden realisieren? Beurteilen Sie diese starre Form des Preisverhaltens.

(6 Punkte)

d) Wie lassen sich Preis-Absatz-Funktionen empirisch messen? Nennen Sie mindestens zwei Möglichkeiten der empirischen Bestimmung bei kurzlebigen Konsumgütern.

(2 Punkte)

Lösung
Zu a)

$$p = kg \cdot 1,3$$
$$15 - 0,2x = \frac{26}{x} + 3,25$$
$$15x - 0,2x^2 = 26 + 3,25x$$
$$0,2x^2 - 11,75x + 26 = 0$$
$$x^2 - 58,75x + 130 = 0$$
$$x_{1,2} = 29,375 \pm \sqrt{7}$$
$$x_1 = 2,303$$
$$x_2 = 56,44$$

Der preispolitische Spielraum liegt zwischen $p_1 = 14,539$ und $p_2 = 3,712$.

Zu b)

$$R = \frac{G}{C} \rightarrow \max .$$

$$R = \frac{15x - 0{,}2x^2 - 20 - 2{,}5x}{10 + 40x}$$

$$R' = \frac{(12{,}5x - 0{,}4x)(10 + 40x) - (12{,}5x - 0{,}2x^2 - 20)(40)}{(10 + 40x^2)} = 0$$

$$R' = 125 - 4x + 500x - 16x^2 - 500x + 8x^2 + 800 = 0$$

$$R' = 925 - 4x - 8x^2 = 0$$

$$R' = x^2 + \frac{1}{2}x - \frac{925}{8} = 0$$

$$x_{1,2} = -\frac{1}{4} \pm \sqrt{\left(\frac{1}{4}\right)^2 + \frac{925}{8}}$$

$$x_1 = 10{,}5$$

$$x_2 = -11 \rightarrow \text{ökonomisch nicht sinnvoll}$$

Der Monopolist wird seinen Preis auf $p_1 = 12{,}9$ festlegen. Diese Preisforderung liegt innerhalb des preispolitischen Spielraums von a).

Zu c)

$$p = 1{,}3 \times \left(\frac{20}{x} + 2{,}5\right)$$

$$x_0 = \quad 20 \quad \rightarrow \quad p_1 = 4{,}55$$

$$x_1 = 12{,}25 \quad \rightarrow \quad p_2 = 5{,}37$$

$$x_2 = 8{,}14 \quad \rightarrow \quad p_3 = 6{,}44$$

$$x_3 = 2{,}77 \quad \rightarrow \quad p_4 = 12{,}61$$

Der Preis $p_4 = 12{,}61$ liegt über dem Prohibitivpreis von 7 GE. Damit verliert der Monopolist seine Nachfrage.

Durch das starre preispolitische Verhalten hat sich der Monopolist aus dem Markt „herauskalkuliert".

Zu d)

Messansätze:

- Preistests mit Konsumenten
- Preismengenschätzungen durch Händler
- Regressionsanalysen

4. Ein Polypolist sieht sich am Markt einer linearen, zweifach geknickten Preis-Absatz-Funktion gegenüber. Mit Hilfe von Markttests wurden die folgenden Daten ermittelt:
   - die Sättigungsmenge beträgt 30 ME;
   - bei einem Absatzpreis von 12 GE geht sämtliche Nachfrage an die Konkurrenz verloren;
   - im Punkt mit den Koordinaten x = 4/p = 11 ergibt sich eine Punktelastizität der Nachfrage in Höhe von –11;
   - der obere monopolistische Grenzpreis beträgt 10,5 GE;
   - der untere monopolistische Grenzpreis beträgt 3 GE;
   - die Steigung im monopolistischen Bereich beträgt $-\frac{5}{6}$.

a) Bestimmen Sie die gewinnmaximale Preismengenkombination bei einer gegebenen Gesamtkostenfunktion K = 10 + 4x sowie die absolute Gewinnhöhe.

(12 Punkte)

b) Wie ändert sich die optimale Lösung, wenn die variablen Stückkosten auf 6 GE steigen?

(6 Punkte)

Lösung
Zu a)
Ermittlung der Preis-Absatz-Funktion

- oberer atomistischer Bereich

$$x = 0/p = 12$$

$$\eta_{x,p} = \frac{dx}{dp} \cdot \frac{p}{x}$$

$$\eta_{4,11} = -11 = \frac{dx}{dp} \cdot \frac{11}{4}$$

$$\frac{dx}{dp} = -4$$

$$\frac{dp}{dx} = -\frac{1}{4}$$

$$p = a - \frac{1}{4}x$$

$$\rightarrow 12 = a$$

$$p = 12 - \frac{1}{4}x$$

- monopolistischer Bereich
  oberer Grenzpreis p = 10,5 eingesetzt in die PAF des oberen Bereiches:

$$10,5 = 12 - \frac{1}{4}x$$

$$-1,5 = -\frac{1}{4}x$$

$$x = 6$$

$$p = 10,5/x = 6$$

$$\text{Steigung:} -\frac{5}{6}$$

$$p = a - \frac{5}{6}x$$

$$\rightarrow 10,5 = a - \frac{5}{6} \cdot 6$$

$$a = 15,5$$

$$p = 15,5 - \frac{5}{6}x$$

- unterer atomistischer Bereich

$$p = 0/x = 30$$

Ermittlung der Absatzmenge im oberen Grenzpunkt p = 3

$$3 = 15,5 - \frac{5}{6}x$$

$$\frac{5}{6}x = 12,5$$

$$x = 15 \quad p = 3$$

Zwei-Punkte-Formel:

$$p = a - bx$$
$$0 = a - 30b$$
$$\underline{3 = a - 15b}$$
$$3 = 15b$$
$$b = \frac{1}{5}$$

$$\text{aus } a = 30b \text{ folgt } a = 6$$

$$p = 6 - \frac{1}{5}x$$

Damit stehen die drei Teilfunktionen fest. Die Intervallgrenzen wurden im Verlauf der Berechnung bereits ermittelt mit:

$\rightarrow$ oberer atomistischer Ast: $0 \le x \le 6$
$\rightarrow$ monopolistischer Bereich: $6 \le x \le 15$
$\rightarrow$ unterer atomistischer Bereich: $15 \le x \le 30$

$$p = \begin{cases} 12 - 0{,}25x & \text{f.} \quad 0 \le x \le 6 \\[2mm] 15{,}5 - \dfrac{5}{6}x & \text{f.} \quad 6 \le x \le 15 \\[2mm] 6 - \dfrac{1}{5}x & \text{f.} \quad 15 \le x \le 30 \end{cases}$$

Ermittlung des Gewinnmaximums nach $E' = K'$:

$K = 10 + 4x \quad \rightarrow \quad K' = 4$

(a) $0 \le x \le 6$ (b) $6 \le x \le 15$ (c) $15 \le x \le 30$

$E' = 12 - 0{,}5x$ $E' = 15{,}5 - \dfrac{5}{3}x$ $E' = 6 - \dfrac{2}{5}x$

$E' = K' \rightarrow 12 - 0{,}5x = 4$ $E' = K' \rightarrow 15{,}5 - \dfrac{5}{3}x = 4$ $E' = K' \rightarrow 6 - \dfrac{2}{5}x = 4$

$x = 16$ (nicht zulässig) $11{,}5 = \dfrac{5}{3}x$ $2 = \dfrac{2}{5}x$

                              $x = 6{,}9$ (zulässig) $x = 5$ (nicht zulässig)

Es ergibt sich nur ein zulässiger Wert im monopolistischen Bereich. Da an der 1. Intervallgrenze $E'(x = 6) > K'$ und an der 2. Intervallgrenze $E'(x = 15) < K'$ gilt, kann keine der Grenzen optimal sein.

Ermittlung des gewinnmaximalen Preises:

$$x = 6{,}9$$
$$p = 15{,}5 - \frac{5}{6}x$$
$$p = 15{,}5 - \frac{5}{6} \cdot 6{,}9$$
$$p = 15{,}5 - 5{,}75 = 9{,}75$$

Gewinnmaximum:

$$p = 9{,}75 / x = 6{,}9$$

Gewinnhöhe:

$$E = 9{,}75 \cdot 6{,}9 = 67{,}275$$
$$K = 10 + 4 \cdot 6{,}9 = 37{,}6$$
$$G = 67{,}275 - 37{,}6 = 29{,}675$$

Zu b)

$$K = 10 + 6x \quad \rightarrow \quad K' = 6$$

Untersuchung der 3 PAF gemäß E' = K'

(a) $0 \leq x \leq 6$ (b) $6 \leq x \leq 15$ (c) $15 \leq x \leq 30$

$$12 - 0,5x = 6 \qquad\qquad 15,5 - \frac{5}{6}x = 6 \qquad\qquad 6 - \frac{2}{5}x = 6$$

$$x = 12 \text{ (nicht zulässig)} \qquad 9,5 = \frac{5}{3}x \qquad\qquad \frac{2}{5}x = 0$$

$$x = 5,7 \text{ (nicht zulässig)} \qquad x = 0 \text{ (nicht zulässig)}$$

Alle Teilfunktionen ergeben nicht zulässige Lösungen. Somit muss das Optimum an der 1. Randstelle x = 6 liegen.

Bestimmung des gewinnmaximalen Preises:

$$p = 12 - 0,25 \cdot 6 = 10,5$$

Gewinnmaximum:

$$p = 10,5 / x = 6$$

Gewinnhöhe:

$$E = 10,5 \cdot 6 = 63$$

$$K = 10 + 6 \cdot 6 = 46$$

$$G = 63 - 46 = 17$$

D. Sortimentspolitik

5. Ein Haushaltsgerätehersteller bietet als Kleinzubehör vier Produkte an. Kosten- und Absatzanalysen werden zur Ermittlung des Produktions- und Absatzprogramms erstellt:

Produkt	Preis/Stück	Variable Stückkosten (GE/ME)	Fixkosten (nicht abbaubar, GE)	Absatzmenge (ME)
1	32	20,00	6.000	1.500
2	21	17,00	1.500	400
3	15	8,50	2.450	350
4	56	62,00	800	80

a) Ermitteln Sie die Absatzprogramme auf der Grundlage von Voll- und Teilkosten. Begründen Sie, welches Kriterium zur optimalen Entscheidung führt.

(4 Punkte)

b) Wie ändert sich das in a) ermittelte optimale Programm, wenn bei Eliminierung von Produkt 4 der Absatz von Produkt 1 um 4 % sinkt und der Preis von Produkt 3 auf 14,00 GE gesenkt werden muss, um den Absatz zu halten?

(4 Punkte)

c) Der Betriebsingenieur weist zusätzlich auf einen Engpass in der Fertigung hin. Alle vier Produkte werden auf einer Maschine mit einer Kapazität von 10.000 ZE produziert. Zur Erstellung der einzelnen Produkte benötigt diese Maschine die folgenden Zeiten:

Produkt 1	6	ZE/Stck.
Produkt 2	1	ZE/Stck.
Produkt 3	0,5	ZE/Stck.
Produkt 4	20	ZE/Stck.

Ermitteln Sie unter Berücksichtigung der Verbundeffekte das optimale Absatzprogramm und die Maschinenbelegungszeit.

(6 Punkte)

Lösung
Zu a)
Vollkosten

$$G_1 = 12 \cdot 1.500 - 6.000 = 12.000 \, \text{GE}$$

$$G_2 = 4 \cdot 400 - 1.500 = 100 \, \text{GE}$$

$$G_3 = 6,5 \cdot 350 - 2.450 = -175 \, \text{GE}$$

$$G_4 = -6 \cdot 80 - 800 = -1.280 \, \text{GE}$$

Es werden die Produkte 1 und 2 angeboten. Der Gesamtgewinn beträgt 12.100 − 3.250 = 8.850 GE.

Teilkosten

$$DB_1 = 12 \cdot 1.500 = 18.000 \, \text{GE}$$

$$DB_2 = 4 \cdot 400 = 16.00 \, \text{GE}$$

$$DB_3 = 6,5 \cdot 350 = 2.275 \, \text{GE}$$

$$DB_4 = 6 \cdot 80 = -480 \, \text{GE}$$

Es werden die Produkte 1, 2 und 3 angeboten. Der Gesamtgewinn beträgt

$$21.875 - 10.750 = \underline{11.125\,\text{GE}}.$$

Die Teilkostenrechnung führt zu einem höheren Gewinn von 11.125 GE. Die Vollkosten-rechnung führt zu einer falschen Entscheidung, weil die Fixkosten der vier Produkte auf jeden Fall getragen werden müssen.

Zu b)
Neue Daten unter Berücksichtigung der Substitutionseffekte: Bei Eliminierung von Pro-dukt 4

- sinkt die Absatzmenge von Produkt 1 auf 1.440 ME
- sinkt der Preis von Produkt 3 auf 14 GE

Neue Rechnung:

$$DB_1 = 12 \cdot 1.440 = 17.280$$

$$DB_2 = 4 \cdot 400 = 1.600$$

$$DB_3 = 5{,}5 \cdot 350 = 1.925$$

Der Gesamtgewinn unter Berücksichtigung der Substitutionseffekte beträgt

$$20.805 - 10.750 = \underline{10.055\,\text{GE}}.$$

Wenn das Produkt 4 angeboten wird, ergibt sich folgende Rechnung:

$$DB_1 = 18.000\,\text{GE}$$

$$DB_2 = 1.600\,\text{GE}$$

$$DB_3 = 2.275\,\text{GE}$$

$$DB_4 = -480\,\text{GE}$$

Der Gesamtgewinn beträgt $\underline{10.645\,\text{GE}}$ (21.395 - 10.750). Es ist also insgesamt günstiger, das ursprüngliche Programm beizubehalten.

Zu c)
Bei Herstellung der vier Produkte wird benötigt:

$$
\begin{array}{lll}
\text{Produkt 1:} & 1.500 \cdot 6 = 9.000\,\text{ZE} \\
\text{Produkt 2:} & 400 \cdot 1 = 400\,\text{ZE} \\
\text{Produkt 3:} & 350 \cdot 0{,}5 = 175\,\text{ZE} \\
\text{Produkt 4:} & 80 \cdot 20 = \dfrac{1.600\,\text{ZE}}{11.175\,\text{ZE}}
\end{array}
$$

Da die Maschinenkapazität zur Herstellung von vier Produkten nicht ausreicht, ist als Entscheidungskriterium der Deckungsbeitrag je Engpasseinheit anzuwenden. Es ergibt sich:

Produkt 1:   2 DB/ZE

Produkt 2:   4 DB/ZE

Produkt 3:   13 DB/ZE

Produkt 4:   0,3 DB/ZE

Das Produkt 4 wird eliminiert. Es ergibt sich folgende Maschinenbelegung unter Berücksichtigung der Rangfolge der Deckungsbeiträge je Engpasseinheit:

$$\text{Produkt 3:} \quad 350\,\text{ME} = 175\,\text{ZE}$$

$$\text{Produkt 2:} \quad 400\,\text{ME} = 400\,\text{ZE}$$

$$\text{Produkt 1:} \quad 1.500\,\text{ME} = \frac{9.000\,\text{ZE}}{9.575\,\text{ZE}}$$

(Unter Berücksichtigung des Substitutionseffektes von Aufgabe 5b: 9.215 ZE.)

E. Distributionspolitik

6. Ein Haushaltsgerätehersteller will ein neues Produkt einführen. Es muss innerhalb eines halben Jahres ein numerischer Distributionsgrad von 60 % bei insgesamt 2.500 Facheinzelhändlern erreicht sein, wenn die Produkteinführung langfristig erfolgreich sein soll.

Es ist bekannt, dass beim Einsatz eigener Außendienstmitarbeiter durchschnittlich drei Kontakte mit dem Händler zur Neuproduktaufnahme führen. Jeder Außendienstmitarbeiter (AD) erhält in der Regel für eine Neuproduktaufnahme eine Provision von 75,00 € und ein monatliches Fixum von 2.100,00 €. Er kann pro Monat 125 Kontakte machen.

Handelsvertreter als Mehrfirmenvertreter erreichen nur in 80 % der Fälle nach drei Kontakten eine Neuproduktaufnahme. Für die restlichen 20 % müssen sie vier Kontakte machen. Pro Kontakt werden 30,00 € berechnet.

a) Soll sich der Hersteller für Handelsvertreter entscheiden, wenn
   – die eigene AD-Organisation noch genügend Kapazität hat, um die neue DistributionsAufgabe zusätzlich zu übernehmen?

(5 Punkte)

b) Soll sich der Hersteller für Handelsvertreter entscheiden, wenn
   – die eigene AD-Organisation schon ausgelastet ist und neue Reisende eingestellt werden müssen?

(3 Punkte)

Lösung

Zu a)

Distributionsziel: 60 % numerischer Distributionsgrad = 0,6 · 2.500 = 1.500 Einzelhändler

Kosten Handelsvertreter

0,8 · 3 + 0,2 · 4 = 3,2 durchschnittliche Kontakte/Neuproduktaufnahme
1.500 · 3,2 = 4.800 Kontakte · 30 € = <u>144.000 €</u>

Kosten Reisende

1.500 Neuaufnahmen · 75 € = 112.500 €

Die Fixkosten der Reisenden sind nicht entscheidungsrelevant.
Der Hersteller wird sich somit für Reisende entscheiden.

Zu b)

Kosten Handelsvertreter

<u>144.000 €</u> (vgl. a)

Kosten Reisende

1.500 Geschäfte · 3 Kontakte =	4.500 Kontakte
4.500 notwendige Kontakte:	125 Kontaktkapazität = 36 Reisende
Fixkosten:	36 · 2.100 = 75.600 €
Gesamtkosten:	112.500 € (vgl. a)
	<u>75.600 €</u>
	<u>188.100 €</u>

Der Hersteller wird sich für Handelsvertreter entscheiden.

F. Kommunikationspolitik

7. Ein Hersteller von Damenkosmetik plant die Belegung von Zeitschriftentiteln. Als Entscheidungskriterium legt der Werbeleiter den so genannten Tausender-Kontaktpreis zugrunde. Als Zeitschriften stehen zur Verfügung:

	Verkaufte Auflage in 1.000	Anzeigenpreis, 1/1 farbig (€)	Tausender-Preis (€)
Hörzu	3.869,2	108.160	27,95
Fernsehwoche	2.507,1	48.296	19,26
Stern	1.667,7	78.144	46,86
Brigitte	1.267,3	71.040	56,06
Für Sie	1.050,6	45.864	43,66

Aufgrund des begrenzten Werbebudgets entscheidet sich der Werbeleiter für je eine Belegung in den Fernseh-Programmzeitschriften „*Hörzu*" und „*Fernsehwoche*".

Nehmen Sie kritisch zu der Vorgehensweise des Werbeleiters Stellung, den oben angegebenen Tausender-Preis zu verwenden. Welche weiteren Entscheidungskriterien sind für die Streuplanung von Bedeutung?

(4 Punkte)

Lösung

- Gewichteter Tausender-Preis aussagekräftiger
- Tausender-Preis auf Leser beziehen

Weitere Entscheidungskriterien (unter anderem):

- Medienqualität
- Verfügbarkeit
- Räumliche Reichweite

G. Marketing-Mix

8. Ein Hersteller von Zubehörteilen beabsichtigt die Einführung eines Gerätes, das dem Autofahrer den Benzinverbrauch angibt. Die Marketingabteilung muss die drei Marketing-Instrumente Preis (P), Werbung (W) und Distribution (D) für die Produkteinführung festlegen. Bei jeweils zwei Ausprägungen der einzelnen Instrumente ergeben sich acht Marketing-Mixe. Die Instrumenteausprägungen und der zu erwartende Absatz sind in der folgenden Tabelle zusammengefasst:

Mix-nummer	Preis (P) (GE)	Werbung (W) (GE)	Distribution (D) (GE)	Erwarteter Absatz (ME)
1	20	50.000	30.000	46.000
2	20	50.000	80.000	72.000
3	20	120.000	30.000	62.000
4	20	120.000	80.000	90.000
5	32	50.000	30.000	20.000
6	32	50.000	80.000	32.000
7	32	120.000	30.000	28.000
8	32	120.000	80.000	40.000

Es fallen Produktions-Fixkosten in Höhe von 250.000 GE an. Die variablen Stückkosten betragen 15 GE.

a) Berechnen Sie die jeweilige Break-Even-Absatzmenge und den zu erwartenden Gesamtdeckungsbeitrag für die einzelnen Mixkombinationen. Welche Kombination der Marketinginstrumente führt zum höchsten Bruttogewinn?

(5 Punkte)

b) Kennzeichnen Sie die Hauptprobleme der Lösung des optimalen Marketing-Mix mit Hilfe der Break-Even-Analyse. Wie lassen sich diese Probleme lösen?

(5 Punkte)

Lösung
Zu a)

Mixnummer	Break-Even-Menge	Deckungsbeitrag	Bruttogewinn
1	66.000,0	230.000	−100.000
2	76.000,0	360.000	−20.000
3	80.000,0	310.000	−90.000
4	90.000,0	450.000	0
5	19.411,8	340.000	+10.000
6	22.352,9	544.000	+164.000
7	23.529,4	476.000	+76.000
8	26.470,6	680.000	+230.000

$$\text{Break-Even-Menge} = \frac{F + W + D}{p - K_V}$$

Deckungsbeiträge = Erwarteter Absatz · Deckungsspanne
Bruttogewinn = Deckungsbeitrag ./. F ./. W ./. D
Die Mixkombination Nr. 8 führt zum höchsten Bruttogewinn.

Zu b)
Hauptprobleme (unter anderem)

- einperiodische Betrachtung
- Einprodukt-Betrachtung (keine Wirkungsverbundeffekte)
- keine zeitlichen Ausstrahlungseffekte
- konstante Kosten und Preise in der Periode
- keine Konkurrenzsituation
- Bestimmung des erwarteten Absatzes

Lösungsmöglichkeiten

- Einbeziehung ökonometrischer Überlegungen
- Mehrperiodische Break-Even-Analysen
- Komplexe Simultanmodelle

8.2 Marketing-Grundstudiumsklausur

A. Marketingforschung

1. Angesichts einer zunehmenden Marktdynamik in der Konsumgüterindustrie ist eine ständige Informationsgewinnung über die Produkte im Absatzmarkt erforderlich. Kennzeichnen Sie die wesentlichen Gemeinsamkeiten und Unterschiede zwischen einem Haushalts- und Handelspanel.

(4 Punkte)

Lösung

Definition

Bestimmter, gleich bleibender Kreis von Haushalten oder Händlern, bei denen wiederholt Erhebungen zum gleichen Untersuchungsgegenstand durchgeführt werden.

Gemeinsamkeiten

- (siehe Merkmale Definition)
- Zielsetzung: Erfassung von Veränderungen im Zeitablauf
- Primärerhebung
- Probleme: Aufbau, Pflege, Kontrolle, Paneleffekte etc.

Unterschiede

- Adressatenkreis
- Befragungsthematik
- Befragungsform

B. Marketingprognosen

2. Ein Rollschuhhersteller will den Marktanteil für sein Produkt „*Superblitz*" für die Jahre 2004–2006 prognostizieren. Die Umsatzentwicklung der Branche sowie die bisherigen Umsätze von „*Superblitz*" (1995–2003) sind bekannt. Aus gesicherten Quellen liegen Prognosewerte des Branchenumsatzes für die Jahre 2004–2006 vor. Diese Daten sind in der folgenden Tabelle zusammengefasst:

Jahr	t_i	Branchenumsatz	„Superblitz"-Umsatz
1995	1	290	84,9
1996	2	313	88,0
1997	3	338	91,9
1998	4	362	97,1
1999	5	391	103,2
2000	6	420	108,4
2001	7	441	114,2
2002	8	467	110,6
2003	9	495	105,9
2004	10	519	
2005	11	542	
2006	12	570	

a) Prognostizieren Sie den Umsatz der Unternehmung nach dem linearen Trendverfahren, und bestimmen Sie den Marktanteil für 2004–2006.

Hilfsangaben

$$a = \frac{\sum t_i^2 \sum y_i - \sum t_i \sum t_i \cdot y}{n \sum t_i^2 - \left(\sum t_i\right)^2}$$

$$b = \frac{n \sum t_i \cdot y - \sum t_i \sum y_i}{n \sum t_i^2 - \left(\sum t_i\right)^2}$$

(10 Punkte)

b) Aufgrund der Umsatzentwicklung des Marktes für Skateboards wurde folgende Indikatorfunktion berechnet (x_i = Umsatz Skateboards):

$$y_i = 104,2 + 0,49 \cdot x_i$$

Für 2004–2006 wird der Umsatz von Skateboards wie folgt prognostiziert:

2004: 140

2005: 160

2006: 180

Prognostizieren Sie den Marktanteil von „*Superblitz*" auf der Grundlage der Indikatorfunktion.

(6 Punkte)

Lösung
Zu a)
Summenwerte

$$\sum y_i = 904,2$$

$$\sum t_i = 45$$

$$\sum t_i \cdot y_i = 4,4728$$

$$\sum t_i^2 = 285$$

$$\left(\sum t_i\right)^2 = 2,025$$

$$a = \frac{285 \cdot 904,2 - 45 \cdot 4.728,7}{9 \cdot 285 - 2.025} = \frac{44.905,5}{540} = 83,158$$

$$b = \frac{9 \cdot 4.728,7 - 904,2 \cdot 45}{9 \cdot 285 - 2.025} = \frac{1.869,3}{540} = 3,46$$

$$y_i = a + b \cdot t_i \quad \text{oder} \quad y_i = 83,158 + 3,46\, x_i$$

$$y_{10} = 83,158 + 3,46 \cdot 10 = 117,77$$

$$y_{11} = y_{10} + 3,46 = 121,23$$

$$y_{12} = y_{11} + 3,46 = 124,69$$

$$\underline{MA\,(04) = 22,69\,\%}$$

$$\underline{MA\,(05) = 22,36\,\%}$$

$$\underline{MA\,(06) = 21,87\,\%}$$

Zu b)

$$y_{10} = 104,2 + 0,49 \cdot 140 = 172,8$$

$$y_{11} = 104,2 + 0,49 \cdot 160 = 182,6$$

$$y_{12} = 104,2 + 0,49 \cdot 180 = 192,4$$

$$\underline{MA\,(04) = 33,29\,\%}$$

$$\underline{MA\,(05) = 33,69\,\%}$$

$$\underline{MA\,(06) = 33,75\,\%}$$

C. Preispolitik

3. Bei einer Unternehmung mit polypolistischer Angebotsstruktur wurde folgende Preis-Absatz-Funktion ermittelt:

$$p(x) = \begin{cases} 8 - \dfrac{1}{6}x & \text{f. } 0 \le x \le 6 \\[2mm] 10 - \dfrac{1}{2}x & \text{f. } 6 \le x \le 9 \\[2mm] 6 - \dfrac{1}{18}x & \text{f. } 9 \le x \le 108 \end{cases}$$

Die Produktionskosten betragen K = 6 + 4x. Für jede produzierte und abgesetzte Mengeneinheit x benötigt die Unternehmung einen Kapitalbedarf in Höhe der halben variablen Stückkosten (C = 2x).
Die Renditefunktion lautet:

$$p(x) = \begin{cases} 2 - \dfrac{1}{12}x \cdot -\dfrac{3}{x} & \text{f. } 0 \le x \le 6 \\[2mm] 3 - \dfrac{1}{4}x \cdot -\dfrac{3}{x} & \text{f. } 6 \le x \le 9 \\[2mm] 1 - \dfrac{1}{36}x \cdot -\dfrac{3}{x} & \text{f. } 9 \le x \le 108 \end{cases}$$

a) Bestimmen Sie die Rentabilitätsmaxima.

(10 Punkte)

b) Ermitteln Sie das absolute Rentabilitätsmaximum.

(8 Punkte)

Lösung
Zu a)
Bestimmung der relativen Gewinnmaxima R(x) → max.! $\dfrac{dR}{dx} = 0$

- oberer atomistischer Bereich:

$$\frac{dR}{dx} = -\frac{1}{12} + \frac{3}{x^2} = 0$$

$$\frac{x^2}{3} = 12$$

$$x^2 = 36$$

$$x_1 = +6$$

$$x_2 = -6 \text{ (nicht definiert)}$$

$$R(x = 6) = 2 - \frac{1}{12} \cdot 6 - \frac{3}{6}$$

$$R(x = 6) = 1$$

$$R(x = 6) = 100\,\%$$

- monopolistischer Bereich:

$$\frac{dR}{dx} = -\frac{1}{4} + \frac{3}{x^2} = 0$$

$$\frac{x^2}{3} = 4$$

$$x^2 = 12$$

$$x_1 = +3{,}46 \text{ (nicht definiert)}$$

$$x_2 = -3{,}46 \text{ (nicht definiert)}$$

- unterer atomistischer Bereich:

$$\frac{dR}{dx} = -\frac{1}{36} + \frac{3}{x^2} = 0$$

$$\frac{x^2}{3} = 36$$

$$x^2 = 108$$

$$x_1 = +10{,}39$$

$$x_2 = -10{,}39 \text{ (nicht definiert)}$$

$$R\,(x = 10{,}39) = 1 - \frac{1}{36} \cdot 10{,}39 - \frac{3}{10{,}39}$$

$$R\,(x = 10{,}39) = 0{,}4226$$

$$R\,(x = 10{,}39) = 42{,}26\ \%$$

Zu b)

Zur Bestimmung der absoluten Rentabilitätsmaxima sind noch die Grenzen des monopolitischen Bereichs zu überprüfen:

Oberer monopolistischer Grenzpreis (x = 6, p = 7)

$$R\,(x) = \frac{U\,(x) - K\,(x)}{C\,(x)} = \frac{42 - 30}{12} = 1 \quad \rightarrow R\,(6) = 100\ \%$$

Unterer monopolistischer Grenzpreis (x = 9, p = 5,5)

$$R\,(x) = \frac{U\,(x) - K\,(x)}{C\,(x)} = \frac{49{,}5 - 42}{18} = 0{,}41\overline{6} \quad \rightarrow R\,(9) = 41{,}\overline{6}\ \%$$

Das im oberen Bereich ermittelte relative Rentabilitätsmaximum entspricht dem absoluten Rentabilitätsmaximum.

4. In einem bestimmten Marktgebiet stehen sich zwei konkurrierende Anbieter gegenüber, deren Nachfragestruktur gleich ist und durch die Preis-Absatz-Funktion $p_A = p_B = 8 - \frac{1}{100}x$ gekennzeichnet ist. Die unternehmensspezifische Situation der Konkurrenten A und B wird durch folgende Daten beschrieben:

	A	B
Eigenkapitalausstattung	2.000	2.200
Liquiditätsspielraum	2.600	2.150
Fixkosten pro Periode	500	600
Variable Stückkosten	4	5
Liquiditätsentgang pro Mengeneinheit – 1. Periode	3	2
Liquiditätsentgang pro Mengeneinheit – 2. Periode	4	2,5

Die günstigere Kostenstruktur veranlasst A, einen Preiskampf zu beginnen, indem er den Marktpreis in Höhe seiner variablen Stückkosten festsetzt. B folgt der Preisstellung des A in der aktuellen Periode, unterbietet aber in der Folgeperiode den Preis des A und verlangt einen Preis von 3 GE.
Welche Gewinn- und Liquiditätssituation ergibt sich nach zwei Jahren für die beiden Anbieter?

(8 Punkte)

Lösung

1. Konkurs wegen Überschuldung

t_1: Absatzmenge in t_1 für beide Hersteller

$p = 4 = 8 - \frac{1}{100}x$
$x = 400$
Verlust des A: 500 GE → K_F
Verlust des B: 600 GE → K_F ⎱ = 1.000 GE
  400 GE → DB ⎰

t_2: Absatzmenge in t_2 für beide Hersteller

$p = 3 = 8 - \frac{1}{100}x$
$x = 500$
Verlust des A: 500 GE → K_F ⎱ = 1.000 GE
  500 GE → DB ⎰
Verlust des B: 600 GE → K_F ⎱ = 1.600 GE
  2 × 500 GE → DB ⎰

Gesamtverlust A: 1.500 GE < EK-Ausst.: 2.000 → 500 GE
Gesamtverlust B: 2.600 GE > EK-Ausst.: 2.200 → – 400 GE
→ B scheidet aus dem Markt aus.

2. Konkurs wegen Illiquidität

t_1:   Liquiditätsentgang A: 3x = 3 · 400 = 1.200 GE
Liquiditätsentgang B: 2x = 2 · 400 = 800 GE

t_2:   Liquiditätsentgang A: 4x = 4 · 500 = 2.000 GE
Liquiditätsentgang B: 2,5x = 2,5 · 500 = 1.250 GE

Gesamtliquiditätsentgang A: 3.200 GE > } Liquiditatsspielraum
Gesamtliquiditätsentgang B: 2.050 GE < }

Beide Anbieter scheiden nach zwei Perioden aus dem Markt aus.

D. Kommunikationspolitik

5. Für eine technisch hochwertige Filmkamera, mit der im Jahr 2002 ein Umsatz von 15 Mio. € erzielt wurde, will der zuständige Produktmanager den Mediaplan für das Jahr 2003 festlegen. Er ist der Überzeugung, dass er seine Zielgruppe am besten durch eine auflagenstarke Fachzeitschrift und durch das Herrenmagazin „Maskulin" erreichen kann. Um das Werbebudget, das in der Unternehmung aus dem Vorjahresumsatz abgeleitet wird und seit Jahren 5 % beträgt, optimal auf die beiden Werbeträger aufzuteilen, hat der Produktmanager folgende planungsrelevanten Informationen zusammengestellt:

Medium	Zielgruppengröße (in Mio.)	Kontaktwahrscheinlichkeit	Kontaktqualität	Einschaltkosten (in €)	Erscheinungsweise
Fachzeitschrift (x_1)	4	0,85	1	75.000	alle 2 Monate
Herrenmagazin „Maskulin" (x_2)	10	0,60	0,8	150.000	vierteljährlich

a) Bestimmen Sie die Werbewirkungskoeffizienten für die beiden Werbeträger.

(2 Punkte)

b) Stellen Sie einen LP-Ansatz für das Entscheidungsproblem auf.

(3 Punkte)

c) Bestimmen Sie auf graphischem Wege die optimalen Belegungshäufigkeiten für die beiden Werbeträger. Wie hoch ist die gesamte Werbewirkung?

(7 Punkte)

Lösung

Zu a)

$$w_1 = 4 \cdot 0,85 \cdot 1 = 3,4 \text{ Mio.}$$

$$w_2 = 10 \cdot 0,60 \cdot 0,8 = 4,8 \text{ Mio.}$$

Zu b)

LP-Ansatz

- Zielfunktion:

$$W_G = w_1 x_1 + w_2 x_2 \quad \rightarrow \quad \text{max.!}$$

$$W_G = 3,4 x_1 + 4,8 x_2 \quad \rightarrow \quad \text{max.!}$$

- Restriktionen:
  Budgetrestriktion
  Werbebudget: 15 Mio. $\cdot$ 0,05 = 750.000
  $75.000 x_1 + 150.000 x_2 \leq 750.000$
- Belegungsrestriktionen: $0 \leq x_1 \leq 6$
  $$0 \leq x_2 \leq 4$$

Zu c)

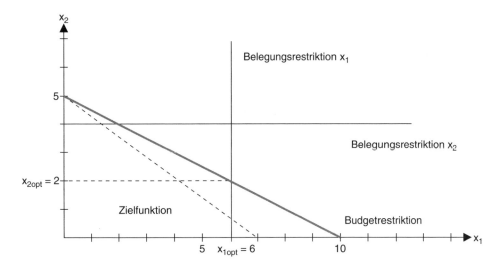

$$\left.\begin{array}{ll} x_1 = 0; & x_2 = 5 \\ x_2 = 0; & x_1 = 10 \end{array}\right\} \text{Budgetrestriktionen}$$

$$3{,}4x_1 + 4{,}8x_2 = 24$$

$$x_1 = 0; x_2 = 5$$

$$x_2 = 0; x_1 = 7{,}06$$

$$x_{1_{opt}} = 6$$
$$x_{2_{opt}} = 2$$

gesamte Werbewirkung:

$$W_G = 3{,}4 \cdot 6 + 4{,}8 \cdot 2 = 30 \text{ Mio.}$$

E. Distributionspolitik

6. Ein japanischer Videorecorderhersteller plant, mit seinem Produkt VR 2000 den deutschen Markt zu beliefern. Die Produktionskosten betragen 1.000 €/ME. Für die Einführungsstrategie stehen zwei alternative Absatzkanäle zur Verfügung:

1. Alternative: Nur der Fachhandel wird bedient, wobei 100 große Facheinzelhändler direkt und die übrigen Fachgeschäfte indirekt über 50 Fachgroßhändler versorgt werden. Absatzmengen, Abgabepreise an den Handel und die Transportkosten pro Händler und Monat ergeben sich aus der folgenden Tabelle:

Handelsstufe	Absatzmenge pro Geschäft und Monat (ME)	Abgabepreis (€/ME)	Transportkosten pro Geschäft und Monat (€)
Fach**groß**handel	200	1.100	3.000
Fach**einzel**handel	14	1.200	462

2. Alternative: Der Vertrieb erfolgt exklusiv über die bundesdeutschen Warenhäuser, wobei die gleiche Menge abgesetzt werden soll, wie sie über den Fachhandel (Alternative 1) realisiert wird. Dem Hersteller ist aus einer Marktforschungsstudie bekannt, dass die monatliche Abnahmemenge (x) aller Warenhäuser vom Bezugspreis (p) abhängig ist. Die aggregierte Nachfragefunktion lautet:

$$p = 9.130 + 5x - 0{,}0005x^2.$$

Bei der Wahl dieser Alternative fallen für den Schiffstransport 100.000 € pro Monat und für die Auslieferung an die Warenhäuser insgesamt Kosten von 400.000 € pro Monat an.

Führen Sie einen Gewinnvergleich für die beiden Absatzkanalalternativen durch.

(12 Punkte)

Lösung

1. Gewinn der Alternative Fachhandel

Deckungsspanne:

$$FGH: d = p - k_v - k_T$$

$$DS = 1.100 - 1.000 - \frac{3.000}{200}$$

$$DS = 85$$

Gesamter Deckungsbeitrag:

$$DB = d \cdot x \cdot v$$

$$x = \text{Absatzmenge pro Geschäft}$$

$$v = \text{Anzahl Geschäfte}$$

Berechnung des Deckungsbeitrags:

$$
\begin{aligned}
DB &= 85 \cdot 200 \cdot 50 &&= \underline{850.000\,€} \\
DB &= 167 \cdot 14 \cdot 100 &&= \underline{233.800\,€} \\
&&& \underline{\underline{1.083.800\,€}}
\end{aligned}
$$

Da im Beispiel keine Fixkosten anfallen, gilt: DB = G.

2. Gewinn der Alternative Warenhäuser

Gesamte Absatzmenge Fachhandel:

$$50 \cdot 200 + 100 \cdot 14 = 11.400 \text{ ME}$$

Beschaffungspreis der Warenhäuser:

$$p = 9.130 + 5 \cdot 11.400 - 0{,}0005 \cdot 11.400^2$$

$$p = 1.150\,€$$

Berechnung des Gewinns:

$$G = \left(p - k_{vp}\right) x - k_T$$

$$G = (1.150 - 1.000)\,11.400 - 400.000 - 100.000$$

$$\underline{G = 1.210.000\,€}$$

Fazit: $DB_{WH} > DB_{FH}$

→ Alternative 2 (Warenhäuser) ist wirtschaftlicher.

F. Produkt- und Sortimentspolitik

7. Bei der Erstellung eines Deckungsbeitragsprofils in Form einer Lorenzkurve deuten niedrige Deckungsbeiträge in der Regel auf eliminierungsverdächtige Produkte hin. Sind diese Informationen als Grundlage für Programmänderungen ausreichend? Welche Informationen müssten zusätzlich berücksichtigt werden?

(5 Punkte)

Lösung

1. nicht ausreichend
2. weitere Informationen über:
   – Umsatzstruktur
   – Kundenstruktur
   – Lebenszyklusstellung
   – Sortimentsverbund
   – Kapazitätsauslastung
   – Engpässe
   – Deckungsspanne
   – Vollkosten
   – zukünftige Preis-, Kostenentwicklung etc.

G. Marketing-Mix

8. Kennzeichnen Sie die Hauptprobleme der Lösung des optimalen Marketing-Mix mit Hilfe der linearen Programmierung. Zeigen Sie Erweiterungsmöglichkeiten dieses Ansatzes auf.

(5 Punkte)

Lösung
Probleme
- Zurechenbarkeit der Wirkungsbeiträge
- additive Verknüpfung, das heißt Unabhängigkeit
  – keine: Komplementarität
  – Substitutionalität (Interdependenzen)

- Linearität: konstante Wirkungsbeiträge
- nur Allokation, das heißt Budgetverteilung

- nicht artmäßige Zusammensetzung wird ermittelt
- nur quantitative, nicht qualitative Größen werden berücksichtigt
- nicht explizit Preispolitik
- statisches Modell etc.

Erweiterungen

- dynamische Programmierung
- nichtlineare Programmierung
- Berücksichtigung weiterer Einflussgrößen, zum Beispiel Konkurrenz etc.

8.3 Marketing-Grundstudiumsklausur

A. Marketingforschung

1. Ein Hersteller von Hundetrockenfutter plant, sein Produkt durch eine verbesserte Rezeptur zu variieren. Um dem Konsumenten die Produktverbesserung zu verdeutlichen, soll zusätzlich eine Änderung der Verpackung durchgeführt werden.
Diskutieren Sie die Eignung (Vor- und Nachteile) von Produkt- und Markttest im Hinblick auf die konkreten geplanten Produktveränderungen.

(5 Punkte)

Lösung

	Produkttest	Markttest
Vorteile	■ isolierte Produktveränderungen gut überprüfbar (Rezeptur: Test mit Hunden, Verpackung: Test mit Hundebesitzern) ■ geringe Kosten ■ schnelle Durchführbarkeit	■ realistische Kaufbedingungen
Nachteile	■ Kaufverhaltensrelevanz nicht gegeben	■ hoher Aufwand, hohe Kosten ■ zeitaufwendig ■ Störeinflüsse (unter anderem Konkurrenz) ■ Rezeptur schwierig zu testen

Tendenziell ist der Produkttest für geplante Produktveränderungen besser geeignet als der Markttest.

B. Marketingprognosen

2. In der Planungsabteilung eines Unternehmens werden die Umsatzzahlen für das Waschmittel „*Sensil*" prognostiziert. Im abgelaufenen Jahr wurden bei einem Preis (p) von
16 GE ein Werbebudget (W) von 40 GE und ein Distributionsbudget (D) von 21 GE
festgelegt.
Der Vertriebsleiter, Werbeleiter und Produktmanager werden aufgefordert, aufgrund
ihrer Erfahrungen eine Wirkungsprognose zu erstellen. Sie legen folgende Funktionen
vor:

Vertriebsleiter:	$Y_{VL} = 55{,}538 + 7{,}509 \cdot D + 2{,}3 \cdot W - 0{,}219p$
Werbeleiter:	$Y_{WL} = 27{,}09 + 1{,}27 \cdot D + 0{,}265\, W^2 - 0{,}343 \cdot p$
Produktmanager:	$Y_{PM} = 307{,}6 \cdot D^{0{,}26} \cdot W^{0{,}61} \cdot p^{-1{,}20}$

Legt man die Marketingaktivitäten des letzten Jahres zugrunde, dann führt dies zu folgenden Absatzwerten:

$Y_{VL} = 356{,}051$
$Y_{WL} = 345{,}659$
$Y_{PM} = 364{,}995$

a) Analysieren Sie anhand der drei Wirkungsfunktionen die Bedeutung, die die Manager
den Marketinginstrumenten zumessen. Nehmen Sie dabei insbesondere Bezug auf
– die Art der mathematischen Verknüpfung in den Funktionen,
– die unterschiedlichen Meinungen der Manager über die Marktreaktionen.

(5 Punkte)

b) Welche weiteren Informationen – über die angegebenen Wirkungsfunktionen hinaus-
gehend – benötigt die Planungsabteilung zur Verbesserung der Prognose des Wasch-
mittelumsatzes?

(4 Punkte)

Lösung
Zu a)
Art der mathematischen Verknüpfung der Reaktionsfunktionen

- **additive** Verknüpfung bei Vertriebs- und Werbeleiter, das heißt zwischen den Instrumenten, Linearität (außer W^2)
- **multiplikative** Verknüpfung bei Produktmanager, das heißt explizite Berücksichtigung
  der Interdependenzen zwischen den Instrumenten, nicht-lineare Wirkungsverläufe der
  einzelnen Instrumente

Annahmen der Manager über Marktreaktion

- **Vertriebsleiter:** Wirkung des Distributionsbudgets am größten; Werbung und Preis nur geringe Bedeutung
- **Werbeleiter:** Wirkung des Werbebudgets am größten; Distribution und Preis von geringerer Bedeutung; Annahme eines exponentiellen Verlaufs der Werbewirkung
- **Produktmanager:** Wirkung des Preises am größten; Distribution und Werbung von geringerer Bedeutung

Zu b)
Zusätzliche Informationen, zum Beispiel

- Information über die Wirkung weiterer Marketinginstrumente (zum Beispiel Verkaufsförderung, Kundendienst)
- Strukturbrüche, zum Beispiel durch Veränderungen im Käuferverhalten, rechtliche Reglementierungen, Stagnation, Rezession, Schrumpfung des Marktes
- Einführung von neuen Produkten beziehungsweise Eliminierung vorhandener Produkte
- Aktionen und Reaktionen der Konkurrenz

C. Preispolitik

3. Ein Monopolist sieht sich der Gesamtkostenfunktion
$K = 200 + 1,5x$
gegenüber. Den Preis des Produkts kalkuliert er mit 20 % auf die Durchschnittskosten. Eine Marktanalyse hat zu folgender Absatzprognose geführt:

Jahr	Absatzmenge
2003	100
2004	90
2005	81

Diese Prognose legt der Monopolist seiner Preiskalkulation zugrunde.
Die Nachfrager verhalten sich im Jahr 2003 nach der Preis-Absatz-Funktion

$p = 6 - 0,02x$.

Es ist mit einem Nachfragerückgang von jährlich 10 % zu rechnen. Entsprechend verändern sich die Preis-Absatz-Funktionen für den Monopolisten:

2004: $p = 6 - 0,022x$
2005: $p = 6 - 0,025x$

a) Ermitteln Sie auf der Basis einer Vollkostenkalkulation die Gewinne des Monopolisten für 2003, 2004 und 2005.

(*6 Punkte*)

b) Ermitteln Sie die gewinnmaximale Preismengenkombination für 2004 und den realisierten Gewinn.

(*4 Punkte*)

c) Nehmen Sie kritisch zu der vom Monopolisten durchgeführten Preiskalkulation auf der Basis von Vollkosten und der Gewinnmaximierung Stellung.

(*2 Punkte*)

Lösung
Zu a)
Der Monopolist legt die Preise wie folgt fest:

Jahr	Preis
2003	4,20
2004	4,47
2005	4,76

Berechnung der Absatzmenge:

$$2003: \quad p = 6 - 0{,}02x$$

$$x = \frac{6 - p}{0{,}02} = 90$$

$$2004: \quad p = 6 - 0{,}022x$$

$$x = \frac{6 - p}{0{,}022} = 69{,}55$$

$$2005: \quad p = 6 - 0{,}025x$$

$$x = \frac{6 - p}{0{,}025} = 49{,}60$$

$$G = p \cdot x - kv \cdot x - K_F$$

$$G_{2003} = 4{,}20 \cdot 90 - 1{,}5 \cdot 90 - 200 = \underline{43{,}00}$$

$$G_{2004} = 4{,}47 \cdot 69{,}55 - 1{,}5 \cdot 69{,}55 - 200 = \underline{6{,}56}$$

$$G_{2005} = 4{,}76 \cdot 49{,}60 - 1{,}5 \cdot 49{,}60 - 200 = \underline{-38{,}30}$$

Zu b)

$$p = 6 - 0,022x$$
$$U = 6x - 0,022x^2$$
$$G = -0,022x^2 + 4,5x - 200$$
$$G' = -0,044x + 4,5 \quad = 0$$
$$\underline{x = 102,27}$$
$$\underline{p = 3,75}$$
$$\underline{G = 30,11}$$

Zu c)

Die Gewinnentwicklung in Aufgabe a) verdeutlicht, dass das Unternehmen bei rückläufiger Nachfrage und Kalkulation auf Vollkostenbasis in die Verlustzone gerät. Die im Zeitablauf steigenden Verkaufspreise vermindern sukzessiv die Nachfrage. Die Kalkulation auf Vollkostenbasis kann daher zu einem Ausscheiden des Unternehmens aus dem Markt führen. Bei der Gewinnmaximierung wird eine optimale Preismengenkombination erreicht.

4. Ein Anbieter auf einem Markt mit polypolistischer Konkurrenz sieht sich einer doppelt geknickten Preis-Absatz-Funktion für die drei Preisbereiche gegenüber:

   $$1,60 \leq p \leq 2,20$$
   $$1,40 \leq p \leq 1,60$$
   $$0 \leq p \leq 1,40$$

   Zur Zeit erhält der Anbieter bei einem Preis von $p_0 = 1,50$ GE eine Menge von $x_0 = 100$ ME.

   Nach seinen Erfahrungen muss er zur Erhöhung der Absatzmenge im monopolistischen Bereich der Preis-Absatz-Funktion um 1 ME den Preis so stark reduzieren, dass er einen zusätzlichen Erlös von 0,5 GE erzielt.

   Die Steigungen der Preis-Absatz-Funktion sind im oberen und unteren atomistischen Bereich gleich. Die Kostenfunktion lautet

   $$K = 66,\overline{6} + 0,4x.$$

   a) Berechnen Sie unter Bezugnahme auf die Amoroso-Robinson-Relation die Preiselastizität der Nachfrage bei dem zur Zeit geforderten Preis.

      (4 Punkte)

   b) Berechnen Sie die Steigung der Preis-Absatz-Funktion im monopolistischen Bereich.

      (4 Punkte)

   c) Ermitteln Sie die untere Grenze (x_u) und die obere Grenze (x_0) für die Absatzmengen im monopolistischen Bereich der Preis-Absatz-Funktion.

      (6 Punkte)

Lösung

Zu a)

Berechnung der Preiselastizität der Nachfrage

- Amoroso-Robinson-Relation

$$U' = p \cdot \left(1 + \frac{1}{\eta}\right)$$

$$1 + \frac{1}{\eta} = \frac{U'}{P} - 1$$

$$\eta = \frac{1}{\dfrac{U'}{P} - 1}$$

$$\eta = \frac{1}{\dfrac{0,5}{1,5} - 1} = -1,5$$

Die Preiselastizität der Nachfrage beträgt –1,5.

Zu b)

Berechnung der Steigung der PAF im monopolistischen Bereich

$$\eta = \frac{dx}{dp} \cdot \frac{p}{x}$$

$$\frac{dx}{dp} = \eta \cdot \frac{x}{p}$$

$$\frac{dp}{dx} = \frac{1}{\eta \cdot \dfrac{x}{p}} = \frac{1}{-1,5 \cdot \dfrac{100}{1,5}} = -\frac{1}{100}$$

Die Steigung der PAF im monopolistischen Bereich beträgt $-\dfrac{1}{100}$.

Zu c)

Ermittlung der unteren und der oberen Grenz-Absatz-Mengen

- Berechnung der PAF im monopolistischen Bereich

$$p = a - \frac{1}{100}x$$

$$a = p + \frac{1}{100}x = 1,5 + \frac{1}{100} \cdot 100 = 2,5$$

Die PAF lautet $p = 2,5 - \dfrac{1}{100}x$.

- Berechnung der Grenz-Absatz-Mengen

$$p = 2,5 - \frac{1}{100}x$$

$$\frac{1}{100}x = 2,5 - p$$

$$x = 250 - 100p$$

$$x_o = 250 - 100 \times 1,6 = 90$$

$$x_u = 250 - 100 \times 1,4 = 110$$

Die untere Grenze für die Absatzmenge liegt bei 110 ME, die obere Grenze bei 90 ME.

D. Produkt- und Sortimentspolitik

5. Das Produktprogramm eines Fahrradherstellers umfasst fünf verschiedene Fahrradmodelle. Im Rahmen einer Kostenanalyse wurden die Durchschnittskostenfunktionen der fünf Produktvarianten ermittelt.

$$k_{g1} = \frac{120}{x} + 5,0$$

$$k_{g2} = \frac{100}{x} + 6,1$$

$$k_{g3} = \frac{110}{x} + 4,3$$

$$k_{g4} = \frac{80}{x} + 3,1$$

$$k_{g5} = \frac{90}{x} + 4,8$$

Der Bewertung der Produktvarianten wurden die im abgelaufenen Jahr erzielten Absatzmengen und Handelsabgabepreise zugrunde gelegt.

Modell	Absatzmenge	Handelsabgabepreis
1	100	7,3
2	80	5,9
3	40	5,6
4	200	6,4
5	50	6,3

Aufgrund einer Analyse der Stückgewinne entschließt sich die Geschäftsführung des Fahrradherstellers, die Modelle 2, 3 und 5 aus dem Produktionsprogramm zu eliminieren.

a) Ermitteln Sie die Stückgewinne, und nehmen Sie zur Entscheidung der Geschäftsführung Stellung.

(5 Punkte)

b) Zu welcher Vorgehensweise würden Sie der Geschäftsführung raten? Begründen Sie, welche Fahrradmodelle Ihrer Meinung nach eliminiert werden sollten.

(3 Punkte)

Lösung
Zu a)

- Ermittlung der Stückgewinne

$$G_{si} = p_i - k_{gi}$$

$$G_{s1} = 7{,}3 - \frac{120}{100} - 5{,}0 = 1{,}10$$

$$G_{s2} = 5{,}9 - \frac{100}{80} - 6{,}1 = -1{,}45$$

$$G_{s3} = 5{,}6 - \frac{100}{40} - 4{,}3 = -1{,}45$$

$$G_{s4} = 6{,}4 - \frac{80}{200} - 3{,}1 = 2{,}90$$

$$G_{s5} = 6{,}3 - \frac{90}{50} - 4{,}8 = 0{,}30$$

- Kritische Stellungnahme
Die in den Stückgewinnen enthaltenen Fixkosten sind kurzfristig nicht abbaubar, auch wenn die Produkte nicht mehr gefertigt werden. Der Stückgewinn ist jedoch um anteilige Fixkosten gemindert. Deshalb führt die Orientierung an den Stückgewinnen zur Fehlentscheidung. Besser ist eine Orientierung an den Deckungsbeiträgen.

Zu b)
Orientierung an den Deckungsbeiträgen pro Stück
Berechnung der Deckungsspannen:

$$DS = p - k_v$$
$$DS_1 = 7{,}3 - 5{,}0 = 2{,}3$$
$$DS_2 = 5{,}9 - 6{,}1 = -0{,}2$$
$$DS_3 = 5{,}6 - 4{,}3 = 1{,}3$$
$$DS_4 = 6{,}4 - 3{,}1 = 3{,}3$$
$$DS_5 = 6{,}3 - 4{,}8 = 1{,}5$$

Der Fahrradhersteller sollte Modell 2 eliminieren, da dieses Produkt eine negative Deckungsspanne aufweist.

E. Distribution

6. Ein Beratungsunternehmen analysiert die Leistungsfähigkeit unterschiedlicher Betriebsformen im Hinblick auf den Absatz von Tennisschlägern. Den Beratern liegen folgende Informationen vor:

Betriebs-formen	Durch-schnittlich gebundenes Kapital in Mio. GE	Verkaufs-preis/Stück GE	Bezugs-preis/Stück GE	Distributions-kosten/Stück GE	Absatz/ Periode in Tsd. ME
Fachhandel	50,0	140	105	28	600
Versand-handel	36,0	120	98	18	850
Verbraucher-markt	70,0	110	90	14	1.080
Discounter	100,0	105	88	10	1.600

a) Berechnen Sie die Umsatzrentabilität und die Kapitalrendite für die einzelnen Betriebsformen. *(5 Punkte)*

b) Erläutern Sie am obigen Beispiel den geschäftspolitischen Grundsatz „Steigerung der Kapitalrentabilität durch Senkung der Umsatzrentabilität bei gleichzeitiger Erhöhung des Kapitalumschlags". Für welche Betriebsform des Handels ist er als Verhaltensmaxime besonders zu empfehlen? (Begründen Sie Ihre Aussage.) *(5 Punkte)*

Lösung
Zu a)
Ermittlung von Umsatzrentabilität und Kapitalrendite

$$\text{Umsatzrendite} \qquad r_U = \frac{G}{U}$$

$$\text{Kapitalrendite} \qquad r_C = \frac{G}{C}$$

- Fachhandel

$$U = x \cdot p = 600.000 \cdot 140 = 84.000.000$$

$$G = x \cdot (p - k_g) = 600.000\,(140 - 105 - 28) = 4.200.000$$

$$C = 50.000.000$$

$$r_U = \frac{4.200.000}{84.000.000} = 0,05$$

$$r_C = \frac{4.200.000}{50.000.000} = 0,084$$

Die Umsatzrentabilität beträgt 5 %, die Kapitalrendite 8,4 %.

- Versandhandel

$$U = x \cdot p = 850.000 \cdot 120 = 102.000.000$$

$$G = x \cdot (p - k_g) = 850.000\,(120 - 98 - 18) = 3.400.000$$

$$C = 36.000.000$$

$$r_U = \frac{3.400.000}{102.000.000} = 0,033$$

$$r_C = \frac{3.400.000}{36.000.000} = 0,094$$

Die Umsatzrentabilität beträgt 3,3 %, die Kapitalrendite 9,4 %.

- Verbrauchermarkt

$$U = x \cdot p = 1.080.000 \cdot 110 = 118.800.000$$

$$G = x \cdot (p - k_g) = 1.080.000\,(110 - 90 - 14) = 6.480.000$$

$$C = 70.000.000$$

$$r_U = \frac{6.480.000}{118.800.000} = 0,055$$

$$r_C = \frac{6.480.000}{70.000.000} = 0,093$$

Die Umsatzrentabilität beträgt 5,5 %, die Kapitalrendite 9,3 %.

- Discounter

$$U = x \cdot p = 1.600.000 \cdot 105 = 168.000.000$$

$$G = x \cdot (p - k_g) = 1.600.000\,(105 - 88 - 10) = 11.200.000$$

$$C = 100.000.000$$

$$r_U = \frac{11.200.000}{168.000.000} = 0,067$$

$$r_C = \frac{11.200.000}{100.000.000} = 0,0112$$

Die Umsatzrentabilität beträgt 6,7 %, die Kapitalrendite 1,12 %.

Zu b)
Zusammenhang zwischen Umsatz- und Kapitalrendite

$$\frac{G}{C} = \frac{G}{U} \times \frac{U}{C}$$

Die Umsatzrendite lässt sich somit mittels des Kapitalumschlags in die Kapitalrendite überführen. Sofern die Umsatzrendite bei überproportionaler Erhöhung des Kapitalumschlags sinkt, wirkt diese Entwicklung positiv auf die Kapitalrendite. Dieses Prinzip kann durch einen Vergleich von Fach- und Versandhandel verdeutlicht werden. Der Fachhandel hat eine Umsatzrendite von 5 % bei einem Kapitalumschlag von 1,68. Dies führt zu einer Kapitalrendite von 8,4 %. Die Umsatzrendite des Versandhandels liegt bei 3,3 %, also unter der des Fachhandels. Die erhöhte Kapitalrendite von 9,4 % wird durch eine Erhöhung des Kapitalumschlags auf 2,83 erreicht.

Eignung für Betriebsformen des Handels
Der geschäftspolitische Grundsatz „Steigerung der Kapitalrentabilität durch Senkung der Umsatzrentabilität bei gleichzeitiger Erhöhung des Kapitalumschlags" ist insbesondere für Discounter und Verbrauchermärkte anwendbar, da in diesen Betriebsformen, bedingt durch die Preisaggressivität, hohe Umsätze bei gleichzeitig geringer Kapitalbindung erzielt werden müssen. Diese Verhaltensmaxime trifft für Fach- und Versandhandel nicht in dem Maße zu, da insbesondere der Fachhandel, bedingt durch die Standortwahl und die Höhe des Lagerbestands (dies gilt auch für den Versandhandel), eine relativ kapitalintensive Betriebsform ist, die zur Sicherung ihrer Kapitalrendite aufgrund höherer Handelsspannen geringere Umsätze zu erzielen braucht.

7. Interpretieren Sie die Aussage „Mit steigender Lieferbereitschaft steigen (sinken) die Kosten (Opportunitätskosten) der Lieferzeitpolitik".

(6 Punkte)

Lösung
Mit steigender Lieferbereitschaft steigen die Kosten der Lieferzeitpolitik.

Interpretation: Eine hohe Lieferbereitschaft führt zu einer Verkürzung der Lieferzeit, führt aber gleichzeitig aufgrund der Erhöhung der Sicherheitsbestände zu einem hohen Lagerbestand. Die damit einhergehende Erhöhung des im Lager gebundenen Kapitals führt zu einer Steigerung der Kosten der Lieferzeitpolitik.

Mit steigender Lieferbereitschaft sinken die Opportunitätskosten der Lieferzeitpolitik.

Interpretation: Unter Opportunitätskosten der Lieferzeitpolitik sind entgangene Gewinne zu verstehen, die dadurch auftreten, dass Nachfrager aufgrund zu hoher Lieferzeit ihre Bedürfnisse bei der Konkurrenz befriedigen. Lange Lieferzeiten treten insbesondere dann auf, wenn die Sicherheitsbestände im Lager gering sind. Durch eine Erhöhung der Sicherheitsbestände im Lager und der damit verbundenen Steigerung der Lieferbereitschaft sinken somit die Opportunitätskosten der Lieferzeitpolitik.

F. Kommunikation

8. Diskutieren Sie die Eignung der unterschiedlichen Werbeträgergruppen im Hinblick auf die Bekanntmachung eines Neuprodukts und die Möglichkeit der Erfolgskontrolle der Werbewirkung.

(8 Punkte)

Lösung

	Eignung des Mediums zur Bekannt-machung eines Neuprodukts (mit Begründung)	Möglichkeiten und Eignung des Mediums zur Erfolgs-kontrolle der Werbewirkung
Zeitung	gut geeignet, wegen hoher Reichweite; aber hohe Kosten	gut geeignet durch Coupons
Fernsehen	gut geeignet wegen hoher Reichweite; aber hohe Kosten	geeignet durch Panels
Prospekt	nur bedingt geeignet wegen hoher Kosten	gut geeignet durch Coupons
Plakat	weniger geeignet wegen begrenzter Reichweite	weniger geeignet, evtl. durch Explorationen

G. Marketing-Mix

9. Ein Hersteller von Kosmetikprodukten will das Parfüm *„Sweet Fragrance"* in den Markt einführen. Die Marktforschung hat für dieses Neuprodukt folgende Markt-reaktionsfunktion ermittelt:

$$x = x\,(p,\ q,\ s) = 3.500 - 25p + 1{,}5q + \frac{s}{50}$$

wobei   p = Produktpreis
q = Index der Produktqualität ($1 \leq q \leq 19$)
s = Werbeaufwand pro Periode

Die durchschnittlichen Produktionskosten hängen von der Absatzmenge und dem Qualitätsindex ab:

$$c\,(x,\ q) = \frac{4q^2}{x} + 50$$

Der Produktmanager berechnet aufgrund der vorliegenden Informationen den Marke-ting-Mix und kommt zu folgendem Ergebnis: Bei einem Werbebudget von 11.000 GE, einem Produktqualitätsindex von 11 sowie einem Preis von 110,25 GE können 980,25 ME abgesetzt werden.

a) Beschreiben Sie die einzelnen Rechenschritte, die erforderlich sind, um mit Hilfe des Dorfman-Steiner-Theorems den optimalen Marketing-Mix ermitteln zu können. (Keine Berechnung erforderlich!)

(2 Punkte)

b) Berechnen Sie für die Ausprägungen des oben angegebenen Marketing-Mix
  - die Preiselastizität der Nachfrage
  - den Grenzertrag der Werbung
  - die mit dem Quotienten aus Preis und Durchschnittskosten der Produktion multiplizierte Kostenelastizität der Nachfrage in Bezug auf die Qualitätsänderung

$$\text{Hilfsangabe:} \qquad \eta_{x,c} = 1{,}5 \, \frac{x}{8q} \cdot \frac{c}{x}$$

(6 Punkte)

Lösung

Zu a)

Ermittlung des optimalen Marketing-Mix

1. Bildung der Umsatzfunktion aus der Preis-Absatz-Funktion und der Gesamtkostenfunktion aus der Stückkostenfunktion.
2. Formulierung der Gewinnfunktion als Umsatz minus Kosten.
3. Die Gewinnfunktion ist zu maximieren. Als notwendige Bedingung für die Existenz des optimalen Marketing-Mix müssen die partiellen Ableitungen der Gewinnfunktion nach den Marketinginstrumenten den Wert Null annehmen.
4. Auflösung dieses Gleichungssystems nach den Marketinginstrumenten.

Zu b)

Preiselastizität der Nachfrage

$$\eta_{xp} = \frac{dx}{dp} \cdot \frac{p}{x}$$

$$\frac{dx}{dp} = -25$$

$$\eta_{xp} = -25 \cdot \frac{110{,}25}{980{,}25} = -2{,}81$$

Die Preiselastizität der Nachfrage beträgt $-2{,}81$.

Grenzertrag der Werbung

$$U = p \cdot x = 3.500p - 25p^2 + 1{,}5pq + \frac{s}{50} \cdot p$$

$$\frac{dU}{ds} = \frac{p}{50} = \frac{110{,}25}{50} = 2{,}205$$

Der Grenzertrag der Werbung beträgt $2{,}205$.

Kostenelastizität der Nachfrage multipliziert mit dem Quotienten aus Preis und Durchschnittskosten der Produktion

$$\eta_{xc} \cdot \frac{p}{c} = 1{,}5 \cdot \frac{x}{8q} \cdot \frac{c}{x} \cdot \frac{p}{c}$$

$$= 1{,}5 \cdot \frac{p}{8q}$$

$$= 1{,}5 \cdot \frac{110{,}25}{8 \cdot 11} = 1{,}88$$

8.4 Marketing-Grundstudiumsklausur

A. Marketingforschung

1. Das Marktforschungsinstitut „*Random*" wird von mehreren Herstellern der Sportartikelbranche beauftragt, ein Einzelhandelspanel im Sportartikelbereich aufzubauen. Als Auswahlverfahren für die Einzelhandelsgeschäfte soll das Quotenverfahren eingesetzt werden.

a) Erläutern Sie die wesentlichen Merkmale des Quotenverfahrens.

(3 Punkte)

b) Welche Auswahlkriterien sollten im vorliegenden Fall bei der Quotenbildung berücksichtigt werden?

(4 Punkte)

c) Welche Probleme können beim Aufbau und der laufenden Durchführung des Panels entstehen?

(3 Punkte)

Lösung

Zu a)

Dem Befrager werden Quoten angegeben, die bei der Auswahl der Befragten beachtet werden müssen. Dadurch soll gewährleistet werden, dass die Struktur der Grundgesamtheit mit der Struktur der Stichprobe identisch ist. Um dies zu realisieren, werden spezielle Kenngrößen der Grundgesamtheit (Beispiel: Alter, Beruf, Einkommen) ermittelt und die Verteilung in der Grundgesamtheit dem Interviewer zur Bildung der Stichprobe vorgegeben.

Zu b)

Bei der Quotenbildung sollten folgende Auswahlkriterien berücksichtigt werden:

- Umsatz
- Sortimentsstruktur
- Bedienungsform
- Standort
- Preisniveau

Zu c)

Die wesentlichen Probleme beim Aufbau des Panels sind:

- Fehlende Repräsentativität
- Overreporting in der Einführungsphase

Bei der laufenden Durchführung sind dagegen

- Panelsterblichkeit und
- Paneleffekt

als problematische Auswirkungen anzusehen.

B. Marketingprognosen

2. Ein EDV-Hersteller will eine Entwicklungsprognose der zukünftigen Absatzzahlen seiner Produkte erstellen lassen. Die damit beauftragte Marktforschungsabteilung steht nun vor der Aufgabe, einen geeigneten Funktionstyp für die Prognose herzuleiten.
a) Nennen Sie drei Möglichkeiten, und kennzeichnen Sie die jeweiligen Prämissen.

(6 Punkte)

b) Zeigen Sie den Unterschied zwischen einer Entwicklungs- und einer Wirkungsprognose auf.

(4 Punkte)

Lösung
Zu a)

Folgende drei Funktionstypen der Indikatorprognose existieren:

- linearer Verlauf
- logistischer Verlauf
- exponentieller Verlauf

Sie gehen im Einzelnen von folgenden Prämissen aus:
linearer Trend: stetig wachsender Markt ohne Sättigungserscheinungen
logistischer Trend: am Markt zeichnen sich Sättigungserscheinungen ab
exponentieller Trend: stark wachsender Markt

Zu b)

Entwicklungsprognosen berücksichtigen bei den zu prognostizierenden Größen nicht den Einsatz des absatzpolitischen Instrumentariums, sondern ausschließlich Größen, die kaum von Unternehmern selbst zu steuern sind (zum Beispiel sind solche Größen in einer Trendprognose die Zeit und in einer Indikatorprognose bestimmte für die Entwicklung des Unternehmens wichtige Faktoren wie Volkseinkommen, Investitionsindex etc.).

Im Gegensatz zu einer Entwicklungsprognose berücksichtigt die Wirkungsprognose explizit den Einsatz des absatzpolitischen Instrumentariums.

C. Preispolitik

3. Ein Monopolist legt seinen preispolitischen Erwägungen die Preis-Absatz-Funktion $p = 15 - \frac{1}{2}x$ und die Gesamtkostenfunktion $K(x) = 8 + x$ zugrunde und strebt nach Gewinnmaximierung.

a) Bestimmen Sie die kurz- und langfristige Preisuntergrenze, und erläutern Sie die Bedeutung von Preisuntergrenzen im Monopol.

(5 Punkte)

b) Berechnen Sie für den Fall, dass die Kapitalbedarfsfunktion $C = 100x$ beträgt, die rentabilitätsmaximale Preismengenkombination.

(5 Punkte)

Lösung

Zu a)

Analytische Bestimmung der kurz- und langfristigen Preisuntergrenze

- **Bestimmung der kurzfristigen Preisuntergrenze:**
  Sie ergibt sich aus der Teilkostendeckung.
  Grenzkostenfunktion: $K'(x) = 1$
  Daraus folgt, die kurzfristige Preisuntergrenze mit $p_k = 1$.
- **Bestimmung der langfristigen Preisuntergrenze:** (Vollkostendeckung)
  Die Durchschnittskostenfunktion kg ist:

$$kg = \frac{K}{x} = \frac{8}{x} + 1$$

Die langfristige Preisuntergrenze ergibt sich aus $p = kg$, also

$$15 - \frac{1}{2}x = \frac{8}{x} + 1 \rightarrow x^2 - 28x = -16 \rightarrow x_{1,2} = 4 \pm 13{,}42$$

Bei $x_1 = 0{,}58$ ergibt sich $p_1 = 14{,}71$, bei $x_2 = 27{,}42$ ergibt sich $p_2 = 1{,}29$.

Bei beiden Preis-Mengen-Kombinationen ergibt sich ein Gewinn von 0 GE. Bei einer abgesetzten Menge zwischen 0,58 und 27,42 Mengeneinheiten ist der Gewinn positiv. Die langfristige Preisuntergrenze liegt daher bei $p_2 = 1{,}29$.

Für einen nach Gewinnmaximierung strebenden Monopolisten haben kurz- und langfristige Preisuntergrenzen keine praktische Bedeutung, da er in der gegebenen Absatz- und Kostensituation stets seine gewinnmaximale Preismengenkombination realisieren wird. Mit dem Preisuntergrenzenproblem wird er erst dann konfrontiert, wenn eine Verschlechterung der Absatz- und/oder Kostensituation eintritt. Dabei interessiert zunächst nur die langfristige Preisuntergrenze. Die kurzfristige Preisuntergrenze gewinnt erst dann an Bedeutung, wenn der Monopolist keine Vollkostendeckung mehr erzielen kann.

Zu b)

$$G(x) = U(x) - K(x) = 15x - \frac{1}{2}x - \frac{1}{2}x^2 - 8 - x = 14x - \frac{1}{2}x^2 - 8,$$

zu maximieren ist die Funktion $\dfrac{G(x)}{C(x)} \to$ max.!

$$\frac{G(x)}{C(x)} = \frac{14x - \frac{1}{2}x^2 - 8}{100x}$$

$$\left(\frac{G(x)}{C(x)}\right)' = \frac{(14-x)100x - \left(14x - \frac{1}{2}x^2 - 8\right)100}{10.000x^2}$$

$$\left(\frac{G(x)}{C(x)}\right)' = 0 \to -\frac{1}{2}x^2 + 8 = 0 \to x_{1,2} = \pm 4$$

$$\left(\frac{G(x)}{C(x)}\right)'' = \frac{(-x)100x^2 - \left(-\frac{1}{2}x^2 - \left(-\frac{1}{2}x^2 + 8\right)200x\right)}{100^2 x^4} = \frac{-8x}{100x^3}$$

Die rentabilitätsmaximale Preismengenkombination liegt also bei

$$x_{1_{opt}} = 4, \ p_{1_{opt}} = 13.$$

4. In der Vergangenheit wies der Markt für Kohlepapier stagnierende bis rückläufige Entwicklungstendenzen auf. Die beiden Hauptkonkurrenten dieses Marktes verfügen derzeit über einen Marktanteil von jeweils 45 %. Um eine Umsatzexpansion zu erreichen, strebt eine Unternehmung eine Preissenkung für ihr Produkt an.

a) Zeigen Sie die Voraussetzungen für eine erfolgreiche Preispolitik dieser Unternehmung auf.

(5 Punkte)

b) Kennzeichnen Sie mögliche Reaktionen des Konkurrenten.

(3 Punkte)

Lösung
Zu a)
Die wesentlichen Prämissen einer erfolgreichen Preispolitik dieser Unternehmung sind:

- keine Veränderung der Gesamtmarktelastizität
- es dürfen keine präferenzpolitischen Bindungen der Konsumenten an den Konkurrenten bestehen
- eine günstige Kostenstruktur
- das Unternehmen muss über eine ausreichende Kapazität verfügen, um die durch die Preissenkung gestiegene Gesamtnachfrage nach dem eigenen Produkt zu befriedigen
- keine Preisreduktion der Konkurrenz

Zu b)

Folgende alternative Reaktionen des Konkurrenten sind denkbar:

- Der Konkurrent senkt ebenfalls den Preis, um am Markt bestehen zu können.
- Aufgrund einer stark ausgeprägten präferenzpolitischen Käuferbindung verliert der Konkurrent kaum an Nachfrage, sodass er keine preispolitischen Maßnahmen in Erwägung ziehen muss.
- Der gesunkene Preis lässt es dem Konkurrenten unrentabel erscheinen, weiter im Markt zu bleiben. Daher scheidet er aus dem Markt aus.

D. Produkt- und Sortimentspolitik

5. Ein Unternehmen ist mit seinem Produkt A Marktführer und beabsichtigt aufgrund von Konkurrenzaktivitäten die Neueinführung einer Zweitmarke B. Die Marketingabteilung erhält die Aufgabe, die Vorteilhaftigkeit dieser Investition zu überprüfen. Die Entwicklungskosten des Produkts betragen 2.000,00 €, und die jährlich zu erwartenden Fixkosten belaufen sich auf 1.000,00 €. Die Deckungsbeiträge beider Produkte sowie die zu erwartenden Absatzmengen sind für die ersten vier Perioden in folgender Übersicht zusammengefasst:

Perioden	1	2	3	4
X_A	300	200	100	50
X_B	150	400	50	200
g_A	40	35	20	15
g_B	30	20	10	10

X_A = Partizipationseffekt g_A = Deckungsspanne A
X_B = Substitutionseffekt g_B = Deckungsspanne B

a) Erläutern Sie das allgemeine Vorteilhaftigkeitskriterium der Produktdifferenzierung anhand des Partizipations- und Substitutionseffektes.

(4 Punkte)

b) Prüfen Sie die Vorteilhaftigkeit der Produktdifferenzierung mittels des Kapitalwertkriteriums. Legen Sie Ihren Berechnungen einen Kalkulationszinsfuß von i = 10 % zugrunde.

(5 Punkte)

c) Welche Prämissen der Vorteilhaftigkeitsrechnung sind aus absatzwirtschaftlicher Sicht als problematisch anzusehen?

(2 Punkte)

Lösung

Zu a)

Eine Produktdifferenzierung ist vorteilhaft, wenn der Bruttogewinn der Zweitmarke unter Berücksichtigung des Partizipations- und Substitutionseffektes positiv ist. Der Bruttogewinn ist größer Null, wenn

- die Deckungsspanne der Zweitmarke größer ist als die der Erstmarke ($g_B \geq g_A$).
- der Deckungsbeitrag des Partizipationseffektes größer ist als der des Substitutionseffektes.

Zu b)

$$G_{B_0} = \sum_{t=1}^{4} x_B \cdot g_B - x(g_A - g_C) \cdot (1+i)^{-t}$$

1. Periode: $G_{B_1} = (300 \cdot 30 - 150(40 - 30)) \cdot 1{,}1^{-1} = 7.500 \cdot 1{,}1^{-1}$ $\rightarrow x_1 = 6.818{,}18$

2. Periode: $G_{B_2} = (200 \cdot 20 - 400(35 - 20)) \cdot 1{,}1^{-2} = -2.000 \cdot 1{,}1^{-2}$ $\rightarrow x_2 = -1.652{,}89$

3. Periode: $G_{B_3} = (100 \cdot 10 - 50(20 - 10)) \cdot 1{,}1^{-3} = 500 \cdot 1{,}1^{-3}$ $\rightarrow x_3 = 375{,}66$

4. Periode: $G_{B_4} = (50 \cdot 10 - 200(15 - 10)) \cdot 1{,}1^{-4} = -500 \cdot 1{,}1^{-4}$ $\rightarrow x_4 = -341{,}50$

$$G_{B_0} = 5.199{,}45$$

Diskontierung der Fixkosten:

$$K_{F_0} = 1.000 \times \frac{(1+i)^{4-1}}{i(1+i)^4} = 3.169{,}87$$

Überprüfung der Vorteilhaftigkeit unter Einbeziehung der Teilergebnisse:

$$C_0 = G_{B_0} - K_{F_0} - K_E > 0$$

$$G_{B_0} = 5.199{,}45$$

$$-K_{F_0} = 3.169{,}87$$

$$-K_E = \frac{2.000}{29{,}58} \quad (K_E = \rightarrow \text{Entwicklungskosten})$$

Die Investition ist aufgrund des positiven Kapitalwertes vorteilhaft.

Zu c)

Folgende Prämissen sind als problematisch anzusehen:

- Schätzung des Substitutionseffektes und der Deckungsbeiträge
- Keine Veränderung der Fixkosten im Zeitablauf

- Keine Berücksichtigung von Vertriebs- und Lagerkosten
- Keine Berücksichtigung qualitativer Kriterien

E. Distributionspolitik

6. Ein Mehrproduktunternehmen ist auf drei Absatzmärkten tätig. Die Marktforschungsabteilung hat festgestellt, dass auf diesen Absatzmärkten unterschiedliche Beziehungen
zwischen den Absatzmengen (x) und der Lieferzeit (t) bestehen.

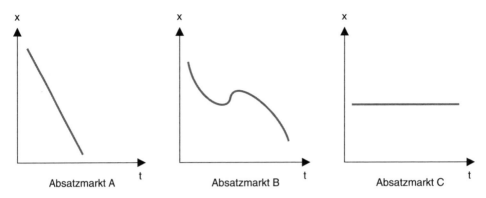

Erläutern Sie die unterschiedlichen Zusammenhänge zwischen Absatzmenge und Lieferzeit in den drei Absatzmärkten, und nennen Sie die Hauptgründe für diese Zusammenhänge.

(9 Punkte)

Lösung
Absatzmarkt A
Es liegt der Normalfall des Zusammenhangs zwischen Absatzmenge und Lieferzeit vor.
Mit zunehmender Lieferzeit sinkt die Nachfrage:
   Gründe:

- Es liegen Substitutionsgüter vor, die die gleichen Bedürfnisse befriedigen.
- Der Bedarf muss kurzfristig befriedigt werden.

Absatzmarkt B
Doppelt geknickter Zusammenhang zwischen Absatzmenge und Lieferzeit:
   Gründe:

- Die Konsumenten scheinen einen Zusammenhang von Lieferzeit und Qualität zu
  unterstellen.
- Die Konsumenten disponieren relativ langfristig.

Absatzmarkt C

Die Absatzmenge ist unabhängig von der Lieferzeit:

Gründe:

- Keine Substitutionsgüter.
- Bedarf kann nicht zurückgestellt und vermieden werden.

F. Kommunikationspolitik

7. Der Bürohersteller X ist in einem stagnierenden Markt mit einem Marktvolumen von 100 Mio. € pro Jahr tätig und hält einen Marktanteil von 20 %. Ihm ist bekannt, dass seine Konkurrenten einen Werbeetat von 6 Mio. € für das nächste Jahr planen.

   a) Ermitteln Sie unter Anwendung des Modells von Weinberg den Werbeetat des Herstellers X. Gehen Sie davon aus, dass der Hersteller X seinen Marktanteil halten will.

   (4 Punkte)

   b) Zeigen Sie die Vor- und Nachteile der konkurrenzorientierten Werbebudgetierung auf.

   (6 Punkte)

Lösung

Zu a)

Formel zur Berechnung des Werbeetats beim Weinberg-Modell:

$$e = \frac{W_U}{U_U} : \frac{W_K}{U_K}$$

Die Auflösung nach W_U ergibt:

$$\frac{W_U}{U_U} = e \cdot \frac{W_K}{U_K}$$

$$W_U = e \cdot U_U \cdot \frac{W_K}{U_K}$$

U_U liegt bei 20 Mio. €, U_K bei 80 Mio. €. Da der Hersteller X seinen Marktanteil halten will, ist die Größe $e = 1$.

$$W_U = 1 \cdot 20 \cdot \frac{6}{80} = 1,5 \, \text{Mio.} \, €$$

Zu b)

Vorteile

- Die Zielsetzung „Marktanteil" ist praxisgerecht.
- Die Konkurrenzorientierung wird speziell in stagnierenden Märkten immer wichtiger.
- Informationen sind ermittelbar.
- Berücksichtigung von Konkurrenzaktivitäten.

Nachteile

- Marktanteil ist keine generelle Zielsetzung und kann in Konflikt mit anderen Zielen treten.
- Vernachlässigung anderer Marketinginstrumente.
- Vernachlässigung der Werbequalität.
- Vernachlässigung der speziellen Unternehmenssituation.

G. Marketing-Mix

8. Ein mittelständisches Unternehmen der Hausgerätebranche ist vor allem in den Bereichen Haushaltsbügelmaschinen und Waschvollautomaten aktiv. Das Unternehmen kann im Büglermarkt mit einem Marktanteil von 40 % als Marktführer angesehen werden. Hier werden wegen der anspruchsvollen Gerätetechnologie und der hohen Qualität zugleich überdurchschnittliche Marktpreise erzielt. Im Bereich der Waschgeräte liegt der Marktanteil dagegen unter 2 %; wegen des großen Volumens des Waschmaschinenmarktes trägt der Waschmaschinenbereich dennoch zu etwa 40 % zur Auslastung der Produktionskapazität bei.

Obwohl die Qualität der hergestellten Waschvollautomaten in der obersten Kategorie einzuordnen ist, wurde in der Vergangenheit nur ein allenfalls durchschnittliches Preisniveau durchgesetzt. Infolge der kleinen Produktionsserien und des hohen Qualitätsanspruchs standen den Erlösen so hohe Kosten gegenüber, dass im Waschmaschinenbereich hohe Verluste anfielen.

Der Verkaufsleiter der Unternehmung schlägt vor, die Waschmaschinenpreise zu senken. Eine Preissenkung würde zu einer raschen Steigerung der Marktanteile führen. Nur unter dieser Voraussetzung könne die Unternehmung die Produktion so weit rationalisieren, dass die Verlustphase überwunden werden könne.

Dagegen vertritt der Produktmanager die Auffassung, die Preise müssten deutlich erhöht werden, um ein angemessenes Preis-Qualitäts-Verhältnis herzustellen. Die Ausweitung der Marktanteile müsse durch den Einsatz anderer Marketing-Instrumente erreicht werden.

a) Welchen Einfluss haben die beiden alternativen Preisstrategien auf die anderen Bereiche des Marketing-Mix?

(6 Punkte)

b) Nennen Sie drei wesentliche Auswirkungen, die für beziehungsweise gegen die Niedrigpreisstrategie in diesem Oligopolmarkt sprechen.

(6 Punkte)

Lösung
Zu a)
Niedrigpreisstrategien haben folgende Auswirkungen auf andere Bereiche des Marketing-Mix:

- Qualität wird vom Konsumenten niedrig eingeschätzt.
- Breitere Zielgruppenansprache in der Kommunikation.
- Reduzierung des Kommunikationsbudgets (Hauptverkaufsargument ist der Preis).
- Eventuelle Änderung der Distributionskanäle (Selbstabholung, Cash & Carry).
- Herabsetzung der Serviceleistungen.

Hochpreisstrategien bewirken dagegen eher entgegengeartete Einflüsse:

- Der vermutete Preis-Qualitäts-Zusammenhang ist relativ hoch.
- Beratung und Kundendienst erhalten große Bedeutung.
- Verstärkung der Zielgruppenwerbung.
- Distribution erfolgt über hochpreisige Kanäle.

Zu b)
Für Niedrigpreisstrategien sprechen folgende Auswirkungen:

- Eine Marktanteilssteigerung ist zur Sicherung von Kostenvorteilen in der Produktion notwendig.
- Kosteneinsparungen im Marketing durch Reduzierung der Budgets, Herabsetzung der Serviceleistungen etc.

Gegen die Durchführung von Niedrigpreisstrategien spricht:

- Die Produktqualität wird nicht im Preis honoriert.
- Die Distribution ist nur über Kanäle mit geringen Serviceleistungen möglich.
- Bei Niedrigpreisen ergeben sich geringere Deckungsspannen.
- Die Gefahr von Konkurrenzreaktionen ist groß.

8.5   Marketing-Grundstudiumsklausur

A. Marketingforschung

1. Eine Direktmarketing-Agentur wurde von einem Lackhersteller beauftragt, eine briefliche Werbeaktion für eine Fassadenfarbe durchzuführen. Von den bundesweit existierenden 1.500 Hobbymärkten beziehungsweise Malerbetrieben, die für den Absatz des Produkts in Betracht kommen, wurden 800 Unternehmen direkt angeschrieben. Um die Werbewirkung dieser Aktion auf den durchschnittlichen Ansatz dieser Fassadenfarbe pro Monat und Unternehmen zu ermitteln, wurde folgende Befragungskonzeption durchgeführt:

- Eine repräsentative Befragung der angeschriebenen Unternehmen vor und nach der Kampagne.
- Eine repräsentative Befragung aller infrage kommenden Hobbymärkte vor und nach der Aktion.

  Dabei ergaben sich folgende Ergebnisse:

Befragungsgruppe	Unternehmen	
	die angeschrieben wurden	die nicht angeschrieben wurden
Befragungszeitpunkt		
Vor der Aktion	x_0 = 800 kg	y_0 = 800 kg
Nach der Aktion	x_1 = 1.100 kg	y_1 = 950 kg

a) Ermitteln Sie die Werbewirkung der Aktion auf der Grundlage der EBA- und EBA-CBA-Experimentalanordnung.

(3 Punkte)

b) Diskutieren Sie den Aussagewert der Ergebnisse.

(3 Punkte)

Lösung

Zu a)

EBA-Typ: $x_1 - x_0 = 1.100 - 800 = 300$

EBA-CBA-Typ: $(x_1 - x_0) - (y_1 - y_0) = (1100 - 800) - (950 - 800)$
$$= 300 - 150 = 150$$

Zu b)

- Das Ergebnis des EBA-Typs ist aus folgenden Gründen kritisch zu beurteilen:
  - Verbrauchsänderung resultiert unter Umständen nicht ausschließlich aus der Werbekampagne
  - keine Berücksichtigung von Umwelteinflüssen
  - keine Beachtung von Carry-over-Effekten
- Beim EBA-CBA-Typ werden dagegen störende Entwicklungs- oder Carry-over-Effekte vermieden. Der Nachteil liegt in der Aufwendigkeit des Verfahrens.

B. Marketingprognose

2. Ein Haushaltsgerätehersteller beauftragt seine Marktforschungsabteilung, Absatzprognosemodelle unter Berücksichtigung des absatzpolitischen Instrumentariums herzuleiten. Die Marktforschung unterbreitet folgende zwei Vorschläge:

I: $y_i = -a_1 p_i + b_1 W_i + c_1 D_i$

II: $y_i = (a_2 p_i)^{-1} b_2 W_i c_2 D_i$

  y = Absatz

  p = Preis

  W = Werbung

  D = Distribution

  i = Marketingstrategie

a) Analysieren Sie den Aussagewert beider Modelle (I und II) für die Planung des Marketing-Mix unter besonderer Berücksichtigung der mathematischen Verknüpfung.

(*3 Punkte*)

b) Welche Einflussgrößen werden von den Modellen nicht erfasst?

(*4 Punkte*)

Lösung

Zu a)

I: Eine lineare Verknüpfung des Instrumenteeinsatzes impliziert die Unabhängigkeit und Unverbundenheit der betrachteten Marketinginstrumente; eindeutige Zurechenbarkeit zu einzelnen Instrumenteausprägungen.

II: Eine multiplikative Verknüpfung betont die Verbundenheit sowie die weitreichenden Interdependenzen unter den Instrumenten; keine eindeutige Zurechenbarkeit.

Zu b)

Folgende Aspekte werden nicht erfasst:

- Konkurrenzbeziehungen
- Time Lags
- spezifische Instrumentewirkung
- eventuell vorhandene Substitutions- beziehungsweise Partizipationseffekte zu anderen Produkten

C. Produkt- und Sortimentspolitik

5. Ein Unternehmen beabsichtigt, sein Produktprogramm zu bereinigen. Die Programm-analyse soll auf der Grundlage folgender Daten durchgeführt werden:

Produkt	Absatz	Preis	Variable Kosten	Lagerkosten je Periode	Marketing-kosten je Periode	Zeitbedarf ME/ZE
1	2.500	200	160	20.000	40.000	2
2	1.000	350	190	60.000	30.000	4
3	1.500	250	150	65.000	45.000	3

a) Stellen Sie die Rangfolge der Produkte anhand einer Umsatz- und Deckungsbeitragsanalyse her.

(*3 Punkte*)

b) Nehmen Sie zu beiden Verfahren kritisch Stellung.

(*3 Punkte*)

Lösung
Zu a)

Produkte	Umsatz (absolut)	Umsatz in %	Kapazität absolut	Kapazität in %	Umsatz/ Kapazität in %
1	500.000	41	5.000	37	1,108
2	350.000	29	4.000	30	0,966
3	375.000	30	4.500	33	0,909

Die Rangfolge bezüglich der Umsatzanalyse ist: Produkt 1, Produkt 2, Produkt 3

Produkte	DB (absolut)	DB in %	Kapazität absolut	Kapazität in %	DB/Kapazität in %
1	40.000	27	5.000	37	0,729
2	70.000	47	4.000	30	1,567
3	40.000	26	4.500	33	0,788

Die Reihenfolge bezüglich der Deckungsbeitragsanalyse ist:
Produkt 2, Produkt 3, Produkt 1

Zu b)
Umsatzanalysen geben Hinweise auf die Marktstellung unter Berücksichtigung der zu verteilenden Produktionskapazität. So zeigen sich fertigungswirtschaftliche Nachteile, falls eines der Erzeugnisse starke Umsatzeinbußen verzeichnet. Da umsatzbezogene Analysen über die Erfolgswirksamkeit der Produkte aussagen, bedürfen sie einer Ergänzung durch Deckungsbeitragsanalysen.

D. Distributionspolitik

6. Der italienische Speiseeishersteller „*Rivolino*" strebt eine Ausweitung seines bisher nationalen Absatzbereichs durch die Erschließung des bundesdeutschen Marktes an. Nach der Erstellung einer Marketingkonzeption steht die Unternehmensleitung in Mailand vor der Aufgabe, die Problemstellungen der Marketinglogistik ergänzend zu berücksichtigen. Kennzeichnen Sie die wesentlichen Entscheidungen im logistischen System, und geben Sie mindestens drei Beispiele für Interdependenzen mit den übrigen Marketingaktivitäten!

(8 Punkte)

Lösung

- Entscheidungen über Transportmittel und -wege
- Lagerhaltungsentscheidungen
- Standortentscheidungen

Beispiele für Interdependenzen

- Produkteigenschaften beeinflussen die Art des Transports
- Besondere Werbeaktionen erfordern besondere logistische Maßnahmen, um der steigenden Nachfrage gerecht zu werden
- Eine hohe Distribution lässt sich durch gezielte Standortpolitik unterstützen
- Bei preispolitischen Entscheidungen sind Lagerhaltungsentscheidungen (insbesondere Kostenkriterien) von zusätzlicher Bedeutung
- Preisnachlässe können durch logistische Überlegungen (zum Beispiel günstige Transportwege) ausgelöst sein.

E. Kommunikationspolitik

7. Ein Computerhersteller plant die Einführung eines neuen Kleincomputers für Kinder. Entwickeln Sie eine Kommunikationsstrategie unter besonderer Berücksichtigung der Ziele, Zielgruppen und der einzusetzenden Werbeträger!

(14 Punkte)

Lösung
Ziele

- Erreichen einer bestimmten Produktbekanntheit (unter Vorgabe des Zielausmaßes und -zeitbezugs)
- Erzielung einer hohen Aufmerksamkeitswirkung
- Realisierung von Imagezielen

  - kreatives, forschungsintensives Unternehmen
  - individuelle Problemlösungen für jedermann
  - benutzerfreundliche Produktgestaltung
  - hohe qualitative Produkte

- Steigerung der Präferenz- und Kaufabsichtsziele

  - Abbau von Komplexität („Computer ist auch für Kinder geeignet")
  - Reduzierung des Kaufrisikos

Zielgruppen
Konsumentenebene:

- Eltern
- Meinungsführer (zum Beispiel Pädagogen, Wissenschaftler, Journalisten)

Handelsebene:

- Spielwarenhandel
- Warenhäuser
- Fachgeschäfte

Werbeträger

- Funk- und Fernsehwerbung
- Printmedien (zum Beispiel Fachzeitschriften des Spielwarenhandels, Elternzeitschriften)
- Präsenz auf Spielwarenmessen (Produktdemonstration)
- Prospektwerbung
- Direktwerbung
- Verkaufsförderungsmaßnahmen beim Handel

Darüber hinaus muss die Höhe des Kommunikationsbudgets festgelegt werden. Dabei ist insbesondere zu berücksichtigen, dass sich das Produkt in der Einführungsphase befindet. Im nachfolgenden Schritt sind entsprechend den Zielen die Fragen der Botschaftsgestaltung zu klären. Daran schließt sich die Aufteilung des Budgets nach sachlichen und zeitlichen Kriterien an (Streuung).

F. Marketing-Mix

8. Ein Werkzeughersteller beabsichtigt die Einführung eines preiswerten Steckschlüssel-Sets. Die Marketingabteilung hat die Aufgabe, die vier Marketinginstrumente Preis (P), Distribution (D), Werbung (W) und Verkaufsförderung (VF) festzulegen. Während die Kosten der Distribution aufgrund eines Kooperationsvertrags nur eine Ausprägung annehmen können, sind bei den übrigen Instrumenten jeweils zwei Ausprägungen denkbar. Die folgende Tabelle fasst mögliche Mixkombinationen und den zu erwartenden Absatz zusammen:

Mix-nummer	Preis (P) (GE)	Verkaufsför-derung (VF) (GE)	Werbung (W) (GE)	Distribution (D) (GE)	Erwarteter Absatz (ME)
1	26	40.000	35.000	16.000	24.000
2	26	55.000	35.000	16.000	26.000
3	26	40.000	60.000	16.000	44.000
4	26	55.000	60.000	16.000	66.000
5	29	55.000	35.000	16.000	40.000
6	29	40.000	60.000	16.000	69.000
7	29	40.000	35.000	16.000	36.000
8	29	55.000	60.000	16.000	70.000

Bei einem Preis von 26 GE fallen Produktions-Fixkosten von 260.000 GE an, während bei einem Preis von 29 GE Produktions-Fixkosten von 290.000 GE anfallen. Die variablen Stückkosten betragen immer 21 GE.

a) Berechnen Sie die jeweilige Break-Even-Absatzmenge, und nennen Sie die Hauptprobleme bei der Ableitung des optimalen Marketing-Mix mittels dieser Analysemethode.

(*7 Punkte*)

b) Ermitteln Sie die Deckungsbeiträge der einzelnen Mixkombinationen, und kennzeichnen Sie die Kombination mit dem höchsten Bruttogewinn.

(*5 Punkte*)

Lösung

Zu a)

Formel zur Berechnung der Break-Even-Menge:

$$B = \frac{F + W + D + VF}{P - Kv}$$

Mixnummer	Break-Even-Menge
1	70.200
2	73.200
3	75.200
4	78.200
5	49.500
6	50.750
7	47.625
8	52.625

Probleme der Break-Even-Analyse

- einperiodische Betrachtung
- Einprodukt-Betrachtung (keine Wirkungsverbundeffekte)
- keine zeitlichen Ausstrahlungseffekte
- konstante Kosten und Preise in der Periode (zeitliche Stabilität der Marketing-Mix-Aktivitäten)
- keine Berücksichtigung von Konkurrenzaktivitäten
- Bestimmung des zu erwartenden Absatzes und der Kosten

Zu b)

Mixnummer	Deckungsbeitrag	Bruttogewinn
1	120.000	–231.000
2	130.000	–236.000
3	220.000	–156.000
4	330.000	–61.000
5	320.000	–76.000
6	552.000	+146.000
7	288.000	–93.000
8	560.000	+139.000

Deckungsbeitrag = erwarteter Absatz x Deckungsspanne
Bruttogewinn   = Deckungsbeitrag – F – W – D – VF

Die Mixkombination Nr. 6 führt zum höchsten Bruttogewinn.

8.6 Marketing-Grundstudiumsklausur

A. Marketingforschung

1. Die Geschäftsleitung eines Waschmittelherstellers steht vor der Entscheidung, umfangreiche Marketinginvestitionen (neue Verpackung, Aufstockung des Werbe- und Verkaufsförderungsetats) in ihren Haushaltsreiniger „Blitz" vorzunehmen. Zur Fundierung der Entscheidung wird die Planungsabteilung beauftragt, eine Prognose des Absatzvolumens bis 2005 vorzunehmen. Der Leiter der Abteilung beauftragt einen

seiner Mitarbeiter, wie in den Jahren zuvor die Prognoseberechnung auf der Grundlage einer linearen Trendextrapolation

$$y_t = a + b \cdot t$$

durchzuführen. Ein Kollege, der bereits in den letzten Jahren Bedenken gegen die lineare Trendfunktion angemeldet hatte, schlägt dem Abteilungsleiter vor, auf eine logistische Trendfunktion

$$y_t = \frac{S}{1+e^{a-b \cdot t}}$$

zurückzugreifen. Der Abteilungsleiter lässt sich überzeugen und legt der Geschäftsleitung die bis 2005 ermittelten Prognosewerte vor. Auf der Sitzung der Geschäftsleitung kommt es jedoch erneut zu einer Auseinandersetzung über die Wahl des Prognoseverfahrens. Während der Vorstand Finanzen und Rechnungswesen den Leiter der Planungsabteilung unterstützt, weist der Vorstandsassistent auf das gestiegene Umweltbewusstsein der Verbraucher hin und schlägt vor, die Prognose mit Hilfe eines Indikators durchzuführen.

a) Diskutieren Sie die Vor- und Nachteile einer Trendextrapolation auf der Basis einer linearen beziehungsweise einer logistischen Trendfunktion.

(4 Punkte)

b) Ist das Prognoseproblem mit Hilfe einer Indikatorprognose zu lösen? Setzen Sie sich kritisch mit den Vor- und Nachteilen einer Indikatorprognose auseinander.

(5 Punkte)

Lösung
Zu a)
Lineare Trendfunktion:

Vorteile	Nachteile
■ rechnerisch einfache Handhabung	■ kein Ursache-Wirkungs-Zusammenhang
■ kaum Informationsprobleme	■ Erfassung von Strukturbrüchen
	■ keine Sättigungsannahme
	■ Extrapolation von Vergangenheitsdaten

Logistische Trendfunktion:

Vorteile	Nachteile
■ Marktsättigung berücksichtigt	■ Extrapolation von Vergangenheitsdaten
■ Anlehnung an Lebenszyklusmodell	■ keine Analyse der Ursachen

Zu b)

- Eine Indikatorprognose bietet keine ausreichende Prognosegenauigkeit, da das Unternehmen sein Marketing-Mix verändern will. Besser wäre eine Wirkungsprognose.
- Indikatorprognose

Vorteile	Nachteile
■ Ursache-Wirkung ansatzweise berücksichtigt	■ keine Berücksichtigung des Marketing-Mix
■ relativ einfache Erfassung des Indikators	■ Prognosen der Indikatorgrößen
■ Erfassung von Strukturbrüchen möglich	■ Wahl eines geeigneten Indikators

B. Preispolitik

2. Für ein Unternehmen, das auf einem polypolistisch strukturierten Markt tätig ist, gilt folgende Preis-Absatz-Funktion:

$$p = \begin{cases} 8 - \dfrac{1}{40}x & 0 \le x \le 40 \\[2mm] 13 - \dfrac{3}{20}x & 40 \le x \le 60 \\[2mm] 5 - \dfrac{1}{60}x & 60 \le x \le 300 \end{cases}$$

Die Kostenfunktion des Polypolisten lautet:

$$K = 5 + 1{,}5x$$

a) Bestimmen Sie die lang- und kurzfristige Preisuntergrenze sowie deren jeweilige Lage.

(13 Punkte)

b) Bestimmen Sie die renditemaximalen Absatzmengen sowie die Höhe der maximalen Rendite für den Fall, dass die Kapitalbedarfsfunktion
   (1) $C(x) = 2.000$ *(8 Punkte)*
   (2) $C(x) = 50\,x$ *(8 Punkte)*
   lautet.

Lösung
Zu a)

- Bestimmung der kurzfristigen Preisuntergrenze:
  Die kurzfristige PUG liegt dort, wo die variablen Kosten gedeckt sind.

$$p_k = k_v = K'(x) = 1{,}5$$

Lage der kurzfristigen PUG:

$$8 - \frac{1}{40}x = 1,5 \quad x = 260 \quad \rightarrow \quad \text{nicht definiert}$$

$$13 - \frac{3}{20}x = 1,5 \quad x = 76,66 \quad \rightarrow \quad \text{nicht definiert}$$

$$5 - \frac{1}{60}x = 1,5 \quad x = 210 \quad \rightarrow \quad \text{definiert}$$

Die kurzfristige PUG liegt somit bei x = 210 ME und p = 1,5 GE.

- Bestimmung der langfristigen Preisuntergrenze:
  Sie ist dort gegeben, wo die gesamten Stückkosten gedeckt sind.

$$p_L = k_G$$

– **oberer atomistischer Bereich**

$$8 - \frac{1}{40}x = \frac{5}{x} + 1,5$$

$$\frac{1}{40}x^2 - 6,5x + 5 = 0$$

$$x^2 - 260x + 200 = 0$$

$$x_{1,2} = 130 \pm \sqrt{16.700}$$

$$x_{1,2} = 130 \pm \sqrt{129,2}$$

$$x_1 = 0,8 \qquad \rightarrow \quad \text{definiert} \quad p = 7,98 \text{ GE}$$

$$x_2 = 259,2 \qquad \rightarrow \quad \text{nicht definiert}$$

– **monopolistischer Bereich**

$$13 - \frac{3}{20}x = \frac{5}{x} + 1,5$$

$$\frac{3}{20}x^2 - 11,5x + 5 = 0$$

$$x^2 - 76,67x + 33,33 = 0$$

$$x_{1,2} = 38,33 \pm \sqrt{1.436,24}$$

$$x_{1,2} = 38,33 \pm \sqrt{37,90}$$

$$x_1 = 0,43 \qquad \rightarrow \quad \text{nicht definiert}$$

$$x_2 = 76,23 \qquad \rightarrow \quad \text{nicht definiert}$$

– **unterer atomistischer Bereich**

$$5 - \frac{1}{60}x = \frac{5}{x} + 1{,}5$$

$$\frac{1}{60}x^2 - 3{,}5x + 5 = 0$$

$$x^2 - 210x + 300 = 0$$

$$x_{1,2} = 105 \pm \sqrt{10.725}$$

$$x_{1,2} = 105 \pm \sqrt{103{,}56}$$

$$x_1 = 1{,}44 \qquad \rightarrow \quad \text{nicht definiert}$$

$$x_2 = 208{,}56 \quad \rightarrow \quad \text{definiert} \qquad p = 1{,}52 \text{ GE}$$

Die langfristige PUG liegt somit bei x = 208,56 ME und p = 1,52 GE.

Zu b)

(1) C (x) = 2.000
Die Rentabilitätsmaximierung führt zum gleichen Ergebnis wie die Gewinnmaximierung, da der Kapitaleinsatz unabhängig von der Absatzmenge ist.
Berechnung des Gewinnmaximums:

$$G'(x) = U'(x) - K'(x) = 0$$

$$8 - \frac{1}{20}x - 1{,}5 = 0$$

$$x = 130 \rightarrow \text{nicht definiert}$$

$$13 - \frac{3}{10}x - 1{,}5 = 0$$

$$x = 38{,}33 \rightarrow \text{nicht definiert}$$

$$5 - \frac{1}{30}x - 1{,}5 = 0$$

$$x = 105 \rightarrow \text{definiert}$$

$$p = 3{,}25$$

$$G(x = 105) = 178{,}75 \text{ GE}$$

Das Gewinnmaximum könnte jedoch auch am oberen monopolistischen Grenzpreis liegen:
x = 40 ME;   p = 7 GE
G (x = 40) = 215 GE
Das Gewinn- beziehungsweise Rentabilitätsmaximum liegt bei p = 7 GE und x = 40 ME.

Die Rendite beträgt $R = \dfrac{215}{2.000} = 10{,}75 \text{ \%}$

(2)   C (x) = 50 x
Das Renditemaximum $R(x) = \dfrac{G(x)}{C(x)}$
muss bestimmt werden.

- oberer atomistischer Bereich

$$R(x) = \frac{6{,}5x - \frac{1}{40}x^2 - 5}{50x} \rightarrow \text{max.!}$$

$$R'(x) = \frac{\left(6{,}5 - \frac{1}{20}x\right) \cdot 50x - 50 \cdot \left(6{,}5x - \frac{1}{40}x^2 - 5\right)}{(50x)^2} = 0$$

$$325x - \frac{5}{2}x^2 - 325x + \frac{5}{4}x^2 + 250 = 0$$

$$\frac{5}{4}x^2 = 50$$

$$x^2 = 200$$

$$x_1 = 14{,}14 \rightarrow \text{definiert}$$

$$x_2 = -14{,}14 \rightarrow \text{nicht definiert}$$

- monopolistischer Bereich

$$R(x) = \frac{11{,}5x - \frac{3}{20}x^2 - 5}{50x} \rightarrow \text{max.!}$$

$$R'(x) = \frac{\left(11{,}5 - \frac{3}{10}x\right) \cdot 50x - 50 \cdot \left(11{,}5x - \frac{3}{20}x^2 - 5\right)}{(50x)^2} = 0$$

$$575x - 15x^2 - 575x + 7{,}5x^2 + 250 = 0$$

$$7{,}5x^2 = 250$$

$$x^2 = 33{,}33$$

$$x_1 = 5{,}77 \qquad \rightarrow \text{nicht definiert}$$

$$x_2 = -5{,}77 \qquad \rightarrow \text{nicht definiert}$$

- unterer atomistischer Bereich

$$R(x) = \frac{3{,}5x - \frac{1}{60}x^2 - 5}{50x} \rightarrow \text{max.!}$$

$$R'(x) = \frac{\left(3{,}5 - \frac{1}{30}x\right) \cdot 50x - 50 \cdot \left(3{,}5x - \frac{1}{60}x^2 - 5\right)}{(50x)^2} = 0$$

$$175x - \frac{5}{3}x^2 - 175x + \frac{5}{6}x^2 + 250 = 0$$

$$\frac{5}{6}x^2 = 300$$

$$x_1 = 17{,}32 \rightarrow \text{definiert}$$

$$x_2 = -17{,}32 \rightarrow \text{nicht definiert}$$

Aufgrund von Plausibilitätsüberlegungen kann das Renditemaximum an keiner Sprungstelle liegen.

$$R(x = 14{,}14) = \frac{18{,}91}{707} = 11{,}59\ \%$$

C. Distributionskanäle

3. Ein Hersteller von Kühltruhen plant, den französischen Markt mit der Kühlbox 2000 zu beliefern. Die variablen Produktionskosten belaufen sich auf 500 GE/ME. Der Hersteller kann dieses Produkt über zwei alternative Absatzkanäle in den Markt einführen.

1. Alternative
Es wird ausschließlich der Fachhandel bedient, wobei 100 große Fachhändler direkt und die übrigen Fachhändler über 50 Fachgroßhändler beliefert werden.

Handelsstufe	Absatzmenge pro Geschäft und Monat (ME)	Abgabepreis GE/ME	Transportkosten pro Geschäft und Monat (GE)
Fachgroßhandel	200	600	1.500
Facheinzelhandel	14	700	230

2. Alternative
Die Produkteinführung wird exklusiv über die französischen Warenhäuser vorgenommen. Die Warenhäuser machen die Höhe der Absatzmenge x jedoch vom Bezugspreis p abhängig. Die aggregierte Nachfragefunktion lautet:

$$p = 1.200 - 0{,}053x$$

Bei dieser Alternative fallen Transportkosten zum Zwischenlager von 100.000 GE pro Monat sowie Auslieferungskosten von 400.000 GE pro Monat an.

a) Führen Sie einen Gewinnvergleich der beiden Absatzkanalalternativen durch.

(8 Punkte)

b) Welche qualitativen Kriterien sollten darüber hinaus in die Entscheidungsfindung einbezogen werden?

(3 Punkte)

c) Nehmen Sie kritisch zu Punktbewertungsverfahren bei distributionspolitischen Entscheidungen Stellung.

(3 Punkte)

Lösung

Zu a)

Alternative 1

Deckungsspannen:

$$DS_{FGH} = 600 - 500 = 100$$

$$DS_{FEH} = 700 - 500 = 200$$

Deckungsbeitrag:

$$
\begin{array}{lcr}
DB_{FGH} = 100 \cdot 200 \cdot 50 & = & 1.000.000 \\
./. \text{ kanalspezifische Transportkosten} & & \\
1.500 \cdot 50 & = & \underline{75.000} \\
& & 925.000 \\
DB_{FEH} = 200 \cdot 14 \cdot 100 & = & 280.000 \\
./. \qquad\qquad 230 \cdot 100 & = & \underline{23.000} \\
& & 257.000
\end{array}
$$

Gewinn Alternative 1:

$$
\begin{array}{r}
925.000 \text{ GE} \\
+\ 257.000 \text{ GE} \\
\hline
1.182.000 \text{ GE}
\end{array}
$$

Alternative 2

$$G = 1.200x - 0{,}053x^2 - 500x - 500.000$$

$$G' = 700 - 0{,}106x = 0$$

$$x = \frac{700}{0{,}106} = 6{,}604 \text{ ME}$$

$$p = 849{,}99 \text{ GE}$$

$$G = p \cdot x - k_v \cdot x - \text{Transportkosten}$$

$$G = 849{,}99 \cdot 6.604 - 500 \cdot 6.604 - 500.000$$

$$G = 1.811.33{,}96$$

Der Exklusivvertrieb über die Warenhäuser führt zu einem höheren Gewinn.

Zu b)

- Langfristige Gewinnwirkungen
- Erreichbarer Distributionsgrad
- Wachstumspotenzial des Kanals

- Kontrolle der Absatzmittleraktivitäten
- Flexibilität
- Absatzkanalimage
- Kundendienstleistungsniveau der Absatzmittler

Zu c)

- Notwendigkeit überschneidungsfreier Kriterien
- Gewichtung der Kriterien subjektiv
- Entscheidungsregeln subjektiv
- Problem der Scheingenauigkeit

D. Kommunikationspolitik

4. Ein Waschmittelhersteller beobachtet seit Jahren die Entwicklung des Marktanteils und Werbeanteils, das heißt der Anteil der eigenen Werbeaufwendungen an den Gesamtwerbeaufwendungen der Branche für sein Produkt *„Sauberkraft"*. Mit Hilfe der linearen Einfachregression wurde folgende, hinreichend signifikante Beziehung zwischen Marktanteil (MA) und Werbeanteil (WA) nachgewiesen:
   MA = 5,628 + 0,409 · WA
   Dieser Zusammenhang wird als Entscheidungsgrundlage für die Bestimmung des Werbeaufwands herangezogen.
   a) Ermitteln Sie den Werbeaufwand in GE für die kommende Periode, wenn der Waschmittelhersteller einen Marktanteil von 8,50 % für *„Sauberkraft"* anstrebt. Gehen Sie dabei von einem geschätzten Gesamtwerbeaufwand aller Anbieter in der kommenden Periode von 220.000 GE aus.

   (3 Punkte)
   b) Nehmen Sie kritisch zu den konkurrenzorientierten Verfahren der Werbebudgetierung Stellung.

   (5 Punkte)

Lösung
Zu a)

1. Ermittlung des erforderlichen Werbeanteils

$$MA = 5,628 + 0,409 \cdot WA$$

$$WA = \frac{MA - 5,628}{0,409}$$

Für MA = 8,5 % gilt:

$$WA = 7,02\%$$

2. Ableitung des Werbeaufwands

$$W = WA \cdot 220.000$$
$$W = 0,0702 \cdot 220.000 = 15.448,4 \, GE$$

Zu b)

- Implizite Berücksichtigung der Konkurrenz
- Eliminierung von Umwelt- und Saisoneinflüssen
- Unabhängig von Veränderungen des Marktvolumens
- Informationsbedarf hoch
- Prognose des Gesamtwerbeaufwands schwierig

E. Marketing-Mix

5. Ein Hersteller von Videorecordern sieht sich in diesem oligopolistischen Markt einem zunehmenden Konkurrenzdruck insbesondere von fernöstlichen Billiganbietern ausgesetzt. Es ist davon auszugehen, dass der Marktanteil des Herstellers in diesem wachsenden Markt bei konstantem Marketing-Mix von zur Zeit 8 % auf 3 % in vier Jahren sinken wird. Aus Marktstudien kennt die Marketingleitung die Elastizitätskoeffizienten für Preis (p), Werbung (w) und Kundendienst (k):

$$\eta_{x,p} = -1{,}13$$
$$T = 6{,}2$$
$$\eta_{x,w} = 0{,}94$$
$$\eta_{x,k} = 1{,}28$$

Der Verkaufsleiter des Unternehmens schlägt vor, die Preise um 10 % zu sen- ken und damit den Billiganbietern anzupassen. Dadurch könnten die Marktanteilsverluste kompensiert werden.

Demgegenüber vertritt der Produktmanager die Auffassung, die Qualität des Produkts über Stereo-Ausstattung zu erhöhen und durch erhöhten Werbedruck und verstärkte Kundendienstanstrengungen diese Qualitätsführerschaft zu dokumentieren.

a) Interpretieren Sie die Elastizitätskoeffizienten.

(4 Punkte)

b) Nennen Sie die wesentlichen Argumente, die für die Preissenkung beziehungsweise für die Qualitätsführerschaft sprechen.

(7 Punkte)

c) Erörtern Sie stichpunktartig die Risiken, die mit einer Preissenkungsstrategie verbunden sind.

(9 Punkte)

Lösung

Zu a)

$\eta_{x,p}$ = −1,13: Die Nachfrager reagieren überproportional auf Preisänderungen

T = 6,2: Es liegen intensive Konkurrenzbeziehungen vor

$\eta_{x,w}$ = 0,94: Die Nachfrager reagieren unterproportional auf Änderungen des Werbebudgets

$\eta_{x,k}$ = 1,28: Die Nachfrager reagieren überproportional auf Änderungen des Kundendienstniveaus

Zu b)

1. Preissenkung

- Preiselastizität hoch
- Kurzfristig realisierbar
- Kompensierung der Marktanteilsverluste

2. Qualitätsführerschaft

- Kundendienstelastizität hoch
- Von der Konkurrenz nur schwierig imitierbar
- Sicherung der „Hochpreispolitik"
- Klare Profilierung gegenüber Billiganbietern

Zu c)

- Konkurrenz senkt aufgrund der hohen Kreuzpreiselastizität ebenfalls den Preis.
- Preissenkungen führen häufig zwangsläufig zur Senkung des Kundendienstniveaus. Aufgrund der hohen Kundendienstelastizität hat dies einen Nachfragerückgang zur Folge.
- Preissenkungen führen häufig dazu, dass die Nachfrager eine Qualitätsminderung vermuten.
- Absinken der Preiselastizität im Zeitablauf.
- Über Minderung der Deckungsspannen besteht die Gefahr der Gewinnminderung.
- Spätere Preiserhöhungen nur schwer durchsetzbar.
- Preissenkung birgt Gefahr des Imageverlusts in sich.

8.7 Marketing-Grundstudiumsklausur

Aufgabe 1

Bei der Beurteilung von zwei Neuproduktideen A und B ergibt sich das folgende Bewertungsprofil:

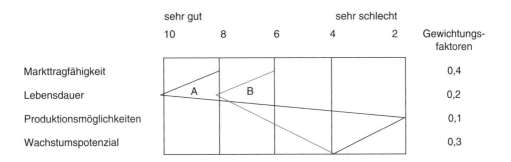

A und B können nur alternativ verwirklicht werden.

a) Überführen Sie das obige Bewertungsprofil in ein gewichtetes Punktbewertungsmodell. Welche der beiden Produktideen sollte danach die Unternehmung verwirklichen?

(4 Punkte)

b) Wie beurteilen Sie das gewichtete Punktbewertungsmodell? Vergleichen Sie es dabei auch mit dem oben dargestellten Bewertungsprofil.

(6 Punkte)

Lösung
Zu a)

Kriterien	Punkte 2-4-6-8-10		Gewichtungs- faktoren	Punktwerte	
	A	B		A	B
Markttragfähigkeit	8	6	0,4	3,2	2,4
Lebensdauer	10	8	0,2	2,0	1,6
Produktionsmöglichkeiten	2	6	0,1	0,2	0,6
Wachstumspotenzial	4	4	0,3	1,2	1,2
Summe				6,6	5,8

Das Punktbewertungsmodell geht davon aus, dass diejenige Alternative zu wählen ist, die den höchsten Punktwert erzielt. Demnach sollte Produktidee A der Vorzug gewährt werden.

Zu b)

Generelle **Vorteile** von Punktbewertungsmodellen:

- Allein die Auswahl der Kriterien und die Festlegung der Gewichte sensibilisieren für die zugrunde liegende Fragestellung
- Schnelle Durchführbarkeit/leichte Handhabung
- Es werden „eindeutige" Ergebnisse abgeleitet
- Leichte Kommunizierbarkeit
- Berücksichtigung sowohl qualitativer als auch quantitativer Faktoren möglich

Generelle **Nachteile** von Punktbewertungsmodellen:

- Starke Subjektivität bei Auswahl und Gewichtung der Kriterien
- Leichte Manipulierbarkeit der Ergebnisse durch Ersteller des Punktbewertungs-Modells
- Durch Aggregation auf einen Wert starker Informationsverlust
- Punktbewertungsmodelle gehen von überschneidungsfreien Kriterien aus; diese Bedingung ist bei Erstellung des Modells schwer zu berücksichtigen
- Vor der Anwendung eines Punktbewertungsmodells muss sich der Anwender über die generelle Realisierbarkeit der Alternativen bei bestimmten Kriterienausprägungen im Klaren sein. Das heißt, dass bestimmte Kriterienausprägungen zum Ausschluss der Alternative führen und daher nicht, wie es das Punktbewertungsmodell unterstellt, durch andere Kriterienausprägungen kompensiert werden können.
- Unsicherheitsgesichtspunkte werden nicht berücksichtigt

Beurteilung des vorliegenden Punktbewertungsmodells:

- Sehr beschränkte Kriterienanzahl
- Kriterien nicht überschneidungsfrei
- Fragliche Gewichtungsfaktoren (trotz einer sehr schlechten Produktionsmöglichkeit für Alternative A schneidet diese besser als Alternative B ab)
- Gegenüber dem Bewertungsprofil verliert der reine Scoringwert an Aussagekraft (Informationsverlust). Zudem leidet die Kommunizierbarkeit der Problematik an der gegenüber dem dargestellten Bewertungsprofil fehlenden Graphik.

Aufgabe 2

Das Software-Unternehmen „*Macrosoft*" möchte ein neues Computerspiel auf den Markt bringen. Die Marketingabteilung muss insbesondere die beiden Marketing-Instrumente Preis (P) und Werbung (W) für die Produkteinführung festlegen. Für die Preisbestimmung und Werbebudgetallokation sind der Marktforschungsabteilung folgende Preiselastizitäten und Grenzerträge der Werbung bekannt:

Preiselastizitäten:

Werbebudget \ Preis	15 €/Stück	40 €/Stück
40.000 €	− 0,4	− 1,3
80.000 €	− 0,2	− 1,0

Grenzertrag der Werbung:

Werbebudget \ Preis	15 €/Stück	40 €/Stück
40.000 €	− 0,8	− 2,4
80.000 €	− 0,7	− 1,9

Interpretieren Sie diese Ergebnisse! Gehen Sie dabei zunächst auf die Preiselastizität sowie die Grenzerträge der Werbung getrennt ein. Erläutern Sie darüber hinaus den Zusammenhang zwischen Preiselastizität und Grenzertrag der Werbung!

(15 Punkte)

Lösung

Die Reaktion der Nachfrage auf Änderungen des Preises wird durch die Preiselastizität der Nachfrage gemessen. Sie ist ein allgemeines Maß für die Bestimmung der Konsequenzen von Preisentscheidungen und somit ein Zentralbegriff der Preispolitik. Den Anbieter interessiert, wie sich die Nachfrage nach einem Gut verändert, wenn der Preis des Guts um einen bestimmten Betrag erhöht oder gesenkt wird.

Die (direkte) Preiselastizität ist definiert als das Verhältnis der relativen (prozentualen) Änderung der Nachfrage nach einem Gut zu der sie auslösenden relativen (prozentualen) Änderung des Preises dieses Guts. Man kann die Änderung infinitesimal oder finitesimal ausdrücken. Bei infinitesimaler Änderung ergibt sich für die direkte Preiselastizität die folgende Formel:

$$\eta_{x_i, p_i} = \frac{dx_i}{x_i} : \frac{dp_i}{p_i} = \frac{dx_i}{dp_i} \cdot \frac{p_i}{x_i}$$

Hierbei bedeuten:

x_i = Absatzmenge des i-ten Guts
p_i = Preis des i-ten Guts
dx_i = Änderung der Nachfragemenge
dp_i = Preisänderung

Die Preiselastizität hat bei fallenden Preis-Absatz-Funktionen stets ein negatives Vorzeichen.

Die Werte der Preiselastizitäten lassen sich damit wie folgt interpretieren: Bei einem Preis von 15,00 €/Stck. und einem Werbebudget von 40.000 € ergibt sich eine Preiselastizität von − 0,4. Eine Steigerung (Senkung) des Preises um 10 % bewirkt eine Senkung (Steigerung) der abgesetzten Menge um 4 %. Da der Elastizitätskoeffizient gleich −1 ist, spricht man hier von einer unelastischen Nachfrage. Das Gegenteil ist bei dem Elastizitätskoeffizienten −1,3 der Fall: Eine Senkung (Steigerung) des Preises um 10 % hätte eine Steigerung (Senkung) der abgesetzten Menge um 13 % zur Folge. Da der prozentuale Mengeneffekt größer als der prozentuale Preiseffekt ausfällt, spricht man in diesem Fall von einer elastischen Nachfrage. Bei einem Elastizitätskoeffizienten von −1 müssen sich nachgefragte Menge und nachgefragter Preis um den gleichen Prozentsatz ändern.

Aus der Amoroso-Robinson-Relation lässt sich leicht folgender Zusammenhang zwischen Umsatz- und Preisentwicklung ableiten:

Elastizität Preis- änderung	h > −1	h = −1	h < −1
Preiserhöhung	Umsatzsteigerung	Umsatz konstant	Umsatzsenkung
Preissenkung	Umsatzsenkung	Umsatz konstant	Umsatzsteigerung

Damit lassen sich die Preiselastizitäten wie folgt interpretieren: Bei einem Preis von 15,00 € und einem Werbebudget von 40.000 € besagt der Wert von −0,4, dass eine Preiserhöhung eine Umsatzsteigerung nach sich zieht. Unter Einbeziehung der Elastizität bei einem Preis von 40,00 € (−1,4) lässt sich sagen, dass der umsatzmaximale Preis bei einem Werbebudget von 40.000 € zwischen 15 und 40,00 € liegt. Weiterhin kann gesagt werden, dass bei einer Erhöhung des Werbebudgets auf 80.000 € die Preiselastizität der Nachfrage abnimmt. Das Umsatzmaximum liegt dann genau bei einem Preis von 40,00 €.

Der Grenzertrag der Werbung ist definiert als:

$$\mu = \frac{x}{s} \cdot p$$

das heißt als die mit dem Preis (p) bewertete Absatzänderung (x) in Relation zur Änderung der Werbeaufwendungen (s).

In diesem Zusammenhang sind die vier Werte der Matrix wie folgt zu interpretieren: Bei einer Erhöhung der Werbeaufwendungen um 1,00 € erhöht sich der Umsatz um 0,80 € (beziehungsweise 2,40; 0,70; 1,90). Bei alleiniger Betrachtung der Werbung lohnt sich eine Erhöhung der Werbeausgaben immer dann, wenn der Grenzertrag der Werbung größer 1 ist. Zudem wird deutlich, dass bei einem höheren Produktpreis der Grenzertrag der Werbung auffallend höher ist als beim niedrigen Produktpreis. Weiterhin ist der Grenzertrag der Werbung bei einem niedrigeren Werbebudget größer als bei einem höheren Budget (sinkende Grenzerträge).

Zwischen Preiselastizität und Grenzertrag der Werbung besteht ein Zusammenhang, der im Dorfman-Steiner-Theorem wiedergegeben wird: Dieses besagt, dass der optimale Marketing-Mix einer Unternehmung (die das Werbebudget, die Preispolitik und als im Beispiel nicht angesprochenen Aktionsparameter die Qualitätspolitik nutzt) dann erreicht ist, wenn die Preiselastizität der Nachfrage, der Grenzertrag der Werbung und die mit dem Quotienten aus Preis und Durchschnittskosten multiplizierte Nachfrageelastizität in Bezug auf Qualitätsänderungen einander gleich sind. Bezogen auf die in der Aufgabenstellung genannten Parameter bedeutet das, dass ein optimaler Einsatz der Parameter Preis und Werbung dann erreicht ist, wenn die Preiselastizität der Nachfrage gleich dem Grenzertrag der Werbung ist.

8.8 Marketing-Grundstudiumsklausur

Aufgabe 1

Eine Unternehmung kann pro Woche maximal 60 Mengeneinheiten des Erzeugnisses A produzieren. An variablen Kosten fallen bei der Herstellung 9 GE/ME an. Die Fixkosten pro Woche betragen 200 GE.

Die Unternehmung hat ihr Absatzgebiet in zwei Segmente S_1 und S_2 regional aufgeteilt. In Segment S_1 ist die Unternehmung Monopolist. Die Sättigungsmenge liegt bei 60 ME pro Woche. Der Prohibitivpreis beträgt 40 GE.

In Segment S_2 sieht sich die Unternehmung einer Vielzahl von Konkurrenten gegenüber. Die Marktforschung hat durch einen Preistest folgende Daten erhoben:

- Innerhalb der Preise $p_1 = 10$ GE und $p_2 = 17{,}5$ GE kann der Hersteller wie ein Monopolist Preispolitik betreiben.
- Beim unteren Grenzpreis ist eine Menge von 60 Gütereinheiten absetzbar.
- Die Punktelastizität im unteren Grenzpreis beträgt für den monopolistischen Bereich $-\frac{2}{3}$, für den atomistischen Bereich $-\frac{10}{3}$.
- Bei einem Preis $p_3 = 22{,}5$ GE verliert der Hersteller seine gesamte Nachfrage an die Konkurrenz.

Aufgrund der ihr vorliegenden Daten und Erkenntnisse ist die Marktforschung davon überzeugt, dass eine abschnittsweise linear fallende Nachfragefunktion die Realität in Segment S_2 am besten erklärt.

Beim Absatz der Produkte in Segment S_1 fallen (bedingt durch Transport und Lagerung) weitere 4 GE/ME an; in Segment S_2 sind es 2 GE/ME. Die Fixkosten pro Woche verteilen sich gleichmäßig auf beide Segmente.

a) Bestimmen Sie analytisch die Preis-Absatz-Funktion für die Segmente S_1 und S_2, und geben Sie die jeweiligen Definitionsbereiche an.

(12 Punkte)

b) Bestimmen Sie den gewinnmaximalen Absatzplan für eine Woche. Wie viele Mengeneinheiten sollen zu welchem Preis in S_1 und S_2 abgesetzt werden, und wie hoch ist der Wochengewinn?

(12 Punkte)

c) Im Segment S_2 tritt eine strukturell bedingte Verschlechterung der Nachfragesituation ein. Die Preis-Absatz-Funktion verschiebt sich parallel. Bestimmen Sie analytisch die langfristige Preisuntergrenze, die die Unternehmung gerade noch akzeptieren wird.

(10 Punkte)

Lösung
Zu a)

1. Ermittlung der PAF in Segment S_1

$$p = a - b \cdot x$$
$$1. x = 0 \Rightarrow p = p_H = a = 40$$
$$2. p = 0 \Rightarrow x_s = 60$$
$$\Rightarrow 0 = 40 - b \cdot x_s = 40 - b \cdot 60$$
$$\Rightarrow b = \frac{2}{3}$$
$$\text{PAF:} \quad p = 40 - \frac{2}{3}x$$
$$\text{Def.bereich: } 0 \leq x \leq 60$$

2. Ermittlung der PAF in Segment S_2
- monopolistischer Bereich

$$p_1 = 10; x_1 = 60; \eta = -\frac{2}{3}$$
$$\eta_{x1,p11} = \frac{dx}{dp} \cdot \frac{p}{x} = \frac{dx}{dp} \cdot \frac{10}{60} = -\frac{2}{3}$$
$$\Rightarrow \frac{dp}{dx} = -\frac{1}{4}$$
$$a = p_1 + b \cdot x_1 = 10 + \frac{1}{4} \cdot 60 = 25$$
$$\text{PAF: } p = 25 - \frac{1}{4}x$$
$$\text{Def.bereich:} \quad p_2 = 17,5 = 25 - \frac{1}{4}x_2 \Rightarrow x_2 = 30$$
$$30 \leq x \leq 60$$

- oberer atomistischer Bereich

$$p_3 = 22,5 = a, \quad da \quad x_3 = 0$$

$$p_2 = 17,5, \quad x_2 = 30$$

$$b = \frac{\Delta p}{\Delta x} = \frac{p_3 - p_2}{x_3 - x_2} = \frac{22,5 - 17,5}{0 - 30} = -\frac{1}{6}$$

$$PAF \quad p = 22,5 - \frac{1}{6}x$$

Def.bereich : $0 \le x \le 30$

- unterer atomistischer Bereich

$$p_1 = 10, x_1 = 60, \eta = -\frac{10}{3}$$

$$\eta_{x_1,p_1} = \frac{dx}{dp} \cdot \frac{p}{x} = \frac{dx}{dp} \cdot 10 - \frac{10}{60} = -\frac{10}{3}$$

$$\frac{dx}{dp} = -\frac{10}{3} \cdot \frac{60}{10} = -20$$

$$a = p_1 + b \cdot x_1 = 10 + \frac{1}{20} \cdot 60 = 13$$

$$PAF: \quad p = 13 - \frac{1}{20}x$$

Def.bereich: $p = 0 \Rightarrow x = 260$

$$60 \le x \le 260$$

$$PAF_{s1}: \quad p = 40 - \frac{2}{3}x$$

$$0 \le x \le 60$$

$$PAF_{s2}: p = \begin{cases} 22,5 - \frac{1}{6}x & 0 \le x \le 30 \\ 25 - \frac{1}{4}x & 30 \le x \le 60 \\ 13 - \frac{1}{20}x & 60 \le x \le 260 \end{cases}$$

Zu b)

1. Berechnung der optimalen Menge in Segment 1
Optimalitätskriterium: G_{max} da, wo $E' - K' = 0$
Ermittlung von E'

$$E = p \cdot x = 40x - \frac{2}{3}x^2$$

$$E' = 40 - \frac{4}{3}x$$

Ermittlung von K'

$$K = KfS_1 + 9x + 4x \ [KfS_1 \neq 200 \ GE]$$

$$K' = 13$$

Ermittlung der Cournot'schen Menge in Segment S1:

$$x_c \ da, \ wo \ E' - K' 0$$
$$40 - \frac{4}{3}x - 13 = 0$$
$$\frac{4}{3}x = 27$$
$$x = \frac{81}{4} = 20,25$$

Ermittlung des Cournot'schen Preises:

$$p_c = 40 - \frac{2}{3} \cdot x_c$$
$$= 40 - \frac{2}{3} \cdot \frac{81}{4}$$
$$= 26,5$$

2. Berechnung der optimalen Menge in Segment 2

$$K = KfS_2 + 9x + 2x$$

$$K' = 11$$

- oberer atomistischer Bereich

$$E' = 22,5 - \frac{1}{3}x$$
$$E' - K' = 22,5 - \frac{1}{3}x - 11 = 0$$
$$\frac{1}{3}x = 11,5$$
$$x_{opt} = 34,5$$
$$\Rightarrow x_{opt} \rightarrow \text{liegt nicht im Definitionsbereich}$$
$$\Rightarrow x = 30$$

$$p_{opt} \colon p_{opt} = 22,5 - \frac{1}{3}x_{opt}$$
$$= 22,5 - \frac{30}{6}$$
$$= 17,6$$

- monopolistischer Bereich

$$E' = 25 - \tfrac{1}{2}x \quad \text{und} \quad K' = 11$$

$$E' - K' = 25 - \tfrac{1}{2}x - 11 = 0$$

$$\tfrac{1}{2}x = 14$$

$$x_{opt} = 28$$

$$\Rightarrow x_{opt} \; \rightarrow \; \text{liegt nicht im Definitionsbereich}$$

$$\Rightarrow x = 30$$

$$\Rightarrow p_{opt} = 17,5$$

- unterer atomistischer Bereich (zwei mögliche Antworten)

a) $E' = 13 - \dfrac{1}{10}x \quad \text{und} \quad K' = 11$

$$E' - K' = 13 - \dfrac{1}{10}x - 11 = 0$$

$$\dfrac{1}{10}x = 2$$

$$x_{opt} = 20 \Rightarrow \text{nicht definiert}$$

b) Dieser Bereich ist nicht relevant, da die Unternehmung nur max. 60 ME pro Woche produzieren kann.

3. Ergebnis

1. Optimaler Absatzplan

$$x_{S1} = 20,25$$
$$x_{S2} = 30$$

zulässig, da 50,25 < 60 (Kapazitätsrestriktion)

2. Bestimmung des Wochengewinns

$$\begin{aligned} G &= E_{S1} + E_{S2} - Kf - k_{S1} \cdot x_{S1} - K_{S2} \cdot x_{S2} \\ &= 26,5 \cdot 20,25 + 17,5 \; 30 - 200 - 13 \cdot 20,25 - 11 \cdot 30 \\ &= 268,375 \end{aligned}$$

Zu c)

Die langfristige PUG liegt da, wo $p = \tfrac{K}{x}$ (Preis = durchschnittliche Kosten), das heißt, an dieser Stelle gilt:

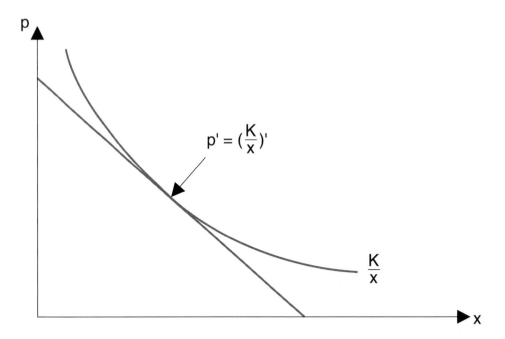

1. PUG im Bereich $0 \leq x \leq 30$

$$p = 22{,}5 - \frac{1}{6}x \qquad p' = -\frac{1}{6}$$

$$\frac{K}{x} = \frac{K_f S_1}{s} + \frac{K_v}{x}$$

$$K_f S_1 = 200 \cdot \frac{1}{2} = 100$$

$$\frac{K}{x} = \frac{100}{x} + 11$$

$$\frac{dK}{dx} = -\frac{100}{x^2}$$

$$\Rightarrow -\frac{1}{6} = -\frac{100}{x^2}$$

$$x^2 = 600$$

$$x_{1,2} = \pm 24{,}49 \qquad x_2 = -24{,}49 \rightarrow \text{nicht im Definitionsbereich}$$

Aufgabe 2

Zur Lösung des Mediaselektionsproblems wird in der Praxis als vereinfachte Faustregel häufig der so genannte „Tausender-Preis" verwendet.

a) Interpretieren Sie mögliche Ausprägungen dieser Kennziffer.

(6 Punkte)

b) Zeigen Sie am Beispiel der Belegung von Zeitschriften und der Schaltung des Fernsehens, welche Probleme bei der Intra- und Inter-Media-Selektion damit verbunden sind.

(10 Punkte)

Lösung

Zu a)

Der Tausender-Preis besagt, wie teuer es ist, 1.000 Leute anzusprechen.

$$\text{Tausender-Preis} = \frac{\text{Preis je Anzeige} \cdot 1.000}{\text{Vertriebsauflage (Leser pro Nummer)}}$$

dabei kann der Tausender-Preis nach bestimmten Kriterien gewichtet werden, zum Beispiel

- Zielgruppe
- Leser-Blatt-Verhältnis.

Zu b)

- Inter-Media-Selektion bezieht sich auf die Auswahl von Kommunikationsmedien beziehungsweise Werbeträgergruppen (Zeitschriften, TV etc.), während bei der
- Intra-Media-Selektion eine Entscheidung über die einzelnen Werbeträger einer Gruppe getroffen wird.

Bei der Inter-Media-Selektion sind neben dem Tausender-Preis weitere Kriterien zu beachten, zum Beispiel:

- Verhältnis Werbung/Redaktion
- Darstellungsmöglichkeiten
- Auswahlmöglichkeiten
- Erscheinungshäufigkeit
- Verfügbarkeit

Bei der Intra-Media-Selektion sind zusätzlich zu beachten:

- Image der Medien
- redaktionelles und werbliches Umfeld
- räumliche Reichweite
- zeitliche Verfügbarkeit
- quantitative (globale) Reichweite
- qualitative (gruppenspezifische) Reichweite

Schwierigkeiten bei der ausschließlichen Bewertung mit dem Tausender-Preis ergeben sich auch aus der Träger-Kombination, da hier Reichweitenüberschneidungen vorkommen können. Hinzu kommt das Problem der Mehrfachkontakte, insbesondere bei mehrfacher Belegung eines Trägers zeitlich hintereinander.

8.9 Marketing-Grundstudiumsklausur

Aufgabe 1
Märkte können nach bestimmten Kriterien segmentiert werden.   (*15 Punkte*)
a) Welchen Anforderungen müssen Marktsegmentierungskriterien genügen?
                                                                    (*5 Punkte*)
b) Welche Kriterien sind zur Segmentierung des Automobilmarktes aus der Sicht eines
Automobilherstellers besonders geeignet? Begründen Sie Ihre Aussage.
                                                                    (*10 Punkte*)

Lösung
Zu a)
An die Segmentierungskriterien sind folgende Anforderungen zu stellen:

- Die Kriterien müssen mit vorhandenen Marktforschungsmethoden messbar sein.
- Die Kriterien müssen in einem nachweisbaren Zusammenhang zum Käuferverhalten stehen.
- Die gewählten Kriterien müssen zu tragfähigen Marktsegmenten führen, die eine differenzierte Marktbearbeitung lohnenswert machen.
- Die Kriterien müssen über einen längeren Zeitraum stabil sein.
- Die Kriterien müssen in einem Zusammenhang mit möglichen Marketingmaßnahmen stehen, sodass die ermittelten Segmente ansprechbar und beeinflussbar sind.

Zu b)
Ziele der Segmentierung
Es bestehen zahlreiche Möglichkeiten zur Segmentierung des Automobilmarktes. Die in der Aufgabenstellung angesprochene Eignung der Kriterien muss anhand der Ziele beziehungsweise der Zielerreichungsgrade der Segmentierung beurteilt werden. Diese liegen global in einer differenzierten Behandlung der Segmente, was einen höheren Zielerreichungsgrad bei Oberzielen wie Gewinn ermöglichen soll als die undifferenzierte Behandlung.

Die meisten Automobilhersteller sehen eine differenzierte Marktbearbeitung bereits dadurch realisiert, dass verschiedene Produktlinien angeboten werden (zum Beispiel *Corsa*, *Astra* usw.). Diese unterscheiden sich zumeist nach funktional-technischen Kriterien (Größe, Motorleistung, Karosserieform), die aus Sicht der Automobilhersteller stellvertretend für gewisse Käufersegmente stehen. Beispiel hierfür ist das Segment der kompakten Sportlimousinen mit einer ganz bestimmten Käuferschaft. Dementsprechend sind die zentralen Segmentierungskriterien der aktuelle Autobesitz (zum Beispiel wird das Segment der *Astra*-Fahrer gebildet). Darüber hinaus gibt es noch weitere Kriterien, die entweder zur Markterfassung (segmentbildende Kriterien) oder zur Marktbearbeitung (segmentbeschreibende Kriterien) herangezogen werden können:

Demographische Kriterien

- Verwendet werden insbesondere sozio-ökonomische Kriterien (Geschlecht, Ausbildung, Beruf, Einkommen und Alter), da sie einen deutlichen Bezug zum Kaufverhalten aufweisen. Zudem sind sie relativ leicht erfassbar. Im Gegensatz dazu werden geographische Kriterien (Größe von Städten) selten verwendet, da sie nicht immer in einem deutlichen Bezug zum Kaufverhalten stehen.

Kriterien des beobachtbaren Kaufverhaltens

- Gegenwärtiger Automobilbesitz: Die ermittelten Segmente werden dann mittels anderer Kriterien beschrieben, um ein Bild vom zum Beispiel typischen „*Astra*-Fahrer" zu erhalten und damit zum Beispiel bei Modellveränderungen entsprechende Wünsche berücksichtigen zu können oder in der Kommunikationspolitik entsprechend reagieren zu können.
- Vor dem jetzigen Automobil gefahrenes Fahrzeug (Vorkäuferstruktur): Anhand derartiger Untersuchungen lässt sich die Markentreue erkennen.

Psychographische Kriterien

- Einstellungen und Erwartungen (insbesondere Einstellungen gegenüber Eigenschaften von Automobilen; zum Beispiel Sportlichkeit, Umweltaspekte, Sicherheit) unterteilen die Gesamtkäuferschaft in sehr heterogene Cluster.
- Allgemeine grundlegende Persönlichkeitsmerkmale, Charaktereigenschaften (zum Beispiel ängstlich, prestigeorientiert oder sicherheitsbewusst) werden vielfach verwendet, um schon ermittelte Segmente zu beschreiben (segmentbeschreibende Kriterien). Beispielsweise wurde das Segment der *Golf I*-Fahrer (Segmentierung nach Kriterien des beobachtbaren Kaufverhaltens) als eher ängstlich in ihrer Persönlichkeitsstruktur beschrieben. Grundsätzlich sind diese Kriterien schwieriger zu erheben als beispielsweise die demographischen.

Aufgabe 2

Ein Hersteller, der im Bereich Foto und Video tätig ist, plant Mitte 2003 die Einführung einer Bild-Disc, auf der Fotos abgespeichert werden können und über ein Disc-Abspielgerät auf dem Fernsehgerät angeschaut werden können. Aus Testmarktdaten weiß die Unternehmensleitung, dass die Absatzmenge dieses neuen Produkts erheblich durch den Preis, die Qualität der Bildplatten und das eingesetzte Werbebudget bestimmt wird. Über die Zeitdauer von einem Monat wurden Testmarktdaten gewonnen, die zur Ermittlung der folgenden Marktreaktionsfunktion herangezogen wurden:

$$x = 500 - 12p + 0{,}04\,W + 1{,}5Q$$
$$K = 3Q^2 + 10x + W$$

wobei   x = Absatzmenge (pro Monat)
        p = Preis
        W = Werbebudget (pro Monat)
        Q = Qualitätsindex
        K = Gesamtkosten (pro Monat)

a) Ermitteln Sie den optimalen Einsatz des Marketing-Mix.

(15 Punkte)

b) Von anderen Produkteinführungen liegen Erfahrungswerte vor, dass gerade im Einführungsjahr durchschnittlich 40 % des Umsatzes für Werbung eingesetzt werden müssen. Ermitteln Sie, inwieweit dieser Anteil beim optimalen Einsatz der Marketinginstrumente erreicht wird.

(4 Punkte)

c) Die Geschäftsleitung plant im Jahr 2004 einen Marktanteil von 40 % im Markt der Bild-Discs zu erreichen. Da in der Branche schnell neue Wettbewerber mit ähnlichen Produktangeboten und entsprechenden Werbeaufwendungen auftreten, wird im Jahr 2004 insgesamt mit Werbeaufwendungen in der Branche für Bild-Discs von 100.000,00 € gerechnet. Welches Werbebudget müsste der Hersteller nach dem Kriterium „share of voice – share of market" 2004 mindestens einplanen und welche Vorteile weist diese Budgetierungsmethode gegenüber der Umsatzanteilsmethode auf?

(6 Punkte)

Lösung
Zu a)
Ermittlung der Gewinnfunktion
Umsatzfunktion: $U = p \cdot x = p \cdot (500 - 12p + 0{,}04W + 1{,}5Q)$

Kostenfunktion: $K = 3Q^2 + 10x + W$

Gewinnfunktion: $\begin{aligned}G = U - K &= 500p - 12p^2 + 0{,}04pW + 1{,}5pQ - 3Q^2 - 10 \cdot \\ &\quad (500 - 12p + 0{,}04W + 1{,}5Q) - W \\ &= 500p - 12p^2 + 0{,}04pW + 1{,}5pQ - 3Q^2 - 5.000 + 120p - 0{,}4W \\ &\quad - 15Q - W \\ &= 620p - 12p^2 + 0{,}04pW + 1{,}5pQ - 3Q^2 - 15Q - 1{,}4W - 5.000\end{aligned}$

Erläuterung
Als notwendige Bedingung für die Existenz eines gewinnmaximalen Marketing-Mix müssen die partiellen Ableitungen der Gewinnfunktion nach den Marketinginstrumenten den Wert Null annehmen.

Ermittlung der partiellen Ableitungen
$$\tfrac{\delta G}{\delta p} = 620 - 24p + 0{,}04W + 1{,}5Q = 0$$
$$\tfrac{\delta G}{\delta W} = 0{,}04P - 1{,}4 = 0$$
$$\tfrac{\delta G}{\delta Q} = 1{,}54P - 6Q - 15 = 0$$

Das Gleichungssystem ist eindeutig lösbar.

Bestimmung der einzelnen Parameter

$$0,04p - 1,4 = 0 \qquad\qquad \Leftrightarrow p = 35$$

$$1,5p - 6Q - 15 = 0 \qquad\qquad \Rightarrow 52,5 - 6Q - 15 = 0$$

$$\Leftrightarrow Q = 6{,}25$$

$$620 - 24p + 0{,}04W + 1{,}5Q = 0 \quad \Rightarrow 620 - 840 + 0{,}04W + 9{,}375 = 0$$

$$\Rightarrow W = 5.265{,}625 \approx 5.265{,}63$$

Der gewinnmaximale Marketing-Mix liegt bei einem Preis von 35,00 €, einem Qualitäts-index von 6,25 und einem monatlichen Werbebudget von 5.265,63 €.

Bewertung der Lösung:
Anzumerken ist zu dieser Lösung, dass sie das Entscheidungsproblem nicht unbedingt vollständig abbildet und daher weitere Einflussgrößen in das Modell einbezogen werden könnten, um die Realitätsnähe zu verstärken. Dazu gehören weitere quantitative Größen wie zum Beispiel das Distributionsbudget, aber auch qualitative Größen wie zum Beispiel die Qualität der Werbung. Der Einbezug eher qualitativer Größen in ein mathematisches Modell beinhaltet natürlich den Zwang zur Quantifizierung der betrachteten Größen.

Ergänzung: Ermittlung des Gewinns
Der Gewinn liegt beim ermittelten optimalen Einsatz der Marketinginstrumente bei 2.117,19 €.

Zu b)
Ermittlung der Umsatzhöhe beim gewinnoptimalen Einsatz der Instrumente
Absatzmenge: x (p = 35; W = 5265,63; Q = 6,25) = 300
Umsatz =   p · x = 35 · 300 = 10.500
Ermittlung des Anteils der Werbung am gewinnoptimalen Umsatz
   Anteil der Werbung am Umsatz:

$$\frac{5.265{,}63}{10.500} = 0{,}50148857 \qquad \Rightarrow 50{,}15 \text{ \%}$$

Der Wert von 40 % wird beim gewinnoptimalen Einsatz des Marketing-Mix mit 50,15 % deutlich überschritten. Wenn der vorgegebene Wert von 40 % als Mindestwert verstanden wird, ist das Kriterium erfüllt.

Zu c)
Erläuterung des „Share of voice – share of market"-Kriteriums:

Das „Share of voice – share of market"-Kriterium besagt, dass in einer betrachteten Branche der Wert des Anteils der Werbeaufwendungen eines Wettbewerbers an den Werbeaufwendungen der gesamten Branche ähnlich dem Wert seines Marktanteils in dieser Branche ist. In seiner normativen Ausprägung verlangt das Kriterium, dass zur Erlangung eines bestimmten Marktanteils dieser Anteil auch mindestens bei den Werbeaufwendungen erreicht werden muss.

Ermittlung des Mindest-Werbebudgets:

$$0,4 \cdot 100.000 = 40.000$$

Im Jahr 1994 müssten mindestens 40.000 € als Werbebudget eingeplant werden, um einen Marktanteil von 40 % zu erreichen.

Die Vorteile der „Share of voice – share of market"-Methode gegenüber der Umsatzanteilsmethode liegen in

- der Einbeziehung der Konkurrenz in das Entscheidungskalkül,
- der expliziten Formulierung eines Ziels der Kommunikation,
- der leichten Kontrollierbarkeit des formulierten Ziels.

Grundsätzlich ist jedoch zu bedenken, dass ähnlich wie bei der Umsatzanteilsmethode eine Verdrehung der Kausalitäten vorliegen kann: Während bei der Anwendung der Umsatzanteilsmethode vom Umsatz auf das Werbebudget geschlossen wird, kann bei der Ermittlung des Zusammenhangs zwischen Marktanteil und Werbeanteil der Marktanteil die Ausgangsgröße sein, wenn die Unternehmen jeweils nach der Umsatzanteilsmethode vorgehen.

8.10 Marketing-Grundstudiumsklausur

Aufgabe 1: Marktforschung/Messewirkung

(10 Punkte)

Ein Hersteller von Spezialmaschinen war auf der Hannover Messe erstmalig mit einem Stand vertreten. Die zahlreichen Kunden, die den Stand besuchten, wurden ausnahmslos EDV-technisch erfasst. Nach Beendigung der Messe stellte der Hersteller fest, dass ihm 2.100 seiner insgesamt 3.900 Kunden auf der Messe einen Besuch abgestattet hatten.

Die Gruppe der Messebesucher unter den Kunden hatte vor der Messe ein durchschnittliches jährliches Ordervolumen von 150.000 € getätigt. Bei den übrigen Kunden lag dieser Wert bei jährlich 100.000 €.

Ein Jahr später verlangt der Firmenchef von seiner Marketingabteilung eine erste Bilanz der Messepräsenz. Aus den Auftragsbüchern geht hervor, dass das durchschnittliche Ordervolumen der Messebesucher in diesem Jahr bei 170.000 € gelegen hatte, wogegen die nicht auf der Messe registrierten Kunden nur noch Aufträge in Höhe von durchschnittlich 85.000 € erteilt hatten.

a) Berechnen Sie die Wirkung der Messepräsenz auf Grundlage der EBA-Experimentalanordnung.

(3 Punkte)

b) Berechnen Sie die Wirkung der Messepräsenz auf Grundlage der EBA-CBA-Experimentalforschung.

(3 Punkte)

c) Erläutern Sie die Probleme und Unterschiede zwischen den beiden Experimentalanordnungen. Stützen Sie sich dabei auf die zuvor ermittelten Ergebnisse.

(4 Punkte)

Lösung

Zu a)

EBA-Typ: $170.000 - 150.000 = 20.000$

Zu b)

EBA-CBA-Typ: $(170.000 - 150.000) - (85.000 - 100.000) = 35.000$

Zu c)

EBA:

- Vernachlässigung von Störvariablen.
- Kontrollgruppe fehlt.
- Zeitliche Entwicklungseffekte nicht messbar.

EBA-CBA:

- Auch hier Vernachlässigung von Störvariablen.
- Hier aber Bereinigung der Wirkung der unabhängigen Variablen in der Experimentiergruppe um die Entwicklungseffekte, die sich in der Kontrollgruppe zeigen.

Zum vorliegenden Beispiel:
Der offensichtliche Nachfragerückgang der sich in der Gruppe der Nicht-Besucher zeigt, konnte durch die Messeaktivität nicht nur aufgefangen, sondern sogar in eine Nachfragesteigerung umgewandelt werden. Doch Vorsicht: Vielleicht sind viele Kunden nicht zum Messestand gekommen, weil sie sowieso nichts mehr mit dem Unternehmen zu tun haben wollen. Hier sind also noch einige unbekannte Faktoren im Spiel.

Aufgabe 2: Sortimentsplanung im Waschmittelbereich

(25 Punkte)

Ein Chemieunternehmen produziert und vertreibt zur Zeit die Waschmittel „Clean", „Ultra Clean", „Phosphatfrei" und „Parfümfrei" auf dem deutschen Markt: Zur Herstellung einer Mengeneinheit des jeweiligen Waschmittels sind unterschiedlich hohe Aufwendungen an Betriebs- und Materialstoffen erforderlich, die sich in den entsprechend differenzierten variablen Kosten niederschlagen. Zusätzlich sind zur Kostenkalkulation und Herstellung einer Mengeneinheit (ME) Waschpulver je nach Produktart verschiedene Intensitäten des Zusatzstoffs Tensid zu berücksichtigen.

Produkt	Clean	Ultra Clean	Phosphatfrei	Parfümfrei
Verkaufspreis (GE)	5,5	14,0	12,0	9,0
Variable Kosten (GE/ME)	5,0	6,5	6,0	5,5
Produktions- koeffizient Tensid (kg/ME)	0,5	1,5	1,0	0,5
Max. Absatzmenge (ME)	20.000	8.000	16.000	10.000

Das Unternehmen muss für den Kauf von 1 kg Tensid 2 GE aufbringen. Für die Produktion der Waschmittel fallen in der Unternehmung pro Periode Fixkosten von insgesamt 32.000 GE an.

a) Führen Sie eine Sortimentsanalyse im Hinblick auf eine mögliche Produkteliminierung auf Basis des Deckungsbeitrags durch.

(7 Punkte)

b) Wie verändert sich Ihr Entscheidungskalkül, wenn in der betrachteten Periode der Unternehmung lediglich 27 t Tensid zur Verfügung stehen? Welchen Gewinn kann die Unternehmung dann erzielen?

(7 Punkte)

c) Nennen Sie vier weitere, über die Deckungsbeitragsanalyse hinausgehende Faktoren, die bei einer Eliminationsentscheidung herangezogen werden sollten.

(2 Punkte)

d) Bewertung einer Neuprodukteinführung: Mit Wechsel des Lieferanten stehen der Unternehmung nunmehr 100 t Tensid pro Periode zur Verfügung. Die Unternehmensleitung beschließt, für die folgende Periode neben dem bereits etablierten Produkt „Phosphatfrei" zusätzlich ein phosphatfreies Waschmittelkonzentrat auf den Markt zu bringen. Nach zwei Jahren liegen der Marketingabteilung der Unternehmung folgende Substitutions- und Partizipationseffekte des neuen Produkts bezüglich des alten Produkts „Phosphatfrei" vor:

Periode	X_B	x_B	g_B
1	3.500	2.000	4,5
2	1.500	3.000	3

X_B = Substitutionseffekt (ME)

x_B = Partizipationseffekt (ME)

g_B = Deckungsspanne des neuen Produkts (GE/ME)

Erläutern Sie stichpunktartig die Begriffe Substitutions- sowie Partizipationseffekt und berechnen Sie den kumulierten Bruttogewinn der Zweitmarke nach zwei Perioden.

Beantworten Sie zudem stichpunktartig die Frage, wie die Einführung des neuen Produkts zu beurteilen ist.

(9 Punkte)

Lösung

Zu a)

Sortimentsanalyse auf Basis der Deckungsbeitragsrechnung:

Produkt	Clean	Ultra Clean	Phosphatfrei	Parfümfrei
Verkaufspreis	5,5	14,0	12,0	9,0
Variable Kosten	5,0	6,5	6,0	5,5
Variable Gesamtkosten (inkl. Tensid)	6,0	9,5	8,0	6,5
Max. Absatzmengen	20.000	8.000	16.000	10.000
Deckungsspanne	– 0,5	+ 4,5	+ 4,0	+ 2,5
Deckungsbeitrag	– 10.000	+ 36.000	+ 64.000	25.000

(Die Kosten des Faktors Tensid betragen: 2 GE/kg.)

- Das Produkt „*Clean*" ist bedingt durch seine negative Deckungsspanne zu eliminieren.

Zu b)

Berücksichtigung des Materialengpasses „Tensid" (27 t):

Produkt	Ultra Clean	Phosphatfrei	Parfümfrei
Produktionskoeffizient	1,5	1,0	0,5
Deckungsspanne	+ 4,5	+ 4,0	+ 2,5
Relative Deckungsspanne	3,0	4,0	5,0
Produktionsmenge	4.000	16.000	10.000

- Produkt „*Clean*" wird nicht berücksichtigt
- Produkt „*Parfümfrei*" weist die höchste relative Deckungsspanne auf und wird deshalb entsprechend seiner maximalen Absatzmenge produziert
- Rang 2 belegt das Produkt „*Phosphatfrei*"
- Aufgrund des Engpasses können von „*Ultra Clean*" lediglich 4.000 ME produziert werden (statt der maximalen Absatzmenge von 8.000 ME)
- Der Gewinn beträgt:
  $10.000 \cdot 2{,}5 + 16.000 \cdot 4 + 4.000 \cdot 4{,}5 - 32.000 = 75.000$ GE

Zu c)

Weitere Faktoren der Eliminationsentscheidung:

- Beschaffungsverbundwirkungen
- Produktionsverbund der Waschmittel
- Auswirkungen auf das Sortenimage
- Auswirkungen auf die Sortimentsstruktur
- langfristige Zielsetzungen

Zu d)

Substitutions- und Partizipationseffekt:

1. Definition **Partizipationseffekt**:
   Käuferzugewinn durch Mobilisierung latenter Nachfrage und Markenwechsler von der Konkurrenz
2. Definition **Substitutionseffekt**:
   Nachfrageverlagerung innerhalb des eigenen Sortiments vom alten zum neuen Produkt
3. Berechnung des kumulierten Bruttogewinns:
   Bruttogewinn: $G_B = x_B \cdot g_B - x_B \cdot (g_A - g_B)$
   1. Periode: $G_B = 3.500 \cdot 4{,}5 - 2.000 \cdot (4 - 4{,}5)$
   $ = 16.750$ GE
   2. Periode: $G_B = 1.500 \cdot 3 - 3.000 \cdot (4 - 3)$
   $ = 1.500$ GE

- Eine Produktdifferenzierung ist vorteilhaft, wenn der Bruttogewinn der Zweitmarke unter Berücksichtigung des Partizipations- und Substitutionseffektes positiv ist. Dies wird im konkreten Fall in beiden Perioden erfüllt.

Aufgabe 3: Preispolitik

In der Praxis findet sich im Rahmen der Preisfindung häufig das Verfahren der Zuschlagskalkulation auf Vollkostenbasis.

a) Zeigen Sie die zentralen Probleme einer solchen Preisfindung auf.

(6 Punkte)

b) Welche Zielsetzung ist der beschriebenen Methode der Preisfindung immanent? Begründen Sie Ihre Antwort.

(4 Punkte)

Lösung
Zu a)

- Kosten sind nur im Rahmen der Preisuntergrenze Informationsgrundlage der Preispolitik;
- durch die Berücksichtigung nicht relevanter Fixkosten besteht die Gefahr, sich aus dem Markt zu kalkulieren;
- umgekehrt führt eine steigende Nachfrage zu sinkenden Preisen (prozyklische Preispolitik);
- die Preissetzung ist nicht gewinnoptimal;
- die Art der Preisfindung unterstellt eine verursachungsgerechte Fixkostenzurechnung, die nicht möglich ist etc.

Zu b)
Ein Marktgleichgewicht ist erst dann erreicht, wenn der Anbieter genau den Preis fordert, der seinen Vollkosten pro Stück plus Gewinnzuschlag entspricht. Das einer solchen Vorgehensweise implizit innewohnende Ziel ist Absatzmaximierung unter der Nebenbedingung eines angemessenen Stückgewinns (Gewinnzuschlag).

8.11 Marketing-Grundstudiumsklausur

Aufgabe 1: Preispolitik

(15 Punkte)

Das Unternehmen *Gewinn AG* stellt hochwertiges Computerzubehör her. Die Forschungsabteilung hat ein neues Material entwickelt, das für die Herstellung von Mousepads besonders geeignet ist. Ein Mousepad ist eine Unterlage für das Steuerungselement des Computers, das wegen seines Aussehens „Mouse" genannt wird. Es verhindert die Verschmutzung der Mouse und sorgt so für ihren einwandfreien Gebrauch.

Die variablen Kosten für die Herstellung eines Mousepads belaufen sich auf 0,50 €. Fixkosten entstehen in Höhe von 2.000 € pro Periode. Das beauftragte Marktforschungsinstitut prognostiziert aufgrund der Neuartigkeit des Materials einen monopolartigen Verlauf der Preis-Absatz-Funktion. Das Institut war jedoch nicht in der Lage, die Gleichung der Preis-Absatz-Funktion zu bestimmen. Es konnte aber ermittelt werden, dass bei einem Preis von 19 € 100 Mousepads abgesetzt werden können. Ebenso wurde festgestellt, dass die Preiselastizität der Nachfrage bei diesem Preis $\eta_{100,\,19} = -19$ beträgt.

a) Bestimmen Sie den umsatzmaximalen sowie den gewinnmaximalen Preis.

(10 Punkte)

b) Welche Konsequenzen ergeben sich in folgenden zwei Situationen für die Lage der Preis-Absatz-Funktion der *Gewinn AG*? Verdeutlichen Sie Ihre Antwort durch Skizzen.

(*5 Punkte*)

b1) Die Inflationsrate erhöht sich sprunghaft.

b2) Es treten drei neue Wettbewerber aus Asien in den Markt für Mousepads ein.

Lösung

Zu a)

Zunächst ist die Preis-Absatz-Funktion zu bestimmen. In ihrer allgemeinen Form lautet die Formel: $p(x) = a - bx$

Die Steigung b kann mit Hilfe der angegebenen Preiselastizität der Nachfrage im Punkt $p = 19$; $x = 100$ anhand der Preiselastizitätsformel ermittelt werden:

- Allgemein: $\eta_{x,\,p} = \dfrac{d_x}{d_p} \cdot \dfrac{p}{x}$

- Speziell: $-19 = \dfrac{d_x}{d_p} \cdot \dfrac{19}{100} \quad \Leftrightarrow \quad \dfrac{d_x}{d_p} = -100 \quad \Leftrightarrow \quad b = \dfrac{d_x}{d_p} = -\dfrac{1}{100}$

Den Prohibitivpreis a erhält man durch Einsetzen des Punktes $p = 19 / x = 100$ in die allgemeine Gleichung $p(x)$. Es ergibt sich $a = 20$. Die Preis-Absatz-Funktion lautet somit:

$$p(x) = 20 - \frac{1}{100}x$$

Zur Berechnung des **umsatzmaximalen** Preises gibt es zwei Möglichkeiten:

1. Möglichkeit: Differenzierung der Umsatzfunktion

$$U(x) = x \cdot p(x) = 20x - \frac{1}{100}x^2 \rightarrow \max!$$

$$U'(x) = 20 - \frac{1}{50}x = 0$$

$$\Leftrightarrow \quad x = 1.000$$

$$U''(x) = -\frac{1}{50} < 0$$

Die umsatzmaximale Menge beträgt 1.000 ME. Durch Einsetzen in die Preis-Absatz-Funktion ergibt sich der umsatzmaximale Preis von 10 €.

2. Möglichkeit:

Bei einer linear fallenden Preis-Absatz-Funktion lässt sich der umsatzmaximale Preis unmittelbar aus dem Prohibitivpreis ableiten. Er ist halb so groß (20 €/2 = 10 €).

Zur Berechnung des gewinnmaximalen Preises wird die Gewinnfunktion abgeleitet und gleich Null gesetzt:

$$G(x) = U(x) - K(x) = 20x - \frac{1}{100}x^2 - 2.000 - 0,5x$$

$$G'(x) = 20 - \frac{1}{50}x - 0,5 = 0$$

$$\Leftrightarrow \quad 19,5 = \frac{1}{50}x$$

$$\Leftrightarrow \quad x = 975$$

Der gewinnmaximale Preis beträgt somit:

$$p(975) = 20 - \frac{1}{100} \cdot 975 = 10{,}25 \ €$$

Zu b 1)
Wenn sich die Inflationsrate sprunghaft ändert, dreht sich die Preis-Absatz-Funktion um die Sättigungsmenge, weil sich die Inflationsrate auf die Preise aller Wettbewerber gleichermaßen auswirkt und deshalb keine Mengeneffekte auftreten (vgl. Abbildung auf der nächsten Seite):

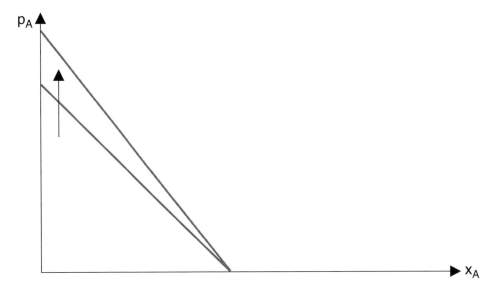

Zu b 2)
Durch die neuen Wettbewerber verschiebt sich die Preis-Absatz-Funktion zum Ursprung hin. Jedoch kann über die Art der Verschiebung (Parallelverschiebung oder Drehung um Sättigungsmenge oder Prohibitivpreis) keine Aussage getroffen werden. Unabhängig davon ist bei gegebenem Preis aufgrund des Markteintritts der Wettbewerber mit einem Rückgang der Absatzmenge zu rechnen.

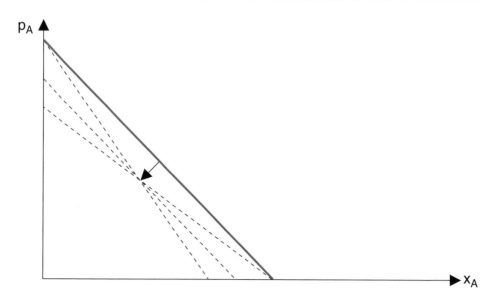

Aufgabe 2: Marktsegmentierung

(*8 Punkte*)

a) Was versteht man unter Marktsegmentierung, und welches Hauptziel wird mit ihr verfolgt?

(*2 Punkte*)

b) Welche Anforderungen sind an die Kriterien der Marktsegmentierung zu stellen?

(*2 Punkte*)

c) Inwieweit werden sozio-ökonomische Segmentierungskriterien diesen Anforderungen gerecht?

(*4 Punkte*)

Lösung

Zu a)

Unter der Marktsegmentierung versteht man die Aufteilung des Gesamtmarktes in homogene Käufergruppen bzw. -segmente. Die Segmente sollten intern homogen und extern heterogen sein.

Hauptziel der Marktsegmentierung ist es, Unterschiede zwischen Käufern darzulegen und daraus Schlussfolgerungen im Hinblick auf eine differenzierte Marktbearbeitung zu ziehen. Es soll ein hoher Grad an Identität der angebotenen Marktleistung und der segmentspezifischen Anforderung an diese Leistung erzielt werden.

Zu b)

Die wesentlichen Anforderungen an die Kriterien der Marktsegmentierung sind:

- Sie müssen sich mit den vorhandenen Marktforschungsmethoden erfassen und messen lassen.

- Sie müssen für Marketingmaßnahmen verwertbar sein. Es muss auf Basis der Kriterien möglich sein, Gruppen zu bilden, die hinsichtlich ihres Kaufverhaltens ähnlich sind.
- Die Kriterien sind so zu wählen, dass ausreichend große Marktsegmente entstehen, für die sich die Entwicklung eines eigenen Marketingprogramms lohnt.
- Die Kriterien sollten über einen längeren Zeitraum aussagefähig bleiben.

Zu c)

Zu den sozio-ökonomischen Segmentierungskriterien zählen vor allem Geschlecht, Alter, Familienstand, Einkommen, Beruf, Ausbildung, Religion, sozialer Status und die Haushaltsgröße.

Der große Vorteil der sozio-ökonomischen Kriterien liegt in der relativ leichten Erfass- und Messbarkeit. Somit wird das Kriterium der „Messbarkeit mit den vorhandenen Marktforschungsmethoden" gut erfüllt.

Eine Marktsegmentierung auf Basis von sozio-ökonomischen Kriterien ist nicht so sehr geeignet, homogene Gruppen hinsichtlich des Kaufverhaltens zu bilden. Die Kriterien sollten vor allem hinsichtlich der Produktpräferenzen sensitiv genug sein, was bei den sozio-ökonomischen Kriterien aber nicht der Fall ist.

Im Rahmen der Marktsegmentierung sollen ausreichend große Marktsegmente entstehen, für die es sich lohnt, ein eigenes Marketingprogramm zu entwickeln. Diese Anforderung wird von den sozio-ökonomischen Kriterien hinreichend erfüllt.

Sozio-ökonomische Segmentierungskriterien können schließlich als durchaus zeitstabil angesehen werden. Einige Kriterien wie Geschlecht usw. verändern sich gar nicht, andere wie Haushaltsgröße, Einkommen usw. nur langfristig.

Aufgabe 3: Produktpolitik

(22 Punkte)

Das Unternehmen *Hopfen GmbH* ist ein traditionsreiches Unternehmen in der Lebensmittelindustrie und hat sich bisher ausschließlich auf den Biermarkt konzentriert. Seit geraumer Zeit ist die *Hopfen GmbH* jedoch einem verschärften Wettbewerb, vor allem durch die Wettbewerber *Königinnen Pilsener* und *Flipburger*, ausgesetzt. Dies schlägt sich in erheblichen Umsatzeinbußen nieder. Die Unternehmensführung plant angesichts dieser Entwicklungen die Einführung eines neuen Produkts. Als Ergebnis eines internen Wettbewerbs werden dem Marketingleiter als dem für Produktinnovationen Verantwortlichen 30 Vorschläge für eine solche Innovation unterbreitet.

a) Im Rahmen einer Grobauswahl soll die Menge der Vorschläge durch ein Scoring-Modell reduziert werden. Erläutern Sie die Vorgehensweise beim Einsatz eines Scoring-Modells. Nehmen Sie kritisch zum Aussagewert von Scoring-Modellen Stellung.

(6 Punkte)

b) Vom Assistenten der Marketingleitung werden vier Kriterien (A, B, C, D) vorgeschlagen, mit denen das Scoring-Modell durchgeführt werden soll. Die Kriterien werden als geeignet angenommen, jedoch besteht noch Uneinigkeit hinsichtlich der Kriteriengewichtung. Über folgende Aussagen herrschte unter den Beteiligten jedoch Einvernehmen:

- Kriterium A ist viermal wichtiger als Kriterium B.
- Die Summe der Kriterien B und D soll 200 % der Gewichtung des Kriteriums C betragen.
- Die Summe der Kriterien A und B soll gleich der Summe von C und D sein.

Berechnen Sie die Gewichte der Kriterien.

(10 Punkte)

c) Ein Produkt soll eine Deckungsspanne von 5 € erwirtschaften. Zur Herstellung des Produkts entstehen Kosten für die Beschaffung einer neuen Produktionsanlage in Höhe von 5.000 €. Weiterhin sind eine Personalschulung (2.725 €) und eine organisatorische Umgestaltung (2.275 €) notwendig. Die Materialkosten belaufen sich auf 10 €, während die Kosten für die Verpackung 25 % der Materialkosten betragen. Weiterhin sind Absatzwegekosten in Höhe von 7,50 € pro Stück zu berücksichtigen!
1) Berechnen Sie die Break-Even-Menge für das Produkt.

(4 Punkte)

2) Eine Marktforschungsstudie hat ergeben, dass mehr Einheiten des Produkts als die Break-Even-Menge abgesetzt werden können. Welche zentralen Kritikpunkte sind angebracht, wenn die Break-Even-Menge als alleiniges Entscheidungskriterium herangezogen wird?

(2 Punkte)

Lösung

Zu a)

Im ersten Schritt werden geeignete Bewertungskriterien formuliert. Geeignete Kriterien für die Neuproduktwahl sind dabei vor allem: Markttragfähigkeit, Lebensdauer, Produktionsmöglichkeiten und das Wachstumspotenzial. Da die Kriterien von unterschiedlicher Bedeutung sind, ist eine Gewichtung zweckmäßig. Im Anschluss an die Kriterienformulierung sind die Ausprägungen der einzelnen Merkmale festzulegen. Im Rahmen der eigentlichen Punktbewertung werden die 30 Produktinnovationen dann jeweils hinsichtlich jedes Kriteriums bewertet. Für jede Produktidee wird dann ein Gesamtpunktwert ermittelt. Im einfachsten Fall geschieht dies über eine additive Verknüpfung der gewichteten Teilpunktwerte.

Wesentliche **Vorteile** von Scoring-Modellen:

- Es handelt sich um ein sehr einfaches und gut strukturiertes Verfahren.
- Es werden auch qualitative Gesichtspunkte berücksichtigt.
- Der Datenaufwand ist sehr gering.

Wesentliche **Nachteile** von Scoring-Modellen:

- Die Generierung und Gewichtung der Kriterien sowie die Beurteilung sind subjektiv.
- Die Kriterien sind häufig nicht unabhängig voneinander.
- Der Gesamtpunktwert lässt sich wegen seiner Dimensionslosigkeit kaum interpretieren. Darüber hinaus ist die Verdichtung zu einem Gesamtpunktwert immer mit einem Informationsverlust verbunden.
- Es wird unterstellt, dass die unzureichende Eignung einer Alternative bei einem Kriterium durch die besondere Eignung bei einem zweiten Kriterium kompensiert werden kann.
- Es steht nicht eindeutig fest, wie die Grenze bestimmt wird, die über Vorteilhaftigkeit bzw. Unvorteilhaftigkeit einer Alternative entscheidet (kritischer Punktwert).

Zu b)

- Die Summe der Kriterien ergibt 1. Das heißt formal: $A + B + C + D = 1$.
- Kriterium A ist viermal wichtiger als Kriterium B. Das heißt formal: $A = 4 \cdot B$.
- Die Summe der Kriterien B und D soll um 200 % die Gewichtung des Kriteriums C übersteigen. Das heißt formal: $B + D = 2 \cdot C$
- Die Summe der Kriterien A und B soll gleich der Summe der Kriterien C und D sein. Das heißt formal: $A + B = C + D$. Unter Berücksichtigung dieser Sachverhalte lässt sich ein Gleichungssystem aufstellen, aus dem sich die Gewichte berechnen lassen:

$$\text{I.} \qquad A + B + C + D = 1$$

$$\text{II.} \qquad A = 4 \cdot B$$

$$\text{III.} \qquad B + D = 2 \cdot C$$

$$\text{IV.} \qquad A + B = C + D$$

$$\text{I} - \text{IV}: \quad A + B + C + D - A - B = 1 - C - D$$
$$\Leftrightarrow \qquad\qquad 2C + 2D = 1$$
$$\Leftrightarrow \quad \text{(V)} \quad C + D = 0{,}5$$
$$\Leftrightarrow$$

$$\text{V in IV:} \quad \text{(VI)} \quad A + B = 0{,}5$$

$$\text{II in VI:} \qquad 4 \cdot B + B = 0{,}5$$
$$\Leftrightarrow \qquad\qquad B = 0{,}1$$

$$\text{in IV:} \qquad\qquad A = 0{,}4$$

V unter Berücksichtigung von A = 0,4 und B = 0,1:

$$0,1 + D = 2 \cdot C$$
$$\Leftrightarrow \quad 0,1 + 0,5 - C = 2 \cdot C$$
$$\Leftrightarrow \quad 0,6 = 3 \cdot C$$
$$\Leftrightarrow \quad C = 0,2$$

aus V: D = 0,3

Die Kriterien haben damit folgende Gewichte: A = 0,4; B = 0,1; C = 0,2 und D = 0,3.

Zu c1)
Für die Berechnung der Break-Even-Menge sind die Fixkosten sowie die Deckungsspanne relevant. Die Fixkosten betragen: 5.000 € + 2.275 € + 2.725 € = 10.000 €. Da die Deckungsspanne 5 € beträgt, ergibt sich der Break-Even als 10.000/5 = 2.000. Der Break-Even wird bei einem Absatz von 2.000 Stück erreicht.

Zu c2)
Die wesentlichen Kritikpunkte an der Break-Even-Analyse sind:

- Es handelt sich um eine statische Betrachtung.
- Es wird mit Durchschnittsgrößen gerechnet.
- Risikoaspekte werden vernachlässigt.
- Die Wirkung unterschiedlicher Marketinginstrumente auf den Absatz wird nicht explizit berücksichtigt.

8.12 Marketing-Grundstudiumsklausur

Aufgabe 1: Produktpolitik
Ein Unternehmen, das bislang nur Vollmilchschokolade hergestellt und verkauft hat, plant die Einführung einer Zartbitterschokolade zusätzlich zur bereits etablierten Vollmilchschokolade.

Die Marktforschungsabteilung hat die in folgender Tabelle dargestellten Substitutions- und Partizipationseffekte sowie die Deckungsbeiträge der beiden Produkte für die nächsten drei Jahre erhoben.

Periode	1	2	3
X_{ZB} [ME]	1.200	800	750
$\overline{X}_{ZB}$ [ME]	950	900	975
D_{VM} [GE/ME]	0,80	0,85	0,90
D_{ZB} [GE/ME]	0,70	0,85	0,95

Symbole:

X_{ZB}	Partizipationseffekt Zartbitter
$\overline{X}_{ZB}$	Substitutionseffekt Zartbitter
D_{VM}	Deckungsspanne Vollmilch
D_{ZB}	Deckungsspanne Zartbitter

a) Definieren Sie zunächst die Begriffe *Partizipationseffekt* und *Substitutionseffekt*. Erklären Sie aufbauend auf den Definitionen allgemein, wie der Bruttogewinn des neu einzuführenden Produkts in der ersten Periode zu berechnen ist, und geben Sie die Berechnungsvorschrift unter Verwendung der angegebenen Symbole an.

(6 Punkte)

b) Berechnen Sie unter Berücksichtigung des Partizipations- und Substitutionseffektes die periodenspezifischen sowie den kumulierten Bruttogewinn der Zweitmarke nach drei Perioden. Wie ist die Einführung des neuen Produkts zu beurteilen?

(6 Punkte)

Lösung

Zu a)

Partizipationseffekt: Als Partizipationseffekt wird die Nachfrage der durch die zusätzliche Produktvariante *neu hinzugewonnenen Käufer*, die bislang *Konkurrenzprodukte* erworben oder *keinerlei Käufe* in der betrachteten Produktkategorie getätigt haben, bezeichnet.

Substitutionseffekt: Substitutionseffekte treten bei einem *Wechsel der Kunden* von anderen Produkten des Unternehmens zu den neuen Produktvarianten auf, das heißt, es gibt eine interne Konkurrenz der Produkte eines Unternehmens (Kannibalisierungseffekt).

Für die erste Periode kann der Bruttogewinn wie folgt bestimmt werden:

(1) Durch die *Partizipation* kann für jede an neue Kunden verkaufte Mengeneinheit des neuen Produkts eine Deckungsspanne von D_{ZB} erzielt werden. Damit ergibt sich eine Wirkung von

$$D_{ZB} \cdot X_{ZB}$$

(2) Durch die *Substitution* kommt es zu einer „Abwanderung" der Nachfrage vom alten Produkt zum neuen Produkt. Daher entgeht dem Unternehmen für jeden internen Wechsel zunächst die Deckungsspanne des alten Produkts. Es ergibt sich eine Wirkung von

$$- (D_{VM} \cdot \overline{X}_{ZB})$$

(3) Gleichzeitig substituieren die Nachfrager jedoch das alte Produkt durch das neue Produkt. Daher erzielt das Unternehmen für jeden internen Wechsel die Deckungsspanne des neuen Produkts. Es ergibt sich eine Wirkung von

$$D_{ZB} \cdot \overline{X}_{ZB}$$

Damit ergibt sich für die erste Periode ein Bruttogewinn von

$$G_B = D_{ZB} \cdot X_{ZB} - D_{VM} \cdot \overline{X}_{ZB} + D_{ZB} \cdot \overline{X}_{ZB} \quad \text{oder}$$

$$G_B = D_{ZB} \cdot X_{ZB} - X_{ZB} \cdot (D_{VM} - D_{ZB}) \quad \text{oder}$$

$$G_B = D_{ZB} \cdot X_{ZB} + X_{ZB} \cdot (D_{ZB} - D_{VM})$$

Zu b)

$$G_B = D_{ZB} \cdot X_{ZB} - \overline{X}_{ZB} \cdot (D_{VM} - D_{ZB}) \quad \text{oder}$$

$$G_{B1} = 0,70 \cdot 1200 - 950 \cdot (0,80 - 0,70) = 840 - 95 \qquad = \mathbf{745,00 \ GE}$$

$$G_{B2} = 0,85 \cdot 800 - 900 \cdot (0,85 - 0,85) = 680 - 0 \qquad = \mathbf{680,00 \ GE}$$

$$G_{B3} = 0,95 \cdot 750 - 975 \cdot (0,90 - 0,95) = 712,50 + 48,75 \qquad = \mathbf{761,25 \ GE}$$

$$\Sigma \quad \mathbf{2.186,25 \ GE}$$

Die Einführung des neuen Produkts „*Zartbitter*" ist nach den vorliegenden Daten als vorteilhaft zu beurteilen und sollte durchgeführt werden.

Aufgabe 2: Preispolitik

Eine Unternehmung sieht sich der polypolistischen Preis-Absatz-Funktion

$$p = \begin{cases} 50 - x & 0 \leq x \leq 20 \\ 80 - 2,5x & 20 \leq x \leq 25 \\ 30 - 0,5x & 25 \leq x \leq 60 \end{cases}$$

und der Gesamtkostenfunktion $K = 15 + 25x$ gegenüber.

a) Berechnen Sie für die angegebene Situation das Gewinnmaximum und die zugehörige Preis-Mengen-Kombination.

(6 Punkte)

b) Erklären Sie, was unter dem monopolistischen Abschnitt der polypolistischen Preis-Absatz-Funktion zu verstehen ist. Durch welche Faktoren wird die Größe und der Verlauf des monopolistischen Abschnitts bestimmt?

(4 Punkte)

Lösung

Zu a)

Gewinnmaximale Situation

$$G = U - K$$

$$G_1 = 50x - x^2 - 15 - 25x = 25x - x^2 - 15$$

$$G'_1 = 25 - 2x = 0 \rightarrow \mathbf{x = 12, 5} \text{ (definiert)}$$

$$G_2 = 80x - 2{,}5x^2 - 15 - 25x = 55x - 2{,}5x^2 - 15$$

$$G'_2 = 55 - 5x = 0 \rightarrow \mathbf{x = 11} \text{ (nicht definiert)}$$

$$G_3 = 30x - 0{,}5x^2 - 15 - 25x = 5x - 0{,}5x^2 - 15$$

$$G'_3 = 5 - x = 0 \rightarrow \mathbf{x = 5} \text{ (nicht definiert)}$$

Das Gewinnmaximum beträgt **141,25** bei **x = 12,5** und **p = 37,5**. *(1,5 Punkte)*

Zu b)

Monopolistischer Bereich:

Im monopolistischen Bereich der PAF kann sich die Unternehmung preispolitisch ähnlich verhalten wie ein Monopolist. Innerhalb dieses preispolitischen Spielraums kann eine Unternehmung operieren, ohne Gefahr zu laufen, ihre Kunden zu verlieren. Dies resultiert aus der *Unvollkommenheit des Marktes* und den durch Marketingmaßnahmen bewirkten *Präferenzen*, die ihrerseits zu einer wahrgenommenen Heterogenität der Güter führen.

Faktoren:

- Abstand der Grenzpreise ist umso größer, je stärker die Bindung der Käufer an das Unternehmen ist; je größer die Präferenzen, umso freier kann die Unternehmung preispolitisch operieren
- Monopolistischer Bereich wird umso größer, je geringer die Substituierbarkeit der konkurrierenden Erzeugnisse ist
- Einfluss der akquisitorischen Potenziale aller konkurrierenden Anbieter
- Reaktionsgeschwindigkeit der Käufer auf Preisänderungen

Aufgabe 3: Distributionspolitik

Konflikte zwischen Hersteller- und Handelsunternehmen können aus der Verfolgung unterschiedlicher Zielsetzungen resultieren.

Zeigen Sie mögliche Zieldivergenzen beim Einsatz der vier klassischen Marketinginstrumente durch Hersteller- und Handelsunternehmen auf.

(8 Punkte)

Lösung

Mögliche Zieldivergenzen zwischen Hersteller- und Handelsunternehmen:
(Erläuterung ausgewählter Beispiele in den vier Bereichen erforderlich!)

Ziele	Hersteller	Handel
Produktpolitische Ziele	■ Produkt- und Markenimage ■ Förderung der Herstellermarke ■ Hohe Innovationsrate, auch durch Produkte mit geringem Innovationsgrad	■ Sortimentsimage ■ Konzentration auf Markenneuheiten ■ Förderung von Eigenmarken
Distributions-politische Ziele	■ Große Bestellmengen ■ Hohe Distributionsdichte ■ Günstige Platzierung der eigenen Marke ■ Präsenz des gesamten Herstellersortiments	■ Schnelle Lieferung auch kleiner Mengen ■ Selektive oder exklusive Distribution ■ Gleichmäßige Platzierung aller Produkte ■ Präsenz ausgewählter Marken
Kommunikations-politische Ziele	■ Erhöhung oder Stabilisierung der Markentreue ■ Überregionale Marken-bekanntheit ■ Schaffung von Marken-präferenzen ■ Profilierung der Marken-persönlichkeit	■ Erhöhung oder Stabilisierung der Händlertreue ■ Regionale Markenförderung ■ Profilierung der Einkaufsstätte ■ Kommunikative Förderung komplementärer Produkte
Kontrahierungs-politische Ziele	■ Seriöse Preisaktivität ■ Einheitliche Endverbraucher-preise für eine Marke ■ Niedrige Handelsspanne	■ Aggressive Preispolitik (preispolitischer Ausgleich) ■ Standortspezifische Preis-differenzierung ■ Hohe Handelsspanne

Aufgabe 4: Produktpolitik

In einem Unternehmen aus dem Pharmasektor sollen aus einer Reihe von Neuprodukt-ideen die Erfolg versprechenden ausgewählt werden, um deren Entwicklung schnell vor-anzutreiben.

Ein Mitarbeiter, der mit der Vorbereitung der Entscheidung beauftragt wurde, schlägt vor, zunächst ein Punktbewertungsmodell einzusetzen, um dann mit Hilfe einer Break-Even-Analyse eine abschließende Bewertung Erfolg versprechender Produktideen vorzu-nehmen.

a) Warum findet bei der Prüfung von Neuproduktideen häufig eine derartige mehrstufige Vorgehensweise Anwendung?

(2 Punkte)

b) Welche Kriterien sollten Ihrer Meinung nach in einem Punktbewertungsmodell zur Prüfung von Neuproduktideen herangezogen werden? Nennen Sie die wesentlichen

Kritikpunkte, die den Aussagewert eines derartigen Punktbewertungsmodells einschränken können.

(6 Punkte)

Zur Berechnung der Break-Even-Menge des Präparats ZX17 liegen folgende Informationen vor:

Die einmaligen Entwicklungskosten betragen 500.000 €. Die Herstellung einer Packung des Präparats verursacht variable Kosten in Höhe von 5 €. Die Marktforschungsabteilung geht davon aus, dass eine Packung des Präparats zu einem Preis von 18 € abgesetzt werden kann.

c) Bestimmen Sie die Break-Even-Menge für dieses Präparat. Wie hoch müsste der Preis für eine Packung des Präparats gesetzt werden, um die Break-Even-Menge um 20 % zu senken?

(4 Punkte)

Lösung
Zu a)
Phasen der Prüfung von Neuideen:
Ziel des zweistufigen Vorgehens ist die Minimierung des Misserfolgsrisikos. Es wird eine schnelle Konzentration der Ressourcen angestrebt, indem nicht Erfolg versprechende Ideen möglichst früh ausgesondert werden (Filter).

Durch das zweistufige Verfahren soll eine möglichst optimale Ressourcenallokation erreicht werden. Die Kosten zur Überprüfung einer Produktidee steigen für die Feinanalyse in der Regel an, da die Produktideen weiter konkretisiert sowie Prototypen und Markteinführungskonzeptionen entwickelt werden müssen, um genaue Kosten- und Umsatzschätzungen vornehmen zu können.

Zu b)
Punktbewertungsmodell:
Kriterien: (Beispiele)

- Erwartete Zahl an Abnehmern
- Wachstumspotenzial
- Erforderliche/Einsetzbare Absatzwege (Pharma)
- Konkurrenzfähigkeit
- Einfluss auf Umsatz der alten Produkte (Überschneidung)
- Benötigte Ressourcen/Beanspruchung
- Benötigtes Personal und technisches Wissen
- Möglicher Markteintritt

Kritikpunkte Punktbewertungsmodell:

- Vollständigkeit der Kriterien
- Überschneidung der Kriterien
- Subjektive Auswahl der Kriterien
- Subjektive Bewertung der Kriterien
- Subjektive Gewichtung der Kriterien
- Kompensationseffekte

Zu c)
Break-Even:

$$500.000 + 5x = 18x$$

$$500.000 = 13x$$

$$\rightarrow \mathbf{x = 38.462\ ME}\ \text{Break-Even-Menge}$$

Senkung der Break-Even-Menge um 20 % $\rightarrow \mathbf{x = 30.769\ ME}$

$$500.000 + 5 \cdot 30.769 = p \cdot 30.769$$

$$653.845 = p \cdot 30.769$$

$$p = 21,25\ \text{€}$$

Aufgabe 5: Marketing-Mix
Zwischen den einzelnen Instrumenten des Marketing-Mix bestehen vielfältige Wirkungsbeziehungen, die eine integrierte Planung des Marketing-Mix erforderlich machen.

a) Zeigen Sie anhand der Bereiche
   - Preispolitik und Kommunikationspolitik
   - Produktpolitik und Distributionspolitik
   - Kommunikationspolitik und Distributionspolitik
   - Produktpolitik und Preispolitik
   unterschiedliche Wirkungsbeziehungen im Marketing-Mix auf, die eine integrierte Pla-
   nung des Marketing-Mix notwendig erscheinen lassen.

   (6 Punkte)

b) Welche grundlegenden Ansätze zur integrierten Planung des Marketing-Mix lassen
   sich unterscheiden? Wie beurteilen Sie die Eignung dieser Ansätze zur integrierten Planung des Marketing-Mix?

   (6 Punkte)

Lösung

Zu a)

Interdependenzenen im Marketing-Mix

Beispiele:

- **Preispolitik und Kommunikationspolitik:**
  Werbung kann bspw. den Effekt einer Preissenkung oder eines Sonderpreises verstär-
  ken; Absatzverluste aufgrund einer Preiserhöhung können unter Umständen in gewis-
  sem Umfang durch verstärkte Werbung kompensiert werden
- **Produktpolitik und Distributionspolitik:**
  Art des Produkts (Größe, Verpackung, Gewicht, Verderblichkeit) bestimmt sowohl die
  Absatzkanalpolitik als auch die Marketinglogistik (zum Beispiel Transportmittelwahl)
- **Kommunikationspolitik und Distributionspolitik:**
  Distributionsdienst (zum Beispiel zuverlässige Logistik) kann als Werbeargument
  gegenüber Konsumenten und Händlern dienen; Auswahl der einzuschaltenden Händ-
  ler und Absatzwege muss die in der Kommunikationspolitik vermittelten Botschaften
  berücksichtigen
- **Produktpolitik und Preispolitik:**
  Preis kann als Qualitätsindikator eingesetzt werden; dies bedarf dann einer entsprechenden Gestaltung/Verpackung des Produkts (Qualität, Design …)

Zu b)

Planungsansätze des Marketing-Mix

Bei der integrierten Planung des Marketing-Mix lassen sich grundsätzlich

- Heuristische Planungsverfahren und
- Analytische Planungsverfahren

unterscheiden.

Unter heuristischen Planungsverfahren sind systematische Problemlösungsverfahren
zu verstehen, die mit Hilfe so genannter heuristischer Regeln bestimmte Probleme zu lösen versuchen. Kennzeichen:

- Selektiv wirkende methodische Handlungsregeln (Vorauswahl)
- Die zur Reduktion der Problemkomplexität führen (Vereinfachung)
- Die in der Regel jedoch nicht zur optimalen Lösung führen und
- Keine Lösungsgarantie bieten.

Analytische Verfahren sind durch eindeutige Lösungsvorschriften gekennzeichnet. Analytische Verfahren versuchen, auf formalem Weg den „optimalen" Marketing-Mix zu berechnen oder zumindest eine Instrumentekombination zu finden, die allen Nebenbedingungen gerecht wird.

Beurteilung heuristischer Verfahren (Beispiele):

- Keine optimalen Lösungen für Marketing-Mix
- Bestimmung des zweckmäßigen Anwendungsbereichs von Problemlösungsregeln ist problematisch; inverse Beziehung zwischen der Breite des Anwendungsbereichs und der Lösungstauglichkeit von Entscheidungsmethoden
- Einfachheit und Verständlichkeit
- Benutzungssicherheit
- Realitätsnahe Modellvoraussetzungen

Beurteilung analytischer Verfahren (Beispiele):

- Eindeutiges Optimalitätskriterium
- Mangelnde Benutzungssicherheit
- Ungenügende Informationsverarbeitung
- Geringe Anpassungsfähigkeit
- Realitätsferne Modellvoraussetzungen
- Probleme bei Verständlichkeit

Aufgabe 6: Distributionspolitik

Ein Hersteller von Waschmitteln, die in 10-kg-Paketen verkauft werden, bietet Handelsunternehmen die Möglichkeit, diese neuerdings via Internet zu bestellen.

Für jede bestellte Lieferung soll automatisch eine Reservierung beim jeweils günstigsten Transportdienstleister erfolgen. Als Transporteure kommen ein Kurierdienst, die Bahn und eine Großspedition in Frage.

Die Großspedition verlangt eine Grundpauschale von 200 € sowie einen Kostensatz von 1 € pro 10-kg-Paket des Waschmittels. Der Kurierdienst setzt demgegenüber keine Grundpauschale an, es fallen jedoch 3 € an Kosten pro 10-kg-Paket des Waschmittels an. Die Bahn stellt eine Grundvergütung von 400 € in Rechnung, pro 10-kg-Paket des Waschmittels fallen dann jedoch nur 0,25 € an weiteren Kosten an.

Ermitteln Sie für alternative Bestellmengen das jeweils kostenminimale Transportmittel.

(4 Punkte)

Lösung
Aufstellung der Kostenfunktionen:

Spedition:	$200 + 1x$
Kurier:	$3x$
Bahn:	$400 + 0,25x$

Kostenvergleich: (Start mit geringsten Fixkosten)
Kurier versus Spedition

$$3x = 200 + 1x \rightarrow x = 100$$

Spedition versus Bahn:

$$200 + 1x = 400 + 0,25x \ \rightarrow \mathbf{x = 266,66}$$

Ergebnis:

Für Mengen bis x = 100 → Kurierdienst

Für Mengen von x = 100 bis x = 266,66 → Spedition

Für Mengen größer x = 266,66 → Bahn

8.13   Marketing-Grundstudiumsklausur

Aufgabe 1: Lebenszykluskonzept
Die folgende Abbildung zeigt den schematischen Verlauf eines Produktlebenszyklus.

a) Tragen Sie in die Abbildung die einzelnen Phasen des Lebenszyklus ein und kennzeichnen Sie kurz die wesentlichen Merkmale jeder Phase.

(8 Punkte)

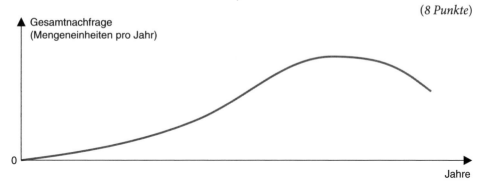

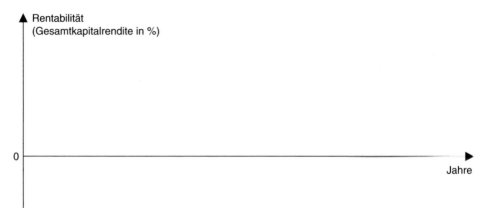

b) Tragen Sie weiterhin in der Abbildung den typischen Verlauf der Rentabilität in Abhängigkeit des Marktlebenszyklus ein. Begründen Sie den von Ihnen skizzierten Verlauf.

(5 Punkte)

c) Erläutern Sie die Bedeutung des Marktlebenszykluskonzepts für strategische Marketingentscheidungen.

(6 Punkte)

Lösung

Zu a)

In der Einführungsphase entwickelt sich das Marktvolumen „zögerlich". Der Markt muss durch Investitionen noch entwickelt werden. In der Wachstumsphase wächst das Volumen mit steigenden Wachstumsraten; durch Wirkungen der Absatzpolitik in früheren Perioden wird das Produkt immer größeren Abnehmerkreisen bekannt. In der Reifephase wächst das Volumen zwar weiterhin, die Wachstumsrate geht aber zurück. In der Sättigungsphase erreicht das Marktvolumen sein Maximum – der Markt stagniert, um anschließend in der Degenerationsphase zu schrumpfen. Die Abbildung auf der folgenden Seite oben verdeutlicht die zentralen Charakteristika der Produktlebenszyklusphasen.

Zu b)

Vgl. die Abbildung auf der folgenden Seite unten. Die negative Rentabilität in der Einführungsphase ist in erster Linie über die hohen Investitionen in einen Markt zu erklären. So muss ein neues Produkt zunächst hinreichend bekannt gemacht und sein Nutzen kommuniziert werden. Diesen Investitionen stehen noch vergleichsweise geringe Einzahlungen gegenüber.

Der Anstieg der Rentabilität bis zum Höhepunkt am Übergang von der Wachstums- zur Reifephase ist vor allem auf den so genannten Marktvolumenseffekt zurückzuführen. In der Wachstumsphase wächst das Marktvolumen mit steigenden Wachstumsraten. Dadurch steigen die Stückzahlen sehr stark. Kosteneinsparungen über Erfahrungs- und Auslastungseffekte stellen sich ein. Zudem sind nunmehr nur noch geringere Investitionen in den Markt nötig.

Mit Beginn der Reifephase wächst der Märkt nur noch mit sinkenden Wachstumsraten. Trotz weiterhin steigenden Marktvolumens sind nunmehr zur Sicherung von Marktanteilen wachsende Marktinvestitionen erforderlich. Dies gilt in verstärktem Maße für die Sättigungs- und Degenerationsphase, die durch sinkendes Marktvolumen und damit eine durchschnittlich schlechtere Kostensituation sowie hohe Investitionen induzierenden Verdrängungswettbewerb gekennzeichnet sind.

Zu c)

Eine Strategie ist ein langfristiger, bedingter, globaler Verhaltensplan. Strategische Marketingentscheidungen beschäftigen sich mit der längerfristigen Akzentsetzung zur Erlangung von Wettbewerbsvorteilen. Dazu zählen Entscheidungen darüber, welche Produkte und Dienstleistungen angeboten werden sollen und in welchen Märkten beziehungsweise strategischen Geschäftsfeldern dies mit welchem marktteilnehmergerichteten Verhalten geschehen soll.

Das Lebenszykluskonzept verdeutlicht insbesondere Wachstumspotenziale. Insofern ist es grundsätzlich geeignet, in Fragen von Markteintritt- und -austritt Handlungsempfehlungen zu geben. Beispielhaft kann hierbei das „Strategie-Tool" Boston-Portfolio genannt werden, das auf dem Konzept des Lebenszyklus aufbaut.

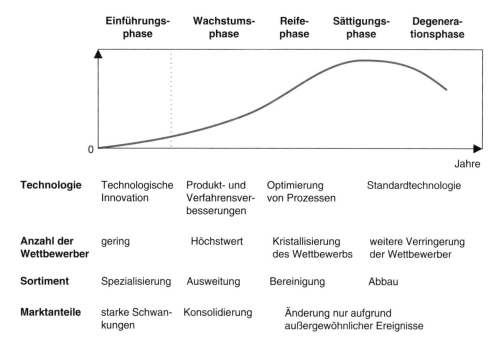

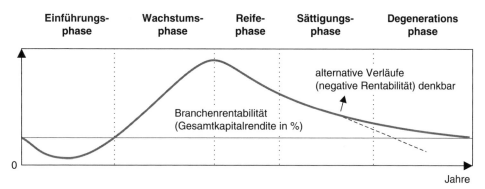

Als zentraler Kritikpunkt am Konzept gilt seine fehlende Allgemeingültigkeit. Differenzierte Forschungen, die Lebenszyklen für bestimmte Güterkategorien nachweisen, fehlen bezeiehungsweise scheitern an der Definition einer adäquaten Bezugsbasis. Ebenso werden situative Einflussgrößen nicht berücksichtigt, die zu einer Verschiebung der Phasen führen können. Weiterhin existieren keine eindeutigen Kriterien zur Abgrenzung der Phasen und die Phasenbestimmung ist nur ex post durchführbar.

Das Lebenszykluskonzept ist ein heuristisches Instrument für Markteintritts- bzw. -austrittsentscheidungen. Es unterstreicht die besondere Relevanz der richtigen Marktidentifikation, Marktabgrenzung und -entwicklung als Ausgangspunkt der strategischen Marketingplanung.

Aufgabe 2: Marketingziele

a) Tragen Sie die wichtigsten psychographischen Marketingziele in die Abbildung auf der folgenden Seite oben ein. Geben Sie über Pfeile in der Abbildung die wichtigsten Beziehungen zwischen den Zielen wieder.

(6 Punkte)

b) Erläutern Sie kurz die Operationalisierung eines psychographischen Marketingziels an einem selbst gewählten Beispiel.

(4 Punkte)

c) Erläutern Sie, inwieweit zwischen den Zielen „Marktanteil" und „Gewinn" Zielkonflikte bestehen können.

(6 Punkte)

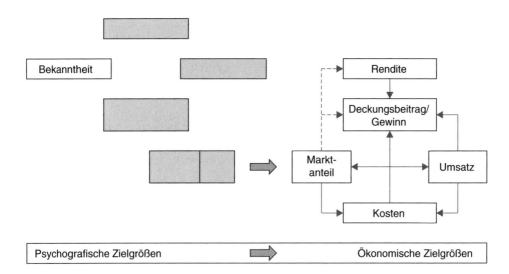

Lösung
Zu a)

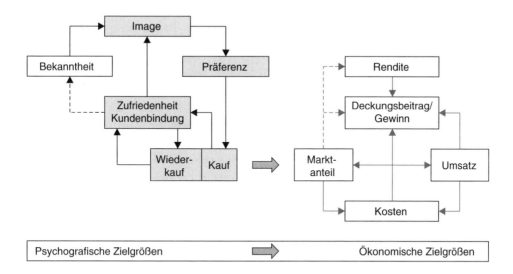

Zu b)
Die Operationalisierung eines Ziels umfasst die vier Dimensionen: Inhalt, Ausmaß, Zeit-
und Segmentbezug. Bekanntheit, Image, Präferenz, Zufriedenheit und Kundenbindung
ergeben sich als mögliche psychographische Ziele aus Aufgabe a). Am Beispiel der Bekanntheit kann die Operationalisierung eines Ziels wie folgt geschehen:

Inhalt:	Steigerung des Bekanntheitsgrads
Ausmaß:	um 10 Prozent-Punkte
Zeitbezug:	bis zum Ende des laufenden Jahres
Segmentbezug:	bei der Zielgruppe 16- bis 23-jährige Männer in ganz Deutschland

Zu c)
Zielkonflikte liegen dann vor, wenn sich die Erreichung eines Ziels negativ auf die Erfüllung eines anderen Ziels auswirkt. Der Marktanteil gibt das Verhältnis von Absatzvolumen
zu Marktvolumen in Prozent an, während sich der Gewinn eines Unternehmens aus dem
Überschuss des Umsatzes über die Kosten ergibt.

Eine Steigerung des Marktanteils kann einerseits über eine Preissenkung, andererseits
über kostensteigernde Marketingmaßnahmen erreicht werden. Bei einer Preissenkung
hängt die Wirkung von der Elastizität der Nachfrage ab.

1. Ist die Elastizität größer −1, so reagiert die Nachfrage proportional stärker als die Preissenkung. Das Ergebnis ist eine Mengensteigerung und eine Umsatzsteigerung. Da die
   Kosten unberührt bleiben, steigen sowohl der Marktanteil als auch der Gewinn. Es liegt
   somit kein Zielkonflikt vor.

2. Ist die Elastizität kleiner –1, so reagiert die Menge prozentual schwächer als die Preissenkung. Damit sinkt der Umsatz. Allerdings steigt die Menge im Vergleich zur Ausgangssituation. Insgesamt steigt der (mengenmäßige) Marktanteil, der Gewinn sinkt jedoch – es liegt ein Zielkonflikt vor.

Bei einer Marktanteilssteigerung durch (kostensteigernde) Marketingmaßnahmen (zum Beispiel Werbung), hängt es davon ab, ob die Marketingmaßnahme auf die Mengen- oder Wertkomponente des Deckungsbeitrags wirkt.

3. Wird zum Beispiel die Preisbereitschaft erhöht, ändert sich die Absatzmenge nicht. Insofern liegt zwischen (mengenmäßigem) Marktanteil und Gewinn Zielneutralität vor.
4. Wird nicht die Preisbereitschaft, sondern die Absatzmenge erhöht, steigt auf jeden Fall der (mengenmäßige) Marktanteil. Möglicherweise ist der zusätzliche Deckungsbeitrag aber kleiner als die Marketingkosten; in diesem Fall steigt der Marktanteil, der Gewinn sinkt, somit liegt ein Zielkonflikt vor. Ist der zusätzliche Deckungsbeitrag größer als die Marketingkosten, steigen Marktanteil und Gewinn – es liegt kein Zielkonflikt vor.

Aufgabe 3: Preispolitik
a) Definieren Sie den Triffin'schen Koeffizienten.

(2 Punkte)

b) Was bedeutet es für die Konkurrenzbeziehungen zwischen zwei Unternehmen, wenn der Triffin'sche Koeffizient den Wert 0 bzw. den Wert ∞ (unendlich) aufweist?

(2 Punkte)

c) Welche Bedeutung hat der Triffin'sche Koeffizient für die Abgrenzung des relevanten Marktes? Begründen Sie Ihre Aussage.

(6 Punkte)

Lösung
Zu a)
Der Triffin'sche Koeffizient, der auch als Kreuzpreis- oder Substitutionselastizität gekennzeichnet wird, gibt die Intensität der Konkurrenzbeziehungen wieder. Dabei werden die relative Mengenänderung eines Guts i und die relative Preisänderung eines Guts j zueinander in Beziehung gesetzt:

$$T = \frac{dx_i}{x_i} : \frac{dp_i}{p_i}$$

Zu b)
Weist der Triffin'sche Koeffizient den Wert 0 auf, bedeutet das, dass zwischen zwei Unternehmen keinerlei Konkurrenz herrscht, da die Preisänderung beim Gut j keine Veränderung der Nachfrage nach dem Gut i bewirkt.

Weist der Triffin'sche Koeffizient den Wert ∞ (unendlich) auf, so besteht zwischen zwei Unternehmen eine so genannte homogene Konkurrenz. Schon die kleinste relative

Preisänderung des Guts j bewirkt einen totalen Rückgang der Nachfrage nach dem Gut i (Preissenkung bei j) oder einen totalen Übergang der Nachfrage von j zu i (Preiserhöhung bei j).

Zu c)

Märkte sind allgemein definiert als Menge der aktuellen und potenziellen Abnehmer bestimmter Leistungen sowie der aktuellen und potenziellen Mitanbieter dieser Leistungen sowie den Beziehungen zwischen diesen Abnehmern und Mitanbietern. Der Begriff relevanter Markt verdeutlicht, dass die Abgrenzung eines Marktes nur im Einzelfall für ein konkretes Unternehmen vorgenommen werden kann – das Unternehmen also seinen relevanten Markt definieren muss.

Der relevante Markt umfasst die Leistungen, die durch eine hohe Kreuzpreiselastizität miteinander verbunden sind. Dabei kann zwischen engen Substitutions- und engen Komplementärbeziehungen unterschieden werden. Eine enge Substitutionsbeziehung liegt bei einer hohen positiven Kreuzpreiselastizität vor, eine enge Komplementärbeziehung bei einer hohen negativen Kreuzpreiselastizität.

Positiv kann zum Beispiel angemerkt werden, dass über das Konzept der Kreuzpreiselastizität – obgleich zur Gruppe der anbieter- beziehungsweise produktorientierten Ansätze gehörend – die Konsumentenreaktion den relevanten Markt abgrenzt. Diese implizite Berücksichtigung des Nachfragers kann als Pro-Argument für die Eignung der Kreuzpreiselastizität zur Abgrenzung des relevanten Marktes angeführt werden. Gegen das Konzept sprechen zum Beispiel die folgenden zwei Argumente: Erstens stellt sich die Frage nach der Operationalisierung einer hohen Kreuzpreiselastizität, zweitens ist die Fokussierung auf den Preis kritisch zu betrachten, womit alle anderen Marketinginstrumente und auch andere Parameter, wie zum Beispiel der technische Fortschritt, die auch eine Nachfrageverschiebung bewirken können, außer Acht gelassen werden.

Aufgabe 4: Preispolitik

Ein Monopolist sieht sich der Preis-Absatz-Funktion $p = 5 - \frac{1}{6}x$, der Kostenfunktion $K = 2 - \frac{1}{5}x$ und einer Kapitalbedarfsfunktion von $C = 100 + 80x$ gegenüber.

a) Berechnen Sie die renditemaximale Preismengenkombination sowie die maximale Rendite.

(10 Punkte)

b) Zeigen Sie graphisch, wie sich die renditemaximale Preismengenkombination verändert, wenn es der Unternehmung gelingt, den Kapitalbedarf pro Mengeneinheit zu halbieren.

(5 Punkte)

Lösung
Zu a)

$$R(x) = \frac{G(x)}{C(x)} = \frac{5x - \frac{1}{6}x^2 - 2 - \frac{1}{5}x}{100 + 80x} = \frac{4,8x - \frac{1}{6}x^2 - 2}{100 - 80x}$$

$$R'(x) = 0$$

$$R'(x) = \frac{\left(4,8 - \frac{1}{3}x\right) \times (100 + 80x) - 80\left(4,8x - \frac{1}{6}x^2 - 2\right)}{(100 + 80x)^2}$$

$$R'(x) = \frac{480 + 384x - 33,\overline{3}x - 26,6x^2 - 384x + 13,3x^2 + 160}{(100 + 80x)^2}$$

$$R'(x) = \frac{640 - 33,\overline{3}x - 13,\overline{3}x^2}{(100 + 80x)^2}$$

$$\Rightarrow 640 - 33,\overline{3}x - 13,\overline{3}x^2 = 0$$

$$\Leftrightarrow -x^2 - 2,5x + 48 = 0$$

$$\Leftrightarrow x^2 + 2,5x - 48 = 0$$

$$\Leftrightarrow x_{1,2} = \frac{-2,5}{2} \pm \sqrt{\left(\frac{2,5}{2}\right)^2 + 48} = 0$$

$$\Leftrightarrow x_{1,2} = -1,25 + \sqrt{49,5625} = 0$$

$$\Leftrightarrow x_1 = 5,79$$

$$\Leftrightarrow x_2 < 0 \notin D$$

$$p(R_{max}) = 5 - \frac{1}{6} \cdot 5,79$$

$$p(R_{max}) = 4,035$$

$$R_{max} = \frac{5,79 \cdot 4,035 - 2 - \frac{1}{5}5,79}{100 + 80 \cdot 5,79}$$

$$R_{max} = \frac{23.36265 - 2 - 1,158}{563,2}$$

$$R_{max} = \frac{20,20465}{563,2} \times 100 = 3,587\%$$

Zu b)

Graphisch lässt sich die renditemaximale Preismengenkombination durch eine Verlängerung der Kapitalbedarfsfunktion bis zur x-Achse ermitteln. Von da aus wird eine Tangente
an die Gewinnlinse gelegt.

Die neue Kapitalbedarfsfunktion lautet: $C = 100 + 40x$. Dementsprechend verläuft die
Kurve flacher. Daher liegt der Schnittpunkt der Hilfslinie mit der x-Achse weiter hinten.
Die Hilfslinie wird darum erst später zur Tangente an die Gewinnlinse. Dementsprechend
hat die Halbierung des Kapitalbedarfs folgende Effekte: Die renditemaximale Menge erhöht sich, der renditemaximale Preis wird geringer.

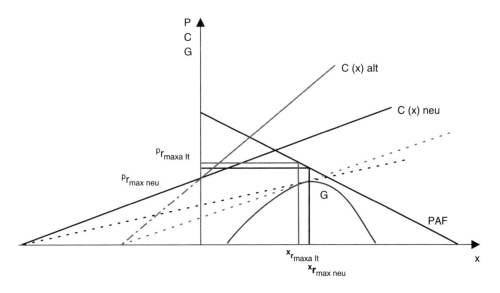

8.14   Marketing-Grundstudiumsklausur

**Zur Bearbeitung nachfolgender Klausur haben Sie insgesamt 90 min Zeit. Maximal
sind 90 Punkte zu erreichen.**

Aufgabe 1:   (6 Punkte)

Der Kaufentscheidungsprozess gliedert sich in einzelne Phasen. Sortieren Sie diese in lo-
gischer zeitlicher Reihenfolge.

1. der Nachfrager trifft eine Entscheidung hinsichtlich des Kaufes
2. beim Nachfrager entwickelt sich ein Bedürfnis zum Bedarf
3. der Nachfrager kauft das Produkt, bzw. die Dienstleistung
4. der Nachfrager sucht und sammelt Informationen

5. der Nachfrager bewertet seinen Kauf in Form Empfehlungen, Meinungen, etc.
6. der Nachfrager wertet die gesammelten Informationen aus

Lösung Aufgabe 1:

1. beim Nachfrager entwickelt sich ein Bedürfnis zum Bedarf
2. der Nachfrager sucht und sammelt Informationen
3. der Nachfrager wertet die gesammelten Informationen aus
4. der Nachfrager trifft eine Entscheidung hinsichtlich des Kaufes
5. der Nachfrager kauft das Produkt, bzw. die Dienstleistung
6. der Nachfrager bewertet seinen Kauf in Form Empfehlungen, Meinungen, etc.

Aufgabe 2:   **(6 Punkte)**
Investitionsgüter haben besondere Eigenschaften. Welche dieser Aussagen treffen auf diese zu?

1. Zwischen den Marktteilnehmern gibt es meist eine langfristig orientierte Beziehung
2. Die Projekte sind leicht zu erfüllen
3. Meist lassen sich Projekte allein und ohne Kooperationen bewältigen
4. Das Nachfragevolumen ist verhältnismäßig gering
5. Der Vermarktungsprozess erfolgt auf einem anonymen Massenmarkt
6. Persönliche Kontakte zwischen Nachfrager und Anbieter sind von großer Bedeutung

Lösung Aufgabe 2:

1. Zwischen den Marktteilnehmern gibt es meist eine langfristig orientierte Beziehung
4. Das Nachfragevolumen ist verhältnismäßig gering
6. Persönliche Kontakte zwischen Nachfrager und Anbieter sind von großer Bedeutung

Aufgabe 3:   **(8 Punkte: je 2)**
Ein Automobilhersteller möchte in den kommenden Jahren seine Produktpalette ändern bzw. anpassen. Welche Entscheidungstatbestände treffen im Rahmen der Produktpolitik zu?

a) Das schnellste und dabei sparsamste Auto der Welt kommt auf den Markt.

o Produktvariation
o Produktelimination
o Produktentwicklung
o Produktinnovation
o Produktdifferenzierung
o Produktaktualisierung

b) Der Hersteller passt sein Modell XYZ an die aktuellen Zeitgeschmäcker an und berücksichtigt dabei sowohl die Funktion als auch die Ästhetik.

o Produktvariation
o Produktelimination
o Produktentwicklung
o Produktinnovation
o Produktdifferenzierung
o Produktaktualisierung

c) Der Automobilhersteller merkt, dass es für sein Modell ABC seit geraumer Zeit kaum noch Nachfrage gibt.

o Produktvariation
o Produktelimination
o Produktentwicklung
o Produktinnovation
o Produktdifferenzierung
o Produktaktualisierung

d) Neben einem familientauglichen Kombi eines Modells bietet der Hersteller vom selben Modell auch eine Business-Limousine an.

o Produktvariation
o Produktelimination
o Produktentwicklung
o Produktinnovation
o Produktdifferenzierung
o Produktaktualisierung

Lösung Aufgabe 3:

a) Produktinnovation
b) Produktvariation
c) Produktelimination
d) Produktdifferenzierung

Aufgabe 4:   **(8 Punkte)**
Berechnen Sie den Triffinschen Koeffizienten anhand der vorgegebenen Daten

Anbieter 1:
Absatzmenge $x_1 = 6.000$ ME zu $p_1 = 60$ GE

Anbieter 2:

Absatzmenge x_2 = 4.000 ME zu p_2 = 80 GE

Anbieter 1 erhöht seinen Preis auf 65 GE

Anbieter 1 verliert 500 ME seiner ursprünglichen Absatzmenge an Anbieter 2

Lösung Aufgabe 4:

Schritt 1:	500 ME
	6000 ME = 0,083 ME
Schritt 2:	5 GE
	50 GE = 0,083 GE
Schritt 3:	0,083 ME
	0,083 GE = 1

Der Triffinsche Koeffizient beträgt 1.

Aufgabe 5:   **(4 Punkte)**

Die Portfolioanalyse nach der *Boston Consulting Group* umfasst für die Ist-Position strategischer Geschäftsfelder folgende Bezeichnungen: Dog, Star, Cash Cow, Question Mark. Setzen Sie diese in die entsprechenden Felder ein.

Relativer Marktanteil / Marktwachstum	Niedrig	Hoch
Hoch		
Niedrig		

Lösung Aufgabe 5:

Relativer Marktanteil / Marktwachstum	Niedrig	Hoch
Hoch	Question Mark	Star
Niedrig	Dog	Cash Cow

Aufgabe 6:   **(9 Punkte)**

Preisänderungen bei bestimmten Preiselastizitäten wirken sich auf den Umsatz aus. Setzen Sie die folgenden Punkte in die jeweiligen Felder der Tabelle ein.

1. Der Umsatz sinkt
2. Der Umsatz steigt
3. Der Umsatz bleibt konstant

Elastizität Preisänderung	< -1	= -1	> -1
Preissenkung			
Preiserhöhung			

Lösung Aufgabe 6:

Elastizität Preisänderung	< -1	= -1	> -1
Preissenkung	Der Umsatz steigt	Der Umsatz bleibt konstant	Der Umsatz sinkt
Preiserhöhung	Der Umsatz sinkt	Der Umsatz bleibt konstant	Der Umsatz steigt

Aufgabe 7: (3 Punkte)

Welche betriebswirtschaftliche Definition einer Strategie ist vollständig und korrekt?

a) Eine Strategie ist ein bedingter, kurzfristiger Verhaltensplan zur Erreichung der Unternehmensziele mit Hilfe von nur einem Wettbewerbsvorteil.
b) Eine Strategie ist ein bedingter, langfristiger, globaler Verhaltensplan zur Erreichung der Unternehmensziele mit Hilfe von einem oder mehreren Wettbewerbsvorteilen.
c) Eine Strategie ist ein bedingter, globaler Verhaltensplan zur Erreichung der Unternehmensziele mit Hilfe von einem oder mehreren Wettbewerbsvorteilen.

Lösung Aufgabe 7:

Antwort b)

Aufgabe 8: (9 Punkte)

In folgender Tabelle werden Ihnen Werte vorgegeben. Berechnen Sie daraus die Deckungsspanne und den Deckungsbeitrag.

Werte	Produkt 1	Produkt 2	Produkt 3
Preis/Stück in €	12	67	25
Variable Kosten/Stück in €	7	35	5
Absatz in Stück	1000	400	200
Deckungsspanne in €/ Stück			
Deckungsbeitrag			

Lösung Aufgabe 8:

Werte	Produkt 1	Produkt 2	Produkt 3
Preis/Stück in €	12	67	25
Variable Kosten/Stück in €	7	35	5
Absatz in Stück	1000	400	200
Deckungsspanne in €/Stück	5	32	20
Deckungsbeitrag	5000	12800	4000

Erläuterung zu der Lösung:

Die **Deckungsspanne** ergibt sich aus der Differenz von Preis/Stück in € und den variablen Kosten/Stück in €.

Der **Deckungsbeitrag** ergibt sich aus der Multiplikation der Deckungsspanne in €/Stück mit dem Absatz in Stück.

Aufgabe 9:   **(8 Punkte)**
Die Preis-Absatz-Funktion eines Monopolisten lautet $p = 100 - 0,5x$. Die Kostenfunktion lautet $K = 150 + 8x$

Ermitteln Sie

a) die gewinnmaximale Menge (x)
b) den gewinnmaximalen Preis (p)

Lösung Aufgabe 9:
Die Gewinnfunktion lautet $G(x) =$ Umsatz – Kosten → (Erinnerung: Umsatz = Preis · Menge)

a) die gewinnmaximale Menge (x)

$(100 - 0,5x) \cdot - 150 - 8x = -0,5x^2 + 100x - 8x - 150 = G(x)$ → Ableitung der Gewinnfunktion

$G'(x) = -x + 92$
$x = 92$

b) den gewinnmaximalen Preis (p)
Anschließend wird die Menge (x) in die Preisabsatzfunktion eingesetzt.

$P(x) = 100 - 0,5(92) = 100 - 46$
$P(x) = 54$

Aufgabe 10:   (13 Punkte)

In einem Unternehmen wird davon ausgegangen, dass sowohl Handelsvertreter als auch Außendienstmitarbeiter dieselben Umsätze erbringen.

Aufgabe 10a   (8 Punkte)

Berechnen Sie die Vertriebskosten für zwei Reisende und einen Handelsvertreter.

	Reisende	Handelsvertreter
Anzahl	2	1
Preis/Stück in €	35	35
Verkauf in Einheiten	1300	1300
Fixum in €	1200	-
Provision (vom Umsatz)	5%	10%

Lösung Aufgabe 10a:

Vertriebskosten für die Reisenden:

Formel: $K_R = 2f_R + q_R \cdot x \cdot p$

Berechnung: $2 \cdot 1.200 € + 0,05 \cdot 1.300 \text{ Stck.} \cdot 35 €/\text{Stück} = 4.675 €$

Vertriebskosten für den Handelsvertreter:

Formel: $K_R = 2f_R + q_R \cdot x \cdot p$

Berechnung: $2 \cdot 0 € + 0,1 \cdot 1.300 \text{ Stck.} \cdot 35 €/\text{Stück} = 4.550 €$

Der Handelsvertreter ist geringfügig kostengünstiger.

Aufgabe 10b   (5 Punkte)

Berechnen Sie entsprechend den oben genannten Daten das kritische Umsatzniveau.

Lösung Aufgabe 10b:

$U_K = \dfrac{f_v - f_r}{q_r - q_v}$

$U_K = \dfrac{0 - 2 \cdot 1.200 €}{0,05 - 0,1}$

$U_K = \dfrac{-2.400 €}{-0,05}$

$U_K = 48.000 € \rightarrow U_K = 1.371,43 €$

Aufgabe 11:   **(6 Punkte)**
Welche Aussage trifft hinsichtlich Plakatwerbeträgern zu?

o   Plakatwerbeträger haben nur eine geringe Verbreitung und geringe Akzeptanz.
o   Plakatwerbeträger werden zumeist nur kurz und oberflächlich wahrgenommen.
o   Plakatwerbeträger haben nur eine geringe Verbreitung, aber relativ hohe Akzeptanz.
o   Plakatwerbeträger sind preisintensiv und daher kaum rentabel.
o   Plakatwerbeträger haben eine hohe Verbreitung und relativ hohe Akzeptanz.
o   Plakatwerbeträger beschränken die Werbebotschaft.

Lösung Aufgabe 11:

o   Plakatwerbeträger werden zumeist nur kurz und oberflächlich wahrgenommen.
o   Plakatwerbeträger haben eine hohe Verbreitung und relativ hohe Akzeptanz.
o   Plakatwerbeträger beschränken die Werbebotschaft.

Aufgabe 12:   **(6 Punkte)**
Welche Aussagen treffen auf Social Media Dienste zu?

o   Social Media Dienste sind sehr kompliziert und daher nur für Profis zu empfehlen.
o   Social Media Dienste sind relativ unkompliziert zu bedienen.
o   Über Social Media Dienste lassen sich zum Austausch von Informationen Netzwerke
    bilden.
o   Social Media Dienste haben hohe Eintrittsbarrieren, bspw. hohe Kosten.
o   Social Media Dienste sollten regelmäßig kontrolliert werden, um auf unberechtigte und
    falsche Aussagen rechtzeitig reagieren zu können.
o   Social Media Dienste sind nur für Menschen geeignet, die sich mit der entsprechenden
    Technik auskennen.

Lösung Aufgabe 12:

o   Social Media Dienste sollten regelmäßig kontrolliert werden, um auf unberechtigte und
    falsche Aussagen rechtzeitig reagieren zu können.
o   Social Media Dienste sind relativ unkompliziert zu bedienen.
o   Über Social Media Dienste lassen sich zum Austausch von Informationen Netzwerke
    bilden.

Aufgabe 13:   **(4 Punkte)**
Es lassen sich stationäre und mobile Out-of-Home Medien unterscheiden. Sortieren Sie
die folgenden Begriffe und Beschreibungen in die Tabelle:

1. Mobilität des Mediums. Zudem werden mehrere Sinneswahrnehmungen kombiniert.
2. Ziel ist es, den Rezipienten Handlungsimpulse zu geben
3. Nutzung der Technik der Plakatierung
4. Standardform der stationären Out-of-Home Medien

Medienart	Hinweismedien	Plakatwerbeträger	Elektronische Transportmedien	Herkömmliche Transportmedien
Beschreibung				

Lösung Aufgabe 13:

Medienart	Hinweismedien	Plakatwerbeträger	Elektronische Transportmedien	Herkömmliche Transportmedien
Beschreibung	2. Ziel ist es, den Rezipienten Handlungsimpulse zu geben	4. Standardform der stationären Out-of-Home Medien	1. Mobilität des Mediums. Zudem werden mehrere Sinneswahrnehmungen kombiniert.	3. Nutzung der Technik der Plakatierung

Bei der Recherche nach Begriffserklärungen bietet das Internet eine Vielzahl von Möglichkeiten. Wikipedia als umfangreichste Online-Enzyklopädie ist hinlänglich bekannt. Darüber hinaus gibt es jedoch im Internet viele spezialisierte Online-Lexika, so auch im Bereich Marketing. Die nach Kenntnis der Autoren dieses Buches umfassendsten Online-Marketing-Lexika werden im Folgenden aufgeführt und kurz erläutert.

Auch bei der Recherche nach Übersetzungen von Fachbegriffen (vor allem Deutsch-Englisch; Englisch-Deutsch) bietet das Internet vielfältige Möglichkeiten. Daher werden in diesem Kapitel auch einige sehr umfangreiche Online-Marketing-Dictionaries vorgestellt.

9.1 Marketinglexikon der AMA

http://www.marketingpower.com/Pages/default.aspx

Die renommierte American Marketing Association (AMA) stellt ein sehr umfangreiches Online-Marketing-Lexikon zur Verfügung. In englischer Sprache werden sämtliche relevanten Begriffe kurz erläutert.

9.2 Dictionary of Marketing / FOCUS Enzyklopädisches Wörterbuch Management – Marketing – Marktforschung

http://www.medialine.de

Unter der Rubrik „Wissen" bietet Focus Medialine ein „Dictionary of Marketing", in dem englische Marketingbegriffe auf Englisch i. d. R. jedoch nur in einem kurzen Satz definiert werden. Es umfasst deutlich mehr Begriffe als das Lexikon der AMA.

Darüber hinaus wird ein Enzyklopädisches Wörterbuch mit 40.000 Stichwörtern zur Verfügung gestellt. Vor allem aus den Bereichen Management, Marketing und Marktfor-

H. Meffert et al., *Marketing Arbeitsbuch*,
DOI 10.1007/978-3-8349-3863-3_9, © Springer Fachmedien Wiesbaden 2013

schung werden Fachbegriffe aus dem Englischen ins Deutsche übersetzt und umgekehrt. Es ist ein interaktives Wörterbuch, das unter Mitwirkung seiner Nutzer ständig überarbeitet wird.

9.3   Glossar Marketingsprache

http://www.wu-wien.ac.at/usr/roman/rhaench/glossar.html

Dieses Glossar bietet die Übersetzung von etwa 500 vor allem praxisorientierten Marketingbegriffen ins Englische und Französische. Tlw. werden auch bestimmte Redewendungen übersetzt. Allerdings ist dieses Glossar alphabetisch nach den französischen Begriffen sortiert, dadurch wird die Suche nach einem bestimmten Begriff für den Nutzer erschwert. Entstanden ist dieses Glossar durch ein Projekt des Instituts für Romanische Sprachen an der Wirtschaftsuniversität Wien.

9.4   Marketing-Lexikon

http://www.marketing.ch

Marketing.ch ist nach eigener Angabe ein unabhängiges Internet-Fachportal für Marketingverantwortliche und -interessierte. Unter „Dienste" gelangt der Nutzer zum Lexikon. Es umfasst über 2.000 Fachbegriffe. Nach Kenntnis der Autoren ist es das unfangreichste deutschsprachige Online-Marketing-Lexikon. Es enthält neben den Begriffen aus der Marketingtheorie auch viele Begriffserklärungen aus der Marketingpraxis. Die Begriffe werden tlw. ausführlich erläutert oder aber in einem Satz definiert. In seltenen Fällen wird eine Quelle angegeben. Ebenfalls unter „Dienste" wird ein Marketingwörterbuch zur Verfügung gestellt, in dem vor allem praxisorientierte Marketingbegriffe in englischer und französischer Übersetzung zu finden sind.

9.5   Marketinglexikon für den Mittelstand

http://www.marketicon.info

Wird von der Grothus & van Koten oHG zur Verfügung gestellt. Das Lexikon umfasst ca. 1500 Begriffe aus dem Bereich Marketing. Die Begriffe werden meist in einem kurzen Text erläutert. Es besteht zudem die Möglichkeit die Definitionen öffentlich zu kommentieren. So hat der Nutzer die Möglichkeit Diskussionen der Nutzer über bestimmte Begriffe zu verfolgen oder selbst daran teilzunehmen.

9.6 Glossar Marketing/Werbung, Online-Marketing sowie PR/Öffentlichkeitsarbeit

http://www.public-relations-experts.de

Der Schimmel Media Verlag stellt auf dieser Internetseite mehrere Glossars zur Verfügung: u. a. Marketing/Werbung, Online-Marketing sowie PR/Öffentlichkeitsarbeit. Im Glossar Marketing/Werbung werden insgesamt ca. 1 000 Begriffe entweder kurz definiert oder auch in einem etwas längeren Text erläutert. Die Abgrenzung zwischen den drei Glossaren ist nicht eindeutig, so sind viele Begriffe sowohl unter Marketing/Werbung als auch unter PR/Öffentlichkeitsarbeit zu finden. Daher sollte der Nutzer die Suchmaske nutzen, dort können die Begriffe in allen Glossars identifiziert werden.

9.7 Marketing-Lexikon-Online

http://www.marketing-lexikon-online.de

Das privat betriebene Online-Lexikon führt weitgehend alle gängigen Marketingbegriffe auf, die in kürzeren Texten (tlw. mit Abbildungen) erläutert werden. Dieses Lexika ist weniger umfassend als die zuvor aufgeführten. Bei einigen Begriffen verweist der Verfasser auf weiterführende Quellen. Zudem wird auf verwandte Begriffe verwiesen.

9.8 Markenlexikon.com

http://www.markenlexikon.com

Dieses Lexikon fokussiert sich auf Begriffe aus dem Bereich Markenmanagement. Unter der Rubrik Markenglossar befindet eine sehr umfassende Auflistung von ausführlich erläuterten Begriffen. Positiv hervorzuheben sind die vielen Quellenangaben und die Verweise auf verwandte Begriffe. Neben dem Markenlexikon gibt es auf der Homepage eine umfassende Auflistung von Marken, Markenstrategiemodellen sowie verwendeten Markenclaims und -logos.

9.9 Marktforschung Almanach

http://www.psychonomics.de

Dieses Lexikon der Marktforschungsagentur „Psychonomics" konzentriert auf Begriffe aus dem Bereich der Marktforschung. Unter der Rubrik „Almanach" ist ein Online-Lexikon zu finden, in dem die wichtigsten Begriffe aus dem Bereich der Marktforschung meist in einem kurzen Satz erklärt werden.

9.10   Online-Wirtschaftslexika

Neben den aufgeführten Spezialisierten Marketing-Online-Lexika sind zur Begriffrecherche im Internet auch allgemeine wirtschaftswissenschaftliche Lexika geeignet. Die nach Kenntnis der Autoren umfangreichsten Online-Lexika werden im Folgenden aufgeführt und hinsichtlich der Nutzbarkeit für den Bereich Marketing erläutert.

9.11   Wirtschaftslexikon 24

http://www.wirtschaftslexikon24.net

Sehr umfangreiches Online-Wirtschaftslexikon, das die Bereiche BWL und VWL beinhaltet. Auch im Bereich Marketing ist es sehr umfassend. Die meisten Begriffe werden in einem kurzen Text erläutert.

9.12   Onpulson Wirtschaftslexikon

http://www.onpulson.de/lexikon/category/alle/marketing/

Bietet unter der Rubrik „Lexikon" ein Wirtschaftslexikon mit über 6.000 Fachbegriffen aus den Bereichen BWL und VWL. Hinsichtlich der Marketingbegriffe ist es ähnlich umfassend wie das oben aufgeführte „Wirtschaftslexikon 24". Die Marketingbegriffe werden tlw. in einem Satz definiert oder etwas ausführlicher erläutert.

9.13   Wirtschaftslexikon Online

http://www.mein-wirtschaftslexikon.de

Beinhaltet die Bereiche BWL und VWL. Im Bereich Marketing ist ähnlich umfassend wie die beiden zuvor aufgeführten Lexika. Allerdings werden die Begriffe nur kurz definiert, weitergehende Erläuterungen gibt es nur selten.

Gabler Marketing-Lehrbuch-Highlights

↗

Heribert Meffert / Christoph Burmann /
Manfred Kirchgeorg
Marketing
Grundlagen marktorientierter Unter-
nehmensführung.
Konzepte – Instrumente – Praxisbeispiele.
11., überarb. u. erw. Aufl. 2012.
XX, 939 S. Geb. EUR 39,95
ISBN 978-3-8349-2760-6

Heribert Meffert / Manfred Bruhn
Dienstleistungsmarketing
Grundlagen – Konzepte – Methoden.
Mit Fallstudien
7., überarb. u. erw. Aufl. 2012.
X, 530 S. Geb. EUR 49,95
ISBN 978-3-8349-3442-0

Heribert Meffert / Christoph Burmann /
Martin Koers (Hrsg.)
Markenmanagement
Identitätsorientierte Markenführung
und praktische Umsetzung
Mit Best Practice-Fallstudien
2., vollst. überarb. u. erw. Aufl. 2005.
XXVIII, 890 S. Br. EUR 59,95
ISBN 978-3-658-00736-2

Heribert Meffert / Christoph Burmann /
Manfred Kirchgeorg
Marketing Arbeitsbuch
Aufgaben – Fallstudien – Lösungen
11. überarb. u. erw. Aufl. 2013.
VIII, 403 S. Br. EUR 29,95
ISBN 978-3-8349-3447-5

Stand: Februar 2013. Änderungen vorbehalten.
Erhältlich im Buchhandel oder beim Verlag.

Abraham-Lincoln-Straße 46. D-65189 Wiesbaden
Tel. +49 (0)6221 / 3 45 - 4301 . springer-gabler.de

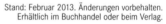 **Springer** Gabler

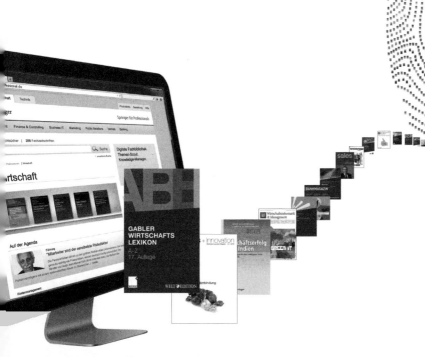